Hinter dem Sachregister befindet sich ein ausführliches Verzeichnis der

Guttentag'schen Sammlung

Deutscher Reichs- und Preußischer Gesetze

— Textausgaben mit Anmerkungen; Taschenformat —

die alle wichtigeren Gesetze in unbedingt zuverlässigem Abdruck und mit mustergültiger Erläuterung wiedergibt.

Guttentag'sche Sammlung
Nr. 48. Preußischer Gesetze. Nr. 48.
Textausgaben mit Anmerkungen.

Zweckverbandsgesetz für Groß Berlin.

Vom 19. Juli 1911.

Nebst Abdruck des allgemeinen Zweckverbandsgesetzes.

Mit Einleitung, ausführlichen Erläuterungen und Sachregister

von

Dr. Ludwig Brühl
Magistratsrat in Berlin

Dr. Kurt Gordan
Magistratsrat in Berlin

Dr. Walter Ledermann
Stadtrat in Berlin.

Berlin 1912.
J. Guttentag, Verlagsbuchhandlung,
G. m. b. H.

Vorwort.

Die Aufgabe, das neuerlassene Zweckverbandsgesetz für Groß Berlin zu kommentieren, war von der Verlagsbuchhandlung zuerst nur dem Mitverfasser Dr. Ledermann übertragen. Amtliche Überlastung machten es diesem unmöglich, die Arbeit in der gewünschten Weise rechtzeitig zu erledigen. Mit Genehmigung der Verlagsbuchhandlung wurden daher die beiden anderen Mitverfasser behufs Teilung der Arbeit zugezogen. Es übernahmen Ledermann und Brühl gemeinsam die Kommentierung der §§ 1—3, 10, 13—40, Gordan die der §§ 4—9, 11 und 12 des Gesetzes. Die historische Einleitung rührt von Ledermann, das Sachregister von Brühl und Gordan her.

Die hergestellten Entwürfe sind indessen von allen drei Verfassern aufs eingehendste durchkorrigiert und gemeinsam beraten worden. Die Verfasser sind auf diese Weise nicht nur in die Lage versetzt, ein jeder für die ganze Arbeit die Verantwortung zu übernehmen, sondern glauben auch ein nach Inhalt und Darstellung einheitliches Werk geliefert zu haben.

Von einer Kritik des Gesetzes ist mit Rücksicht auf die Bestimmung dieses Buches für die Praxis grundsätzlich Abstand genommen. Nur wo behufs Auslegung des Gesetzes die Erwähnung von Fassungsfehlern oder Ungenauigkeiten unvermeidlich war, ist dies geschehen. Daß in der „Historischen Einleitung“ die Darstellung der Geschehnisse der Vergangenheit (oder richtiger ihrer Unterlassungen) auch ungewollt als Kritik der Vergangenheit wirkt, ist nicht Schuld der Verfasser und war auch bei objektiver Darstellung nicht zu vermeiden.

Die rechtlichen und wirtschaftlichen Probleme, die das Gesetz einer Lösung hat entgegenführen wollen, sind überaus schwierig und kompliziert. Die vom technisch-gesetzgeberischen Standpunkte sehr unvollkommene Fassung des Gesetzes erhöht diese Schwierigkeiten noch. Die Verfasser glauben hieraus eine Anwartschaft auf nachsichtige Beurteilung ihres Werks herleiten zu dürfen.

Nachtrag.

Zu § 8 Anm. 2 S. 109: Für die zum Landespolizeibezirk Berlin gehörigen außerhalb der Ringbahn belegenen Teile von Charlottenburg, Deutsch-Wilmersdorf, Schöneberg, Neukölln, Lichtenberg, Boxhagen-Rummelsburg und Stralau ist am 26. 3. 1912 eine neue alle früheren für diese Gebiete erlassenen Baupolizeiverordnungen, insbesondere die Verordnung vom 15. 3. 1910 aufhebende Baupolizeiverordnung des Polizeipräsidenten von Berlin erlassen worden (Amtsbl. Beil. z. 13. Stück).

Inhaltsverzeichnis.

Abkürzungen.

AA. = Anderer Ansicht.
AG. = Ausführungsgesetz.
AGO. = Allgemeine Gerichtsordnung.
ALR. = Allgemeines Landrecht.
AusfAnw. = Ausführungsanweisung.
BEG. = Bahneinheitsgesetz.
Begr. = Begründung zum Entwurf des Groß Berliner Zweckverbandsgesetzes, Drucksachen des Abgeordnetenhauses, 21. Legislaturperiode, IV. Session, 1911, 2. Band, S. 977 ff.
BerAH. = Bericht der 13. Kommission über den Entwurf eines Zweckverbandsgesetzes für Groß Berlin, Drucksachen des Abgeordnetenhauses, 21. Legislaturperiode, IV. Session, 1911, 5. Band, S. 3048 ff.
BerHH. = Bericht der X. Kommission über den Entwurf eines Zweckverbandsgesetzes für Groß Berlin, Herrenhaus, Session 1911, S. 460 ff.
BGB. = Bürgerliches Gesetzbuch.
Brauchitsch = Preußische Verwaltungsgesetze, Berlin.
EG. = Einführungsgesetz.
Eger = Das Gesetz über Kleinbahnen und Privatanschlußbahnen, Kommentar, 2. Auflage, 1904.

Eger = Eisenbahnrecht. Breslau 1885, 1892 (Handbuch) und Leipzig 1910.
Eger = Bahneinheitsgesetz.
FluchtlGes. = Fluchtliniengesetz.
Freund = Kreis- und Provinzialabgabengesetz, 2. Auflage.
Freytag = Kommunalbeamtengesetz, 2. Auflage.
Friedrichs = Zweckverbandsgesetze, Berlin.
GBO. = Grundbuchordnung.
Genzmer = Landgemeindeordnung, Berlin 1911.
Gleim = Gesetz über Kleinbahnen und Privatanschlußbahnen, 4. Auflage, 1907.
GS. = Preußische Gesetzsammlung.
GVG. = Gerichtsverfassungsgesetz.
HGB. = Handelsgesetzbuch.
Hübner = Die Städteordnung, Berlin 1859.
Jebens = Die Stadtverordneten, 2. Auflage.
Jebens = Verwaltungsrechtliche Aufsätze, Berlin 1899.
Johow = Jahrbücher der Entscheidungen des Kammergerichts.
KAG. = Kommunalabgabengesetz.
KabO. = Kabinettsordre.
Kautz-Appelius = Preußisches Kommunalbeamtenrecht, Berlin 1900.
KBG. = Kommunalbeamtengesetz.
KG. = Kammergericht.
KlbGes. = Gesetz über Kleinbahnen und Privatanschlußbahnen vom 28. 7. 1892.
KPAG. = Kreis- und Provinzialabgabengesetz.
KrO. = Kreisordnung.
LGO. = Landgemeindeordnung.
LVG. = Gesetz betr. die allgemeine Landesverwaltung vom 30. 7. 1883.
Ledermann = Städteordnung, Berlin 1902.
Ledermann = Kommunalbeamtengesetz, Berlin 1899.
MBl. = Ministerialblatt für die innere Verwaltung.

ME. = Ministerialerlaß.
MR. = Ministerialreskript.
Noell-Freund = Kommunalabgabengesetz, 7. Auflage, 1910.
Oertel = Städteordnung, 5. Auflage.
OVG. = Entscheidungen des Oberverwaltungsgerichts.
Preuß = Das städtische Amtsrecht in Preußen.
PrO. = Provinzialordnung.
PrVBl. = Preußisches Verwaltungsblatt.
Recht = Das Recht, Zeitschrift.
RGBl. = Reichs-Gesetzblatt.
RGSt. = Entscheidungen des Reichsgerichts in Strafsachen.
RGZ. = Entscheidungen des Reichsgerichts in Zivilsachen.
RHaftpflGes. = Reichshaftpflichtgesetz vom 7. 6. 1871.
Saß = Kommunalabgabengesetz, Berlin 1912.
StGB. = Strafgesetzbuch.
StO. = Städteordnung.
StPO. = Strafprozeßordnung.
StenogrAH. = Stenographische Berichte über die Verhandlungen des Abgeordnetenhauses, 21. Legislaturperiode, IV. Session, 1911, Band 2 und 5.
StenogrHH. = Stenographische Berichte über die Verhandlungen des Herrenhauses, Session 1911.
Szczesny = Zweckverbandsgesetz, Berlin 1912.
VU. = Verfassungsurkunde für den Preußischen Staat.
Verb. = Verband.
VerbAussch. = Verbandsausschuß.
VerbDir. = Verbandsdirektor.
VerbVers. = Verbandsversammlung.
ZPO. = Zivilprozeßordnung.
ZustGes. = Zuständigkeitsgesetz vom 1. 8. 1883.
ZVG. = Zweckverbandsgesetz.

Historische Einleitung.

Das Problem, die Stadt Berlin mit den sie umgebenden Orten zu einer Kommune oder einem Kommunalverbande zusammenzufügen, beschäftigt seit mehr als 37 Jahren die preußische Gesetzgebung und Verwaltung. Die ersten erfolglosen Versuche liegen in der Mitte der siebziger Jahre des vorigen Jahrhunderts, in der Zeit, in der der gleichfalls ergebnislose Versuch gemacht wurde, eine neue preußische Städteordnung zu erlassen. Damals hatte die Staatsregierung beabsichtigt, aus Berlin und seiner Umgebung eine besondere Provinz zu bilden. Zwei Entwürfe zu einem solchen Gesetze sind 1875 und 1876 beraten, aber nicht verabschiedet worden. Dennoch blieben diese Versuche nicht gänzlich bedeutungslos; ihre Grundgedanken haben Aufnahme gefunden zunächst in das sogenannte Organisationsgesetz von 1880, demnächst in das Landesverwaltungsgesetz und das Zuständigkeitsgesetz von 1883. Das Ergebnis war, daß Berlin aus der Provinz Brandenburg ausschied (§ 1 LVG.) und daß für seine Angelegenheiten besondere staatliche Zuständigkeiten geschaffen wurden, die von der allgemeinen Regelung der staatlichen Aufsicht über die Städte wesentlich abweichen.

In den Zeitraum der nächsten zehn Jahre fällt das rapide Wachstum der Stadt Berlin selbst und eines Teils ihrer Vororte, so daß bereits Anfang der neunziger Jahre des vorigen Jahrhunderts Berlin und ein Teil seiner Nachbarorte völlig zusammengewachsen, deutlich als eine wirtschaftliche Einheit erscheinen. Im Jahre 1890 brachte die stark emporgewachsene, indessen der städtischen Verfassung noch immer entbehrende Gemeinde Schöneberg die Einverleibungsfrage von neuem in Fluß durch eine Anfrage beim Magistrat Berlin, ob dieser im Prinzip geneigt sei, die Gemeinde Schöneberg in Berlin aufzunehmen. Bevor noch die Verhandlungen ein positives Resultat gezeitigt hatten, erfolgte ein Eingreifen der Staatsregierung. Unter dem 9. September 1891 ersuchte der Oberpräsident von Berlin den Magistrat um eine eingehende Äußerung über die ganze Eingemeindungsfrage. Gefordert wurde im wesentlichen eine Darstellung in vier Richtungen: eine Darlegung der nach Ansicht des Magistrats bei einer Einverleibung erforderlichen verwaltungs*rechtlichen* Änderungen (neues Gemeindeverfassungsgesetz für Berlin?); sodann eine Darstellung darüber, welche Vororte für eine Einverleibung in Frage kämen, welchen Einfluß ihre Einverleibung auf die Stadt Berlin ausüben würde und welche Kosten die Einverleibung voraussichtlich machen würde. Angeschlossen sein sollte ferner eine Übersicht derjenigen städtischen Anlagen, welche außerhalb Berlins schon errichtet seien oder noch errichtet werden sollten, nebst einer Erwägung darüber, ob und inwieweit diese Anlagen zugleich für die Vororte hätten nutzbar gemacht werden können, wenn diese mit Berlin schon vereinigt gewesen wären. Schließlich wurde eine historische Darstellung der kommunalen Erweiterungen Berlins seit dem Erlaß der Städteordnung von 1808 gefordert. Eine von den Gemeindebehörden Berlins zur Vorbereitung ihrer Stellungnahme eingesetzte gemischte Deputation beriet zunächst über die verwaltungsrechtlichen Fragen, insbesondere eine etwaige Verfassungsänderung. Auf Grund ihres Votums berichtete der Magistrat im Juli 1892 dem Oberpräsidenten zunächst, — unter Vorbehalt weiteren Berichtes über die übrigen Fragen — daß nach seiner Ansicht der Erlaß einer neuen Städteordnung auch im Falle einer Einverleibung nicht notwendig sei, daß man vielmehr hoffe, mittels ortsstatutarischer Bestimmungen und gewisser lokaler Dezentralisationseinrichtungen auch das erweiterte Stadtgebiet nach der geltenden Städteordnung verwalten zu können. Sechs Monate später hatte die gemischte Deputation ihre Vorberatung auch hinsichtlich der übrigen Fragen beendet und machte dem Magistrat den Vorschlag, die Einverleibung der Vororte in vollem Umfange zu empfehlen. Bevor noch über diesen Vorschlag von den Gemeindebehörden beraten werden konnte, eröffneten die damaligen Minister des Innern und der Finanzen dem Oberbürgermeister Zelle, daß die bisherige Geneigtheit der Staatsregierung zu einer Eingemeindung im großen Umfange einer veränderten Auffassung der Sachlage Platz gemacht hätte. Gestützt auf diese Eröffnung, schlug nunmehr der Magistrat eine Eingemeindung in wesentlich verringertem Umfange vor, die weniger dem Zwecke einer Vergrößerung des Berliner Stadtgebietes als der Klarstellung der städtischen Weichbildgrenzen, namentlich gegen Charlottenburg und Schöneberg und nach dem Südosten hin, dienen sollte. Es ist über diesen Vorschlag und über einen demnächst von der Staatsregierung scheinbar in abermaliger Änderung ihres zuletzt eingenommenen Standpunktes gemachten wesentlich weitergehenden Vorschlag noch mehrere Jahre hin und her verhandelt worden, indessen, ohne daß über den Umfang der Eingemeindung eine Einigung zwischen der Staatsregierung und den Berliner Gemeindebehörden zustande kam. Im Jahre 1896 hat die Staatsregierung die Verhandlungen, die sie nach dem oben Berichteten augenscheinlich schon seit dem Jahre 1893 nicht mehr in der ernstlichen Absicht geführt hatte, eine Einverleibung größeren Maßstabes wirklich zustande kommen zu lassen, endgültig abgebrochen.

In eine neue Phase trat die Eingemeindungsfrage im Jahre 1902. Der Magistrat Berlin hatte beschlossen, mit Lichtenberg, eventuell auch mit Treptow, Boxhagen-Rummelsburg und Stralau in Eingemeindungsverhandlungen einzutreten. Schon hatte sich Lichtenberg mit seiner Einverleibung einverstanden erklärt, als von seiten des Landrats des Kreises Teltow die Verhandlungen dadurch gestört wurden, daß der mitbeteiligten Gemeinde Treptow die Fortführung von Einverleibungsverhandlungen grundsätzlich verboten wurde. Eine dieserhalb an den Oberpräsidenten gerichtete Eingabe des Magistrats Berlin blieb ohne Erfolg, ebenso eine mündliche Besprechung des Oberbürgermeisters mit dem damaligen Minister des Innern. Letzterer erklärte, — was übrigens schon im Jahre 1899 gelegentlich der Justizreorganisation von Berlin seitens der Staatsregierungen erklärt worden war — daß die Staatsregierung die Absicht, die Einverleibung ganzer Vororte nach Berlin vorzunehmen, aufgegeben habe und entschlossen sei, die Vororte Berlins zu größeren leistungsfähigen städtischen Gemeinwesen zusammenzulegen und so Berlin mit einem Kreise größerer Städte zu umgeben.

Inzwischen waren die Schwierigkeiten, die die verwaltungsrechtliche Zerrissenheit Groß Berlins mit sich brachte, durch das weitere Anwachsen der Vororte, durch den dauernden Abzug der wohlhabenden Bevölkerung aus Berlin und dessen südlichen, nördlichen und östlichen Vororten nach den reichen westlichen Gemeinden und schließlich durch die unendliche Komplizierung der behördlichen Zuständigkeiten — namentlich auch auf polizeilichem Gebiete — aufs äußerste gestiegen. Immer und immer wieder wurde der Ruf nach der Schaffung von Groß Berlin laut. Der König hielt es für an der Zeit, höhere Staatsbeamte zum Studium der Organisation anderer Weltstädte ins Ausland zu senden. Indessen geschah von seiten der Staatsregierung nichts, um den Mißständen Abhilfe zu schaffen. Zwar hatte auf Grund einer von ihm in der Stadtverordnetenversammlung gehaltenen Rede der Oberbürgermeister Kirschner im Winter 1905 von dem Minister des Innern den Auftrag erhalten, eine ausführliche Darstellung darüber zu geben,

> „welche tatsächlichen Mängel nach seiner persönlichen Ansicht aus dem Fehlen einer verwaltungsrechtlichen Verbindung zwischen Berlin und seinen Vororten vom Standpunkte von Berlin aus hervorgingen, wie ihnen abzuhelfen sein möchte, insonderheit, ob dies durch Herstellung einer solchen, dann auch in ihren Formen zu beschreibenden Verbindung zu geschehen haben würde"

(wobei der Minister ausdrücklich hinzugefügt hatte, daß der Weg der Eingemeindung der Vororte oder der Schaffung einer besonderen Provinz Groß Berlin außer Betracht bleiben müßte); und der Oberbürgermeister von Berlin hatte sich dieses Auftrages bis zum Spätsommer 1906 entledigt. Aber obwohl in diesem Bericht einwandfrei dargelegt war, daß die vorhandenen Übelstände in Berlin und einem großen Teil seiner Vororte zahllos und für die Bevölkerung wie für die Verwaltung nahezu unerträglich geworden seien, daß ferner der Weg gesetzlicher Zweckverbandsgründungen immer nur Einzelheiten bessern und also nur Flickwerk schaffen könne, und daß hiernach der einzige Weg, gründliche Abhilfe zu schaffen, nur eine Eingemeindung großen Stils, wenn auch nicht auf einmal, sondern allmählich vorgenommen, sein könne, erfolgte dennoch von seiten der Staatsregierung nichts. Schließlich veranlaßten zwei Umstände eine erneute Beschäftigung der Staatsregierung mit der Frage Groß Berlin.

Einmal das Scheitern des von Berlin ausgegangenen Versuches, aus Berlin und den interessierten Vorortsgemeinden einen freiwilligen Verband für die Zwecke des Verkehrs zu bilden, eine Tatsache, die mittelbar die für die Regierung sehr unbequeme Notwendigkeit nach sich gezogen hätte, in dem Streite der Großen Berliner Straßenbahn mit der Stadt Berlin Stellung nehmen zu müssen, wenn nicht irgendwie eine Einigung doch noch zustande kam; in zweiter Reihe sodann die vom Staate erkannte Unmöglichkeit, die von ihm zum Verkauf bestimmten Wälder in der Umgegend Berlins, sei es an Berlin selbst, sei es an einen freien Verband der Gemeinden Groß Berlins (ohne vorherige gesetzliche Schaffung eines Zwangszweckverbandes) zu veräußern. Wenn auch der Staatsregierung zuzugeben sein wird, daß diese beiden Anlässe nicht allein bestimmend für den Inhalt und den Umfang der von ihr endlich vorgeschlagenen Gesetzesregelung waren, so beweist doch ihre völlig negative Haltung bis zum Eintreten dieser beiden Umstände, die Konstruktion des Gesetzentwurfes selbst und die auffallende Eile, mit welcher der Gesetzentwurf trotz aller sachlichen Bedenken auf Veranlassung der Regierung durchberaten und erledigt wurde, daß es besondere staatliche, insbesondere fiskalische Interessen gewesen sind, die die Regierung veranlaßten, den Entwurf eines Zweckverbandsgesetzes für Groß Berlin am 20. Januar 1911 dem Abgeordnetenhause vorzulegen. Wäre nur der allgemeine Zweck maßgeblich gewesen, die aus der rechtlichen Zerrissenheit Groß Berlins folgenden Mißstände zu beseitigen, so wäre nicht abzusehen, warum nach einer Wartezeit von mehr als 35 Jahren bei den zahlreichen Bedenken, die der Entwurf auf allen Seiten hervorrief, nicht eine sachgemäße Beratungsfrist auch der Regierung hätte genehm sein können.

Der von der Regierung vorgelegte Entwurf, der übrigens in seinem eigentlichen Kerne mit dem Inhalt des Gesetzes übereinstimmt, sah die zwangsweise Bildung eines Zweckverbandes, bestehend aus den Städten Berlin, Charlottenburg, Schöneberg, Rixdorf (Neukölln), Deutsch-Wilmersdorf, Lichtenberg und Spandau sowie den Landkreisen Teltow und Niederbarnim (für den Landkreis Osthavelland war der freiwillige Beitritt zugelassen; dieser Zusatz ist im Gesetz gestrichen), für drei gemeindliche Aufgaben vor:

1. für die Regelung des Verhältnisses zu Bahnunternehmungen;
2. für die Beteiligung an der Feststellung von Fluchtlinien und Bebauungsplänen und die gutachtliche Mitwirkung bei dem Erlaß von Bauordnungen;
3. für die Erwerbung und Erhaltung größerer Freiflächen.

Zur Begründung des Gesetzentwurfes führte die Staatsregierung im allgemeinen aus, daß der wirtschaftliche Vereinheitlichungsprozeß Groß Berlins länger einer gemeinsamen kommunalrechtlichen Organisation nicht entbehren könne, daß eine umfassende Eingemeindung nicht mehr in Frage kommen könne, nachdem aus den Vororten zum Teil blühende Gemeinwesen mit selbständigen kommunalen Einrichtungen geworden wären, deren Einverleibung nach Berlin ohne Vergewaltigung nicht mehr durchzuführen sei; daß die Bildung eines freiwilligen Verbandes Groß Berlin sich aber als unmöglich erwiesen habe und daß sonach nichts übrig bleibe, als für die wichtigsten kommunalen Aufgaben, deren Lösung nur durch ein einheitliches Groß Berlin erfolgen könne, einen gesetzlichen (Zwangs-) Zweckverband zu bilden. Gleichzeitig mit dem Groß Berliner Zweckverbandsgesetze legte die Staatsregierung den Entwurf eines allgemeinen für die ganze Monarchie bestimmten Zweckverbandsgesetzes vor, welches dazu bestimmt war, die nur in einem Teile der Monarchie geltenden, übrigens auch sachlich unzureichenden Bestimmungen des Titels IV der Landgemeindeordnung für die östlichen Provinzen vom 3. Juli 1891 wesentlich zu ergänzen. Dieser letztere Entwurf beruht im Gegensatz zu dem Groß Berliner Zweckverbandsgesetze auf dem Prinzip der Bildung freiwilliger Zweckverbände, bringt im übrigen auch für die Aufgaben und die Organisation der Zweckverbände nur den allgemeinen Rahmen (allgemeine Normativvorschriften), während alle Einzelheiten der Organisation und der Zuständigkeit statutarischer Regelung vorbehalten bleiben. Inwieweit dieses Gesetz, welches trotz mannigfacher Abänderungen im einzelnen doch im wesentlichen dem Entwurfe entspricht, auch für die Glieder des Verbandes Groß Berlin praktische Bedeutung hat, ist in Anm. 3 zu § 1 ausgeführt.

Die von allen Seiten einsetzende Kritik richtete sich bei dem Gesetzentwurfe für Groß Berlin hauptsächlich gegen folgende Punkte: Es wurde bestritten, daß der Weg der Eingemeindung unmöglich sei, andererseits aber geltend gemacht, daß jedenfalls die dem Zweckverband zugewiesenen Aufgaben wesentlich zu eng gegriffen seien. Von vielen Seiten wurde die Fürsorge für den Bau von Kleinwohnungen als besonders dringlich und geeignet, dem Verbande übertragen zu werden, bezeichnet. Von andern Seiten wurde gefordert, daß die Armenlast und die Volksschullast dem Verbande übertragen werden solle. Von wieder anderer Seite wurde die Herstellung einer Steuereinheit durch den Verband gefordert. Zu ebenso starker Kritik wie die Begrenzung der Aufgaben des Verbandes gab die Abgrenzung seines Gebietes Anlaß. Gegen die Hineinziehung der beiden ganzen Kreise Teltow und Niederbarnim wurde eingewendet, daß große Teile dieser Kreise rein ländlichen Charakter trügen und mit den städtischen Aufgaben des künftigen Verbandes (Verkehrsprojekte, Fluchtlinien, Freiflächen) schon wegen ihrer großen Entfernung vom Mittelpunkt (60 Kilometer) nicht das geringste zu tun hätten; andererseits wurde gerügt, daß gewisse Teile des Kreises Osthavelland, wie Potsdam mit seiner Umgebung, das an dem Verbande nicht weniger interessiert sei als Spandau, nicht von vornherein Aufnahme in den Verband gefunden hätten. Umgekehrt machte sich ein starkes Bestreben geltend, Spandau selbst aus dem Verbande herauszulassen. Eine weitere starke Kritik machte sich dagegen geltend, daß nur die im Entwurf besonders genannten sieben Städte neben den beiden Kreisen als selbständige Glieder des Verbandes fungieren, alle übrigen Gemeinden Groß Berlins aber nur durch Vermittlung der beiden Kreise Mitglieder des Verbandes sein und eine selbständige Mitgliedschaft erst mit Erreichung einer Einwohnerzahl von mehr als 60000 erreichen sollten. Weitere sehr erhebliche Abänderungsvorschläge bezogen sich auf den § 4 des Entwurfes (Verhältnis zu Bahnunternehmungen) sowie auf die Zusammensetzung der Verbandsversammlung, insbesondere das den einzelnen Gliedern des Verbandes, namentlich Berlin zugeteilte Stimmenverhältnis. Auch von Berlin nicht nahestehender Seite wurden die Berlin insgesamt zugewiesenen 34 Stimmen (von 101) für unzureichend erklärt. Wie zahlreiche Abänderungsanträge im ganzen eingebracht wurden, mag die Tatsache illustrieren, daß allein in der Kommission des Abgeordnetenhauses 132 Abänderungsanträge gestellt worden sind. Ist auch nur ein kleiner Teil dieser Anträge Beschluß geworden — und dasselbe gilt von den in der Herrenhauskommission gestellten 70 Anträgen —, so hat doch die Vielseitigkeit dieser Abänderungsvorschläge im Verein mit der von der Regierung erwirkten beschleunigten Durchberatung des Gesetzes die unerwünschte Folge gehabt, daß das definitive Gesetz außerordentlich zahlreiche Mängel und Unklarheiten aufweist. Bei der ohnehin vorhandenen Schwierigkeit und Kompliziertheit der im Gesetze behandelten rechtlichen und wirtschaftlichen Probleme ergeben sich auf diese Weise so zahlreiche Auslegungsschwierigkeiten, daß voraussichtlich auch die praktische Erledigung der Geschäfte des Verbandes hierunter nicht selten leiden wird.

Ursprünglich sah der Entwurf das Inkrafttreten des Gesetzes zum 1. April 1911 voraus. Da sich indessen die Beratung bis zum Juli 1911 hinzog und das Gesetz erst unterm 19. Juli 1911 die Sanktion des Königs erhalten konnte, wurde, gleichzeitig mit Rücksicht auf die etatsrechtlichen Schwierigkeiten, die sich andernfalls für die Verbandsglieder ergeben hätten, der Zeitpunkt des Inkrafttretens des Gesetzes auf den Beginn des neuen Etatsjahres, den 1. April 1912 festgesetzt. Auf Anordnung des Ministers des Innern sind in Gemäßheit des § 40 des Gesetzes die Organe des Verbandes — Verbandsversammlung, Verbandsausschuß, Verbandsdirektor — bereits vor dem 1. April 1912 gewählt worden. Dagegen fehlt zurzeit, Ende März 1912, noch die in Gemäßheit des § 40 Abs. 2 wohl zu erwartende Ausführungsanweisung.

Zweckverbandsgesetz für Groß Berlin.

Vom 19. Juli 1911.

(GS. 1911 Nr. 20 S. 123, ausgegeben zu Berlin, den 31. Juli 1911.)

Wir **Wilhelm**, von Gottes Gnaden König von Preußen rc., verordnen, mit Zustimmung der beiden Häuser des Landtags der Monarchie, was folgt:

§ 1.

Die Stadtkreise Berlin, Charlottenburg, Schöneberg, Rixdorf, Deutsch Wilmersdorf, Lichtenberg und Spandau sowie die Landkreise Teltow und Niederbarnim werden zu einem Zweckverbande vereinigt, dem die Erfüllung der unter Ziffer 1 bis 3 bezeichneten kommunalen Aufgaben obliegt:

1. Regelung des Verhältnisses zu öffentlichen, auf Schienen betriebenen Transportanstalten mit Ausnahme der Staatseisenbahnen (§ 4);
2. Beteiligung an der Feststellung der Fluchtlinien- und Bebauungspläne für das Verbandsgebiet und Mitwirkung an dem Erlasse von Baupolizeiverordnungen (§§ 5 bis 8);
3. Erwerbung und Erhaltung größerer, von der Bebauung frei zu haltender Flächen (Wälder, Parks, Wiesen, Seen, Schmuck-, Spiel-, Sportplätze usw.) (§ 9).

Folgende Gemeinden der Landkreise Teltow und Niederbarnim: Steglitz, Groß Lichterfelde, Friedenau, Cöpenick, Boxhagen-Rummelsburg, Pankow, Weißensee und Reinickendorf gehören dem Verband als selbständige Glieder an.

Andere Gemeinden dieser Landkreise werden selbständige Glieder des Verbandes, wenn sie nach dem Verhältnis ihrer Einwohnerzahl zu der Einwohnerzahl ihrer Kreise gemäß § 15 rechnerisch einen Anspruch auf Zubilligung mindestens eines Vertreters in der Verbandsversammlung haben. Bei Bestimmung der Einwohnerzahl der Kreise werden die Einwohner der bereits als selbständige Glieder dem Verband angehörigen Gemeinden der Kreise nicht mitgerechnet. Die Einwohnerzahl bestimmt sich nach der letzten Personenstandsaufnahme. Selbständige Glieder werden solche Gemeinden erst vom Zeitpunkte der nächsten Ergänzungswahl zur Verbandsversammlung an.

§ 2.

Die Landkreise übernehmen die aus dem vorstehenden Paragraphen sich ergebenden Aufgaben in Wahrnehmung der Interessen ihrer nicht als selbständige Glieder dem Verband angehörigen Gemeinden sowie ihrer Gutsbezirke als Kreisangelegenheiten.

§ 3.

Der Zweckverband bildet einen Kommunalverband zur Selbstverwaltung seiner Angelegenheiten mit den Rechten einer Korporation. Er erhält die Bezeichnung „Verband Groß Berlin". Sein Sitz ist die Stadt Berlin.

§ 4.

I. Der Verband kann Bahnen der im § 1 Ziffer 1 bezeichneten Art erwerben, bauen, betreiben oder durch Dritte betreiben lassen. Soweit der Verband Bahnen herstellt, ändert, erweitert, betreibt oder betreiben läßt, ist er berechtigt, die hierzu erforderlichen Wege, welche von den Kreisen oder Gemeinden (Gutsbezirken) des Verbandsgebiets zu unterhalten sind oder ihnen eigentümlich gehören, gegen Entschädigung zu benutzen. Entschädigung ist insbesondere dann zu gewähren, wenn infolge der Benutzung des Wegekörpers Anlagen, wie Baumpflanzungen, Kanalisations-, Gas-, Wasser-, elektrische Anlagen usw., geändert, verlegt oder beseitigt werden müssen.

II. Die Kreise und Gemeinden (Gutsbezirke) des Verbandsgebiets sind verpflichtet, dem Verband auf dessen Erfordern nach einer mit einjähriger Frist vorausgegangenen Ankündigung ihnen gehörige Bahnen mit allen damit verbundenen Rechten und Pflichten gegen Entschädigung zu Eigentum zu überlassen. Tritt dieser Fall ein, so können die beteiligten Kreise und Gemeinden (Gutsbezirke) verlangen, daß der Verband auch diejenigen ihnen gehörigen Bahnen übernimmt, welche entweder mit den zu übereignenden Bahnen einheitlich betrieben werden oder deren Ertragsfähigkeit anderenfalls erheblich gemindert werden würde. Darüber, ob eine dieser Voraussetzungen zutrifft, beschließt im Streitfalle die Beschlußbehörde für Groß Berlin; gegen ihren Beschluß ist binnen vier Wochen die Beschwerde an die Minister der öffentlichen Arbeiten und des Innern zulässig. Der Verband ist auf Verlangen der beteiligten Kreise oder Gemeinden (Gutsbezirke) verpflichtet, mit der Übernahme des Bahnunternehmens die im Betriebe desselben angestellten Beamten mit ihren Besoldungs- und Ruhegehaltsansprüchen in seinen Dienst zu übernehmen. Die Beamten treten in diesem Falle in den Dienst des Verbandes über.

III. Mit dem Inkrafttreten dieses Gesetzes gehen die Rechte und Pflichten, welche den Kreisen und Gemeinden (Gutsbezirken) des Verbandsgebiets in bezug auf staatlich genehmigte private Bahnunternehmungen, insbesondere aus Straßenbenutzungsverträgen, zustehen, auf den Verband über, welcher die Kreise und Gemeinden (Gutsbezirke) hierfür zu entschädigen hat. Die Entschädigungspflicht fällt fort, wenn nach dem 1. Dezember 1910 abgeschlossene Verträge Zustimmungen auf Grund des § 6 des Kleinbahngesetzes vom 28. Juli 1892 (Gesetzsamml. S. 225) enthalten, welche zeitlich über die erteilte staatliche Genehmigung hinausgehen. Falls und soweit der Wert der von Kreisen und Gemeinden in bezug auf private Bahnunternehmungen übernommenen Verpflichtungen denjenigen der erworbenen Rechte übersteigt, hat der Verband Entschädigung zu beanspruchen. Der Verband kann die Erfüllung der auf ihn übergegangenen Verpflichtungen, soweit sie nicht in Geldleistungen bestehen, ganz oder teilweise den Kreisen und den Gemeinden (Gutsbezirken) des Verbandsgebiets innerhalb ihrer Bezirke für Rechnung des Verbandes übertragen. Für die hierdurch entstehende geschäftliche Belastung hat der Verband eine Entschädigung zu gewähren.

Will oder kann der Verband Rechtsansprüche eines Kreises oder einer Gemeinde (eines Gutsbezirkes) an den Privatunternehmer, welche auf ihn übergegangen sind, für den Kreis oder die Gemeinde (den Gutsbezirk) nicht geltend machen, so hat er die Ansprüche zur eigenen Geltendmachung zurückzugewähren.

IV. Die Rechte, welche im Falle der beabsichtigten Benutzung öffentlicher Wege zu privaten Bahnunternehmungen gemäß § 6 des Kleinbahngesetzes vom 28. Juli 1892 (Gesetzsamml. S. 225) den Wegeunterhaltungspflichtigen gegenüber den Unternehmern zustehen, gehen mit dem Inkrafttreten dieses Gesetzes auf den Verband mit der Maßgabe über, daß zu der im § 7 a. a. O. vorgesehenen Ergänzung der Zustimmung die Beschlußbehörde für Groß Berlin zuständig und gegen deren Beschluß binnen vier Wochen die Beschwerde bei dem Minister der öffentlichen Arbeiten zulässig ist. Vor Erteilung einer Zustimmung zur Benutzung eines öffentlichen Weges für ein privates Bahnunternehmen hat der Verband sich des Einverständnisses des Wegeunterhaltungspflichtigen zu versichern. Wird dieses versagt, so beschließt hierüber endgültig die Beschlußbehörde für Groß Berlin. Der Wegeunterhaltungspflichtige ist für den Verlust der Rechte, die ihm auf Grund des § 6 a. a. O. zustehen würden, von dem Verbande zu entschädigen. Werden gegenüber den Unternehmern bei der Erteilung der Zustimmung von dem Verbande Verpflichtungen übernommen, so finden die Vorschriften der beiden letzten Sätze unter III Abs. 1 entsprechende Anwendung.

V. Die Anlage, der Ausbau und der Betrieb von Bahnen durch Kreise oder Gemeinden (Gutsbezirke) des Verbandsgebiets bedarf, sofern bei dem Inkrafttreten dieses Gesetzes die staatliche Genehmigung hierzu noch nicht erteilt war, der Zustimmung der Verbandsversammlung. Die Zustimmung darf nur versagt werden, wenn das Unternehmen den Interessen des Verbandes zuwiderläuft. Gegen die Versagung ist binnen vier Wochen nach Zustellung des betreffenden Beschlusses die Beschwerde an die Beschlußbehörde für Groß Berlin und gegen deren Beschluß binnen der gleichen Frist die weitere Beschwerde an die Minister der öffentlichen Arbeiten und des Innern zulässig.

VI. Eine Ergänzung der Zustimmung findet in den Fällen der Absätze IV und V nicht statt, wenn der Verband selbst die Genehmigung zu dem Bau und Betrieb einer Bahn bei den zuständigen Behörden (§§ 2ff. des Kleinbahngesetzes) nachsucht.

VII. Die unter I bis IV vorgesehenen Entschädigungen sind, wenn keine Einigung erzielt wird, durch die Beschlußbehörde für Groß Berlin festzusetzen. Gegen diesen Beschluß steht den Beteiligten binnen vier Wochen, von der Zustellung ab gerechnet, die Klage im Verwaltungsstreitverfahren bei dem Oberverwaltungsgericht offen.

VIII. Über Streitigkeiten, welche, abgesehen von den Fällen der Entschädigung, sich aus den in diesem Paragraphen geregelten Beziehungen zwischen dem Verband und den Kreisen, Gemeinden oder Gutsbezirken des Verbandsgebiets ergeben, beschließt, soweit nicht anderweite Bestimmung getroffen ist, endgültig die Beschlußbehörde für Groß Berlin.

§ 5.

Der Verband kann für Teile des Verbandsgebiets Fluchtlinien festsetzen, insoweit dies für die Schaffung oder Ausgestaltung von Durchgangs- oder Ausfallstraßen, für die Herstellung von Bahnen (§ 1 Ziffer 1) oder für die Ausgestaltung der Umgebung von Freiflächen (§ 1 Ziffer 3) erforderlich erscheint. Für letzteren Zweck können auch Bebauungspläne festgesetzt werden. Auch über den vorstehend bestimmten Umfang hinaus kann der Verband aus wichtigen Gründen des Verkehrs, der Gesundheits- und der Wohnungsfürsorge in den noch nicht bebauten Teilen des Verbandsgebiets Fluchtlinien- und Bebauungspläne festsetzen. Darüber, ob die vorangegebenen Voraussetzungen zur Festsetzung von Fluchtlinien und Bebauungsplänen vorhanden sind, beschließt im Streitfalle die Beschlußbehörde für Groß Berlin. Gegen den Beschluß steht dem Verband und den beteiligten Verbandsgliedern binnen vier Wochen die Beschwerde an den Minister der öffentlichen Arbeiten offen. Als Durchgangs- und Ausfallstraßen sind diejenigen anzusehen, welche über den Bereich einer Einzelgemeinde (eines Gutsbezirkes) hinaus den allgemeinen Verkehrsinteressen des Verbandes zu dienen bestimmt sind.

Solange und insoweit Fluchtlinienpläne durch den Verband nicht endgültig festgesetzt sind, bleibt das Fluchtlinienwesen Sache der Einzelgemeinden mit der Maßgabe, daß neue oder abgeänderte Fluchtlinienpläne der Einzelgemeinden dem Verbandsausschusse vor der Auslegung der Pläne zur Begutachtung vorzulegen sind. Der Vorlegung bedarf es nicht, wenn die Pläne nur die Aufteilung einzelner Baublöcke oder die Verbreiterung bestehender Straßen betreffen. Der Verbandsausschuß kann ihm vorgelegte Pläne beanstanden. Gegen die Beanstandung findet binnen vier Wochen die Beschwerde an die Beschlußbehörde für Groß Berlin und gegen deren Beschluß die weitere Beschwerde nach Maßgabe der Bestimmungen im Abs. 1 statt.

§ 6.

Die Entwürfe der Fluchtlinienpläne des Verbandes (§ 5 Abs. 1) sind mit der Angabe über die durch sie bedingten Abänderungen der bestehenden Pläne zunächst den beteiligten Gemeinden und Kreisen zur Äußerung und sodann dem Minister der öffentlichen Arbeiten zur grundsätzlichen Zustimmung vorzulegen. Einer Zustimmung der Ortspolizeibehörde bedarf es nicht. Auf die Änderungen bestehender Fluchtlinienfestsetzungen infolge der Festsetzung von Fluchtlinien durch den Verband finden die Vorschriften des § 10 Abs. 1 des Gesetzes vom 2. Juli 1875 (Gesetzsamml. S. 561) keine Anwendung.

Nach erfolgter Zustimmung sind die auf die einzelnen Gemeinde- (Gutsbezirks-) gebiete bezüglichen Planteile unter Kenntlichmachung der Abweichungen von den früheren Plänen in diesen Gemeinden (Gutsbezirken) zu jedermanns Einsicht offen zu legen. Wie dies zu geschehen hat, wird sowohl vom Verbandsausschuß in den für die Veröffentlichungen des Verbandes bestimmten Blättern als auch von den einzelnen Gemeinde- (Guts-) vorständen in der für die Gemeinden (Gutsbezirke) geltenden Form mit dem Bemerken bekannt gemacht, daß Einwendungen innerhalb einer Ausschlußfrist von vier Wochen bei dem Verbandsausschuß anzubringen sind. Auch die beteiligten Gemeinden (Gutsbezirke) sind zur Erhebung von Einwendungen berechtigt. Handelt es sich um Festsetzungen, welche nur einzelne Grundstücke betreffen, so genügt statt der Offenlegung und Bekanntmachung eine Mitteilung an die beteiligten Grundeigentümer und Gemeinden (Gutsbezirke).

Über die erhobenen Einwendungen hat, soweit sie nicht durch Verhandlungen zwischen dem Verbandsausschuß und den Beschwerdeführern zur Erledigung gekommen sind, die Beschlußbehörde für Groß Berlin zu beschließen; gegen ihren Beschluß ist binnen vier Wochen die Beschwerde an den Minister der öffentlichen Arbeiten zulässig. Sind Einwendungen nicht erhoben oder ist über sie endgültig beschlossen, so hat der Verbandsausschuß die Pläne förmlich festzusetzen, zu jedermanns Einsicht offen zu legen und, wie dies geschehen soll, öffentlich bekannt zu geben.

§ 7.

Die Durchführung der vom Verbande festgesetzten Fluchtlinienpläne (§ 5 Abs. 1) liegt den Einzelgemeinden (Gutsbezirken) ob.

Zu den Kosten der Herstellung und Unterhaltung der nach seinen Fluchtlinienplänen ausgeführten Straßen hat der Verband jedoch den Einzelgemeinden einen von der Verbandsversammlung festzusetzenden einmaligen oder laufenden Zuschuß zu leisten, bei dessen Bemessung die Vorteile der Straßenherstellung für den Verband sowie die Vorteile und Nachteile für die Einzelgemeinden (Gutsbezirke) entsprechend zu berücksichtigen sind.

Der Verband kann solche Straßen mit Zustimmung der beteiligten Gemeinden (Gutsbezirke) auch selbst herstellen und unterhalten. In Gutsbezirken liegt ihm dies auf Antrag derselben ob. Als Gegenleistung haben die beteiligten Gemeinden (Gutsbezirke) einen von der Verbandsversammlung festzusetzenden, ihren Vorteilen, insbesondere der Verminderung ihrer Unterhaltungslast, entsprechenden Zuschuß zu entrichten. Es kann ihnen gestattet werden, denselben ganz oder zum Teil in Naturalleistungen zu entrichten.

Gegen die in den Fällen der beiden vorstehenden Absätze gefaßten Beschlüsse der Verbandsversammlung steht den Beteiligten binnen vier Wochen die Beschwerde an die Beschlußbehörde für Groß Berlin und gegen ihre Beschlüsse binnen der gleichen Frist die Klage bei dem Oberverwaltungsgerichte zu.

In den Fällen des Abs. 3 gehen die den Gemeinden in den §§ 11 bis 15 des Gesetzes, betreffend die Anlegung und Veränderung von Straßen und Plätzen in Städten und ländlichen Ortschaften, vom 2. Juli 1875 (Gesetzsamml. S. 561) zugewiesenen Rechte und Pflichten sowie die Befugnisse auf Grund des § 9 des Kommunalabgabengesetzes vom 14. Juli 1893 (Gesetzsamml. S. 152) auf den Verband über; Gutsbezirke werden den Gemeinden gleichgeachtet. Dabei unterliegen Statuten des Verbandes der Bestätigung des Ministers der öffentlichen Arbeiten. Für das Einspruchs- und Klageverfahren finden §§ 69, 70 des Kommunalabgabengesetzes mit der Maßgabe Anwendung, daß für den Einspruch der Verbandsausschuß und für die Klage das Oberverwaltungsgericht zuständig ist.

§ 8.

Vor Erlaß neuer oder Abänderung bestehender Baupolizeiordnungen hat die zuständige Behörde den Verbandsausschuß unter Bestimmung einer der Lage des Einzelfalls entsprechenden Frist gutachtlich zu hören.

§ 9.

Der Verband kann über die Erwerbung größerer von der Bebauung ganz oder zum überwiegenden Teile freizuhaltender Flächen (Wälder, Parks, Wiesen, Seen, Schmuck-, Spiel-, Sportplätze usw. — § 1 Abs. 1 Ziffer 3 —) sowie über die dauernde Erhaltung, Ausgestaltung, Benutzung und Unterhaltung solcher von ihm erworbenen Flächen Bestimmung treffen; der Erwerbung ist die Pachtung oder die Sicherung von Rechten gleichzuachten.

Der Verband kann von ihm erworbene Freiflächen einzelnen Verbandsgliedern zur Unterhaltung gegen angemessene Entschädigung im Vertragsweg übertragen.

§ 10.

Der Verband ist berechtigt, durch eine Satzung seine Rechtsverhältnisse insoweit zu ordnen, als es die Bestimmungen dieses Gesetzes zulassen.

Die Satzung kann von der Verbandsversammlung nur mit Zweidrittelmehrheit beschlossen werden und bedarf der Bestätigung durch die Beschlußbehörde für Groß Berlin. Gegen ihren Beschluß findet binnen vier Wochen die Beschwerde an den Minister des Innern statt.

§ 11.

Der Verband ist berechtigt, in sinngemäßer Anwendung der für Provinzialabgaben geltenden Bestimmungen des Kreis- und Provinzialabgabengesetzes vom 23. April 1906 (Gesetzsamml. S. 159) Gebühren und Beiträge zu erheben.

Soweit die eigenen Einnahmen des Verbandes, die Gebühren und die Beiträge zur Bestreitung der Verbandsausgaben nicht ausreichen, wird der Fehlbetrag durch die Verbandsversammlung gemäß den nachstehenden Bestimmungen auf die Verbandsglieder umgelegt.

Bei der Regelung des Verhältnisses zu den Transportanstalten (§ 1 Abs. 1 Ziffer 1) ist der Geldbedarf für jede einzelne Bahnunternehmung in dem Betrage festzustellen, um welchen die Ausgaben eines Betriebs- oder Baujahrs die Einnahmen übersteigen, bei Betrieben, die für Rechnung des Verbandes geführt werden, in dem Betrag, um welchen die Ausgaben für Betrieb und Unterhaltung, für Rücklagen in den Reserve- und Erneuerungsfonds, für Verzinsung und Tilgung des Anlagekapitals, einschließlich der etwa gezahlten Entschädigung (§ 4 VII), in einem Betriebs- oder Baujahre die Einnahmen übersteigen. Der sich hiernach für die einzelnen Bahnunternehmungen ergebende Bedarf wird auf alle oder einzelne Verbandsglieder nach Maßgabe ihres Interesses umgelegt. Über die der Umlegung zu Grunde zu legenden Maßstäbe sowie über die Verwendung der Reinüberschüsse beschließt die Verbandsversammlung mit der Maßgabe, daß solche Reinüberschüsse zunächst den einzelnen Verbandsgliedern in dem Verhältnis und bis zu dem Betrage zu überweisen sind, in dem von ihnen in früheren Betriebs- oder Baujahren für dieselbe Bahnunternehmung ein Geldbedarf gedeckt worden ist. Gegen den Beschluß der Verbandsversammlung steht den Verbandsgliedern binnen vier Wochen die Beschwerde an die Beschlußbehörde für Groß Berlin und gegen ihren Beschluß binnen der gleichen Frist die Beschwerde an die Minister des Innern und der öffentlichen Arbeiten zu.

Im übrigen gelten für die Umlegung des Fehlbetrags die Grundsätze der §§ 25 bis 27 des Kreis- und Provinzialabgabengesetzes vom 23. April 1906.

Gegen Beschlüsse der Verbandsversammlung, welche ausschließliche Belastung oder Mehr- oder Minderbelastung einzelner Verbandsglieder betreffen, steht binnen vier Wochen den Verbandsgliedern die Beschwerde an die Beschlußbehörde für Groß Berlin und gegen ihren Beschluß binnen der gleichen Frist die Beschwerde an die Minister des Innern, der öffentlichen Arbeiten und der Finanzen zu.

Durch die Satzung kann für einzelne oder alle Arten von Verbandslasten ein anderer Verteilungsmaßstab eingeführt oder auch bestimmt werden, daß und in welcher Weise bei der Lastenverteilung einerseits das Übergewicht der Vorteile eines Verbandsunternehmens für einzelne Verbandsglieder und anderseits dasjenige zu berücksichtigen ist, was einzelne Verbandsglieder bereits vor Erlaß des gegenwärtigen Gesetzes für Zwecke des Verbandes geleistet haben.

§ 12.

Den Verbandsgliedern bleibt überlassen, den auf sie entfallenden Teil des Umlagebedarfs gleich den übrigen Gemeinde- (Kreis-) bedürfnissen aufzubringen. Kreisangehörige Gemeinden, die dem Verband als selbständige Glieder beigetreten sind, können jedoch von den Landkreisen zu den von diesen aufzubringenden Verbandslasten nicht herangezogen werden. Die Unterverteilung des Umlagebedarfs kann im übrigen auch im Wege der Mehr- oder Minderbelastung beziehungsweise der ausschließlichen Belastung von Gemeinde- oder Kreisteilen gemäß § 20 Abs. 2 des Kommunalabgabengesetzes vom 14. Juli 1893, § 10 des Kreis- und Provinzialabgabengesetzes vom 23. April 1906 erfolgen.

§ 13.

Die Angehörigen der Kreise und Gemeinden des Verbandsgebiets sind zur Mitbenutzung der Einrichtungen und Anstalten des Verbandes nach Maßgabe der dafür bestehenden Bestimmungen berechtigt.

§ 14.

Die Organe des Verbandes sind die Verbandsversammlung, der Verbandsausschuß und der Verbandsdirektor.

§ 15.

Die Verbandsversammlung besteht aus dem ersten Bürgermeister der Stadt Berlin als Vorsitzenden und aus hundert, erstmalig von dem Minister des Innern, später vom Verbandsausschuß auf die Verbandsglieder nach dem Verhältnisse der Einwohnerzahl zu verteilenden Vertretern. Die Einwohnerzahl bemißt sich nach der letzten Personenstandsaufnahme. Jedes Verbandsglied muß mindestens einen Vertreter haben. Kein Verbandsglied darf mehr als zwei Fünftel der Gesamtvertreterzahl erhalten. Der Stadtgemeinde Berlin wird hierbei der erste Bürgermeister als Vertreter nicht angerechnet.

Durch die Satzung kann eine Vermehrung oder Verminderung der im Abs. 1 bezeichneten Vertreterzahl vorgesehen werden; auf die veränderte Vertreterzahl findet Abs. 1 Anwendung.

Beim Hinzutritte neuer Verbandsglieder wird die dem beteiligten Landkreise zustehende Vertreterzahl auf die ausscheidende Gemeinde und den verbleibenden Landkreis in dem durch Abs. 1 festgesetzten Verhältnisse verteilt.

§ 16.

In Gemeinden werden die Vertreter durch die Gemeindevertretungen, in Städten unter Zutritt des Magistrats, in den Landkreisen durch die Kreistage gewählt. Für jeden Vertreter wird ein Ersatzmann gewählt, der im Falle der Behinderung des ersteren auch ohne besondere Einladung befugt ist, für ihn einzutreten.

Wählbar sind mit Ausnahme der Beamten des Verbandes alle Angehörigen der beteiligten Gemeinden und Landkreise, welche die Wählbarkeit für den Gemeindevorstand oder die Gemeindevertretung beziehungsweise den Kreistag besitzen.

§ 17.

Die Vertreter und ihre Ersatzmänner werden auf sechs Jahre gewählt. Jede Wahl verliert dauernd oder vorübergehend ihre Wirkung mit dem gänzlichen oder zeitweisen Aufhören einer der für die Wählbarkeit vorgeschriebenen Bedingungen. Die Verbandsversammlung beschließt, ob einer dieser Fälle eingetreten ist.

Alle drei Jahre scheidet die Hälfte der Vertreter und ihrer Ersatzmänner aus und wird durch Ergänzungswahlen ersetzt. Die das erste Mal Ausscheidenden werden durch das Los bestimmt.

Im Falle des Hinzutritts neuer Verbandsglieder (§ 1 Abs. 3, § 15 Abs. 3) scheiden alle Vertreter des beteiligten Landkreises und ihre Ersatzmänner aus der Verbandsversammlung aus und werden durch neu zu wählende Vertreter (Ersatzmänner) der selbständig gewordenen Gemeinde und des verbleibenden Landkreises ersetzt.

In Fällen notwendiger Ersatzwahlen bestimmt sich die Dauer dieser Wahlen nach der Wahlperiode des bisherigen Vertreters (Ersatzmanns).

§ 18.

Vor jeder Ergänzungswahl wird das Beteiligungsverhältnis der Verbandsglieder an dieser Versammlung durch Beschluß des Verbandsausschusses nach Maßgabe des § 15 neu festgestellt.

§ 19.

Der Verbandsversammlung liegt ob:

1. die Beschlußfassung über den Haushaltsplan;
2. die Entlastung der Jahresrechnung;
3. die Beschlußfassung über Erlaß und Änderungen der Satzung (§ 10);
4. die Feststellung des von den Verbandsgliedern aufzubringenden Umlagebedarfs;
5. die Beschlußfassung über die Aufnahme von Anleihen;
6. die Aufstellung von Grundsätzen für die Tätigkeit des Verbandes und über die Verwaltung seines Vermögens;

7. die Beschlußfassung über die Errichtung von Verbandsämtern sowie über die Anstellungs- und Besoldungsverhältnisse der Verbandsbeamten;
8. die Wahl des Verbandsdirektors, der ihm zugeordneten oberen Beamten und der zu wählenden Mitglieder des Verbandsausschusses;
9. die Prüfung der Gültigkeit oder der fortdauernden Wirkung (§ 17 Abs. 1) der Wahlen zur Verbandsversammlung;
10. die Beschlußfassung gemäß § 4 I bis V, § 5 Abs. 1, § 7 Abs. 5, § 9 und § 11;
11. die Beschlußfassung über die Erwerbung und die Veräußerung von Grundstücken.

Die Verbandsversammlung ist berechtigt, sich ihre Geschäftsordnung selbst zu geben.

§ 20.

Die Festsetzung des Umlagebedarfs (§ 19 Ziffer 4), sofern er höher als 25 vom Hundert des umlagefähigen Gesamtsteuersolls ist, und die Aufnahme von Anleihen (§ 19 Ziffer 5) bedarf der Genehmigung der Aufsichtsbehörde (§ 38).

Gegen die Beschlüsse der Verbandsversammlung über die Gültigkeit oder die fortdauernde Wirkung der Vertreterwahlen (§ 19 Ziffer 9) findet binnen vier Wochen die Klage bei dem Oberverwaltungsgerichte statt. Die Klage hat keine aufschiebende Wirkung; jedoch dürfen Ersatzwahlen vor ergangener rechtskräftiger Entscheidung nicht vorgenommen werden.

§ 21.

Der Vorsitzende (§ 15 Abs. 1) beruft die Verbandsversammlung durch Einladungsschreiben unter Angabe der zu verhandelnden Gegenstände. Den Einladungsschreiben sind die Vorlagen des Verbandsausschusses zu diesen Gegenständen nebst den zugehörigen Schriftstücken beizufügen. Mit Ausnahme dringender Fälle, in welchen die Frist auf drei Tage abgekürzt werden darf, muß die Einladung den Vertretern mindestens zwei Wochen vorher zugestellt werden. Durch die Satzung können andere Fristen vorgeschrieben werden.

Die Verbandsversammlung ist zusammenzuberufen, so oft es die Geschäfte erfordern, indessen mindestens einmal im Rechnungsjahr (1. April bis 31. März). Auf den Antrag von wenigstens einem Drittel der Vertreter muß die Zusammenberufung oder die Ergänzung der Tagesordnung erfolgen.

§ 22.

Die Mitglieder des Verbandsausschusses und im Auftrage des Verbandsdirektors die ihm zugeordneten oberen Beamten können an den Sitzungen der Verbandsversammlung mit beratender Stimme teilnehmen. Ob noch andere Personen, insbesondere Sachverständige, mit beratender Stimme zu den Sitzungen zuzuziehen sind, bleibt der Beschlußfassung des Verbandsausschusses oder der Verbandsversammlung überlassen.

An Verhandlungen über Rechte und Verpflichtungen des Verbandes darf derjenige nicht teilnehmen, dessen Interesse mit dem des Verbandes im Widerspruche steht.

§ 23.

Die Verbandsversammlung ist beschlußfähig, wenn mehr als die Hälfte der Mitglieder anwesend sind. Eine Ausnahme hiervon findet statt, wenn die Verbandsversammlung, zum zweiten Male zur Verhandlung über denselben Gegenstand berufen, dennoch nicht in beschlußfähiger Anzahl erschienen ist. Bei der zweiten Zusammenberufung muß auf diese Bestimmung hingewiesen werden.

§ 24.

Die Beschlüsse der Verbandsversammlung werden nach einfacher Stimmenmehrheit gefaßt; bei Stimmengleichheit gilt der Antrag als abgelehnt.

Durch die Satzung kann für bestimmt zu bezeichnende Angelegenheiten eine größere als einfache Stimmenmehrheit gefordert werden.

§ 25.

Die Sitzungen der Verbandsversammlung sind öffentlich. Für einzelne Gegenstände kann durch einen in geheimer Sitzung zu fassenden Beschluß der Versammlung die Öffentlichkeit ausgeschlossen werden.

§ 26.

Der Verbandsausschuß besteht aus dem ersten Bürgermeister der Stadt Berlin als Vorsitzenden, einem von dem ersten Bürgermeister der Stadt Berlin zu bezeichnenden Magistratsmitgliede dieser Stadt, den ersten Bürgermeistern der sechs nach Einwohnerzahl nächstgrößten Gemeinden des Verbandsgebiets, den Vorsitzenden der Kreisausschüsse der zum Verbande gehörigen Kreise und acht von der Verbandsversammlung aus dem im § 16 Abs. 2 bezeichneten Personenkreise zu wählenden Mitgliedern. Außerdem ist der Verbandsdirektor von Amts wegen Mitglied des Verbandsausschusses.

Von den gewählten Mitgliedern müssen vier in der Stadt Berlin und vier in den nicht schon nach Abs. 1 berücksichtigten Gemeinden des Verbandsgebiets die im § 16 Abs. 2 bezeichnete Wählbarkeit besitzen.

Die Vorschriften im § 16 Abs. 1 Satz 2 und § 17 Abs. 1 Satz 2 finden mit der Maßgabe Anwendung, daß über die fortdauernde Wirkung der Wahlen der Verbandsausschuß beschließt.

§ 27.

Die Wahlperiode der gewählten Mitglieder des Verbandsausschusses und ihrer Ersatzmänner umfaßt sechs Jahre, sofern nicht durch die Satzung eine längere Wahlperiode vorgeschrieben ist. In dem Falle einer notwendigen Ersatzwahl bestimmt sich die Dauer dieser Wahl nach der Wahlperiode des bisherigen Mitglieds (Ersatzmanns).

§ 28.

Die gewählten Mitglieder des Verbandsausschusses werden vom Vorsitzenden vereidigt. Sie können nach Maßgabe der §§ 51 und 98 Nr. 5 der Provinzialordnung für die östlichen Provinzen vom 29. Juni 1875/22. März 1881 (Gesetzsamml. 1881 S. 233) im Wege des Disziplinarverfahrens ihrer Stellen enthoben werden; hierbei tritt an Stelle des Bezirksausschusses die Beschlußbehörde für Groß Berlin.

§ 29.

Dem Verbandsausschusse liegt ob:

1. die Vorbereitung und Ausführung der Beschlüsse der Verbandsversammlung;
2. die Überwachung der Geschäftsführung des Verbandsdirektors;
3. die Beschlußfassung über alle Verbandsangelegenheiten, soweit sie nicht der Verbandsversammlung vorbehalten sind;
4. die Anstellung der Verbandsbeamten, soweit ihre Ernennung nicht der Verbandsversammlung vorbehalten ist (§ 19 Ziffer 8), und deren Beaufsichtigung;
5. die Heranziehung der Verbandsglieder zu den Umlagen;
6. die Prüfung der fortdauernden Wirkung der Wahlen zum Verbandsausschusse (§ 26 Abs. 3).

Der Verbandsausschuß ist berechtigt, sich seine Geschäftsordnung selbst vorzuschreiben.

§ 30.

Gegen die Heranziehung zu den Gebühren, Beiträgen und Umlagen (§ 11 Abs. 1 und 2, § 29 Ziffer 5) steht den Pflichtigen der Einspruch bei dem Verbandsausschuß und gegen seinen ablehnenden Bescheid Klage bei dem Oberverwaltungsgerichte zu. Dabei sind die Vorschriften der §§ 31 und 28 des Kreis- und Provinzialabgabengesetzes vom 23. April 1906 sinngemäß anzuwenden.

Gegen die Beschlüsse über die fortdauernde Wirkung der Wahlen zum Verbandsausschusse (§ 29 Ziffer 6) findet die Klage bei dem Oberverwaltungsgerichte nach Vorschrift des § 20 Abs. 2 statt.

§ 31.

Der Vorsitzende (§ 26 Abs. 1) beruft den Verbandsausschuß durch Einladungsschreiben unter Angabe der zu verhandelnden Gegenstände. Den Einladungsschreiben sind tunlichst die für diese Gegenstände grundlegenden Schriftstücke beizufügen. Mit Ausnahme dringender Fälle, in denen die Frist auf 24 Stunden abgekürzt werden darf, muß die Einladung mindestens eine Woche vorher zugestellt werden. Durch die Satzung können andere Fristen vorgeschrieben werden.

Der Verbandsausschuß ist zusammenzuberufen, so oft es die Geschäfte erfordern. Auf den Antrag von wenigstens einem Drittel seiner Mitglieder muß die Zusammenberufung oder die Ergänzung der Tagesordnung erfolgen.

§ 32.

Die dem Verbandsdirektor zugeordneten oberen Beamten können im Auftrage des Verbandsdirektors an den Sitzungen des Verbandsausschusses mit beratender Stimme teilnehmen. Die Beamten des Verbandes, mit Ausnahme des Verbandsdirektors, können nicht Mitglieder des Verbandsausschusses sein.

Dem Beschlusse des Verbandsausschusses bleibt es überlassen, zu den Verhandlungen des Ausschusses auch Nichtmitglieder, insbesondere Sachverständige, zuzuziehen.

Im übrigen finden die Bestimmungen in § 22 Abs. 2, §§ 23 und 24 Abs. 1 auf die Verhandlungen des Verbandsausschusses entsprechende Anwendung.

§ 33.

Der Verbandsdirektor wird von der Verbandsversammlung auf mindestens sechs bis höchstens zwölf Jahre gewählt und bedarf der Bestätigung durch den König. Wird die Bestätigung versagt, so schreitet die Verbandsversammlung zu einer neuen Wahl. Wird auch diese Wahl nicht bestätigt, so kann der Minister des Innern die kommissarische Verwaltung auf Kosten des Verbandes anordnen. Dasselbe findet statt, wenn der Verbandstag die Wahl verweigert oder den nach der ersten Wahl nicht Bestätigten wieder wählt. Die kommissarische Verwaltung dauert so lange, bis die Wahl des Verbandstags, deren wiederholte Vornahme ihm jederzeit zusteht, die Bestätigung erlangt hat.

Für den Fall der Behinderung des Verbandsdirektors sowie im Falle der Erledigung seiner Stelle hat der Verbandsausschuß einen Stellvertreter zu bezeichnen.

Dem Verbandsdirektor können noch andere obere Beamte zugeordnet werden.

Auf die Rechtsverhältnisse aller Verbandsbeamten, einschließlich der in den vorstehenden Absätzen genannten, finden die §§ 1 bis 7 des Gesetzes, betreffend die Anstellung und Versorgung der Kommunalbeamten, vom 30. Juli 1899 (Gesetzsamml. S. 141) mit der Maßgabe entsprechende Anwendung, daß im Falle des § 7 a. a. O. an Stelle des Bezirksausschusses die Beschlußbehörde für Groß Berlin tritt; gegen ihren Beschluß ist, soweit das Verwaltungsstreitverfahren eröffnet ist, die Klage bei dem Oberverwaltungsgerichte zulässig.

In betreff der Dienstvergehen der Verbandsbeamten finden die Vorschriften des § 98 der Provinzialordnung für die östlichen Provinzen vom $\frac{\text{29. Juni 1875}}{\text{22. März 1881}}$ (Gesetzsamml. 1881 S. 233) mit der Maßgabe entsprechende Anwendung, daß die von dem Verbandsdirektor zu verhängenden Ordnungsstrafen neun Mark nicht übersteigen dürfen und daß an Stelle des Bezirksausschusses die Beschlußbehörde von Groß Berlin tritt.

§ 34.

Der Verbandsdirektor führt unter der Aufsicht des Verbandsausschusses die laufenden Geschäfte des Verbandes. Er bereitet die Beschlüsse des Verbandsausschusses vor und trägt für ihre Ausführung Sorge.

Er ist der Dienstvorgesetzte sämtlicher Verbandsbeamten

Der Verbandsdirektor vertritt den Verband nach außen in allen Angelegenheiten. Er verhandelt namens des Verbandes mit Behörden und Privatpersonen, führt den Schriftwechsel und zeichnet alle Schriftstücke. Er ist befugt, für die Geschäfte des Verbandes die vermittelnde und begutachtende Tätigkeit der Provinzial-, Kreis-, Amts- und Gemeindebehörden des Verbandsgebiets in Anspruch zu nehmen.

§ 35.

Urkunden über Rechtsgeschäfte, die den Verband gegen Dritte verpflichten sollen, und Vollmachten müssen von dem Verbandsdirektor und einem anderen Mitgliede des Verbandsausschusses unterzeichnet sein.

§ 36.

Die ersten Bürgermeister beziehungsweise Vorsitzenden der Kreisausschüsse der dem Verband angehörenden Gemeinden und Kreise können sich in allen ihnen durch dieses Gesetz übertragenen Rechten und Obliegenheiten durch Mitglieder des Gemeindevorstandes beziehungsweise Kreisausschusses vertreten lassen. Der erste Bürgermeister der Stadt Berlin wird im Vorsitze des Verbandsausschusses von dem zweiten Bürgermeister, falls dieser Mitglied ist, sonst und bei dessen Verhinderung von dem ersten Bürgermeister beziehungsweise Vorsitzenden des Kreisausschusses des nächstgrößten Stadt- oder Landkreises vertreten. Im Vorsitze der Verbandsversammlung vertritt ihn der zweite Bürgermeister, soweit er Mitglied ist, sonst und bei dessen Behinderung ein von der Verbandsversammlung zu wählendes Mitglied.

§ 37.

Die Veröffentlichung von Bekanntmachungen des Verbandes erfolgt durch das „Amtsblatt der Königlichen Regierung zu Potsdam und der Stadt Berlin". Weitere Veröffentlichungsorgane sind durch die Satzung zu bestimmen.

§ 38.

Die Aufsicht des Staates über die Verwaltung der Verbandsangelegenheiten wird in erster Instanz von dem Oberpräsidenten, in höherer Instanz von dem Minister des Innern im Benehmen mit dem Minister der öffentlichen Arbeiten und dem Finanzminister geübt. Der Oberpräsident ist befugt, an den Beratungen der Verbandsversammlung und des Verbandsausschusses entweder selbst oder durch einen zu seiner Vertretung abzuordnenden Staatsbeamten teilzunehmen. Der Oberpräsident sowie die zu seiner Vertretung abgeordneten Staatsbeamten sind auf Verlangen jederzeit zu hören.

Die Beschwerde an die höhere Instanz ist innerhalb vier Wochen zulässig.

Auf die Handhabung der Aufsicht und die Rechtsmittel gegen Akte der Aufsicht finden neben den Vorschriften dieses Gesetzes die Bestimmungen in §§ 115, 116, 118, 121 und 122 der Provinzialordnung für die östlichen Provinzen vom $\frac{\text{29. Juni 1875}}{\text{22. März 1881}}$ entsprechende Anwendung.

§ 39.

Die Beschlußbehörde für Groß Berlin besteht aus dem Oberpräsidenten oder seinem Stellvertreter als Vorsitzenden, aus den Verwaltungsgerichtsdirektoren der Bezirksausschüsse für den Stadtkreis Berlin und zu Potsdam oder ihren Stellvertretern sowie aus vier auf sechs Jahre gewählten Mitgliedern. Von den letzteren werden zwei von der Stadtverordnetenversammlung unter Zutritt des Magistrats zu Berlin und zwei vom Provinzialausschusse der Provinz Brandenburg gewählt. Für die gewählten Mitglieder werden in gleicher Weise vier Stellvertreter gewählt. Für die Wählbarkeit gilt § 16 Abs. 2. Die Mitglieder der Verbandsversammlung oder des Verbandsausschusses können nicht Mitglieder der Beschlußbehörde sein.

Sie hat ihren Sitz am Sitze des Oberpräsidenten; auf sie finden §§ 14 und 15 des Gesetzes über die allgemeine Landesverwaltung vom 30. Juli 1883 (Gesetzsamml. S. 195) Anwendung.

§ 40.

Dieses Gesetz tritt am 1. April 1912 in Kraft; indessen sind die Organe des Verbandes auf Anordnung des Ministers des Innern schon vor diesem Zeitpunkte zu bilden. Sie haben, gleichfalls vor diesem Zeitpunkte, alle Maßregeln zu treffen, welche die rechtzeitige Ausführung des Gesetzes sicherstellen.

Im übrigen sind die Minister des Innern und der öffentlichen Arbeiten mit der Ausführung des Gesetzes beauftragt.

Urkundlich unter Unserer Höchsteigenhändigen Unterschrift und beigedrucktem Königlichen Insiegel.

Gegeben Balholm, an Bord M. Y. „Hohenzollern", den 19. Juli 1911.

(L. S.) **Wilhelm.**

v. Bethmann Hollweg. Delbrück. Beseler.
v. Breitenbach. Sydow. v. Trott zu Solz.
Frhr. v. Schorlemer. v. Dallwitz.

Zweckverbandsgesetz für Groß Berlin.

Vom 19. Juli 1911.

(GS. 1911 Nr. 20 S. 123, ausgegeben zu Berlin, den 31. Juli 1911.)

Wir **Wilhelm**, von Gottes Gnaden König von Preußen rc., verordnen, mit Zustimmung der beiden Häuser des Landtags der Monarchie, was folgt:

§ 1.

Die Stadtkreise Berlin, Charlottenburg, Schöneberg, Rixdorf [1]), Deutsch Wilmersdorf, Lichtenberg und Spandau sowie die Landkreise Teltow und Niederbarnim [2]) werden zu einem Zweckverbande [3]) vereinigt, dem die Erfüllung der unter Ziffer 1 bis 3 bezeichneten kommunalen Aufgaben [4]) obliegt [5]):

1. Regelung des Verhältnisses zu öffentlichen, auf Schienen [6]) betriebenen Transportanstalten [7]) mit Ausnahme der Staatseisenbahnen (§ 4);
2. Beteiligung an der Feststellung der Fluchtlinien- und Bebauungspläne für das Verbandsgebiet und Mitwirkung an dem Erlasse von Baupolizeiverordnungen (§§ 5 bis 8);
3. Erwerbung und Erhaltung größerer, von der Bebauung frei zu haltender Flächen (Wälder, Parks, Wiesen, Seen, Schmuck-, Spiel-, Sportplätze usw.) (§ 9).

Folgende Gemeinden der Landkreise Teltow und Niederbarnim: Steglitz, Groß Lichterfelde, Friedenau, Cöpenick, Boxhagen-Rummelsburg [8]), Pankow, Weißensee und Reinickendorf gehören dem Verband als selbständige Glieder [9]) an.

Andere Gemeinden [10]) dieser Landkreise werden [11]) selbständige Glieder des Verbandes [12]), wenn sie nach dem Verhältnis ihrer Einwohnerzahl [13]) zu der Einwohnerzahl ihrer Kreise gemäß § 15 rechnerisch einen Anspruch auf Zubilligung mindestens eines Vertreters in der Verbandsversammlung haben [14]). Bei Bestimmung der Einwohnerzahl der Kreise werden die Einwohner der bereits als selbständige Glieder dem Verband angehörigen Gemeinden der Kreise nicht mitgerechnet. Die Einwohnerzahl bestimmt sich nach der letzten [15]) Personenstandsaufnahme [16]). Selbständige Glieder werden solche Gemeinden erst vom Zeitpunkte der nächsten Ergänzungswahl zur Verbandsversammlung an [17]).

[1]) Die Stadtgemeinde Rixdorf führt jetzt den Namen Neukölln.

[2]) Andere Mitglieder, als die in § 1 Abs. 1 aufgeführten Stadt- und Landkreise, sowie die in Abs. 2 u. 3 näher bezeichneten Gemeinden, können auch nicht durch Beschluß der Verbandsversammlung in den Verband Groß Berlin aufgenommen werden; zu einer Ausdehnung des örtlichen Geltungsgebietes dieses Verbandes bedarf es vielmehr eines Gesetzes.

Keinerlei Bestimmungen trifft das Gesetz für den Fall, daß eine dem Verbande als selbständiges Glied angehörende Gemeinde in eine andere Gemeinde eingemeindet wird und damit aufhört, als selbständige Gemeinde zu existieren. (Vgl. unten Anm. 8.)

[3]) Die Eigenart des Verbandes Groß Berlin besteht

darin, daß er, unabhängig von dem Einverständnis der beteiligten Glieder — also als Zwangszweckverband — durch ein besonderes Gesetz geschaffen ist und daß sich gesetzlich seine sachliche Zuständigkeit ausschließlich auf die in § 1 Abs. 1 unter Ziff. 1—3 bezeichneten kommunalen Aufgaben beschränkt. Im übrigen sind aber die Glieder des Verbandes Groß Berlin von dem Anwendungsgebiet des allg.ZVG. vom 19. 7. 1911 (GS. 115) keineswegs ausgeschlossen. Es steht nichts im Wege, daß sich Berlin mit einzelnen Vororten oder die einzelnen Vororte untereinander behufs Erfüllung einzelner kommunaler Aufgaben zu Zweckverbänden gemäß § 1 allg.ZVG. verbinden. Doch sind zwei Besonderheiten hervorzuheben:

a) Soweit die selbständigen Glieder des Zweckverbandes Groß Berlin beteiligt sind, ist die zwangsweise Bildung eines Zweckverbandes nach dem Allgemeinen Zweckverbandsgesetz nicht zulässig (§ 2 Abs. 6 allg.ZVG.);

b) im Falle der Beteiligung der Stadt Berlin bei Bildung eines Zweckverbandes gemäß § 1 allg.ZVG. beschließt an Stelle des Bezirksausschusses die Beschlußbehörde für Groß Berlin (§ 26 allg.ZVG.).

Theoretisch ist es denkbar, daß auch die im Zweckverbandsgesetz Groß Berlin vorgesehenen Aufgaben Gegenstand der Vereinbarung hinsichtlich besonderer Zweckverbände einzelner Gemeinden innerhalb des Verbandsgebietes sind. Etwaige Bedenken, die sich aus diesem Zustand ergeben könnten, werden sich dadurch beseitigen lassen, daß die Statuten der freiwilligen Zweckverbände auf Grund des allgemeinen Gesetzes nach § 9 desselben der Bestätigung des Kreis- (Bezirks-) Ausschusses bedürfen, bei welcher Gelegenheit zu prüfen sein wird, ob Kollisionen mit den Aufgaben des Verbandes Groß Berlin entstehen können (vgl. auch StenBerAH. S. 1532).

[4]) Diese Aufgaben können nur durch Gesetz, nicht durch Beschluß der Verbandsversammlung erweitert werden. Eine gemeinschaftliche Wahrnehmung anderer kommunaler Angelegenheiten durch die in § 1 bezeichneten Gemeinden und

Landkreise könnte nur in den Formen und nach den Vorschriften des allgemeinen Zweckverbandsgesetzes erfolgen (vgl. auch Anm. 3).

Die von verschiedenen Seiten gewünschte und auch ursprünglich vom Abgeordnetenhause beschlossene Erweiterung der Verbandsaufgaben auf das Gebiet der Wohnungsfürsorge ist vom Herrenhause abgelehnt worden (vgl. jedoch die Bezugnahme auf die Wohnungsfürsorge in § 5).

[5]) Die durch das Gesetz begründete Zuständigkeit des Verbandes in den drei in Ziff. 1—3 bezeichneten Aufgaben tritt in mehrfachen Beziehungen mit der Zuständigkeit der Gemeinden und Kreise des Verbandsgebietes in Wettbewerb oder schaltet sie völlig aus. Im einzelnen gilt folgendes:

I. Eine völlige Ausschaltung der Zuständigkeit der Gemeinden und Kreise zugunsten des Verbandes tritt von Gesetzes wegen mit Notwendigkeit nach § 4 III insofern ein, als mit dem 1. 4. 1912 die Rechte und Pflichten, welche den Kreisen und Gemeinden (Gutsbezirken) in bezug auf staatlich genehmigte private Bahnunternehmungen, insbesondere aus Straßenbenutzungsverträgen, zustehen, auf den Verband übergehen.

Im Verhältnis zu noch nicht bestehenden Bahnunternehmungen gilt das gleiche, doch ist hier das bisherige Recht der Wegeunterhaltungspflichtigen dadurch in weiterem Umfange gewahrt, daß ihr Einverständnis zu der Vergebung der Wege an private Bahnunternehmungen ausdrücklich nachgesucht werden muß und nur durch Beschluß der Beschlußbehörde für Groß Berlin ersetzt werden kann (§ 4 IV).

II. Eine fakultativ-ausschließliche Zuständigkeit ist für den Verband im Fluchtlinienwesen dadurch begründet, daß nach § 5 Abs. 1 u. 2 die Festsetzung von Fluchtlinien nur so lange den Einzelgemeinden zusteht, als Fluchtlinienpläne durch den Verband nicht endgültig festgesetzt sind. Im Rahmen eines vom Verbande aufgestellten Bebauungsplanes ist für die Festsetzung von Gemeindefluchtlinien kein Raum.

Auf dem Gebiete des Bahnwesens besteht eine solche fakultativ-ausschließliche Zuständigkeit des Verbandes insofern, als er einmal jeden Weg der Kreise und Gemeinden (Gutsbezirke) für seine Bahnzwecke benutzen kann (§ 4 I), und als er ferner, abgesehen von der Versagung der Zustimmung gemäß § 4 V, in der Lage ist, durch Ankündigung gemäß § 4 II alle Bahnen der Kreise und Gemeinden (Gutsbezirke) des Verbandsgebietes an sich zu ziehen.

III. Hinsichtlich des Erwerbs und der Erhaltung von Freiflächen tritt die Zuständigkeit des Verbandes neben die Zuständigkeit der Kreise und Gemeinden.

IV. Eine besondere Art der Zuständigkeit für den Verband ist dadurch begründet worden, daß ihm in zwei Fällen ein Begutachtungsrecht gegeben ist, und zwar einmal in bezug auf die Fluchtlinienpläne der Einzelgemeinden (§ 5 Abs. 2), gestützt durch ein im Beschwerdeverfahren erst zu beseitigendes Beanstandungsrecht, sodann durch Gewährung des Begutachtungsrechts vor dem Erlaß neuer oder der Abänderung bestehender Baupolizeiordnungen (§ 8), hier allerdings ohne die Möglichkeit, eine abweichende Meinung wirklich zur Geltung zu bringen.

V. In Ansehung der Straßenanlegung und -Unterhaltung ist die Zuständigkeit des Verbandes, soweit es sich um Gemeinden handelt, nur mit deren Zustimmung, in den Gutsbezirken aber auf deren Antrag begründet. Der letztere Fall ist der einzige, in dem die Zuständigkeit des Verbandes auch gegen seinen Willen begründet werden kann.

[6]) Nicht notwendig ist es, daß die Bahn auf Eisenschienen betrieben wird. Auch der Transport auf Schienen aus anderem Material, wie z. B. Stahl, Holz, Stein, Papierstoff usw., fällt unter § 1 Nr. 1.

Unerheblich ist es, ob die Schiene sich oberhalb, unterhalb oder seitlich des Fahrzeuges befindet, ob die Bahn auf einem Gleise oder auf einer einzelnen Schiene läuft. Dem Verbande sollen alle diejenigen Verkehrsanstalten vorbehalten bleiben, zu deren Betriebe feststehende Anlagen auf oder unter den Straßen erforderlich sind (VerAH. S. 3061, StenBerAH. 1521, 1522, 1536). Daher gehören zur Zuständigkeit des Verbandes Straßen-, Hoch- und Untergrundbahnen, nicht dagegen der Schiffs-, Omnibus-, Automobil-, Droschken- und sonstige Wagenverkehr, auch nicht die gleislosen Oberleitungsbetriebe (vgl. jedoch auch Anm. 1 zu § 4).

[7]) Öffentliche Transportanstalten sind alle dem öffentlichen Verkehre dienenden Einrichtungen zur Beförderung von Personen oder Gütern oder von Personen und Gütern. Über den Begriff „des öffentlichen Verkehrs" vgl. die Kommentare von Eger und von Gleim zu § 1 des Ges. über die Kleinbahnen vom 28. 7. 1892 (GS. 225).

Der Treidelweg beim Teltowkanal fällt nicht unter den Begriff einer öffentlichen Transportanstalt, weil er nicht eine selbständige, dem öffentlichen Verkehre dienende Transportstraße, sondern nur eine Nebenanlage einer anderen Transportanstalt, nämlich des Teltowkanals selbst, darstellt (VerHH. S. 469).

[8]) Nach einem vom Landtag bereits angenommenen Gesetz verliert die Landgemeinde Boxhagen-Rummelsburg mit dem 1. 4. 1912 infolge Eingemeindung in Lichtenberg die Eigenschaft eines selbständigen Gliedes des Verbandes Groß Berlin. Die bisherigen Vertreter von Boxhagen-Rummelsburg in der Verbandsversammlung gelten als solche des erweiterten Stadtkreises Lichtenberg, der auch im übrigen die Rechte ausübt, die bisher dem Stadtkreise Lichtenberg und der Landgemeinde Boxhagen-Rummelsburg im Verbande Groß Berlin zustehen.

[9]) Die selbständige Mitgliedschaft zieht folgende Konsequenzen nach sich:

a) Bei Bestimmung der Einwohnerzahl der Kreise zwecks Verteilung der Vertreter auf die Verbandsglieder nach § 15 werden die Einwohner der in Abs. 2 aufgeführten Gemeinden nicht mitgerechnet;

b) jede der in Abs. 2 genannten Gemeinden muß in der Verbandsversammlung mindestens einen Vertreter haben (§ 15);

c) die in Abs. 2 verzeichneten Gemeinden können von den Landkreisen zu den von diesen aufzubringenden Verbandslasten nicht herangezogen werden (§ 12).

Die selbständige Mitgliedschaft der namentlich aufgeführten acht Gemeinden ist dauernd und unabhängig von der Zahl der Einwohner.

[10]) Stadt- oder Landgemeinden, nicht dagegen auch Gutsbezirke.

[11]) Die selbständige Mitgliedschaft tritt kraft Gesetzes vom Zeitpunkt der nächsten Ergänzungswahl zur Verbandsversammlung ein (§ 17 Abs. 2, vgl. auch § 15 Abs. 3 und § 18); sie ist weder von einem Antrag der betreffenden Gemeinde, noch von einer ausdrücklichen Zulassung seitens der Verbandsversammlung abhängig. Auch ist die einmal erworbene Miglied-schaft dauernd und wird durch Sinken der Einwohnerzahl nicht verloren (VerAH. S. 3058).

[12]) Mit den gleichen Folgen, wie sie in Anm. 8 geschildert sind. Die den beteiligten Landkreisen bisher zustehende Zahl von Vertretern für die Verbandsversammlung wird nach dem Verhältnisse der Einwohnerzahl auf die nunmehr selbständig als Verbandsglied hinzutretende Gemeinde und den verbleibenden Landkreis verteilt (§ 15 Abs. 3); alle Vertreter des beteiligten Landkreises und ihre Ersatzmänner scheiden aus der Verbandsversammlung aus und werden durch neu zu wählende Vertreter (Ersatzmänner) der selbständig gewordenen Gemeinde und des verbleibenden Landkreises ersetzt (§ 17 Abs. 3).

[13]) Lediglich die Einwohnerzahl ist entscheidend. Dagegen hat das Ausscheiden einer Gemeinde aus einem der beiden Landkreise und die Bildung eines eigenen Kreisverbandes (Stadtkreises, § 4 KrO.) nicht die selbständige Mitgliedschaft zur Folge, wie dies in dem Entwurf des Gesetzes vorgesehen war. Würde also z. B. die Stadt Oranienburg

nach Erreichung einer Einwohnerzahl von mindestens 25000 Seelen aus dem Kreise Niederbarnim ausscheiden, so würde sie damit auch ohne weiteres aus dem Verband Groß Berlin austreten. Dieser vom Gesetzgeber sicherlich nicht beabsichtigte Erfolg kann nur durch ein neues Gesetz verhindert werden.

[14]) Nach § 15 werden die Vertreter zur Verbandsversammlung auf die Verbandsglieder nach dem Verhältnisse der Einwohnerzahl verteilt.

Nach der vom Minister des Innern bewirkten erstmaligen Verteilung sind dem Landkreis Teltow (ohne die nach § 1 Abs. 2 bereits selbständigen Gemeinden) mit 263166 Einwohnern 9 Vertreter zugebilligt, so daß ein Vertreter auf je 29241 Einwohner entfällt. Betrüge z. B. im Jahre 1915 nach der letzten Personenstandsaufnahme die Einwohnerzahl des Kreises Teltow 300000 und würden ihm nach § 15 insgesamt 10 Vertreter zustehen, so würde dann ein Vertreter auf je 30000 Einwohner entfallen. Es würde daher im Jahre 1915 eine zum Kreise Teltow gehörige Gemeinde selbständiges Verbandsglied werden, sobald sie eine Einwohnerzahl von 30000 erreicht.

Dem Kreise Niederbarnim sind bei der ersten Verteilung entsprechend seiner Einwohnerzahl von 266623 Personen (ohne die im § 1 Abs. 2 genannten selbständigen Gemeinden) 9 Vertreter zugebilligt worden. Angenommen, die Einwohnerzahl des Kreises Niederbarnim wachse im Jahre 1915 auf 308000 Personen und die Gesamtzahl seiner Vertreter bei der nächsten Ergänzungswahl betrage 10, so würde ein Vertreter auf je 30800 Personen entfallen. Voraussetzung für die selbständige Verbandsmitgliedschaft wäre daher im Jahre 1915 im Kreise Niederbarnim eine Einwohnerzahl von mindestens 30800 Personen.

[15]) Maßgebend ist nur die durch die letzte Personenstandsaufnahme endgültig ermittelte Einwohnerzahl (MBl. 1901 S. 35, OVG. 39 S. 6, PrVBl. 21 S. 369).

[16]) Die Personenstandsaufnahme, die nicht mit der

Volkszählung identisch ist, findet auf Grund von §§ 22, 23, 74 Abs. 1 des preuß. Einkommensteuergesetzes vom 19. 6. 1906 (GS. 260) und der hierzu ergangenen Anweisung des Finanzministers vom 25. 7. 1906 (Art. 40ff.) alljährlich in der Zeit vom 15. 10. bis 18. 11. statt.

In Ermangelung einer ausdrücklichen abweichenden Bestimmung müssen auch die aktiven Militärpersonen bei Feststellung der Einwohnerzahl mitgerechnet werden (anders §§ 3, 5 StO., § 7 LGO., §§ 4, 6, 84 KrO., §§ 5, 12, 107 PrO.).

[17]) Vgl. hierzu die §§ 15 Abs. 3, 17 Abs. 2 und 3 sowie § 18.

§ 2.

Die Landkreise[1]) übernehmen die aus dem vorstehenden Paragraphen sich ergebenden Aufgaben in Wahrnehmung der Interessen ihrer nicht als selbständige Glieder[2]) dem Verband angehörigen Gemeinden sowie ihrer Gutsbezirke[3]) als Kreisangelegenheiten[4])[5]).

[1]) Das sind die Landkreise Teltow und Niederbarnim.

[2]) Vgl. hierzu Anm. 8—13 zu § 1.

[3]) Gutsbezirke können dem Verbande nicht als selbständige Glieder angehören.

[4]) In welcher Weise die Kreisangelegenheiten zu erledigen sind, bestimmt sich nach den Vorschriften der Kreisordnung für die Provinzen Ost- und Westpreußen, Brandenburg, Pommern, Schlesien und Sachsen vom 19. 3. 1881 (GS. 179). Zu verweisen ist insbesondere auf die §§ 115ff. ebenda.

[5]) Die Übernahme der Verbandsaufgaben seitens der Landkreise als Kreisangelegenheiten könnte zur Folge haben, daß Kreisteile, die an einer bestimmten Verbandsaufgabe nicht oder nur unwesentlich interessiert sind, in unbilliger Weise durch den Zwang zur Mitaufbringung des auf den Kreis entfallenden Umlagebedarfs belastet werden. Dem will die

Bestimmung in § 12 vorbeugen, wonach die Unterverteilung des Umlagebedarfs seitens der Landkreise auf die einzelnen Kreisteile im Wege der Mehr= und Minderbelastung bzw. der ausschließlichen Belastung von Kreisteilen gemäß § 10 KPAG. vom 23. 4. 1906 (GS. 159) erfolgen kann (vgl. Anm. 5 u. 6 zu § 12).

An den Beratungen des Kreistages und Kreisausschusses über Verbandsangelegenheiten nehmen in Ermangelung einer ausdrücklichen abweichenden Gesetzesbestimmung auch die Vertreter derjenigen zum Kreise gehörigen Gemeinden teil, die selbständige Verbandsglieder sind.

§ 3.

Der Zweckverband bildet einen Kommunalverband[1]) zur Selbstverwaltung[2]) seiner Angelegenheiten[3]) mit den Rechten einer Korporation[4])[5]). Er erhält die Bezeichnung „Verband Groß Berlin". Sein Sitz ist die Stadt Berlin.

[1]) Vgl. die ähnlichen Bestimmungen für die Kreise in § 2 KrO. und für die Provinzen in § 1 PrO.

[2]) Selbstverwaltung ist die Verrichtung staatlicher Funktionen durch Verbände, welche dem Staate zwar untergeordnet sind, aber innerhalb ihres abgegrenzten Zuständigkeitskreises vermittels ihrer verfassungsmäßigen, in der Regel selbstgewählten Organe selbständig und mit eigener Verantwortlichkeit zu handeln berufen sind. Ob die Organe des Selbstverwaltungskörpers in der Hauptsache aus unbesoldeten oder aus besoldeten Beamten bestehen, ist für den Begriff der Selbstverwaltung unerheblich. Den Gegensatz zur Selbstverwaltung bildet nicht die Verwaltung durch besoldete Beamte, sondern die durch staatliche Behörden (vgl. Preuß, Städt. Amtsrecht S. 117).

Ihre materielle Grenze findet die Selbstverwaltung des Zweckverbandes in der Begrenzung seiner Aufgaben nach § 1 Nr. 1—3, ihre formelle Grenze in dem staatlichen Aufsichts=

recht. Das Nähere hierüber und über die Grenzen des Aufsichtsrechts bei § 38.

[3]) Der Begriff der „Angelegenheiten" im Sinne des § 3 ist umfassender als der der „Aufgaben" im Sinne des § 1 Abs. 1; unter ihn fällt alles, was der Erfüllung der dem Verbande obliegenden Aufgaben unmittelbar oder mittelbar dient.

[4]) D. h. einer Korporation des öffentlichen Rechts (§ 25 ALR. II, 6, § 108 II, 8; BGB. § 89; s. auch StO. § 9). Als Korporation ist der Zweckverband juristische Person. Er besitzt daher Rechtsfähigkeit, Geschäfts- und Willensfähigkeit, in prozessualer Beziehung Parteifähigkeit (nicht auch Prozeßfähigkeit, s. unten).

a) Rechtsfähigkeit. Der Verband kann als Rechtssubjekt Träger von Rechten, und zwar sowohl öffentlicher als auch privater Rechte sein. In letzterer Beziehung steht der Zweckverband als juristische Person den physischen Personen im wesentlichen gleich. Er kann für sich eine Firma (§ 36 HGB.) sowie gewerbliche und kaufmännische Zeichen eintragen lassen, Urheber- und Erfinderrechte besitzen. Er kann ferner Eigentum, sonstige dingliche Rechte und Forderungen ebenso wie eine physische Person erwerben, insbesondere auch Grundeigentum, wozu er ebensowenig wie zur Veräußerung irgendwelcher Genehmigung bedarf (anders für Städte nach § 50 StO. und für Kreise nach § 176 KrO.). Er kann wie eine physische Person zu Erben eingesetzt, unter Lebenden und von Todes wegen mit Schenkungen bzw. Vermächtnissen bedacht werden. Nach Art. 86 EG.BGB. in Verbindung mit Art. 6 Pr.AG.BGB. bedarf es indessen zur Annahme solcher Zuwendungen, welche den Betrag von 5000 Mark übersteigen, Königlicher Genehmigung. Beim Mangel der Königlichen Genehmigung ist die *ganze* Zuwendung ungültig; die erteilte Genehmigung wirkt ex tunc.

b) Geschäfts- und Willensfähigkeit. Der Wille des Verbandes kommt zur Entstehung und zum Ausdruck durch seine Willensorgane (Verbandsversammlung, Verbandsausschuß und Verbandsdirektor) bzw. durch die von diesen Organen für bestimmte Geschäftskreise oder Geschäfte mit ihrer Vertretung im Willen beauftragten anderweiten Organe (Verbandsbeamten). Rechtsgeschäfte, welche die zur Vertretung berufenen Organe des Verbandes als solche abgeschlossen haben, verpflichten nicht die Organe persönlich, sondern den Verband (§ 164 BGB.).

Für das kontraktliche Verschulden seiner Organe haftet der Zweckverband nach § 278 BGB. Hinsichtlich seiner Haftung für außerkontraktliches Verschulden seiner Willensorgane bestimmt § 31 BGB. (auf Grund des § 89 BGB. auch für den Verband geltend):

> „Der Verein ist für den Schaden verantwortlich, den der Vorstand, ein Mitglied des Vorstandes oder ein anderer verfassungsmäßig berufener Vertreter durch eine in Ausführung der ihm zustehenden Verrichtungen begangene, zum Schadensersatze verpflichtende Handlung einem Dritten zufügt."

Sonach ist die Haftung auf die Handlungen der verfassungsmäßigen Willensorgane beschränkt (s. Planck, Kommentar z. BGB. zu § 31).

Technische Beamte sind regelmäßig nicht verfassungsmäßige Willensorgane; doch kann z. B. der Direktor einer von dem Zweckverband betriebenen Straßenbahn ein gemäß § 30 BGB. für die Geschäfte der Bahnverwaltung bestellter besonderer Vertreter und als solcher ein „anderer" verfassungsmäßig berufener Vertreter des Zweckverbandes im Sinne des § 31 BGB. sein (RGZ. 70 S. 120 und im PrVBl. 32 S. 154; vgl. jedoch auch RG. im PrVBl. 31 S. 786). Hiervon abgesehen haftet der Verband für die (außerkontraktlichen) schuldhaften Handlungen der technischen Beamten nur, wenn seinen verfassungsmäßigen Willensorganen bei der Auswahl oder Beaufsichtigung der technischen Beamten ein Versehen zur Last fällt oder der Beamte kraft ausdrücklichen Auftrages schuldhaft handelt (§ 831 Satz 2 BGB., RGZ. 53 S. 278 und 55 S. 229, PrVBl. 25 S. 352 und 27 S. 268).

§ 31 BGB. bezieht sich nicht auf solche schuldhaften Handlungen, welche ein Verbandsorgan sich bei Ausübung der ihm zustehenden öffentlichen Gewalt zuschulden kommen läßt. Für diese Fälle ist das Gesetz vom 1. 8. 1909 (GS. 691) maßgebend. Danach hat der Verband, wenn ein für seinen Dienst angestellter Beamter in Ausübung der ihm anvertrauten öffentlichen Gewalt vorsätzlich oder fahrlässig die ihm einem Dritten gegenüber obliegende Amtspflicht verletzt, dem Dritten den daraus entstehenden Schaden zu ersetzen. Fällt dem Beamten Fahrlässigkeit zur Last, so kann der Verband nur in Anspruch genommen werden, wenn der Verletzte nicht auf andere Weise Ersatz zu erlangen vermag. Ist die Verantwortlichkeit des Beamten deshalb ausgeschlossen, weil er den Schaden im Zustand der Bewußtlosigkeit oder in einem die freie Willensbestimmung ausschließenden Zustande krankhafter Störung der Geistestätigkeit verursacht hat, so hat gleichwohl der Verband den Schaden zu ersetzen, wie wenn dem Beamten Fahrlässigkeit zur Last fiele, jedoch nur insoweit, als die Billigkeit die Schadloshaltung erfordert.

Wird der Verband wegen vorsätzlicher oder fahrlässiger Amtspflichtverletzung eines Beamten in Anspruch genommen, so finden auf die Feststellung, ob der Beamte sich einer Überschreitung seiner Amtsbefugnisse oder der Unterlassung einer ihm obliegenden Amtshandlung schuldig gemacht hat, die für den Fall der Verfolgung des Beamten geltenden Vorschriften entsprechende Anwendung. Es kann daher der Oberpräsident, wenn er der Meinung ist, daß dem Beamten keine Verletzung seiner Dienstpflichten zur Last fällt, den Konflikt erheben und damit herbeiführen, daß vor zivilrechtlicher Inanspruchnahme des Verbandes vom Oberverwaltungsgericht festgestellt wird, ob der Beamte in der Tat sich der Verletzung einer Dienstpflicht schuldig gemacht hat (§ 11 EG.GVG. vom 27. 1. 1877, Ges. vom 13. 2. 1854 [GS. 86], insbesondere § 5). Hinsichtlich des Zeitpunktes, bis zu dem der Konflikt erhoben werden darf, vgl. MBl. 1904 S. 232 und PrVBl. 26 S. 237.

Der Verband kann von dem Beamten Ersatz des Schadens verlangen, den er durch die ihn treffende Verantwortlichkeit erleidet. Der Ersatzanspruch verjährt in drei Jahren von dem Zeitpunkt an, in dem der Ersatzanspruch des Dritten diesem gegenüber von dem Verbande anerkannt oder dem Verbande gegenüber rechtskräftig festgestellt ist.

c) Parteifähigkeit: Der Zweckverband kann als Rechtssubjekt (Partei) vor Gericht klagen und verklagt werden. Sein allgemeiner Gerichtsstand ist Berlin als sein Sitz (§§ 17, 22 ZPO.); welches der mehreren Berliner Amts- und Landgerichte zuständig ist, wird davon abhängen, in welcher Straße Berlins sich das Verwaltungsgebäude des Verbandes befindet. Prozeßfähig ist der Verband, wie die juristischen Personen im allgemeinen, nicht; er wird durch seinen gesetzlichen Vertreter, den Verbandsdirektor (§ 34 Abs. 3), vor Gericht vertreten. Zugestellt wird gemäß §§ 171—184 ZPO. an den Verbandsdirektor oder in dessen Vertretung an einen in den Geschäftsräumen anwesenden Beamten oder Bediensteten des Verbandes. Ebenso hat der Verbandsdirektor regelmäßig für den Verband Parteieide zu leisten (§ 473 ZPO.).

[5]) Wird der Verband durch Nichterfüllung fälliger und ausgeklagter Verbindlichkeiten säumig, so ist er der Zwangsvollstreckung unterworfen. Handelt es sich dabei um Geldforderungen, so ist, soweit nicht dingliche Rechte verfolgt werden, nach § 15 EG.ZPO. in der Fassung des Art. II des Gesetzes vom 17. 5. 1898 (RGBl. S. 332) für die Zwangsvollstreckung noch immer Anhangsparagraph 153 zu § 45 I 24 AGO. in Geltung. Danach haben die Gerichte (die Gerichtsvollzieher sind unzuständig) die Zwangsvollstreckung anzuordnen, aber erst, nachdem der Oberpräsident über die Art der Zwangsvollstreckung Beschluß gefaßt hat. Nach OVG. 5 S. 86; 26 S. 145 ist Anhangsparagraph 153 zu § 45 I, 24 AGO. auch anzuwenden, wenn es sich um Vollstreckung

der Entscheidungen von Verwaltungsgerichten handelt. — Ist der Verband außerstande, die Schuld auf einmal zu tilgen, so muß die Zahlung allmählich aus den laufenden Einnahmen, ev. durch Erhebung von Umlagen von den Mitgliedern des Verbandes erfolgen. Die Einteilung der Schuld auf die Geschäftsjahre ist Sache der Verwaltungsbehörden, nicht der Gerichte (§§ 97, 98 ALR. II 6). Wegen der Zwangsetatisierung vgl. § 38 des Ges. und das daselbst Gesagte.

§ 4.

I. Der Verband kann Bahnen[1]) der im § 1 Ziffer 1 bezeichneten Art erwerben[2]), bauen[3]), betreiben[4]) oder durch Dritte betreiben lassen[5]). Soweit der Verband Bahnen herstellt, ändert, erweitert, betreibt oder betreiben läßt[6]), ist er berechtigt, die hierzu erforderlichen Wege, welche von den Kreisen oder Gemeinden (Gutsbezirken) des Verbandsgebiets zu unterhalten sind oder ihnen eigentümlich gehören[7]), gegen Entschädigung zu benutzen[8]). Entschädigung ist insbesondere dann zu gewähren, wenn infolge der Benutzung des Wegekörpers Anlagen, wie Baumpflanzungen, Kanalisations-, Gas-, Wasser-, elektrische Anlagen usw., geändert, verlegt oder beseitigt werden müssen[9]).

II[10]). Die Kreise und Gemeinden (Gutsbezirke)[11]) des Verbandsgebiets sind verpflichtet, dem Verband auf dessen Erfordern[12]) nach einer mit einjähriger Frist voraufgegangenen Ankündigung[13]) ihnen gehörige Bahnen[14]) mit allen damit verbundenen Rechten und Pflichten[15]) gegen Entschädigung[16]) zu Eigentum zu überlassen. Tritt dieser Fall ein, so können die beteiligten Kreise und Gemeinden (Gutsbezirke) verlangen, daß der Verband auch diejenigen ihnen gehörigen Bahnen übernimmt[17]), welche entweder mit den zu übereignenden Bahnen einheitlich betrieben werden[18]) oder deren Ertragsfähigkeit anderenfalls erheblich gemindert werden würde[19]). Darüber, ob eine dieser Voraussetzungen zutrifft, beschließt im Streitfalle die Beschlußbehörde für Groß Berlin[20]); gegen ihren Beschluß ist binnen vier Wochen die Beschwerde an die Minister der öffentlichen Arbeiten und des Innern zulässig[21]). Der Verband ist auf Verlangen[22]) der beteiligten Kreise oder Gemeinden (Gutsbezirke)[23]) verpflichtet[24]), mit der Übernahme des Bahnunternehmens[25]) die im Betriebe desselben[26]) angestellten Beamten[27]) mit ihren Besoldungs- und Ruhegehaltsansprüchen[28]) in seinen Dienst[29]) zu übernehmen. Die Beamten treten in diesem Falle in den Dienst des Verbandes über[30]).

III[31]). Mit dem Inkrafttreten dieses Gesetzes[32]) gehen die Rechte und Pflichten[33]), welche den Kreisen und Gemeinden (Gutsbezirken) des Verbandsgebiets in bezug[34]) auf staatlich genehmigte private Bahnunternehmungen, insbesondere aus Straßenbenutzungsverträgen[35]), zustehen, auf den Verband über, welcher die Kreise und Gemeinden (Gutsbezirke) hierfür zu entschädigen[36]) hat. Die Entschädigungspflicht fällt fort, wenn nach dem 1. Dezember 1910 abgeschlossene Verträge Zustimmungen auf Grund des § 6 des Kleinbahngesetzes vom 28. Juli 1892 (Gesetzsamml. S. 225) enthalten, welche zeitlich über die erteilte staatliche Genehmigung hinausgehen[37]). Falls und soweit der Wert der von Kreisen und Gemeinden in bezug auf private Bahnunternehmungen übernommenen Verpflichtungen denjenigen der erworbenen Rechte übersteigt, hat der Verband Entschädigung zu beanspruchen[38]). Der Verband kann die Erfüllung der auf ihn übergegangenen Verpflichtungen, soweit sie nicht in Geldleistungen bestehen, ganz oder teilweise den Kreisen und den Gemeinden (Gutsbezirken) des Verbandsgebiets innerhalb ihrer Bezirke für Rechnung des Verbandes übertragen[39]. Für die hierdurch entstehende geschäftliche Belastung[40] hat der Verband eine Entschädigung[41] zu gewähren.

Will oder kann der Verband Rechtsansprüche eines Kreises oder einer Gemeinde (eines Gutsbezirkes) an den Privatunternehmer, welche auf ihn übergegangen sind, für den Kreis oder die Gemeinde (den Gutsbezirk) nicht geltend machen, so hat er die Ansprüche zur eigenen Geltendmachung zurückzugewähren[42].

IV[43]. Die Rechte, welche im Falle der beabsichtigten Benutzung öffentlicher Wege zu privaten Bahnunternehmungen gemäß § 6 des Kleinbahngesetzes vom 28. Juli 1892 (Gesetzsamml. S. 225)[44] den Wegeunterhaltungspflichtigen[45] gegenüber den Unternehmern zustehen, gehen mit dem Inkrafttreten dieses Gesetzes auf den Verband mit der Maßgabe über, daß zu der im § 7 a. a. O. vorgesehenen Ergänzung der Zustimmung die Beschlußbehörde für Groß Berlin zuständig und gegen deren Beschluß binnen vier Wochen die Beschwerde bei dem Minister der öffentlichen Arbeiten zulässig ist[45]. Vor Erteilung einer Zustimmung zur Benutzung eines öffentlichen Weges für ein privates Bahnunternehmen hat der Verband sich des Einverständnisses des Wegeunterhaltungspflichtigen zu versichern[46]. Wird dieses versagt, so beschließt hierüber endgültig die Beschlußbehörde für Groß Berlin. Der Wegeunterhaltungspflichtige ist für den Verlust der Rechte, die ihm auf Grund des § 6 a. a. O. zustehen würden, von dem Verbande zu entschädigen[47]. Werden gegenüber den Unternehmern bei der Erteilung der Zustimmung von dem Verbande Verpflichtungen übernommen, so finden die Vorschriften der beiden letzten Sätze unter III Abs. 1 entsprechende Anwendung[48]).

V. Die Anlage, der Ausbau und der Betrieb von Bahnen[49]) durch Kreise oder Gemeinden (Gutsbezirke) des Verbandsgebiets bedarf, sofern bei dem Inkrafttreten dieses Gesetzes die staatliche Genehmigung hierzu noch nicht erteilt war, der Zustimmung der Verbandsversammlung[50]). Die Zustimmung darf nur versagt werden, wenn das Unternehmen den Interessen des Verbandes zuwiderläuft[51]). Gegen die Versagung ist binnen vier Wochen nach Zustellung des betreffenden Beschlusses die Beschwerde an die Beschlußbehörde für Groß Berlin und gegen deren Beschluß binnen der gleichen Frist die weitere Beschwerde an die Minister der öffentlichen Arbeiten und des Innern zulässig[52]).

VI. Eine Ergänzung der Zustimmung[53]) findet in den Fällen der Absätze IV und V nicht statt, wenn der Verband selbst die Genehmigung zu dem Bau und Betrieb einer Bahn bei den zuständigen Behörden (§§ 2ff. des Kleinbahngesetzes) nachsucht[54]).

VII. Die unter I bis IV vorgesehenen Entschädigungen[55]) sind, wenn keine Einigung erzielt wird, durch die Beschlußbehörde für Groß Berlin festzusetzen[56])[57]). Gegen diesen Beschluß steht den Beteiligten binnen vier Wochen, von der Zustellung ab gerechnet, die Klage im Verwaltungsstreitverfahren bei dem Oberverwaltungsgericht offen.

VIII. Über Streitigkeiten, welche, abgesehen von den Fällen der Entschädigung[58]), sich aus den in diesem Paragraphen geregelten Beziehungen zwischen dem Verband und den Kreisen, Gemeinden oder Gutsbezirken des

Verbandsgebiets ergeben, beschließt, soweit nicht anderweite Bestimmung getroffen ist[59]), endgültig die Beschlußbehörde für Groß Berlin[60])[61]).

Vorbemerkung. Der § 4 enthält die nähere Ausführung zu § 1 Ziff. 1 des Gesetzes. Er erschöpft die Sondervorschriften des Gesetzes über den Verband als Unternehmer von Eisenbahnen und seine Stellung gegenüber den Eisenbahnunternehmungen im Verbandsgebiete fast ganz. Nur im § 11 Abs. 3 ist noch eine das gleiche Gebiet betreffende Sonderbestimmung (Verteilung des Geldbedarfs für Bahnunternehmungen) enthalten. Ziff. I und VI enthalten Vorschriften für die Fälle, daß der Verband selbst als Unternehmer auftritt. Ziff. II und V handeln von Unternehmungen der Verbandsglieder, und zwar Ziff. II von dem Erwerbe solcher Bahnen durch den Verband und Ziff. V von dem Rechte des Eigenbetriebs einer Bahn durch ein Verbandsglied. Ziff. III und IV regeln die Stellung des Verbandes zu fremder Unternehmern, außer den Verbandsgliedern. § 4, VII und VIII endlich enthalten formelles Recht und setzen die Zuständigkeit der Beschlußbehörde für Groß Berlin für Streitigkeiten fest, und zwar hinsichtlich der Entschädigungsfrage (s. unten Anm. 55) vorbehaltlich des Verwaltungsstreitverfahrens.

[1]) Die im § 1 Ziff. 1 bezeichneten Bahnen sind „die öffentlichen auf Schienen betriebenen Transportanstalten mit Ausnahme der Staatseisenbahnen". Bei strenger Auslegung nach dem Wortlaut würde dadurch der Erwerb von Staatsbahnen ausgeschlossen sein. Das erscheint auffallend; denn wenn auch zunächst ein solcher Erwerb nicht praktisch werden wird, ist doch nicht einzusehen, aus welchem Grunde man z. B. den Übergang einer einzelnen Staatsbahnlinie und ihre Einverleibung in ein zukünftiges Netz von Verbandsbahnen für unzulässig halten sollte. Jedoch kann man den § 4 in bezug auf § 1 Ziff. 1 nicht wörtlich auslegen. Die

Ausnahme im § 1 Ziff. 1 hat ihren gesetzgeberischen Zweck darin, daß die mannigfachen Beziehungen des Staates als Eisenbahnunternehmer zu den Einzelgemeinden und Gutsbezirken unverändert bleiben sollen — solange die Transportanstalten eben vom Staate betrieben werden. Soll eine Bahn aufhören, als Staatseisenbahn zu bestehen, so würde es dem Sinne des Gesetzes widersprechen, wenn gerade der Verband als Rechtsnachfolger ausgeschlossen sein sollte. Schwieriger ist schon die Frage zu beantworten, ob der Verband eine Staatseisenbahn „betreiben" kann, weil hier auch nach dem Vertragsschluß ein „Verhältnis" zu einer Staatseisenbahn bestehen bleibt, das nach § 1 Ziff. 1 der Zuständigkeit des Verbandes entzogen ist. Gewollt war eine Verneinung der Frage sicherlich nicht. Aus den Materialien ergibt sich für eine Auslegung des Gesetzes in dieser Beziehung nichts. Die Worte „mit Ausnahme der Staatseisenbahnen" wurden durch die Kommission des Abgeordnetenhauses ohne Debatte eingefügt (VerAH. S. 3061). Im § 4 Abs. 1 blieb aber die Bezugnahme auf § 1 Ziff. 1 bestehen. Man wird annehmen müssen, daß entsprechend der ursprünglichen Fassung die Worte „der im § 1 Ziff. 1 bezeichneten Art" lediglich auf die *technischen* Eigenschaften der Transportanstalten hinzielen und durch die Änderung des § 1 Ziff. 1 eine Einschränkung des Begriffes „Bahnen" im Sinne des § 4 nicht beabsichtigt war.

Daß die Bezugnahme auf § 1 Ziff. 1 ungenau ist und keinesfalls wörtlich ausgelegt werden kann, geht auch aus folgendem hervor. Da § 1 Ziff. 1 nur von *öffentlichen* Transportanstalten spricht, so würden auch unter den § 4 nur *öffentliche*, d. h. dem allgemeinen Güter- und Personentransport eröffnete Bahnen fallen. Daß z. B. eine nur den Zwecken eines Privatetablissements bisher dienende Bahn nicht *erworben* werden sollte, um sie künftig in das Netz der öffentlichen Verbandsbahnen einzubeziehen, wäre aber jeden Sinnes bar. Richtig ist allerdings, daß eine Bahn, die nur

Zwecken dient, die dem Verbande fremd sind, nicht Gegenstand der Verbandstätigkeit werden kann. Ohne Zweifel hat aber nicht gehindert werden sollen, daß der Verband für seine Zwecke auch nicht öffentliche Bahnen erwirbt, baut und betreibt, z. B. eine Privatanschlußbahn an eine Verbandsbahn zum Zwecke der Herbeischaffung von Betriebsbedürfnissen. Solche Bahnen sind dann nicht Bestandteile des (öffentlichen) Bahnunternehmens, wenn sie nicht zum Betriebe notwendig sind, sondern nur aus Gründen der Zweckmäßigkeit betrieben werden. Als zutreffendes Beispiel führt Gleim (Anm. 1 zu § 43 KlbGes. S. 239) Anschlußgleise zur Beschaffung von Kies unter Hinweis auf ME. vom 13. 7. 1893, IV 3602, III 15244f. an (vgl. auch Eger KlbGes. S. 414). Derartige Anlagen zu verbieten, hieße der freien Entscheidung des Verbandes über die wirtschaftliche Gestaltung seiner Unternehmungen Gewalt antun.

Zielt also § 4 Abs. 1 mit seinem Hinweis auf § 1 Ziff. 1 lediglich auf die technische Seite hin, so ergibt sich, daß der Verband das Recht hat, Bahnen, die dem Transport dienen und auf Schienen laufen, zu erwerben, zu bauen, zu betreiben und betreiben zu lassen. Über den Begriff „Transportanstalten und Schienen" s. Anm. 6, 7 zu § 1.

Es macht rechtlich keinen Unterschied, ob es sich um Voll- und Nebenbahnen, die dem Eisenbahngesetz vom 3. 11. 1838 (GS. 505) unterworfen sind oder um dem Kleinbahngesetz vom 28. 7. 1892 (GS. 225) unterliegende Kleinbahnen handelt. Tatsächlich wird eine Gründung und Übernahme von eigentlichen Eisenbahnen, d. h. Teilen des allgemeinen Verkehrsnetzes, selten sein. Eine solche wird höchstens in Frage kommen, soweit es sich um Nebenbahnen, d. s. Bahnen für den mittleren Verkehr, handelt, für die mildere Vorschriften für Bau und Betrieb gelten (vgl. Eisenbahnbau- und -betriebsordnung vom 4. 11. 1904, RGBl. 387). Die einzige gegenwärtig im Verbandsgebiete betriebene Privatnebenbahn ist die Eisenbahn Reinickendorf—Liebenwalde—Groß-Schönebeck. Alle anderen im Verbandsgebiet betriebenen Eisenbahnen im Sinne des Gesetzes vom 3. 11. 1838 sind Staatseisenbahnen, die zum größten Teile im Verbandsgebiet liegende Militäreisenbahn Berlin—Jüterbog ist Reichseigentum (Reichsmilitärfiskus).

Vorzugsweise ist im § 1 Ziff. 1 und § 4 an die Kleinbahnen gedacht.

„Kleinbahnen sind die dem öffentlichen Verkehre dienenden Eisenbahnen, welche wegen ihrer geringen Bedeutung für den allgemeinen Eisenbahnverkehr dem Gesetze über die Eisenbahnunternehmungen vom 3. 11. 1838 (GS. 505) nicht unterliegen.

Insbesondere sind Kleinbahnen der Regel nach solche Bahnen, welche hauptsächlich den örtlichen Verkehr innerhalb eines Gemeindebezirks oder benachbarter Gemeindebezirke vermitteln, sowie Bahnen, welche nicht mit Lokomotiven betrieben werden.

Ob die Voraussetzung für die Anwendbarkeit des Gesetzes vom 3. 11. 1838 vorliegt, entscheidet auf Anrufen der Beteiligten das Staatsministerium." (§ 1 KlbGes. vom 28. 7. 1892.)

Die Kleinbahnen gliedern sich — nach dem Maße der an sie in technischer und Verkehrshinsicht zu stellenden Anforderungen — in Straßenbahnen für den eigentlichen Orts- und hauptsächlich für den Personenverkehr, und nebenbahnähnliche Kleinbahnen; das sind solche, die über den Ortsverkehr hinaus den Güter- und Personenverkehr von Ort zu Ort vermitteln (AusfAnw. z. KlbGes. vom 13. 8. 1898 Einl. und zu §§ 3, 5, 11, 22, 32). Über das Recht der Kleinbahnen vgl. die Kommentare von Eger 2. Aufl. 1904, Gleim 4. Aufl. 1907, Jerusalem 1893, Lochte 1903, Koehne 1903; fernere Literaturangaben bei Eger, Eisenbahnrecht (Handelshochschulbibliothek Bd. 5, Leipzig, Glöckner 1910) S. 22. Der größte Teil des Kleinbahnnetzes im Verbandsgebiet besteht aus Straßenbahnen (18 einschließlich der Untergrund- und Hochbahnen). Die Unterscheidung zwischen Straßen- und Schnellbahnen (Begr. S. 15, Drucks. Bd. 2 S. 978) hat nur technische, keine rechtliche Bedeutung. Die (7) nebenbahnähnlichen Kleinbahnen treten den Straßenbahnen gegenüber an Bedeutung fast völlig zurück. Ein Verzeichnis aller Bahnen im Verbandsgebiet (s. Anl. zum VerAH. 3112 f.).

Nicht gesagt ist, daß die Bahnen, die der Verband erwerben usw. kann, nur im Verbandsgebiet betrieben werden dürfen. Es wird auch selbst für zulässig gelten müssen, daß der Verband eine Fernbahn außerhalb des Verbandsgebietes zu gründen und zu erwerben unternimmt. Aus dem Zwecke des Gesetzes, insbesondere aus § 3, wonach der Verband einen Kommunalverband zur Selbstverwaltung seiner Angelegenheiten bildet, folgt aber, daß eine solche Bahn dem Verkehrsinteresse der Verbandsglieder unmittelbar dienen muß. Vorzugsweise wird es sich hier um Verlängerung von Bahnlinien des Verbandes über das Verbandsgebiet hinaus zur Erreichung des Anschlusses an das Staatsbahnnetz oder andere Neben- und Kleinbahnen handeln.

Zu den Bahnen, deren Erwerb, Bau und Betrieb Verbandssache sein kann, gehören, wie schon oben S. 21 beiläufig erwähnt ist, auch die Nebenbetriebe. Gänzlich außer Zweifel ist dies bei den Veranstaltungen, die Zubehör oder Bestandteile der Bahn sind, wie z. B. Elektrizitätswerke zur Erzeugung des Stromes für die elektrisch betriebenen Bahnen (KG. 2. Straffen., Ztschr. f. Klb. 1904 S. 26, Gleim S. 184), Reparaturwerkstätten u. ä. Man wird aber das gleiche auch für die bloßen Hilfsbetriebe, wenn sie dem Bahnbetrieb zu dienen bestimmt sind, anzunehmen haben. Bedingung ist freilich, daß sie ausschließlich den Zwecken der Bahn dienen. Hierher gehören, wie bei den Eisenbahnen, z. B. Fahrkartendruckereien, Gasbereitungsanstalten, Elektrizitätswerke für die Beleuchtung, Wagenbauanstalten usw. Ein anschließender Schiffahrtsbetrieb kann nicht in Frage kommen, weil er kein Hilfsbetrieb der Bahn ist und dem Verbande als selbständiges Unternehmen nicht zusteht. Der Betrieb von Fähren und auch von auf kurzen Strecken zur Verbindung zweier Bahnlinien unterhaltenen gleislosen Fahrzeugen (Omnibussen) muß als bloßer Hilfsbetrieb dann zulässig sein, wenn er technisch und wirtschaftlich notwendig ist und nur den Reisenden mit durchgehenden Bahnfahrkarten zur Verfügung steht. Dagegen ist, wie die Materialien ergeben, der selbständige Betrieb gleisloser Fahrzeuge von den Verbandszwecken bewußt ausgeschlossen worden (Begr. S. 15, 16, VerAH. S. 3061) und somit auch der Betrieb von Automobilomnibussen als Zubringerlinien unzulässig (vgl. auch § 1 Anm. 6).

[2]) Erwerben und Bauen sind die beiden Entstehungsgründe für das Bahneigentum. Unter Erwerben ist der Erwerb vollendeter Bahnen zu Eigentum zu verstehen. Eine bloße Pachtung fällt darunter nicht. Sie ist aber nicht ausgeschlossen, wie das Wort „betreiben“ zeigt. Daß sich dieses etwa nur auf eigene Bahnen bezieht, ist schwerlich anzunehmen. Erworben kann eine Bahn entgeltlich oder unentgeltlich werden. Für Bahnen der Kreise und Gemeinden des Verbandsbezirkes ist im § 4, II eine Art des zwangsweisen Erwerbes durch den Verband zugelassen. Gegenüber privaten Bahnunternehmungen besteht ein gesetzliches Erwerbsrecht des Verbandes nicht (vgl. hierzu den zurückgezogenen Antrag 6, VerAH. S. 3063 ff.).

Das Eigentum an dem Bahnunternehmen wird durch Auflassung und Eintragung in das Bahngrundbuch übertragen (Bahneinheitsgesetz v. $\frac{19.\ 8.\ 1895}{8.\ 7.\ 1902}$ GS. 238 § 16; vgl. hierzu Eger, Bahneinheitsges. S. 153 und derselbe, Eisenbahnrecht 1910 S. 72 f.). Der dem Eigentumserwerbe zugrunde liegende Kaufvertrag bedarf nach § 313 BGB. und § 16 BEG. der gerichtlichen oder notariellen Beurkundung. Über die Bestellung von Urkundsbeamten nach Art. 12 § 2 AG.BGB. s. § 85 Anm. 2.

Der Erwerb der Bahnliegenschaften bedarf an sich keiner Genehmigung (s. Anm. 3 zu § 3 Anm. 32 zu § 20). Dadurch, daß der Erwerb des Eigentums an einem Bahnunternehmen als solchem durch Auflassung und Eintragung in das Bahngrundbuch erfolgt, eine Eintragung der Eigentumsänderung in das Grundbuch aber davon abhängig ist, daß der Erwerber die Genehmigung zum Betriebe der Bahn erhalten hat (§ 2 Abs. 2, §§ 3, 8 Satz 2, § 11 BEG.; vgl. Eger, Bahneinheitsges. S. 154), entsteht die Frage, ob der Verband, bevor er eine Bahn als solche eigentümlich erwirbt, der Konzession im Sinne des Eisenbahngesetzes oder der Genehmigung im Sinne des Kleinbahngesetzes bedarf (siehe Anm. 3). Bei dem Mangel einer befreienden Sonderbestimmung muß dies bejaht werden. Daß, wer eine Eisenbahn von dem Konzessionar oder eine Kleinbahn von dem Inhaber der staatlichen Genehmigung erwirbt, der erneuten Genehmigung bedarf, folgt für Eisenbahnen aus dem höchstpersönlichen Charakter des erteilten Privilegs, für Kleinbahnen — wenn man selbst mit Gleim, Kleinbahnges. S. 59 ff. gegen Eger, dass. S. 32 ff. hier den Charakter der Genehmigung als eines Privilegs leugnet und ihr nur die Natur einer polizeilichen Genehmigung zubilligt — aus § 2 KlbG., das für „wesentliche Änderungen des Unternehmens" eine Genehmigung der zuständigen Behörde (s. unten Anm. 3) vorsieht (vgl. Eger, Kleinbahnges. S. 45; Gleim, dass. S. 72 f.; ME. v. 15. 1. 1903; Ztschr. f. Kleinb. S. 120). Daraus, daß das Gesetz ausdrücklich sagt, der Verband könne Bahnen „erwerben" und „betreiben", ist nun nicht zu folgern, daß damit eine Ausnahme von den auf dem Eisenbahnhoheitsrecht des Staates beruhenden Vorschriften über die Berechtigung zum Betrieb einer einzelnen Eisen- oder Kleinbahn gegeben werden und dem Verband eine die Spezialkonzession ersetzende Generalkonzession gegeben werden sollte. Der § 4 Abs. 1 Satz 1 behandelt lediglich die Zuständigkeit des Verbandes und sagt nur, daß zum Verbandszweck der Erwerb usw. von Bahnen gemacht werden darf. Der Verband hat keine weiteren Rechte dadurch erhalten, als sie jede Gemeinde hat, die auch innerhalb ihrer kommunalen Zuständigkeit Bahnen erwerben, bauen und betreiben kann. Auch sie bedarf, wenn sie eine bereits konzessionierte Bahn erwirbt, der erneuten Genehmigung, selbst im Falle des § 6 KlbG. (Vorbehalt des Erwerbs durch den Wegeunterhaltungspflichtigen; zustimmend Gleim, Kleinbahngeſ. S. 122; Eger S. 134). Wenn Gleim a. a. O. der Erneuerung der Genehmigung bei Erwerb durch den Wegeunterhaltungspflichtigen wohl nicht ganz mit Recht nur eine „formale" Bedeutung zubilligt (da nicht unter allen Umständen die wegeunterhaltungspflichtige Kommune als Kleinbahnkonzessionär geeignet zu sein braucht), so erfüllt doch die infolge des Mangels einer ausdrücklichen Sondervorschrift nötige Erneuerung der Genehmigung für den Verband Groß Berlin nur eine Form; denn die vorzugsweise Eignung des Verbandes zum Betriebe jeder Art von Bahnen vor allen sonst im Verbandsgebiet dazu befähigten physischen und juristischen Personen ist ja im Gesetze besonders anerkannt.

[8]) Bauen bedeutet nicht nur die technische Herstellung, sondern auch die Gründung der Bahnen, sei es zum eigenen Betrieb, sei es zum Zwecke der Überlassung des Betriebes an Dritte (Anm. 5). Der Ausdruck „bauen" ist ungenau; denn er könnte auch bedeuten, daß der Verband fremde Bahnen bauen könnte (etwa in Generalentreprise), was nicht gemeint ist. Zur Gründung von Eisenbahnen, die dem Eisenbahngesetz vom 3. 11. 1838 unterliegen, bedarf es der Konzession durch den König. Über das Konzessionsverfahren s. Eger, Handbuch des Eisenbahnrechts, Breslau 1889, I, S. 92 ff., 104 ff. und „Eisenbahnrecht", Leipzig 1910, S. 28 ff. Auf Grund der erteilten Konzession werden die speziellen Vorarbeiten vorgenommen, und demnächst wird die landespolizeiliche — dem Minister der öffentlichen Arbeiten vorbehaltene (ME. 24. 10. 1900 EVBl. S. 511) — Genehmigung nach-

gesucht. — Die Genehmigung zur Herstellung und zum Betriebe von Kleinbahnen (über deren rechtlichen Charakter als Konzession oder polizeiliche Erlaubnis Streit besteht — vgl. Eger S. 32 ff. und Gleim S. 59 ff.) wird für die mit Maschinenkraft betriebenen Kleinbahnen für den Landespolizeibezirk Berlin von dem Polizeipräsidenten (über dessen Umfang s. Anm. 2 zu § 8), für den dem Regierungspräsidenten in Potsdam unterstellten Bezirk von diesem erteilt, in beiden Fällen im Einvernehmen mit der von dem Minister der öffentlichen Arbeiten bezeichneten Eisenbahnbehörde (§ 3 KlbG.). Geht die Bahn durch beide Landespolizeibezirke des Verbandsgebietes (Berlin und Potsdam), so bestimmt der Minister der öffentlichen Arbeiten und der Minister des Innern die Genehmigungsbehörde (ME. 30. 4. 1902, Ztschr. f. Kleinb. S. 381, der die ME. v. 2. 10. 1892, 2. 3. 1893 über die Zuständigkeit des Polizeipräsidenten von Berlin für Bahnen, die Berlin und gleichzeitig Charlottenburg, Teltow oder Niederbarnim berühren, aufhebt). Wegen der Genehmigungsbehörde für Bahnen ohne Maschinenkraft, die kaum noch in Betracht kommen, s. § 3 Ziff. 2a—c KlbG. Über die Voraussetzungen der Genehmigung und den Gang des Verfahrens s. § 4 ff. KlBG. und die Kommentare von Eger und Gleim dazu, ferner Eger, Eisenbahnrecht, Leipzig 1910, S. 38 ff. Wird dem Verbande die Genehmigung versagt, so steht ihm nach § 52 KlbG. die Beschwerde an den Minister der öffentlichen Arbeiten zu. Zur Anlegung von Bahnen in den Straßen Berlins — aber nur hier, nicht in den städtischen Nachbarorten — bedarf es Königlicher Genehmigung (§ 39 KlbG.).

[4]) Die ausdrückliche Hervorhebung des Rechtes, eine Bahn zu betreiben, deutet darauf hin, daß nicht nur die Befugnis begründet werden sollte, eigene Bahnen zu betreiben, sondern auch den Betrieb fremder Bahnen zu übernehmen. Es steht danach nichts im Wege, daß der Verband vertraglich den Betrieb einer Bahn eines Verbands-

gliedes oder einer Privatbahn, ohne sie zum Eigentum zu erwerben, übernimmt, etwa um sie im Anschluß an eigene Bahnen zu betreiben.

[5]) Der „Dritte", durch den der Verband eine Bahn betreiben lassen kann, kann eine physische Person, eine Handelsgesellschaft oder auch eine juristische Person des privaten oder öffentlichen Rechtes sein, zu deren Zuständigkeitskreis der Bahnbetrieb gehört. Auch hier ist wieder die Frage aufzuwerfen, ob durch die Vorschrift des Gesetzes allgemein angeordnet ist, daß der Verband die ihm erteilte Konzession oder Genehmigung übertragen könne oder ob die Betriebsüberlassung der Genehmigung der eisenbahn- oder kleinbahngesetzlichen Aufsichtsbehörde bedarf. Es muß, wie sich aus den Materialien ergibt (insbesondere VerHH. S. 472) angenommen werden, daß für den Verband gegenüber der Rechtsstellung anderer Kommunen im Eisenbahn- und Kleinbahnwesen eine Sonderstellung nicht begründet werden sollte. Die Überlassung des Betriebes an einen Dritten bedarf daher der Genehmigung der Konzessions-, bei Kleinbahnen der Genehmigungsbehörde. Eine Ausnahme gilt nur bei der lediglich privatrechtlichen Überlassung des Betriebes an einen Dritten, die die Stellung des Verbandes als Unternehmer der Aufsichtsbehörde gegenüber unberührt läßt (vgl. ME. v. 15. 1. 1903, Ztschrft. f. Kleinb. X S. 120). Die Überlassung des Betriebes kann auch an Verbandsglieder lediglich im Wege der freien Vereinbarung erfolgen. Die von der Kommission des Abgeordnetenhauses eingefügte Vorschrift, nach der der Verband einzelnen Verbandsgliedern den Betrieb seiner Bahnen zum Betriebe auch gegen ihren Willen übertragen konnte, ist vom Herrenhause gestrichen worden (VerHH. S. 473).

[6]) Durch die Häufung der Prädikate: „herstellt, ändert, erweitert, betreibt oder betreiben läßt", ist ausgedrückt, daß dem Rechte des Verbandes als Bahnunternehmer keine Schranke gesetzt ist. Wenn er also eine Verbands-

bahn durch einen Dritten — z. B. den früheren Unternehmer — weiter betreiben läßt, kann ungeachtet der Eigenschaft des Betreibenden als Privatperson auch dieser von dem Rechte der Straßenbenutzung Gebrauch machen. Das gleiche gilt, wenn der Verband umgekehrt eine Privatbahn in eigenen Betrieb nimmt.

⁷) Das Benutzungsrecht ist nicht nur für öffentliche Wege, sondern auch für private Wege gegeben, die von den Kreisen usw. zu unterhalten sind oder ihnen gehören (VerAH. S. 3066). Die Vorschrift greift daher sowohl in das öffentliche (Unterhaltungs-) wie in das private (Eigentums-) Recht der Verbandsterritorien ein. Eine wesentliche Abweichung von der erwähnten Vorschrift des § 6 KlBG. liegt darin aber nicht, wie anscheinend bei den Beratungen der Herrenhauskommission (VerHH. S. 471 f., vgl. auch StenVerHH. S. 286 f.) angenommen wurde. Auch die Ergänzung der Zustimmung nach § 7 KlbG. stellt einen zwangsweisen Eingriff in das Privateigentum dann dar, wenn es dem Wegeunterhaltungspflichtigen zusteht. Es bedarf dann nicht etwa der Enteignung (Gleim, Kleinbahngeſ. S. 104, 107, VerAH. betr. das Kleinbahngeſ. S. 21). Steht aber das Privateigentum an dem öffentlichen Wege einem anderen als dem Wegeunterhaltungspflichtigen zu, so bedarf es nach § 6 KlbG. der Enteignung (§ 1, 6 EnteignG. v. 11. 6. 1874, OVG. 10 S. 198 ff.). Das gleiche ist auch nach § 4 I Satz 2 des ZweckverbG. f. Groß Berlin der Fall, jedoch mit der Ausnahme, daß das Privateigentum eines anderen als des Wegeunterhaltungspflichtigen dann nicht in Betracht kommt, wenn das Eigentum an dem Wege zwar nicht dem Unterhaltungspflichtigen, wohl aber einem anderen Kreise oder einer anderen Gemeinde oder einem anderen Gutsbezirk des Verbandsgebietes zusteht. Derartige Verhältnisse finden sich z. B. bei einigen Vororten Berlins, wo die Vorortgemeinde Eigentümerin der Straße, die Stadt Berlin teilweise aber rezeßmäßig straßenunterhaltungspflichtig ist.

⁸) Die Bestimmung des § 4 I Satz 2 modifiziert die allgemein für Kleinbahnunternehmungen nach § 6 KlbG. geltende Vorschrift über die Wegebenutzung durch den Unternehmer und paßt sie den Verhältnissen des Zweckverbandes an. § 6 KlbG. schreibt vor:

„Soweit ein öffentlicher Weg benutzt werden soll, hat der Unternehmer die Zustimmung der aus Gründen des öffentlichen Rechtes zur Unterhaltung des Weges Verpflichteten beizubringen.

Der Unternehmer ist mangels anderweitiger Vereinbarung zur Unterhaltung und Wiederherstellung des benutzten Wegeteiles verpflichtet und hat für diese Verpflichtung Sicherheit zu bestellen.

Die Unterhaltungspflichtigen (Abs. 1) können für die Benutzung des Weges ein angemessenes Entgelt beanspruchen, ingleichen sich den Erwerb der Bahn im ganzen nach Ablauf einer bestimmten Frist gegen angemessene Schadloshaltung des Unternehmers vorbehalten."

§ 7 läßt eine „Ergänzung" der Zustimmung des Wegeunterhaltungspflichtigen zu, und zwar

„soweit eine Provinz oder ein den Provinzen gleichstehender Kommunalverband beteiligt ist, durch Beschluß des Provinzialrates, wogegen die Beschwerde an den Minister der öffentlichen Arbeiten zulässig ist;

soweit eine Stadtgemeinde oder ein Kreis beteiligt ist oder es sich um einen mehrere Kreise berührenden Weg handelt, durch Beschluß des Bezirksausschusses, im übrigen durch Beschluß des Kreisausschusses (für Berlin durch den Oberpräsidenten § 43 Abs. 3 LVG.).

Durch den Ergänzungsbeschluß wird unter Ausschluß des Rechtsweges zugleich über die nach § 6 an den Unternehmer gestellten Ansprüche entschieden".

Ohne die Sondervorschrift des § 4 I Satz 2 würde diese Bestimmung auch für den Verband gegenüber den wegeunterhaltungspflichtigen Kreisen, Gemeinden (Gutsbezirken) gelten. So aber ist dem Verbande ohne die Notwendigkeit der Zustimmung des Wegeunterhaltungspflichtigen das Recht der Wegebenutzung gegeben. § 6 f. KlbG. hat daher für den Verband nur praktische Bedeutung, wenn er Bahnen außerhalb des Verbandsgebiets baut oder wenn er öffentliche Wege benutzen will, die weder von den Kreisen und Gemeinden (Gutsbezirken) des Verbandsgebiets zu unterhalten sind, noch ihnen gehören, z. B. Provinzialchausseen.

Unter Benutzung der Wege ist jede Inanspruchnahme für Kleinbahnzwecke zu verstehen, mag sie einen erheblichen Eingriff in die Substanz des Wegekörpers enthalten oder nicht. Auch der Einbau von Untergrundbahnen gehört hierher, wie der dritte Satz des § 4 I, der gerade mit Rücksicht auf diese Klasse von Bahnen eingefügt wurde (VerHH. S. 471 f.), beweist.

Die Benutzung ist nur gegen Entschädigung gestattet. Das Kleinbahngesetz sagt „angemessenes Entgelt". Der Entwurf des Gesetzes hatte im § 4, V für alle Fälle des Eingriffes in die Rechte der Verbandsglieder eine „angemessene Entschädigung" festzusetzen beabsichtigt. Nach der Begr. (S. 19) wollte er damit z. B. die Berücksichtigung des entgangenen Gewinns als unangemessen ausschließen. Tatsächlich kann aber unter Entschädigung, hier wie anderwärts im Gesetze, nur eine volle Entschädigung verstanden werden, woran übrigens das Wort „angemessen" nichts geändert hätte; denn „angemessen" ist nur eine Entschädigung, die dem von dem seither Berechtigten gebrachten Opfer entspricht. Von der Vorschrift des Kleinbahngesetzes („angemessenes Entgelt") unterscheidet sich die Vorschrift des Zweckverbandsgesetzes vornehmlich dadurch, daß unter Entschädigung ausschließlich Schadloshaltung durch geldwerte Leistungen zu verstehen ist, während „Entgelt" nach § 6 KlbG., wie Gleim S. 114 ff. zutreffend ausführt, auch Gegenleistungen anderer Art, namentlich Vorbehalt von Einwirkungen auf den Bahn=

betrieb im Verkehrsinteresse, einschließt (and. Ans. Eger, Kleinbahnges. S. 129 f.).

Anders als nach § 6 Abs. 2 KlbG. ist der Verband nicht verpflichtet, selbst für die Unterhaltung und Wiederherstellung des benutzten Wegeteiles zu sorgen. Die „Entschädigung" muß auch diese dem Wegeunterhaltungspflichtigen erwachsenden Lasten abgelten.

Entschädigung vom Verband kann nur der Wegeunterhaltungspflichtige und Wegeeigentümer fordern, nicht derjenige, der Rechte zur Wegebenutzung anderweit erworben hatte. Solche obligatorischen Rechte, namentlich Miete (z. B. über die Einlegung von Kabeln eines Elektrizitätswerkes in den Straßenkörper, RGZ. Bd. 40 S. 280) müssen vom Wegeunterhaltungspflichtigen oder Eigentümer beseitigt werden, wenn sie die Benutzung des Weges durch den Verband hindern. Die an den Wegepflichtigen zu zahlende Entschädigung begreift die Aufwendungen zur Beseitigung der Mietrechte in sich. Der in der Herrenhauskommission geäußerten gegenteiligen Ansicht kann nicht zugestimmt werden (VerHH. S. 472). Dauernde dingliche Rechte Privater am Straßenkörper können, wie das Eigentum, nur durch Enteignung beseitigt werden (§§ 1, 6 EnteignG. v. 21. 6. 1874, GS. S. 221). Das Recht der Benutzung von Wegen zu Bahnzwecken ergreift auch solche Wege, für die ein anderweitiges Benutzungsrecht für Bahnen, sei es eines Verbandsgliedes, sei es einer Verbandsgemeinde, besteht. Der Verband kann daher — die staatliche Genehmigung der Linie nach Eisenbahn- oder Kleinbahnrecht vorausgesetzt — unbedingt die Schienenwege der von Verbandsgliedern, Gemeinden und Gutsbesitzern betriebenen Bahnen mitbenutzen. Auf Grund des § 4 I Satz 2 kann nicht etwa Entschädigung für den Konkurrenzbetrieb, sondern nur für die Mitbenutzung der Straße gefordert werden. Eine Konkurrenz mit den Benutzungsrechten privater Bahnunternehmer kann im gleichen Umfange nicht eintreten. Da nach § 4, III mit dem Inkrafttreten des Gesetzes die Rechte und Pflichten der Kreise, Gemeinden usw. insbesondere aus Straßenbenutzungsverträgen in bezug auf Bahnunternehmungen auf den Verband übergehen, so beschränkt sich das Mitbenutzungsrecht für Bahnzwecke gegenüber den privaten Bahnunternehmern auf die Rechte, welche bisher nach den Verträgen dem Wegeunterhaltungspflichtigen zustanden.

[9]) Die Bestimmung ist streng genommen überflüssig. Auch ohne sie würde für derartige Eingriffe in die Rechte am Wegekörper Entschädigung zu gewähren sein (vgl. VerHH. S. 471). Die weitergehenden, sich an § 5 des Telegraphenwegegesetzes vom 18. 12. 1899, RGBl. 705, anschließenden Anträge, wonach die Beseitigung usw. derartiger Anlagen nur mit Zustimmung der Gemeinden und nur dann verlangt werden sollte, wenn die Anlagen ihrem Zwecke entsprechend anderweit untergebracht werden könnten, wurden in der Abgeordnetenhauskommission zurückgezogen und in der Herrenhauskommission abgelehnt (VerAH. S. 37; VerHH. S. 473).

Die Vorschrift in ihrer jetzigen Fassung verdankt ihre Entstehung aber auch der Hoffnung, es könne dadurch das Privateigentum anderer als der Wegepflichtigen vor Eingriffen geschützt werden. Schon oben Anm. 8 ist aber hervorgehoben, daß ein Entschädigungsanspruch dritter Besitzer derartiger Anlagen gegen den Verband weder durch den zweiten noch den dritten Satz des § 4 I gegeben ist. Derartige Drittbesitzer können sich nur an den Wegepflichtigen, gestützt auf ihre Vertragsrechte, halten. Soweit dieser zur Entschädigung verpflichtet ist, kann er gegen den Verband Rückgriff nehmen. Weitergehende Rechte Dritter sollten gegen den Verband nicht begründet werden. Es ist darum auch unzutreffend, wenn in der Herrenhauskommission (VerHH. S. 472) gesagt wurde, es könne z. B., wenn die Berliner Elektrizitätswerke durch den Verband gezwungen werden, ihre vertragsmäßig in den Straßen Berlins liegenden Anlagen zu beseitigen, diese Gesellschaft neben Berlin Entschädigung fordern. Eine Schlechterstellung des Mieters am Straßenkörper wird durch das Gesetz tatsächlich nicht bewirkt; denn ohne Entschädigung bleibt er nur in den Fällen, in denen ihm der Wegepflichtige auch nicht entschädigungspflichtig wäre, wenn er selbst zum Zwecke eigenen Bahnbaus die Verlegung der Leitungen fordern würde. Übrigens werden die Rechte der Privatinteressenten bei den hier allein einschlägigen Kleinbahnen durch die Planfeststellung, die der Genehmigung von Bahnen, die mit Maschinenkraft betrieben werden, vorangeht (§ 17 KlbG.) genügend geschützt. Die Entschädigung, auf die der Wegeeigentümer im Falle der Verlegung der gedachten Anlagen Anspruch hat, umfaßt aber sicherlich auch den Schaden, der ihm etwa dadurch entsteht, daß er mit dem bisherigen Mieter am Wegekörper infolge der Verlegung der Leitungen einen ungünstigeren Vertrag (Verringerung der Abgabe) schließen muß.

[10]) Vorbemerkung zu § 4 II. Die Bestimmung enthält trotz der von der Regierung bei den Vorberatungen erhobenen Einwendungen (VerAH. S. 3072, VerHH. S. 472f.) einen exzeptionellen Eingriff in die Rechte der Gemeinden usw. Eine Analogie ist in der Gesetzgebung kaum zu finden. Der Hinweis auf die Eingemeindung und Umgemeindung greift nicht durch; denn hier gehen zwar auch private Rechte und Pflichten über, jedoch nur als Annexe öffentlicher Rechte. Die Folgen der Ein- und Umgemeindung sind daher bei allen Beziehungen nach öffentlich-rechtlichen Gesichtspunkten zu beurteilen (vgl. RGZ. Bd. 68 S. 213, 370). Die Privatrechte gehen deshalb über, weil in bezug auf ein bestimmtes Territorium alle öffentlich-rechtlichen Beziehungen zu dem früheren Selbstverwaltungskörper gelöst sind und dieser, insoweit der umgemeindete Gemeindeteil in Betracht kommt, bei Eingemeindungen aber gänzlich, zu existieren aufhört (vgl. auch BayrOberstLG. vom 17. 7. 1905, Rechtspr. des OberstLG. Bd. 6 S. 472, Recht 1905 S. 470; OLG. Bd. 16 S. 153, Kammerger. vom 8. 5. und 19. 10. 1911, Johow 41 S. 208ff., 213ff.)

Die Beziehungen einer Kommune oder eines Kommunalverbandes zu den eigenen Bahnen sind aber in der Hauptsache rein privatrechtliche und jedenfalls kommt es dem Gesetze nur auf den Übergang gerade dieser privaten Rechte an. Die öffentlich-rechtlichen Beziehungen der Bahn zu dem früheren Eigentümer, soweit solche begründet sind, bleiben gerade unberührt, z. B. die etwaige Polizeigewalt des früheren Bahneigentümers. Daß dem Gesetzgeber dies wohl bewußt war, beweist die ausdrückliche Hervorhebung der Pflicht, die Beamten der Bahn mitzuübernehmen (II Satz 4, 5 Anm. 18). Würde das Verhältnis zu der Bahn als ein öffentlich-rechtliches aufgefaßt werden können, so würde eine derartige Vorschrift erübrigen.

Gleichwohl ist an der Gültigkeit der Vorschrift des § 4 II weder vom Standpunkt des preußischen öffentlichen Rechtes (Art. 9 VU.) noch des Reichsprivatrechts zu zweifeln.

a) Was zunächst den in den Vorberatungen behaupteten Verstoß gegen Art. 9 der preuß. Verfassung anbetrifft, so muß erwogen werden, daß dort ersichtlich nur von der Unverletzlichkeit des Eigentums Privater gegenüber der Regierungsgewalt die Rede ist (vgl. Schwarz, VerfUrk. S. 69, VerAH. S. 3072). Übrigens hat die Frage gegenüber der Souveränität des Gesetzes, dessen etwaige Verfassungswidrigkeit der Richter nicht prüfen darf, nur theoretische Bedeutung.

b) Wichtiger und praktischer ist die Frage, ob eine Kollision mit den Vorschriften des Reichsprivatrechts vorliegt. Nicht begründet ist hierbei das Bedenken, ob ein unmittelbarer Übergang des Eigentums an den Bahnen auf den Verband durch das Gesetz vorgeschrieben werden könne (vgl. StenogrHH. S. 286). Das ist gar nicht geschehen; § 4 II schreibt nur vor, daß die Gemeinden verpflichtet seien, das Eigentum an den Bahnen auf den Verband zu übertragen. Geben die Bahneigentümer dem Verlangen des Verbandes nicht nach, so greift das Verfahren nach § 4, VIII ein. Materiell gültig ist aber gegenüber dem Reichsrecht die Vorschrift, daß die Gemeinden zur Übertragung des Eigentums verpflichtet seien nach Art. 109 EG.BGB.

[11]) Die Verpflichtung, sich ihres Bahneigentums zugunsten des Verbandes zu entäußern, haben nicht nur die Verbandsglieder, sondern alle Gemeinden und Gutsbezirke (richtiger Gutsbesitzer) des Verbandsgebietes.

[12]) Die Beschlußfassung liegt nach § 19 Ziff. 10 der Verbandsversammlung ob.

[13]) Über die Form der von dem Verbandsdirektor (§ 34 Abs. 3) ergehenden Ankündigung ist nichts bestimmt. Die Ankündigung könnte daher auch mündlich erfolgen. Auch förmliche Zustellung ist nicht vorgeschrieben, aber mit Rücksicht darauf, daß der Zeitpunkt der Abgabe der Willenserklärung (Zugehen! § 130 BGB.) eine Frist in Lauf setzt, zweckmäßig. Sie muß die Bahn, die übernommen werden soll, genau bezeichnen.

Nach einer „mit einjähriger Frist voraufgegangenen“ Ankündigung bedeutet, daß die Übertragung des Eigentums usw. nicht eher verlangt werden kann, ehe nicht ein Jahr seit dem Zugehen der Willenserklärung verstrichen ist (Fristberechnung §§ 187 ff. BGB.). Die Ankündigung braucht die Fristsetzung nicht zu enthalten. Es braucht auch nicht der Zeitpunkt der Übernahme der Bahn angegeben zu werden (so für die ähnliche Vorschrift des § 30 KlbG. Eger S. 335). Für zulässig muß es aber erachtet werden, daß als Übernahmetag ein über die einjährige Frist hinausreichender Zeitpunkt angegeben wird (a. M. Eger a. a. O.).

Zivilrechtlich ersetzt die „Ankündigung“ den Vertrag, der mit der Maßgabe als geschlossen anzusehen ist, daß der bisherige Berechtigte die Gegenleistung zu bestimmen hat und daß im Falle der behaupteten Unangemessenheit das Verfahren nach § 4, VII eintritt. Der Verband kann also nicht mehr von seiner Erwerbsankündigung zurücktreten, wenn nicht der Vertragsgegner dem zustimmt. Eine andere Auffassung der Ankündigung, etwa als Vertragsangebot unter Annahme eines Vertragsschlusses erst mit dem Zeitpunkt der Einigung über die Entschädigung oder die Festsetzung der Entschädigung (so für § 30 KlbG. Eger S. 336), kann nicht gebilligt werden. Die Annahme eines freien Rücktrittsrechts des Verbandes vor der Ankündigung, die mit Rücksicht auf die Anwendbarkeit des § 42 Abs. 1 EnteignG. bei der analogen Vorschrift des Kleinbahngesetzes noch denkbar wäre (Entschädigungspflicht), wäre bei der Unanwendbarkeit dieser Schutzbestimmung hier unmöglich. Somit kann wenn die Jahresfrist verflossen ist, ohne daß der Verband die Übereignung verlangt hat, die betroffene Gemeinde die Vollziehung der Übernahme der Bahn verlangen (im Verfahren nach § 4 VII).

[11]) Gegenstand der Übereignung ist die „Bahn mit allen damit verbundenen Rechten und Pflichten". Was darunter zu verstehen ist, ergibt sich für die hauptsächlich in Betracht kommenden Eisenbahnen und die Kleinbahnen, denen eine Betriebspflicht obliegt (§ 1 BEG.), zunächst aus §§ 2, 4 BEG.

Nach § 2 BEG. bildet jedes Bahnunternehmen, für welches eine besondere Genehmigung erteilt ist, eine selbständige Bahneinheit. Auch nach § 4 II ZweckverbGes. ist unter Bahn das Bahnunternehmen, in diesem Sinne, nicht eine Bahnlinie eines Unternehmens zu verstehen. Ob eine nachträglich genehmigte Abzweigung oder Anschlußbahn ein besonderes Unternehmen darstellt, hängt davon ab, ob eine neue selbständige Genehmigung erteilt ist oder ob nur ein Nachtrag zur ursprünglichen Genehmigung vorliegt (vgl. VerAH. S. 3064). Nach § 4 BEG. besteht die Bahneinheit:

1. Aus dem Bahnkörper und den dauernd mittelbar oder unmittelbar dem Bahnunternehmen gewidmeten Grundstücken nebst den darauf errichteten Baulichkeiten und den für das Bahnunternehmen dauernd bestellten Rechten an fremden Grundstücken;

2. aus den von dem Bahnunternehmer angelegten, für den Betrieb und die Verwaltung der Bahn erforderlichen Fonds, laufenden Kassenbeständen, Forderungen, die unmittelbar aus dem Betriebe entstanden sind, und Ansprüchen auf versprochene Zuschüsse für das Bahnunternehmen;

3. aus beweglichen Sachen, die dem Betriebe der Bahn, der Herstellung, Erhaltung und Erneuerung der Bahn oder der Bahngebäude dienen, und sich auf den Bahngrundstücken befinden, rollendem Material auch nach der Entfernung, wenn es mit Zeichen versehen ist, welche nach den Verkehrsgebräuchen die Annahme rechtfertigen, daß es dem Eigentümer der Bahn gehört und dem Bahnbetriebe nicht dauernd entzogen ist.

Da zum Eigentumserwerb nach § 16 BEG. eine vorherige Eintragung in das Bahngrundbuch erforderlich ist, gehören auch nach § 4 Abs. 2 BEG. die auf dem Titel des Grundbuchblattes verzeichneten Grundstücke zu der Bahneinheit, um deren Erwerb es sich handelt.

Bei Bahnen, die keine Bahneinheit bilden, wird der § 4 BEG. analog anzuwenden sein. Hinsichtlich der zur Bahn gehörenden Grundstücke wird hier — dem § 4 Abs. 2 Satz 1 BEG. entsprechend — festzuhalten sein, daß nur die Grundstücke zur Bahn gehören, die mit dem Bahnkörper zusammenhängen oder deren Widmung für das Bahnunternehmen sonst äußerlich erkennbar ist.

Die Befürchtung, es könnten der Gemeinde usw. durch den Verband nach § 4 II Grundstücke entzogen werden, die — bei günstiger Konjunktur ursprünglich für die Bahn angekauft, aber nicht verwendet — zweckmäßig ohne den Bahnerwerb beliebigen anderen Zwecken hätten gewidmet werden können, kann somit nicht geteilt werden. Der Bahnunternehmer wird bei seinem Antrage an die Bahnaufsichtsbehörde um Veranlassung der Eintragung in das Bahngrundbuch nicht mehr Grundstücke, als zur Bahneinheit gehörig, anzugeben haben, als wirklich „mittelbar oder unmittelbar dem Bahnunternehmen gewidmet" sind.

[15]) Der Begriff der „Bahn mit allen Rechten und Pflichten“ ist ein noch weiterer als der Begriff „Bahneinheit“ denn es gehören dazu nicht nur die „aus dem Betrieb erwachsenen Forderungen“ (§ 4 Ziff. 2 BEG.), sondern auch alle auch nur mittelbar mit dem Betriebe in Zusammenhang stehenden Forderungen und alle Verbindlichkeiten, die aus Anlaß des Bahnbetriebes eingegangen sind, nicht nur die selbstverständlich mitübergehenden grundbuchlich gesicherten Rechte (§ 17ff. BEG.). (Zu eng Friedrichs S. 96 Anm. 11 zu § 4.) Während hinsichtlich der zur Bahneinheit gehörigen Gegenstände und Rechte ein Streit nicht denkbar ist, vielmehr die Frage, welche Grundstücke und Fonds zur Bahneinheit gehören, schon bei der Eintragung ins Bahngrundbuch entschieden wird (hinsichtlich der Fonds durch die Bahnaufsichtsbehörde § 4 Abs. 2 a. E. BEG.), können bezüglich der Frage, ob der Verband hinsichtlich anderer Rechte und Verbindlichkeiten des Bahneigentümers Rechtsnachfolger geworden ist, Zweifel entstehen; das gleiche gilt hinsichtlich der von dem Bahnunternehmer angelegten Fonds bei Bahnen, die keine Bahneinheit bilden.

Was insbesondere die zu Bahnzwecken aufgenommenen Anleiheschulden anbetrifft, so braucht — außer bei den hypothekarisch eingetragenen Teilschuldverschreibungen auf den Inhaber (§ 18 BEG., §§ 1187, 1195 BGB.) — der Verband nicht ohne weiteres als Schuldner einzutreten, was zu Schwierigkeiten führen würde, wenn Teile einer größeren kommunalen Anleihe für die Bahn verwendet worden sind. Die Entschädigung wird durch Erstattung der Zinsen und Tilgungsraten, die etatsmäßig von dem Bahnunternehmen zu leisten waren, erfolgen können.

Über die Frage, welche Rechte und Pflichten übergehen, entscheidet im Streitfalle nach § 4, VIII die Beschlußbehörde endgültig. Im Verwaltungsstreitverfahren wegen der Entschädigung ist das Oberverwaltungsgericht an diese Entscheidung gebunden.

Das Eigentum an der Bahn und die dazu gehörigen Rechte und Pflichten gehen nicht von selbst über. Für den Eigentumsübergang an der Bahneinheit bedarf es der Auflassung und Eintragung in das Bahngrundbuch (§ 16 BEG.; §§ 873, 925 BGB.); s. oben Anm. 14 S. 37. Bestand keine Bahneinheit, so müssen die Grundstücke, die zur Bahn gehören, einzeln aufgelassen, die beweglichen Sachen übergeben und die Forderungen abgetreten werden. Für den Eintritt in die Schuldverbindlichkeiten muß § 415 BGB. Anwendung finden, hinsichtlich der Übernahme der hypothekarisch gesicherten Schuldverbindlichkeiten § 416 BGB.

Nach dem Vorstehenden ist die Annahme einer Universalsukzession im Falle des § 4 II weder zulässig noch nötig.

In die über Forderungen und Verbindlichkeiten zur Zeit der Übernahme schwebenden Prozesse, z. B. in Haftpflichtsachen, kann nach den reichsrechtlichen Vorschriften (ZPO. § 265) der Verband nicht ohne weiteres eintreten. Er hat das Recht, als Nebenintervenient aufzutreten (§ 66 ZPO.). Aber auch wenn er das nicht tut und ihm auch nicht der Streit verkündet wird, muß er die Prozeßführung und die Entscheidung unbedingt gegen sich gelten lassen, da die Vorschrift, daß er in die Verbindlichkeiten einzutreten hat, eine absolute ist.

[16]) Über die Grundsätze, nach denen die Entschädigung zu berechnen ist, sagt das Gesetz nichts. Der Entwurf sagte „angemessene" Entschädigung, während von einem Teile der Abgeordneten die „volle" Entschädigung nach den Grundsätzen des Enteignungsrechts erstrebt wurde. Da es sich, wie erwähnt, zwar um einen Eingriff in private Rechte handelt, aber dementsprechende Vorschriften nicht getroffen sind, können für die Entschädigung weder die Grundsätze des Enteignungsrechtes noch im besonderen die der §§ 31 ff. KlbG. Anwendung finden. Andrerseits muß die Entschädigung gleichwohl eine „volle" sein, d. h. eine solche sein, die alle Nachteile aufwiegt. Etwas anderes hätte auch der Ausdruck „angemessen" nicht gesagt.

Wenn auch die Anwendung der §§ 31ff. KlbG. nicht zulässig ist, so geben doch die darin enthaltenen Entschädigungsgrundsätze wertvolle Anhaltspunkte für die Berechnung der Entschädigung. Es kann nicht als unangemessen erscheinen, Bahnen, die einen Ertrag bringen, nach dem Ertragswerte in der Weise zu bewerten, daß der Durchschnitt der letzten Jahresbeträge mit 4% kapitalisiert wird. Das Kleinbahngesetz legt den fünfjährigen Jahresdurchschnitt des steuerpflichtigen Einkommens, das Eisenbahngesetz bei der Verstaatlichung der Eisenbahnen nach § 42 d. Ges. der Dividende zugrunde. Bei den hier in Betracht kommenden kommunalen Bahnen wird als Grundlage der nach Abzug der Verwaltungskosten, der Zinsen und Tilgungsraten des Anlagekapitals, die nach der Genehmigungsurkunde (AusfAnw. zu § 11 KlbG.; vgl. auch Anm. 16 zu § 11) erforderten Rücklagen (Erneuerungs-, Spezialreservefonds) sich ergebende Betrag des Einkommens genommen werden können. Tritt der Verband in eine Verbindlichkeit nicht ein, so wird er den Bahneigentümer auch hier durch Kapital abfinden müssen. Für die analoge Anwendung des § 33 Abs. 1 KlbG., wonach der Unternehmer, wenn die Bahn noch nicht 15 Jahre im Betrieb ist, Entschädigung nach dem Sachwerte verlangen kann, ist, weil es sich um eine Sonderbestimmung handelt, kein Raum. Die Beschlußbehörde wird aber pflichtgemäß handeln, wenn sie bei neueren Bahnen, die noch keinen oder einen geringen Ertrag abwerfen, den Sachwert zugrunde legt, wenn anzunehmen ist, daß in späteren Jahren sich ein Ertrag ergeben hätte. Wird eine Bahn alsbald nach ihrer Inbetriebsetzung übernommen, so wird die Entschädigung nach dem Sachwert die Regel sein. Es wird aber auch nicht als unzulässig gelten können, die Entschädigung nach einem für die späteren Jahre vermuteten Ertrage zu berechnen, wenn sich hier einigermaßen sichere Anhaltspunkte finden lassen.

Ob die Entschädigung auch in Form einer Rente, die dem Reinertrage entspricht — nötigenfalls in später steigendem Betrage —, gewährt werden kann (vgl. hierzu auch VerAH.

S. 3075 ff.), muß zweifelhaft erscheinen, denn der frühere Bahneigentümer erhält dadurch keine Entschädigung für das entzogene Eigentum, das er ja ohne das Dazwischentreten des Verbandes vielleicht später anderweit hätte verwerten können (Verpachtung, Betriebsüberlassung, Verkauf). In erster Reihe wird jedenfalls Kapitalentschädigung in Erwägung zu ziehen sein. Ob neben der Entschädigung nach dem Ertragswert noch die Entschädigung für die Benutzung der Wege nach § 4 I zu zahlen ist, ist Tatfrage. Wenn die durch den Bahnbetrieb entstandenen Wegeunterhaltungskosten bei der Ertragsberechnung als Ausgaben vom Einkommen des Unternehmens in Abzug gebracht sind, so muß die Wegebenutzung für die nunmehrige Verbandsbahn besonders entschädigt werden. Sind sie aber nicht berechnet, etwa weil die Kosten der Wegeunterhaltung von dem Kreis (Gemeinde), ohne die Bahn besonders zu belasten, bisher anderweit im ganzen gedeckt worden sind, so ist mit der Entschädigung nach dem Ertragswerte auch die Entschädigung für die Wegebenutzung entrichtet. Wird nach dem Sachwert entschädigt, so muß die Wegebenutzung besonders vergütet werden.

[17]) Die Vorschrift ist aus der Befürchtung entstanden, es könnten einer Gemeinde usw. gut rentierende Linien abgenommen und die ertragsarmen belassen werden, so daß sie nicht mehr in der Lage seien, aus den Überschüssen des einen das Defizit des anderen Unternehmens zu decken (VerAH. S. 3065). Voraussetzung für das Verlangen der Mitübernahme ist aber entweder einheitlicher Betrieb oder die Gefahr einer erheblichen Ertragsminderung.

Eine Bestimmung darüber, wann die Mitübernahme verlangt werden muß, fehlt im Gesetz. Die Worte „tritt dieser Fall ein", d. h. müssen die Gemeinde usw. die Bahn dem Verband zum Eigentum überlassen, bedeuten nicht den Zeitpunkt der Überlassung, sondern enthalten nur eine Bedingung („wenn der Fall eintritt"). Man wird aber annehmen müssen, daß das Verlangen, wenn nicht Zug um Zug, so doch binnen angemessener Frist zu stellen ist. Daß das gemeint ist, wird durch die Worte „gemindert werden würde" bewiesen. Es kann also nicht abgewartet werden, bis die Frage, ob eine Ertragsminderung eintritt, sich entschieden hat. Unter Umständen wird in einem Stillschweigen gegenüber dem Verlangen des Verbandes ein Verzicht auf die Mitübernahme zu sehen sein.

[18]) Einheitlicher Betrieb liegt vor, wenn die Verwaltung, die Fonds, die Betriebsmittel usw. derartig vereinigt sind, daß ungeachtet der besonderen Genehmigung für die einzelnen Bahnen beide Bahnen wirtschaftlich als eine Einheit erscheinen.

[19]) Die erhebliche Minderung der Ertragsfähigkeit bildet einen Grund für das Verlangen der Mitübernahme auch dann, wenn ein getrennter Betrieb vorliegt. Dieser Fall kann also auch dann eintreten, wenn etwa die vom Verband geforderte Bahn auf Grund eines Betriebsüberlassungsvertrags von einem privaten Unternehmer betrieben würde. Die Minderung der Ertragsfähigkeit muß im ursächlichen Zusammenhang mit der Übernahme stehen. Sie braucht aber nicht allein darauf zu beruhen, daß dem Kreise, der Gemeinde usw. die erste Bahn entzogen wird, vielmehr genügt es, wenn die Ertragsminderung durch die nach der Übernahme vermutlich eintretende Betriebsart, die Einverleibung in das allgemeine Verkehrsnetz des Verbandes einzutreten droht. Ein strikter Nachweis, daß der Ertrag sich mindern werde, kann natürlich nicht gefordert werden. Hohe Wahrscheinlichkeit muß genügen.

[20]) Siehe § 39.

[21]) Da Verfahrensvorschriften fehlen, wird anzunehmen sein, daß die Beschwerde rechtzeitig bei beiden Ministern anzubringen ist. § 121 LVG. ist nicht ohne weiteres anwendbar; s. Anm. 18 zu § 39.

[22]) Der Verband ist nicht ohne weiteres, sondern nur

auf Verlangen verpflichtet, die Beamten zu übernehmen. Stellt der Kreis usw. aber das Verlangen nicht, so wird dadurch sein Recht im Entschädigungsverfahren dafür, daß er die Beamten nutzlos besolden muß, Ersatz zu fordern, natürlich berührt. Er wird dem dem Einwand aus BGB. § 254 ähnlichen Vorhalt nicht entgehen können, daß er den Schaden allein verursacht habe. Andererseits kann der Verband die Übernahme unter Hinweis auf seine Bereitwilligkeit zur Entschädigung nicht ablehnen.

[23]) Beteiligt sind die Kreise und Gemeinden, deren Bahnunternehmungen vom Verbande übernommen sind.

[24]) Verpflichtet, nicht berechtigt. Er hat kein Recht, von den Kreisen und Gemeinden die Dienste der Beamten zu verlangen. Der Verpflichtung des Verbandes steht nur das Recht der Kreise und Gemeinden, die Übernahme zu fordern, gegenüber. Die Beamten haben kein Recht auf Übernahme.

[25]) Daraus folgt, daß das Verlangen so rechtzeitig gestellt werden muß, daß der Übertritt der Beamten gleichzeitig mit der Übernahme erfolgen kann. Im übrigen ist keine Zeit für die Stellung des Verlangens bestimmt. Jedenfalls wird es so rechtzeitig geäußert werden müssen, daß der Verband nicht einwenden kann, er habe zur Aufrechterhaltung des Betriebes schon das erforderliche Personal einstellen müssen.

[26]) Unter den im Betriebe angestellten Beamten (über diesen Begriff s. Anm. 27) müssen alle im Betriebe dauernd beschäftigten Beamten verstanden werden. Wenn z. B. für die allgemeine Verwaltung angenommene Beamte in den Bureaus der Bahnverwaltung dauernd beschäftigt werden, so müssen auch sie übernommen werden. „Betrieb" ist im weitesten Sinne zu nehmen und soll nicht nur „technischer Betrieb" (wie etwa im Sinne des § 1 RHaftpflG.) bedeuten. Die Entscheidung der Frage, ob ein Beamter im Betriebe der Bahn angestellt ist (was bei mehrfachem Wechsel innerhalb

des Verwaltungsdienstes sehr wohl möglich ist) und ob daher die Übernahme mit Recht verlangt ist, erfolgt nach § 4 VIII. Aus dem Sinne des Gesetzes folgt, daß sich das Verlangen der Übernahme auf alle Beamten des Unternehmens als Gesamtheit erstreckenm uß. Es kann nicht gemeint sein, daß der Kreis (die Gemeinde) auswählen kann, welche Beamten sie dem Verbande aufdrängen und welche sie zurückbehalten will.

27) Unter „Beamten" sind in dieser Vorschrift eben nur Beamte im eigentlichen Sinne zu verstehen, d. h. öffentliche Beamte im Sinne des Kommunalbeamtengesetzes. Die Ansicht von Friedrichs (S. 96/97), es seien darunter auch alle Privatangestellten zu verstehen, kann nicht geteilt werden. Irrig ist auch seine Annahme, die Frage sei in den Verhandlungen der Herrenhauskommission unklar geblieben. Es wurde vielmehr ausdrücklich darauf hingewiesen, daß ein Unterschied zwischen „Arbeitern" und „Beamten" bestehe. Ganz deutlich ergibt sich aber der Standpunkt von dem man bei der Schaffung der Bestimmung ausging, aus dem Hinweise des Antragstellers, daß die Verträge mit den privaten Angestellten auf den Bestimmungen des BGB. beruhten und man nicht in der Lage sei, das Reichsgesetz durch eine gesetzliche Bestimmung in Preußen (gemeint war offenbar die generelle Pflicht zum Übertritt in den Verbandsdienst) abzuändern (VerHH. S. 474). Demgegenüber geht auch der Hinweis Friedrichs auf § 34 KlbG. fehl, der von „Beamten und Arbeitern" spricht und ersichtlich, da es sich zumeist um Kleinbahnen im Besitze von Aktiengesellschaften handelt, darunter „Privat"beamte versteht. Die Heranziehung fremder Gesetze zur Auslegung erscheint hier nicht zulässig. Daß der Ausdruck „Beamte" auch auf private Angestellte angewendet werden kann und wird, ist bekannt. Es bedarf hier statt aller Zitate nur des Hinweises auf § 622 BGB. Ob es mehr oder minder wahrscheinlich ist, daß beim Betriebe von Bahnen überhaupt Kommunalbeamte beschäftigt werden, kann gleichfalls nicht

entscheidend sein. Übrigens scheint in der Herrenhauskommission bei der Hervorhebung dieses Einwandes übersehen worden zu sein, daß die auf Kündigung angestellten Beamten der Betriebsverwaltung wirkliche Beamte und nicht Privatangestellte sind. Für die Privatangestellten würde auch in der Tat die Bestimmung erübrigt haben, daß der Verband in die Verträge einzutreten habe, denn das folgt aus der Übernahme der Pflichten von selbst. Eine Vorschrift aber, daß ein Privatangestellter unbedingt in den Dienst des Verbandes überzutreten habe, wäre dem Reichsrecht gegenüber nichtig (§ 613 Satz 2 BGB.). Schließlich spricht auch der Ausdruck „Besoldung" dafür, daß nur Beamte im öffentlich-rechtlichen Sinne gemeint sind.

[28]) Die Beamten müssen mit ihren „Besoldungs- und Ruhegehaltsansprüchen" übernommen werden. Dazu gehört zunächst die Weiterzahlung des gegenwärtigen Gehalts. Auf die Gewährung der gleichen Gehaltsskala, wie sie bei dem früheren Dienstherrn bestand, haben die übernommenen Beamten einen Rechtsanspruch nur dann, wenn ihnen ein solcher ausdrücklich zugesichert worden war; denn Rechtsansprüche auf die etwaigen Alterszulagen bestehen an sich nicht (vgl. Ledermann, StO. Anm. 2 zu § 64) und den Beamten können gegen den Verband nicht mehr Rechte als ihm gegen ihren früheren Dienstherren zustanden, zugebilligt werden.

Auch die Ruhegehaltsansprüche dürfen nicht geschmälert werden. Namentlich gilt dies hinsichtlich der Anrechnung von früherer Dienstzeit. Ist dem zu übernehmenden Beamten im Einzelfall durch Ortsstatut oder Beschluß des Kreistages (§ 21 KBG.) über die Vorschrift des § 12 Abs. 2 KBG. hinaus, die Anrechnung früherer Dienstzeit in seinem bisherigen Dienstverhältnisse gewährt (vgl. z. B. Berliner Ortsstatut v. 23. 7. 1908), so bleibt dem Beamten dieses Recht auch als Verbandsbeamten. Nicht aber kann man soweit gehen, daß der übernommene Beamte gegen den Verband

Ansprüche deshalb geltend machen kann, wenn etwa die Beamtenkategorie, der er früher angehörte, späterhin in ihren Bezügen erhöht wird, sie hinsichtlich der Ruhegehaltsversorgung besser gestellt werden usw. Mit dem Momente des Übertritts zu dem Verbande lösen sich alle rechtlichen Beziehungen zu dem früheren Dienstherrn.

Daß auch die früher erworbenen Ansprüche auf Hinterbliebenenversorgung dem Beamten nach der Übernahme bleiben, ist nicht ausdrücklich gesagt, aber selbstverständlich.

[29]) Über den Verbandsdienst s. § 33 und Anm. 18 ff. dazu. Dem übernommenen Beamten muß eine neue Anstellungsurkunde erteilt werden; Anm. 19 zu § 33.

[30]) Über die öffentlich-rechtliche Natur dieser Vorschrift s. oben Anm. 27; vgl. auch VerHH. S. 474. Ein Recht, den Übertritt abzulehnen, steht dem Beamten unter keinen Umständen zu. Der übernommene Beamte kann, wie jeder Beamte nach Maßgabe der allgemeinen Vorschriften, nicht nur in dem Betrieb der übernommenen Bahn, sondern an jeder Stelle und an jedem Orte innerhalb des Verbandes, wenn nur in einer seiner früheren Stellung entsprechenden Funktion, beschäftigt werden. Es finden die bei Eingemeindungen geltenden Grundsätze Anwendung (vgl. Oertel, StO. Anm. 12 zu § 2 S. 26).

Es besteht hier ein wesentlicher rechtlicher Unterschied zwischen Beamten und Privatangestellten. In die Verträge mit letzteren tritt der Verband zwar auch ein, weil es sich um Pflichten, die mit der Bahn verbunden sind, handelt. Ob der Privatangestellte aber dem Verband Dienste leisten muß und ob ihm eine andere Funktion übertragen werden kann, namentlich, ob er an einem anderen Orte beschäftigt werden kann, richtet sich nach den allgemeinen reichsrechtlichen Grundsätzen über den Dienstvertrag.

[31]) Vorbemerkung zu III. Zur Erläuterung des § 4 III muß Ziff. IV herangezogen werden. Aus der Zusammenstellung beider Bestimmungen ergibt sich, daß die

Absicht des Gesetzes dahin geht, dem Verbande alle Rechte zu geben, die bisher die Einzelgemeinden und Kreise gegenüber privaten Bahnunternehmungen dadurch erlangen konnten, daß die Unternehmer genötigt waren, die Straßen und Wege, deren Unterhaltung den Gemeinden usw. zusteht, für ihre Bahn zu benutzen. § 4, IV, der streng genommen vor III insofern gehört, als er den Grundsatz enthält, sagt, daß über die Benutzung der öffentlichen Wege durch Privatbahnen im Verbandsgebiete fortab nicht mehr die wegeunterhaltungspflichtige Kommune, sondern nur der Verband zu entscheiden habe. Es wird also für den Verband eine Art des Bahnhoheitsrechts konstruiert, das im § 4, VI einen besonderen Anwendungsfall findet, insofern, als den Verbandsbahnen ein unbedingtes Vorrecht an der Wegebenutzung garantiert ist. § 4, III gibt nun dem Grundsatz, daß in Ansehung der Privatbahnen der Verband allein das Verfügungsrecht über alle Wege hat, ohne daß dies formell zum Ausdruck gekommen ist, rückwirkende Kraft. Durch seine Vorschrift soll ein Zustand herbeigeführt werden, wie er sich ergeben hätte, wenn von jeher in Ansehung der Privatbahnen ein Verfügungsrecht des Verbandes über die Wege bestanden hätte. Der Verband tritt an die Stelle des Kreises oder der Gemeinde in alle Rechtsbeziehungen ein, die sich aus dem Verhältnis der Bahnen zu der Gemeinde usw. ergeben. Wenn bei den parlamentarischen Verhandlungen die rechtliche Konstruktion hier der im § 4, II enthaltenen gleichliegend behandelt wurde (vgl. StenBerHH. S. 295), so kann dem nicht zugestimmt werden. Der Unterschied ist weitgehend. Während es sich im § 4, II unbedingt um einen Eingriff in Privateigentum handelt (vgl. oben Anm. 10), wobei eine Universalsukzession analog dem Falle der Eingemeindung abzulehnen ist, liegt im Falle des § 4, III die Anordnung eines auf öffentlichem Rechte basierenden Nachfolgeverhältnisses vor. Ein bestimmter Komplex von Rechten und Pflichten, die nur deshalb erworben und übernommen werden konnten, weil das öffentliche Recht den

Kommunen die Wegepflicht und damit die Möglichkeit gegeben hat, sich bei der Gestattung der Benutzung der Wege für Bahnzwecke erhebliche Rechte zu sichern, geht auf den Verband über. Ein Eingriff in das Privateigentum der Gemeinden usw. liegt hier — wenigstens in der Hauptsache — nicht vor. Die Rechte gegenüber den Privatbahnen gründen sich nicht auf das Eigentum am Wege, sondern, wie § 6 KlbG. deutlich beweist, auf die nach öffentlichem Rechte begründete Unterhaltungspflicht. Daß über die aus dem öffentlichen Rechte herrührenden Befugnisse privatrechtlich paktiert wird und in ihrem Gefolge für beide Parteien auch privatrechtliche Gerechtsame begründet werden, hindert das nicht. Da die Übertragung öffentlich-rechtlicher Befugnisse von einem Rechtssubjekt auf das andere rechtlich unbedenklich ist, kann auch gegen die Mitübertragung der aus dem öffentlichen Rechte resultierenden Privatrechte nicht daraus ein Einwand erhoben werden, daß die privaten Rechtsbeziehungen der landesgesetzlichen Regelung nach Reichsrecht entzogen sind; StenogrHH. S. 290, s. hierzu auch die hier einschlägige Entsch. RGZ. Bd. 68 S. 370 (Wirkung der Eingemeindung des Teiles eines Kreises in eine Stadt auf die mit dem Kreis geschlossenen Straßenbenutzungsverträge einer Kleinbahn).

[32]) 1. 4. 1912, s. § 40.

[33]) Die Rechte und Pflichten gehen als Gesamtheit über, s. Anm. 31. Der Kreis, die Gemeinde (der Gutsbezirk) scheiden vollständig aus. Der Verband tritt an ihre Stelle. Daraus folgt, daß der Verband auch die Rechtsbeziehungen zu dem Bahnunternehmer ändern oder aufheben kann. Die Gemeinde usw. kann daher nicht dagegen Einspruch einlegen, daß nach Übergang der Rechte auf den Verband eine ihr praktisch erscheinende Linie eingeht, die Linienführung oder die Betriebsart geändert wird, ebensowenig auch gegen die Auflösung eines Vertrages im ganzen. Über die Rechte, die den beteiligten Gemeinden

oder Kreisen usw. infolge einer nachträglichen Abänderung oder Aufhebung eines Vertrages dem Verbande gegenüber erwachsen, siehe Anm. 36 (Entschädigung) und Anm. 42 (Rückgewähr).

Der Übergang der Rechte und Pflichten vollzieht sich, anders als im Falle des § 4, II, hier ohne weiteres mit dem Inkrafttreten des Gesetzes (vgl. RGZ. Bd. 68 S. 370).

[34]) Es gehen nicht nur die Rechte und Pflichten gegenüber den Privatbahnunternehmungen, wie es im Entwurf hieß, über, sondern die Rechte und Pflichten in bezug auf solche Unternehmungen also auch Rechte und Pflichten, die gegen Dritte in Ansehung der Bahnunternehmung übernommen sind. Gedacht ist hierbei z. B. an den Fall daß eine Gemeinde sich das Erwerbsrecht an einer Bahn unter der Bedingung vorbehalten hat, daß die übrigen an dem Unternehmen beteiligten Wegeunterhaltungspflichtigen dem Erwerbe zustimmen. Dieses Zustimmungsrecht ist nicht gegenüber dem Unternehmen begründet (VerAH. S. 3068), geht aber nach dem Wortlaut des Gesetzes auf den Verband über.

[35]) Die Rechte und Pflichten müssen in bezug auf staatlich genehmigte Bahnunternehmungen begründet sein. Vertragsrechte, die gegenüber Unternehmern (Gründungsgesellschaften) bestehen und den Unternehmer erst verpflichten, die Genehmigung nachzusuchen (vielleicht bei Vermeidung einer Vertragsstrafe), gehen nicht ohne weiteres auf den Verband über. Ist in einem solchen Vertrage vor dem Inkrafttreten des Gesetzes von einem Wegeunterhaltungspflichtigen die Zustimmung nach § 6 KlbG. gegeben worden, so ist dies endgültig und die Realisierung der Vertragspflichten der Gegenpartei kann, ohne daß eine Rückgewähr (III, Abs. 2) nötig ist, nur von dem Kreise (Gemeinde) usw. bewirkt werden. Weigert sich die Gemeinde, ihr Recht zu gebrauchen, so hat der Verband keine Möglichkeit der Einwirkung. Die Gemeinden usw. sind somit auch in der Lage,

derartige Verträge, solange die staatliche Genehmigung der Bahn noch nicht erteilt ist, durch Vereinbarung aufzulösen und abzuändern.

Die meisten in Frage kommenden Verträge sind Straßenbenutzungsverträge, die ihre eigentümliche Gestaltung dadurch bekommen, daß sie als Gegenleistung für die Ermöglichung des Bahnbaus und -betriebes nicht nur Geldentschädigung und Abgaben gewähren, sondern mannigfache andere Zugeständnisse (Einwirkung auf den Fahrplan, Anschlußpflicht an andere Bahnen, Tarifgenehmigung und -Aufsicht, Einfluß auf die Entlohnung der Angestellten usw., Erwerbsrecht) enthalten. Indem das Gesetz sagt, „insbesondere" aus Straßenbenutzungsverträgen, erübrigt die Entscheidung, inwieweit alle diese Vereinbarungen zu den Straßenbenutzungsverträgen wirklich als wesentliche Bestandteile gehören; es gehen auch die ganz außerhalb solcher Verträge liegenden Rechte und Pflichten, z. B. die Verpflichtung einer außerhalb des Gebiets der Gemeinde genehmigten Bahn, zur gewissen Zeit die Bahn in das Gemeindegebiet zu verlängern, ferner die Abmachungen über die finanzielle Beteiligung (Zuschüsse) einer Gemeinde an einem Bahnunternehmen über. Ist der Kreis (die Gemeinde) Aktionär einer Bahngesellschaft, so tritt der Verband nicht an seine Stelle. Es liegt kein Recht in bezug auf die Gesellschaft, sondern an der Gesellschaft selbst vor. Nach dem Sinne des Gesetzes gehen nur solche Rechte über, denen das Bahnunternehmen entweder als Verpflichteter oder als Dritter gegenübersteht.

Ebenso kann, obwohl dies nach dem Wortlaut des Gesetzes nicht zweifelhaft ist, nach seinem Sinne und seiner Tendenz nicht angenommen werden, daß etwa rein zivilrechtliche Forderungen gegen eine Bahn, vielleicht eine Eisenbahn, die gar nicht in dem Gebiete der Gemeinde usw. betrieben wird, z. B. aus Teilschuldverschreibungen auf den Inhaber (Obligationen), auf den Verband übergehen. Nach der Natur der Vorschrift muß das Verhältnis zu der Bahn öffentlich-rechtlichen Ursprungs sein. Die privaten Rechte gehen dann, wie oben Anm. 31 erwähnt, als Annexe dieser öffentlichen Rechte mit über.

[36]) Für die Entschädigungsgrundsätze gilt ähnliches, wie oben Anm. 8 und Anm. 16 ausgeführt ist. Die Grundsätze der Enteignung sind hier um so weniger anwendbar, als in der Tat hier — anders als nach § 4 II — lediglich eine öffentlich-rechtliche Veränderung der Zuständigkeit vorliegt, die nach den sonstigen Grundsätzen des öffentlichen Rechtes eine Auseinandersetzung zur Folge haben muß. Gleichwohl muß die Entschädigung so bemessen werden, daß der Gemeinde kein Nachteil erwächst. Bestimmte Vorschriften über die Art der Bemessung der Entschädigung sind nicht gegeben. In der Hauptsache kommt in Frage die Entschädigung:

1. für den Wegfall der Abgabe der Bahnen für die Wegebenutzung;

2. für den Verlust, den die Gemeinde dadurch erleidet, daß sie — nach Ablauf der gegenwärtigen Verträge;

a) über die Wege durch Verträge mit Privatbahnen nicht mehr verfügen kann;

b) von dem etwa vorbehaltenen Erwerbsrecht an der Bahn (§ 6 KlbG. Abs. 3 a. E.) keinen Gebrauch machen kann.

Grundsätzlich wird für die Dauer der Verträge der Verband der berechtigten Kommune das zu gewähren haben, was ihr durch den Übergang des Rechtes an den Verband entgeht. Schwierigkeiten werden hier, solange die übernommenen Verträge unverändert bleiben, schwerlich entstehen können. Die Gemeinde usw. erhält die frühere Quote des Einkommens oder die vereinbarte feste Rente. Jedoch wird eine Minderung insoweit eintreten, als der Verband Pflichten gegen die Bahn übernimmt, z. B. die Gemeinde hat zum Bahnbau einen Zuschuß auf bestimmte Zeit zinsfrei versprochen und der Verband muß den Zuschuß nunmehr leisten.

Eine Entschädigung zu 2 wird erst bei Beendigung der Verträge in Frage kommen. Hatte sich die Gemeinde usw. den Erwerb der Bahn nicht vorbehalten, so wird in der Regel anzunehmen sein, daß auch weiterhin das Wegebenutzungsrecht gewährt worden wäre. Die Entschädigung wird dann nur nach dem Gewinn zu berechnen sein, der dem Wegepflichtigen dadurch entgeht, daß der Verband statt seiner über die Wegebenutzung verfügt. Es liegt derselbe Fall wie im § 4, IV vor.

Hatte sich die Gemeinde usw. das Erwerbsrecht an der Bahn vorbehalten, so muß von dem Zeitpunkt an, zu dem das Erwerbsrecht geltend gemacht werden kann, auch wenn dieser Zeitpunkt innerhalb der Dauer des Hauptvertrages liegt (vgl. z. B. Vertrag zwischen Berlin und der Großen Berliner Straßenbahn), die Möglichkeit des Gebrauches dieses Rechtes zugunsten der Gemeinde usw. berücksichtigt werden; es wirkt erhöhend auf die etwa zu zahlende laufende Entschädigung, wenn mit einiger Wahrscheinlichkeit anzunehmen ist, daß bei einem Erwerb der Bahn die Einkünfte der Gemeinde usw. größere gewesen wären. Dagegen kann, weil es sich nur um ein Erwerbsrecht, nicht um eine Erwerbspflicht handelt, die Entschädigung niemals mit der Begründung vermindert werden, das Bahnunternehmen wäre nach der etwaigen Übernahme nicht rentabel gewesen. Dies ist selbst dann nicht zulässig, wenn der Verband selbst von dem Übernahmerecht Gebrauch macht und die verminderte Rentabilität — veranlaßt durch zu hohe Aufwendungen für Ankauf und Betrieb — wirklich eintritt.

Eine Entschädigung kann für die durch den Übergang der Rechte in bezug auf fremde Bahnunternehmungen etwa eintretende Verletzung ideeller Interessen der Gemeinden usw., vornehmlich von Verkehrsinteressen, nicht gefordert werden, z. B. beim Eingehen von Straßenbahnlinien oder Veränderung der Linienführung. Nur wenn derartige Vertragsänderungen vertraglich besonders gesicherte Rechte betreffen und wirkliche Vermögensschäden der Gemeinde im Gefolge haben, ist der Verband entschädigungspflichtig, und zwar auch dann, wenn die Änderung erst nach dem 1. 4. 1912 und nach Zahlung der ursprünglichen Entschädigung eintritt. So würde z. B. der Verband, wenn eine Gemeinde einen Tunnel für ihre eigene Bahn nur deshalb hatte herstellen lassen, damit er von der fremden Bahn gegen eine besondere Entschädigung mitbenutzt werde, für den Ausfall dieser Rente entschädigungspflichtig werden, wenn der Verband auf die Mitbenutzung des Tunnels späterhin verzichtet.

Wird die Entschädigung nach einem bestimmten Prozentsatz des Reingewinnes des Unternehmens bemessen, so muß sich die früher berechtigte Gemeinde usw. es gefallen lassen, wenn sich die Rente deshalb verringert, weil der Reingewinn durch die Verkehrspolitik des Verbandes (Verschmelzung von Linien, Konkurrenzlinien usw.) zurückgeht, wenn sie nicht, was praktisch kaum denkbar ist, arglistige Schädigung ihrer Interessen behaupten und nachweisen kann.

[37]) Über den Grund und die Entstehung der Bestimmung vgl. VerAH. S. 3072. Nach ihrem Wortlaut kann nicht bezweifelt werden, daß die Entschädigungspflicht im vollen Umfange wegfällt und unter keiner Bedingung wieder auflebt. Jedoch bezieht sich dieser Nachteil nur und ausschließlich auf die Beziehungen der Gemeinde usw. und der Bahn eben aus dem nach dem 1. 12. 1910 geschlossenen Vertrage. Macht der Verband nach Ablauf des Vertrages von seinem Rechte aus § 4, I Satz 2 Gebrauch oder überläßt er auf Grund eines neuen Vertrages oder einer Verlängerung des alten Vertrages die Straßen einem Bahnunternehmer (§ 4, IV), so hat er nach allgemeinen Grundsätzen Entschädigung zu leisten.

Die Zeitdauer der staatlichen Genehmigung der Bahnen des Verbandsgebietes ist aus dem Verzeichnis VerAH. S. 3112 zu ersehen.

[38]) Die Bestimmung bezweckt, den Verband davor zu

schützen, daß er Verpflichtungen übernehmen muß, die von der einzelnen Gemeinde der Bahn gegenüber eingegangen worden sind, um in das Bahnnetz einbezogen zu werden, während diesen Verpflichtungen keine oder nicht ausreichende Rechte gegenüberstehen. Entgegen den Beschlüssen des Abgeordnetenhauses wurde eine Zeitgrenze (Stichtag: 1. 12. 1911) hier nicht zur Bedingung gemacht. Auch die vor diesem Tage geschlossenen nachteiligen Verträge äußern die Folge, daß Entschädigung vom Verbande verlangt werden kann. Die Bestimmung wird dann praktisch werden, wenn besondere Zuschüsse für Bau oder Betrieb versprochen worden sind. Wenn nur die Wegebenutzung abgabenfrei zugesagt wird, z. B. Boxhagen-Rummelsburg und Heinersdorf gegenüber der Großen Berliner Straßenbahn (vgl. Festschrift zur XIII. Vereinsversammlung des Vereins Deutscher Straßen- und Kleinbahnverwaltungen, Berlin 1911, S. 19), oder wenn, wie von dem zuletztgenannten Ort, noch ein Grundstück zum Bau eines Bahnhofs unentgeltlich hergegeben wird (a. a. O. S. 19), ist eine besondere Entschädigung an den Verband nicht zu leisten. Es fällt nur jegliche Entschädigung durch den Verband fort. — An den Fall, daß der Verband eine „mit Schulden überlastete Bahn übernehmen" muß (was Friedrichs S. 98 Anm. 16 a. E. hervorhebt), ist unseres Erachtens hierbei durchaus nicht zu denken. Auf Bahnen der Kommunen bezieht sich § 4, III überhaupt nicht, sondern II. Von dem Erwerbsrecht nach § 6 KlbG. braucht der Verband keinen Gebrauch zu machen. Tut er es doch und erweist sich die Bahn als unrentabel, so haftet ihm die Gemeinde, in deren Vertrag der Verband eingetreten ist, nicht.

39) Es handelt sich hier um einen Ausweg, um den Verband nicht mit Geschäften zu überlasten, zu deren Erfüllung er nicht imstande oder nicht geeignet ist. Fälle dieser Art sind denkbar, wenn z. B. eine Gemeinde der Bahn gegenüber die Befestigung des Straßenpflasters, die Reinigung des Schienengleises übernommen hat. Eine entgeltliche

Übertragung von Pflichten kann häufig Hand in Hand mit einer Rückübertragung von Rechten gehen. Es hat z. B. die Gemeinde mit der Bahn einen Elektrizitätslieferungsvertrag geschlossen. Die Pflichten daraus kann der Verband nicht erfüllen, es sei denn, daß er ein eigenes Elektrizitätswerk erbauen will. Er wird also zweckmäßig die Pflichten aus dem Vertrage der Gemeinde übertragen. Wenn überhaupt ein Interesse der Gemeinde an der Erfüllung des Vertrages durch den Verband vorliegt, wird gleichzeitig auch das Recht, Erfüllung aus dem Vertrage zu verlangen, zurückgewährt werden müssen (III Abs. 2).

[40]) Z. B. durch Anstellung von Beamten und Privatbediensteten, Hergabe von Räumen, Schreibmaterialien usw.

[41]) Die Entschädigung ist nach den Aufwendungen zu berechnen. Wenn Angestellte nur teilweise mit den in Frage kommenden Geschäften betraut sind, wird die anteilmäßige Vergütung zu ermitteln sein. Auch Streitigkeiten über diese Entschädigung fallen unter VII.

[42]) Die Bestimmung ist in das Gesetz aufgenommen worden, um den Kreisen und Gemeinden Sicherheit zu geben, daß die von ihnen im eigenen lokalen Interesse in die Straßenbenutzungs- und andere Verträge aufgenommenen Verpflichtungen der Bahnen auch erfüllt werden, wenn die Rechte aus den Verträgen auf den Verband übergegangen sind. Weiter kam auch die rechtliche Erwägung in Betracht, ob unter allen Umständen der Verband in der Lage sei, die Rechte, die vertragsgemäß ausgemacht seien, den Bahnen gegenüber zur Geltung zu bringen. Zu der ersten Kategorie gehört z. B. die Verpflichtung der Bahn zur Beseitigung eines Überbaues über die Fluchtlinie (VerhH. S. 476), ferner auch die Verpflichtung zur Straßenpflasterung, zur Schneeräumung, zur Zahlung der Kanalisationsabgaben. Rechtliche Bedenken, daß nicht überall der Verband die gegen die Bahn überkommenen Rechte zur Geltung bringen könnte, bestehen jedoch nicht. Der Verband würde auch ohne

Rückgewähr Leistung an die Gemeinde usw. fordern können, wenn es sich um Gegenstände handelt, an denen nur ein Interesse der Gemeinde usw. besteht.

Durch die Vorschrift soll verhindert werden, daß der Verband nicht Verpflichtungen der Bahn, an denen er kein Interesse nimmt, auf sich beruhen läßt. Die betroffene Gemeinde usw. kann im Verfahren nach § 4, VIII (s. unten Anm. 58 bis 61) Rückgewähr durch Abtretung der Rechte verlangen, wenn der Verband die Geltendmachung unterläßt. Als Zeitpunkt der Berechtigung eines solchen Verlangens wird man den Moment annehmen, in dem der Verband gegenüber der interessierten Gemeinde in Verzug kommt (Mahnung § 284 BGB.). Im einzelnen kann natürlich sehr streitig sein, auf welche Pflichten sich das Recht der Gemeinden usw. auf Rückgewähr im Falle des Verzichtes des Verbandes auf die Geltendmachung bezieht. Grundsätzlich erlangt mit dem Übergang der Rechte und Pflichten aus den Verträgen der Verband das Recht, auch die Verträge zu ändern und auf die Geltendmachung von Rechten gegen die Bahn dieser gegenüber zu verzichten (vgl. oben Anm. 33). In Frage kommen also für die Rückgewähr nur solche Rechte, die, ohne das Verfügungsrecht des Verbands zu berühren, Sondervorteile der ursprünglichen Vertragspartei bilden. Hierher gehört z. B. die Abrede, daß ein Bahnhof so gebaut werden solle, daß ein direkter Zugang zu einer Gemeindebahn geschaffen werde, weil hier die Bahnanlage an sich nicht berührt wird, nicht aber die Schaffung eines direkten Zugangs zu einem Bahnhof der Staatsbahn usw., weil die Wahrnehmung allgemeiner Verkehrsinteressen Sache des Verbandes ist. Wegen der Entschädigungspflicht bei Vertragsänderungen s. oben Anm. 36.

[43]) Wegen der Stellung des § 4, IV zu § 4, III s. oben Anm. 31.

[44]) Der Wortlaut des § 6 KlbG. ist oben Anm. 8 S. 30 abgedruckt.

[45]) Daraus, daß es im § 6 KlbG. heißt „aus Gründen

des öffentlichen Rechtes zur Unterhaltung des Weges Verpflichteten" und in unserem Gesetz nur „Wegeunterhaltungspflichtigen"; ist ein begrifflicher Unterschied nicht zu entnehmen. Privateigentum am Wege bleibt stets unberührt — und kann, wenn es einem andern als dem Wegepflichtigen zusteht, nur im Wege der Enteignung beeinträchtigt werden.

Mit Rücksicht darauf, daß es hier schlechtweg „Wegeunterhaltungspflichtige" heißt und nicht von den Kreisen und Gemeinden (Gutsbezirken) die Rede ist wie im § 4, III, nimmt Friedrichs an, daß auch Provinzialchausseen der Provinz Brandenburg darunter fallen, ungeachtet der eigentümlichen Folge, daß alsdann im Falle der Ergänzung nicht der Provinzialrat, sondern die Beschlußbehörde für Groß Berlin zu entscheiden habe. Dem ist aber nicht beizutreten. Aus dem Zusammenhang ergibt sich, daß unter Wegeunterhaltungspflichtigen nur dieselben Verpflichteten wie im § 4, I und III gemeint sind. Wäre ein sachlicher Unterschied beabsichtigt gewesen, so hätte dies in anderer Weise zum Ausdruck kommen müssen. Es wäre auch nicht erfindlich, warum, wenn besondere Rechte des Verbandes gegenüber anderen juristischen Personen als gerade nur den Kreisen und Gemeinden (Gutsbezirken) gegenüber hätten begründet werden sollen, dies nicht auch in den Fällen des § 4, I und III geschehen ist. Für unsere Ansicht spricht auch der Schlußsatz von IV, der auf die beiden letzten Sätze des § 4, III Abs. 1 verweist, in denen aber nur von Kreisen usw. die Rede ist. Daß eine Übertragung der übernommenen Pflichten auf den Provinzialverband nicht möglich ist, gibt auch Friedrichs zu.

[45]) Die materiellen Grundlagen des Zustimmungsrechts nach § 6 KlbG. sowie des Ergänzungsrechtes nach § 7 bleiben durch die formelle Bestimmung, daß an Stelle des Wegeunterhaltungspflichtigen in erster Reihe der Verband, an Stelle der Ergänzungsbehörden im Sinne des § 7 KlbG. die Beschlußbehörde für Groß Berlin entscheidet, unberührt.

(Hierüber vgl. die Kommentare zum Kleinbahngesetz von Gleim und Eger; daselbst weitere Literaturangaben.) Durch den Ergänzungsbeschluß wird zugleich über die gegen den Unternehmer nach § 6 KlbG. gestellten Ansprüche entschieden unter Ausschluß des Rechtswegs (§ 7 Abs. 2 a. a. O.). Nach § 4, VI ist die Ergänzung unzulässig, wenn der Verband die Genehmigung für die Bahn selbst nachsucht. Siehe hierüber unten zu VI.

[46]) Der Nachweis des Einverständnisses der Wegeunterhaltungspflichtigen ist eine wesentliche Voraussetzung für die Erteilung der kleinbahngesetzlichen Genehmigung. Aus der dem Unternehmer ausgefertigten Zustimmungsurkunde, die in der Regel in Form eines Vertrages über die gegenseitigen Leistungen erteilt wird, muß daher zu ersehen sein, daß der Zustimmung das Einverständnis des Wegeunterhaltungspflichtigen zugrunde liegt.

[47]) Die Rechte nach § 6 KlbG. sind folgende:

a) Der Unternehmer ist verpflichtet, den benutzten Wegeteil zu unterhalten und wiederherzustellen und dafür Sicherheit zu leisten;

b) ferner kann der Wegeunterhaltungspflichtige ein angemessenes Entgelt beanspruchen und

c) sich schließlich den Erwerb der Bahn im ganzen nach Ablauf einer bestimmten Frist gegen angemessene Schadloshaltung des Unternehmers vorbehalten.

Zu a. Die Pflicht der Straßenwiederherstellung und Unterhaltung bleibt auch bestehen, wenn der Verband die Zustimmung erteilt hat. Eine Entschädigung kommt hier nicht in Frage. Die Erzwingung der eigentlich nur im Interesse des Wegepflichtigen liegenden Verpflichtung steht auch dem Verbande sicherlich zu. Insoweit in dem Vertrage über Rechte des Wegepflichtigen paktiert wird, liegt ein Vertrag zugunsten eines Dritten vor. Inwieweit auf Grund solcher Verträge der Gemeinde usw. unmittelbare und klagbare Rechte zustehen, bestimmt sich nach § 328 Abs. 2 BGB.

Zu b. In betreff der Entschädigung für das entgehende Entgelt gilt dem zu § 4 I (oben Anm. 36) Ausgeführten Analoges. Da, wie oben Anm. 35 ausgeführt ist, unter Entgelt im Sinne des § 6 KlbG. nicht nur Barentschädigung zu verstehen ist, sondern Gegenleistungen in anderer Form, z. B. Sicherung von Einfluß auf die Gestaltung des Unternehmens usw., so muß hier hervorgehoben werden, daß jedenfalls die Möglichkeit der Stipulierung einer derartigen Gegenleistung bei der Entschädigung für das entgehende Entgelt im Sinne des § 6 KlbG. nicht zu berücksichtigen sein wird, weil diese Rechte einen Vermögenswert nicht haben. Ob die Entschädigung in Form einer einmaligen Zahlung, einer festen Rente oder einer Beteiligung an dem Einkommen aus der Abgabe des Bahnunternehmers geleistet wird, bleibt der Vereinbarung, nötigenfalls der Entscheidung nach § 4, VII überlassen. Bei der Bemessung der Entschädigung wird nicht unbedingt als maßgebend zu gelten haben, welche Vorteile der Verband aus der Zustimmung zur Wegebenutzung von dem Unternehmer erlangt hat. Dies wird nur dann der Fall sein, wenn die ausgemachte Gegenleistung angemessen ist, nicht aber, wenn, etwa um eine Bahn für unrentablere Vorortstrecken zu sichern, zum Nachteil des eigentlich nach § 6 KlbG. Berechtigten die gleichzeitig benötigte Benutzung verkehrsreicher Straßen gegen geringes Entgelt gestattet werden soll. Über die Entschädigung bei späteren Änderungen der Straßenbenutzungsverträge gilt Entsprechendes, wie oben Anm. 8 erwähnt ist.

Zu c. Die Möglichkeit, den Entgang des Erwerbsrechtes an der Bahn für den Wegeunterhaltungspflichtigen zu berücksichtigen, wird bei der Unsicherheit der Bestimmung des Wertes dieses Rechtes nur selten gegeben sein. Es dürfte auch den Interessen des Wegeunterhaltungspflichtigen hinreichend entsprechen, wenn der Berechnung der Entschädigung nur der Wert der Überlassung der Benutzung der Wege an einen Privatunternehmer zugrunde gelegt wird.

[48]) Siehe oben Anm. 39 bis 41.

[49]) Vgl. oben Anm. 3 u. 4.

[50]) § 4, V gibt den Verbandsbahnen ein Vorzugsrecht vor den Bahnen der Kreise usw., und zwar nicht nur wie § 4, VI, wenn es sich um den Bau einer Verbandsbahn auf derselben Strecke handelt, sondern auch hinsichtlich der Abwehr von Konkurrenzlinien. Voraussetzung ist, daß die staatliche Genehmigung bei dem Inkrafttreten des Gesetzes noch nicht erteilt war, d. h. die Genehmigungsurkunde noch nicht ausgehändigt war (§ 15 KlbG., VerAH. S. 3077).

[51]) Ein zuwiderlaufendes Interesse wird nicht schon stets dann vorliegen, wenn durch die beabsichtigte Bah einen Unternehmung des Verbandes unrentabel werden könnte, es wird vielmehr das Verkehrsinteresse in erster Reihe zu berücksichtigen sein. Nur wenn dieses von Verbandswegen ausreichend berücksichtigt ist, werden andere kommunale Bahnen verhindert werden können. Sonst kann der Verband eine Konkurrenz nur dadurch aus dem Wege räumen, daß er selbst die Bahn baut.

[52]) Der Umstand, daß die Min. d. öff. Arb. u. des Innern auf weitere Beschwerde die Versagung der Zustimmung von seiten der Verbandsversammlung für unberechtigt erklärt haben, schließt nicht aus, daß der Min. d. öff. Arbeiten im kleinbahngesetzlichen Genehmigungsverfahren aus anderen Gründen die Genehmigung versagt.

[53]) Es handelt sich hier um das kleinbahngesetzliche Ergänzungsverfahren aus § 7 KlbG. gegen den Verband zugunsten eines Dritten.

[54]) Der Antrag des Verbandes, ihm die Bahn zu genehmigen, wird mit der Wirkung, daß das etwa beantragte Ergänzungsverfahren als unzulässig einzustellen ist, so lange für zulässig erachtet werden müssen, bis der Ergänzungsbeschluß rechtskräftig ist, also noch in der Beschwerdeinstanz. Ist die Ergänzung zugunsten des anderen erteilt, so hat der Verband kein Mittel mehr, die kleinbahngesetzliche Genehmigung an den Unternehmer zu hindern. Das schließt aber nicht aus, daß

ihm, falls er selber um die Genehmigung zum eigenen Bahnunternehmen nachsucht und dem ersten Antragsteller die Genehmigung noch nicht erteilt ist, diese Genehmigung wohl erteilt werden kann, wenn dies im öffentlichen Interesse liegt. Eine Gefahr, daß der Verband etwa von seinem Vorzugsrecht, die Genehmigung nachzusuchen, Gebrauch macht, um die Konkurrenz zu beseitigen, dann aber die Bahn nicht baut (vgl. VerAH. S. 3068), liegt nicht vor, da die staatliche Behörde von ihrem Rechte aus §§ 21, 47 EisenbG. (für Haupt- und Nebenbahnen: Versteigerung des Unternehmens) und der §§ 23, 24 KlbG. (Zurücknahme der Genehmigung) Gebrauch machen kann.

[55]) Über die Grundsätze, die bei der Bemessung der Entschädigung anzuwenden sind, s. oben Anm. 8, 16, 36, 41.

[56]) Der Rechtsweg ist ausgeschlossen. Eine Frist für die Anbringung des Antrags auf Entscheidung durch die Beschlußbehörde ist nicht gesetzt. Namentlich wird bei der Zwangsübertragung der kommunalen Bahnen auf den Verband (§ 4, II), wenn schon vor der eigentlichen Übernahme noch im Laufe des Ankündigungsjahres sicher ist, daß eine Einigung nicht erzielt werden wird, die Anbringung des Antrags alsbald zulässig sein.

[57]) Das Gesetz regelt das Verfahren vor der Beschlußbehörde nicht (vgl. Anm. 18 zu § 39). Es fehlt daher auch an einer Vorschrift, wie die Vollstreckung der auf Zahlung einer bestimmten Entschädigung lautenden Beschlüsse erfolgt. Das Verwaltungszwangsverfahren, auf das § 60 LVG. verweist, könnte nur dann in Frage kommen, wenn die erwähnten Vorschriften des LVG. für das Verfahren vor der Beschlußbehörde von den Ausführungsbestimmungen für anwendbar erklärt werden sollten. Bis dahin bleibt nichts übrig, als die etwaige Vollstreckung dadurch zu ersetzen, daß die Aufsichtsbehörde (Oberpräsident) dem Verbande gegenüber von dem § 132 LVG. (Erzwingung durch Strafen) oder von der Zwangsetatisierung (§ 38 Abs. 8, § 118 ProvO., vgl.

Anm. 12 zu § 38) Gebrauch macht. Ergeht die endgültige Entscheidung über die Entschädigung durch das Oberverwaltungsgericht, so findet nach § 60 LVG. das Verwaltungszwangsverfahren bei der Vollstreckung Anwendung.

[58]) Wegen der Streitigkeiten über die Entschädigung siehe Abs. VII.

[59]) Siehe II Satz 3, V Satz 3.

[60]) Nach dem Wortlaut der Vorschrift ist hierdurch für alle Streitigkeiten aus § 4, soweit nicht dritte Berechtigte oder Verpflichtete in Frage stehen, der Rechtsweg ausgeschlossen.

Aus den Materialien ergibt sich für die Auslegung dieser Vorschrift, die bei den Beratungen der Kommission des Herrenhauses ohne Debatte in das Gesetz aufgenommen ist, nichts. Daß schlechtweg für alle Gegenstände, die durch Einigung sich nicht erledigen lassen, der Rechtsweg durch Landesgesetz ausgeschlossen werden kann, auch wenn es sich um bürgerliche Rechtsstreitigkeiten handelt, ergibt § 13 GVG. Allerdings ist bei den parlamentarischen Beratungen ausdrücklich davon die Rede gewesen, daß die Verpflichtung zur Übertragung des Eigentums an der Bahn im Sinne des § 4 II im ordentlichen Rechtswege erzwingbar sein sollte (StenogrHH. S. 290). Daß hier der Rechtsweg zulässig sein solle, nimmt auch Friedrichs S. 95 an, ebenso derselbe Kommentator für den Streitfall über das Vorliegen der Voraussetzung einer Rückübertragung (S. 99). Diese Ansicht wird aber gegenüber dem Wortlaut des Gesetzes schwerlich bestehen können. Nirgends ist eine Ausnahme zu konstatieren. Daß eine Streitigkeit aus § 4 vorliegt, wenn eine Gemeinde usw. sich weigert, das Eigentum an ihrer Bahn und die damit verbundenen Rechte auf den Verband zu übertragen, ist klar. Ein solcher Fall wird in der Regel doch auch nur praktisch werden können, wenn gleichzeitig eine andere Streitfrage vorliegt, etwa über die erfolgte Ankündigung u. ä. Aber auch bei bloßer — kaum denkbarer — Passivität liegt eine Streitigkeit vor, denn in der stillschweigenden Ablehnung der Auflassung liegt ein Bestreiten des Rechtes des Verbandes. Hier ist im Beschlußverfahren die Pflicht zur Auflassung auszusprechen.

[61]) Für die Vollstreckung gilt das in Anm. 57 erwähnte entsprechend. Besonderer Betrachtung bedarf noch der Fall, daß durch den Beschluß ein Kreis oder eine Gemeinde verurteilt wird, das Eigentum an einer Bahn auf den Verband zu übertragen. Der Beschluß geht dann auf eine Willenserklärung, nämlich die Auflassung, die vor dem Grundbuchamt erklärt werden muß (vgl. oben Anm. 15). Durch die Rechtskraft eines solchen Beschlusses gilt nicht etwa, wie es im Zivilprozeß für die auf eine Willenserklärung lautenden Urteile durch § 894 ZPO. vorgeschrieben ist, die Willenserklärung als abgegeben. Die Vollstreckung muß also auch hier nach § 132 LVG. erfolgen. Da eine vertretbare Handlung in Frage steht (RGZ. Bd. 55 S. 58), so kann die Vollstreckung nach § 132 LVG. Ziff. 1 in der Weise erfolgen, daß die Aufsichtsbehörde eine dritte Person zu der Auflassungserklärung ermächtigt. Jedoch muß der Beauftragte dazu eine den §§ 29, 30 RGO., § 1 RG. 1. 5. 1878, Art. 9 AG.BGB. entsprechende Vollmacht des bisherigen Eigentümers der Bahneinheit dem Grundbuchamte vorlegen. Die Erteilung einer solchen Vollmacht an den zu bestimmenden Dritten muß daher durch Strafandrohung der Aufsichtsbehörde nach § 132 LVG. Ziff. 2 erzwungen werden. Die Strafandrohung richtet sich gegen den gesetzlichen Vertreter, bei Vertretung durch ein Kollegium (Magistrat) gegen den Dirigenten. Da die Ausstellung der Vollmacht nach der Beschlußfassung der Beschlußbehörde ohne weiteres Pflicht des verantwortlichen Leiters der Kommune ist, kann gegen die Zulässigkeit der Androhung einer Strafe nicht eingewendet werden, daß die Verweigerung der Ausstellung auf einem entgegenstehenden Beschluß des Kollegiums beruhe und daher der Dirigent zur Ausfertigung der Vollmacht nicht befugt sei, auch wenn er selbst dem Beschluß des Kollegiums widerstrebt hätte.

§ 5.

Der Verband kann für Teile des Verbandsgebiets Fluchtlinien festsetzen[1][2]), insoweit dies für die Schaffung oder Ausgestaltung von Durchgangs- oder Ausfallstraßen[3]), für die Herstellung von Bahnen (§ 1 Ziffer 1)[4]) oder für die Ausgestaltung der Umgebung von Freiflächen (§ 1 Ziffer 3)[5]) erforderlich erscheint. Für letzteren Zweck können auch Bebauungspläne[6]) festgesetzt werden. Auch über den vorstehend bestimmten Umfang hinaus kann der Verband aus wichtigen Gründen des Verkehrs[7]), der Gesundheits- und der Wohnungsfürsorge[8]) in den noch nicht bebauten Teilen[9]) des Verbandsgebiets Fluchtlinien- und Bebauungspläne festsetzen. Darüber, ob die vorangegebenen Voraussetzungen zur Festsetzung von Fluchtlinien und Bebauungsplänen vorhanden sind, beschließt im Streitfalle die Beschlußbehörde für Groß Berlin[10][11]). Gegen den Beschluß steht dem Verband und den beteiligten Verbandsgliedern binnen vier Wochen die Beschwerde an den Minister der öffentlichen Arbeiten offen. Als Durchgangs- und Ausfallstraßen sind diejenigen anzusehen, welche über den Bereich einer Einzelgemeinde (eines Gutsbezirkes) hinaus den allgemeinen Verkehrsinteressen des Verbandes zu dienen bestimmt sind[12]).

Solange und insoweit Fluchtlinienpläne durch den Verband nicht endgültig festgesetzt sind[13]), bleibt das Fluchtlinienwesen Sache der Einzelgemeinden mit der Maßgabe, daß neue oder abgeänderte Fluchtlinienpläne[14]) der Einzelgemeinden dem Verbandsausschusse vor der Auslegung der Pläne[15]) zur Begutachtung[16]) vorzulegen sind. Der Vorlegung bedarf es nicht, wenn die Pläne nur die Aufteilung einzelner Baublöcke[17]) oder die Verbreiterung[18]) bestehender Straßen[19]) betreffen. Der Verbandsausschuß kann ihm vorgelegte Pläne beanstanden[20]). Gegen die Beanstandung findet binnen vier Wochen die Beschwerde an die Beschlußbehörde für Groß Berlin und gegen deren Beschluß die weitere Beschwerde nach Maßgabe der Bestimmungen im Abs. 1 statt[21]).

[1]) Nach § 1 des Gesetzes betreffend die Anlegung und Veränderung von Straßen und Plätzen in Städten und ländlichen Ortschaften, vom 2. 7. 1875 (GS. S. 561) sind die Straßen- und Baufluchtlinien vom Gemeindevorstand im Einverständnis mit der Gemeinde dem öffentlichen Bedürfnis entsprechend unter Zustimmung der Ortspolizeibehörde festzusetzen.

Während in materieller Beziehung das Fluchtlinienrecht unverändert bleibt, greift das Gesetz in die Formalien des Fluchtliniengesetzes durch Begründung einer Zuständigkeit des Verbandes an Stelle der Gemeinde beträchtlich ein. Doch ist die Zuständigkeit keine unbeschränkte. Sie erstreckt sich auf die Festsetzung von Fluchtlinien zum Zwecke der Schaffung und Ausgestaltung von Durchgangs- oder Ausfallstraßen, zum Zwecke der Herstellung von Bahnen und für die Ausgestaltung der Umgebung von Freiflächen, für diese drei Zwecke für das ganze Verbandsgebiet, gleichviel ob bebaut oder unbebaut; ferner — jedoch unter Nachweis eines ganz bestimmten Zweckes (wichtige Gründe des Verkehrs, der Gesundheits- und Wohnungsfürsorge) — örtlich beschränkt nur auf die unbebauten Teile des Verbandsgebietes. (Vgl. Anm 7—9.)

Die Zuständigkeit des Verbandes ist aber keine ausschließliche; die Zuständigkeit der einzelnen Gemeinden bleibt nach Abs. 2 Satz 1 bestehen, solange Verbandsfluchtlinien nicht festgesetzt sind (vgl. Anm. 13—17).

[2]) Zuständig ist die Verbandsversammlung, § 10 Ziff. 10.

[3]) Der Begriff Durchgangs- und Ausfallstraße ist am Schlusse des ersten Absatzes gesetzlich festgelegt. Danach sind es die Straßen, die über den Bereich einer Einzelgemeinde (eines Gutsbezirkes) hinaus den allgemeinen Verkehrsinteressen zu dienen bestimmt sind. Trotz der gesetzlichen Definition ist eine völlige Klarheit nicht geschaffen und die Gefahr eines schrankenlosen Eingreifens des Verbandes in die Rechte der Gemeinde nicht beseitigt. Ob nur die Gemeinden durchquerende oder auch große Ringstraßen in Frage kommen können (Friedrichs S. 105), erscheint von geringerer Bedeutung. Wesentlich ist aber, was unter „allgemeinen Verkehrsinteressen des Verbandes" zu verstehen ist. Keinesfalls darf darunter das Interesse gerade einer Gemeinde verstanden werden, weil hier der Begriff des „allgemeinen" Interesses fehlt. Mindestens wird also ein Interesse auch auf seiten noch einer anderen Gemeinde vorhanden sein müssen. Nur um den Verkehr nach einem bestimmten Orte und damit die wirtschaftliche Lage des Ortes zu heben, dürfen Verbandsrechte nicht mißbraucht werden. Solchen besonderen Interessen einer Gemeinde kann nur durch das Mittel der Herstellung einer Bahn gedient werden, denn alsdann ist der Nachweis eines allgemeinen Verkehrsinteresses nicht mehr nötig. Jedenfalls bezieht sich das Recht des Verbandes nur auf die Durchgangs- und Ausfallstraßen selbst, nicht auf Anschluß- und Nebenstraßen (vgl. VerHH. S. 483ff.).

[4]) Über den Begriff „Bahnen" s. § 1 Anm. 5, 6, § 4 Anm. 1. Die Fassung „Herstellung von Bahnen" verdankt ihre Entstehung den Beschlüssen der Kommission des Herrenhauses. Im Entwurfe hieß es: „für die Zwecke von Bahnunternehmungen". Schon bei der Beratung der Kommission des Abgeordnetenhauses (VerAH. S. 3083) war eingewendet worden, daß Bebauungspläne nur zum Zwecke der Anlegung von Straßen, nicht aber zur Schaffung von Flächen für Bahnunternehmungen möglich seien. Darauf erwiderte der Regierungskommissar, daß es sich darum handele, daß im Wege

der Festsetzung von Fluchtlinien das Gelände kenntlich gemacht werde, in welchem die Bahn ihren Platz finden solle, wenn noch kein Gelände für die Bahn vorhanden sei. Hieraus in Verbindung mit dem Wortlaut ergibt sich, daß nur die Schaffung von Schienenwegen die Fluchtlinienfestsetzung rechtfertigt. Die Ansicht des Entwurfes (Begründung S. 21), daß Baufluchtenpläne des Verbandes möglich seinen „zur baulichen Ausgestaltung der Umgebung von Bahnwegen, Bahnstationen, Bahnein- und ausmündungen", ist damit verlassen. Damit entfällt auch für den Verband die Möglichkeit der Schaffung von Bahnhofszufuhrwegen und Anschlußstraßen, die übrigens in der Regel nur für die Bahnhöfe der Staatsbahnen in Betracht kommen, da die Straßen-, Hoch- und Untergrundbahnen keine Zufahrtsstraßen gebrauchen (VerHH. S. 483). Straßenerweiterungen zum Zwecke der Schaffung von Zugängen zu einem Bahnhofe der Untergrundbahn werden aber als hierher gehörig zu betrachten sein, denn es handelt sich unmittelbar um die Herstellung eines Zuganges zu dem Schienenweg.

Die Zuständigkeit des Verbandes zur Festsetzung von Fluchtlinien zum Zwecke der Herstellung von Bahnen ist sowohl für eigene Bahnen des Verbandes wie auch für fremde Bahnen gegeben. Ein allgemeines Verkehrsinteresse ist, wie bereits oben Anm. 3 a. E. hervorgehoben ist, hier nicht nachzuweisen. Es genügt, daß eine Bahn gebaut werden soll. Es muß aber eine bestimmte projektierte Bahn in Frage kommen. Die allgemeine Behauptung, daß später einmal eine Bahn in der Straße Platz finden könne, genügt nicht. Daß die staatliche Genehmigung der Bahn bereits erfolgt sei, kann deshalb unmöglich gefordert werden, weil in der Regel die Festsetzung der Fluchtlinien die wesentliche Voraussetzung für den Antrag auf Genehmigung der Linienführung ist.

Gelangt die Bahn nicht zur Ausführung, so besteht allerdings kein Mittel, die einmal festgesetzte Fluchtlinie zu beseitigen.

[5]) Unter Freiflächen sind gemäß der Verweisung auf § 1 Ziff. 3 in Verbindung mit § 9 nur die Freiflächen zu verstehen, die der Verband erworben hat oder dauernd durch Pachtung oder anderweite Sicherung seiner Rechte zu erhalten in der Lage ist. Die Annahme, daß darunter auch Freiflächen der Gemeinden fallen (so Friedrichs S. 105 Ziff. 7), entbehrt der Begründung. Die Streichung der in dem Entwurf enthaltenen Worte: (Freiflächen) „die der Verband erworben hat" und der vom Abgeordnetenhaus eingefügten Worte: „die als solche sichergestellt sind", beweist das nicht. Freiflächen im Sinne des § 1 Ziff. 3 sind nur Verbandsfreiflächen. Eine andere Auffassung würde dazu führen, daß der Verband in der Lage wäre, jede Freifläche einer Gemeinde dauernd als solche festzulegen, denn die Verbandsfluchtlinien können nur vom Verband geändert werden. Ein derartiger Eingriff in die Rechte der Kommunen ist nicht beabsichtigt. Die Fluchtlinienfestsetzung kann auch nicht erfolgen zum Zwecke der Bestimmung einer Freifläche, die der Verband zu erwerben beabsichtigt (a. M. Friedrichs S. 105). Die von Friedrichs angeführte Rede von Adickes (StenogrHH. S. 270) sagt davon nichts. Das Gegenteil beweist aber die ausdrückliche Ablehnung eines Antrages, der „Bebauungspläne für die Bestimmung der Lage und Grenzen von Freiflächen sowie die Ausgestaltung der Umgebung von solchen" als zulässig erklären wollte (VerAH. 3079), nachdem mit Recht dagegen eingewendet war, daß der Antrag in bezug auf Freiflächenbildung eine Bestimmung schaffe, die einer Konfiskation gleichkäme (VerAH. S. 3082). Der Umstand, daß hinsichtlich der projektierten Freiflächen eine Enteignung möglich ist, stützt die Ansicht von Friedrichs nicht. Bis der Verband das Enteignungsrecht hinsichtlich der Freiflächen sich erbittet, können Jahrzehnte nach der Fluchtlinienfestsetzung vergehen. Zum Erwerbe kann der Verband nicht gezwungen werden.

Daß in unbebautem Gelände auch noch nicht erworbene

Freiflächen durch den Fluchtlinienplan bestimmt werden können, ergibt Satz 3 (Anm. 7—9). Über die Verbandsfreiflächen vgl. § 9.

6) Für die Auslegung des Wortes **Bebauungsplan** ist § 2 des Baufluchtliniengesetzes heranzuziehen. Die Festsetzung eines Bebauungsplanes ist danach nichts anderes als eine den Bedürfnissen der näheren Zukunft entsprechende Aufstellung von Fluchtlinien für größere Grundflächen. Zwischen den Begriffen Fluchtlinienplan und Bebauungsplan besteht kein qualitativer, sondern nur ein quantitativer Unterschied. Im gewöhnlichen Sprachgebrauch wird unter Bebauungsplan allerdings mehr verstanden als ein bloßes Netz von Fluchtlinien. Man versteht darunter den Entwurf **eines Stadtbildes**, die **Verteilung der Wohn- und Industrieviertel** und die Festsetzung der **Bauart** der Gebäude. In diesem technischen Sinn will auch **Friedrichs** S. 103 den Begriff Bebauungsplan hier verstehen. Das ist aber unzutreffend. Zuzugeben ist allerdings, daß bei den Beratungen das Wort Bebauungspläne verschiedentlich so aufgefaßt worden ist, worauf „die ängstlichen und bei der Beratung wiederholt geänderten Vorschriften, wonach für gewisse Zwecke nur Fluchtlinienpläne und keine Bebauungspläne festgestellt werden dürfen" (**Friedrichs** S. 103, vgl. StenogrHH. S. 305), hindeuten. Das ist aber nicht beweisend. Das Gegenteil ergibt sich einmal aus der ausdrücklichen Zurückziehung des Antrags Nr. 42 in der Abgeordnetenhauskommission (BerAH. S. 3078 ff.), der dahin lautete: „Der Verband kann für das geschlossen bebaute Verbandsgebiet oder Teile desselben einen Grundplan aufstellen, aus dem die Führung der Verkehrslinien und der Hauptstraßenzüge sowie die Verteilung der Freiflächen, der Industrie- und Wohngebiete ersichtlich ist, mit der Wirkung, daß die Gemeinden verpflichtet sind . . . sich danach . . . zu richten." Mit Recht wurde dieser Antrag als eine Änderung des **Baupolizeiwesens** aufgefaßt. Sodann wurde, ohne daß dagegen Widerspruch erhoben

wurde, auch von seiten der Regierung erklärt, daß unter Fluchtlinienplänen auch Bebauungspläne zu verstehen seien (VerHH. S. 485). Es ist auch (das gibt auch Friedrichs zu) nicht ersichtlich, wie der Verband einen von ihm aufgestellten Bebauungsplan in diesem weiteren Sinne (Einteilung in Wohnviertel, Arbeiterwohnviertel, Industrieviertel) sollte durchführen oder gar erzwingen können. Rechtliche Wirkung äußert ein Bebauungsplan nach § 2 des Fluchtliniengesetzes immer nur, soweit er Fluchtlinien festsetzt (OVG. 21 S. 266). Freilich hat die Fluchtlinienfestsetzung namentlich durch einen Bebauungsplan tatsächlich einen ganz erheblichen Einfluß auf die Gestaltung der Bebauung. Die rechtliche Möglichkeit, auf die Art der Bebauung einzuwirken, ist aber nur unter Mitwirkung einer Baupolizeiverordnung gegeben. Nicht zuzustimmen ist der Ansicht, daß der Verband gemäß § 4 des Gesetzes vom 15. 7. 1907 gegen die Verunstaltung von Ortschaften und landschaftlich hervorragenden Gegenden (GS. 260) durch Ortsstatuten „für die Bebauung bestimmter Flächen wie Landhausviertel, Badeorte, Prachtstraßen, besondere über das sonstige baupolizeilich zulässige Maß hinausgehende Anforderungen stellen" kann. Das Gesetz ist ein Sondergesetz baupolizeilicher Natur. Seine Anwendbarkeit hätte ausdrücklich vorgeschrieben werden müssen. „Unverständlich", wie Friedrichs meint, ist auch trotz der Beschränkung des Begriffs Bebauungspläne auf den Begriff „Netz von Fluchtlinien" die Nebeneinanderstellung im Gesetze nicht. Die Aufstellung von Bebauungsplänen auch in diesem Sinne enthält, weil ein Bebauungsplan eine größere Fläche umfaßt, einen weit größeren Eingriff in die Rechte der einzelnen Gemeinden und der Grundbesitzer als die Festsetzung einzelner Fluchtlinien. Darum ist mit Recht die Zulässigkeit der Aufstellung von Bebauungsplänen eingeschränkt worden. Zugegeben muß allerdings werden, daß auch bei der Beratung im Herrenhaus die ganze Frage der Aufstellung von Bebauungsplänen überwiegend von dem Standpunkte einer verständigen, von sozialen Rücksichten diktierten Bodenpolitik angesehen wurde. Das hindert aber die hier vertretene Auffassung nicht, denn wie erwähnt können auch Bebauungspläne im obigen Sinne die Vermittler einer gesunden Wohnungspolitik sein, namentlich kann (unter Berücksichtigung baupolizeilicher Verordnungen) durch Anlegung von Straßen, die die tiefe Gestaltung von Grundstücken ausschließen, ganz erheblich auf die Qualität der Fläche als Wohnviertel, Landhausviertel usw. eingewirkt werden.

[7]) Wichtige Gründe des Verkehrs sind nicht allein solche, die die Herstellung von Bahnen bezwecken, vielmehr kann sich der Verband hier jeder Art des Verkehrs annehmen. Die Schaffung von Straßen für den Fußgänger-, Wagen-, Omnibusverkehr unterliegt in gleicher Weise der Fürsorge des Verbandes. Erforderlich ist hier nicht ein allgemeines Verkehrsinteresse. Es genügt das Interesse eines Ortes, wenn es ein wichtiges ist und wirklich ein Verkehrsinteresse der Ortsbewohner, nicht etwa ein finanzielles Interesse einer einzelnen Gemeinde oder privatkapitalistisches Interesse, z. B. der Grundbesitzer (behufs schnellen Aufschlusses noch nicht bebauten Geländes), vorliegt. Wichtige Gründe des Verkehrs, die den Verband zum Eingreifen berechtigen, liegen auch dann vor, wenn die Bürger der Gemeinde, in deren Gebiet Fluchtlinien festgesetzt werden, selbst die am Verkehre Interessierten sind. Daß diese Ansicht zutrifft, beweist auch die Gleichstellung mit der Gesundheits- und Wohnungsfürsorge, bei der von einem allgemeinen Verbandsinteresse nicht die Rede ist, sondern stets gewisse Klassen der Bevölkerung einer Gemeinde in Frage kommen.

[8]) Von der Möglichkeit, durch Bebauungspläne Aufgaben der Gesundheits- und Wohlfahrtspflege, insbesondere der Wohnungspflege zu erfüllen, ist bereits oben (Anm. 6) die Rede gewesen (vgl. hierzu StenogrHH. S. 305ff., 309, 310.

[9]) Was unter nichtbebauten Teilen des Verbandsgebiets zu verstehen ist, ist sehr zweifelhaft (vgl.

hierzu StenogrHH. S. 805). Namentlich ist es schwer zu entscheiden, ob ein einzelnes Gebäude auf größerem unbebauten Gelände, wie man sie an der Peripherie Groß Berlins vielfach findet, dieses zu einem bebauten macht (vgl. StenogrHH. S. 305). Jedenfalls muß man verneinen, daß schon die Errichtung einer Ansiedelung außerhalb einer im Zusammenhang gebauten Ortschaft gemäß Art. I § 13 AnsiedlG. vom 10. 8. 1904 (GS. S. 227) eine größere Fläche von vielleicht mehreren Hektaren zu einer bebauten zu machen geeignet ist. Sonst würde man die Vorschriften des Gesetzes illusorisch machen. Nach dem Sinne des Gesetzes muß ein Gelände insoweit als nicht bebaut angesehen werden, als die etwa vorhandenen Gebäude nicht an fertiggestellten Straßen liegen. Der Umstand, daß die Bebauung in den Grenzen eines früher aufgestellten Fluchtlinienplans stattgefunden hat (§ 13 Abs. 2 AnsiedlG.), kann allein den Geländeteil noch nicht als bebaut erscheinen lassen. Den alten Bebauungsplan braucht der Verband nicht zu respektieren, wenn die Voraussetzungen der Fluchtlinienfestsetzung in unbebautem Gelände (§ 5 Abs. 1 S. 3) vorliegen (vgl. unten Anm. 12). Jedenfalls bezeichnet der Sprachgebrauch ein Gebiet nicht schon dann als bebaut, wenn regellose Ansiedelungen sich darauf befinden, sondern wenn der Beginn einer planmäßigen Bebauung deutlich erkennbar geworden ist. Gemeint ist sicherlich, daß bebaute Straßen nicht von dem Fluchtlinienplan oder Bebauungsplan des Verbandes berührt werden sollten. Ein Schutz des sog. „wilden Bauens" sollte nicht gewährleistet werden. Übrigens wird nicht etwa ein ganzes Stadterweiterungsgebiet dadurch zu einem bebauten, weil eine in dem Beginne der Bebauung befindliche Verkehrsstraße besteht. Vielmehr muß nur eben diese Straße von dem neuen Fluchtlinienplan unberührt bleiben, während das der Bebauung noch nicht erschlossene Nebengelände der Einwirkung des Verbandes unterworfen ist. Die Festsetzung einer Fluchtlinie, die nur unbebautes Gelände in ihrem Laufe berührt, wird unter allen Umständen zulässig sein. Eine Straße ist aber, wie zum § 15 FluchtlG. zutreffend entschieden ist, allerdings schon dann als bebaut anzusehen, wenn auch nur ein Gebäude an ihr errichtet ist (OVG. 27 S. 58, Friedrichs-v. Strauß und Torney S. 167).

Aus dem Ausdruck „noch nicht bebaut" folgt, daß das bereits bebaut gewesene, aber etwa zum Zwecke der Sanierung angekaufte und zur neuen Bebauung freigelegte Gelände darunter nicht fällt.

Nach dem Wortlaut des Gesetzes könnte es zweifelhaft erscheinen, ob es wesentlich ist, daß das Gelände an der Peripherie eines Gemeindebezirks oder im Innern des Gemeindebezirks selbst liegt, so daß der Verband auch zum Eingriff zuständig wäre, wenn etwa frühere große Gartenanlagen im Innern des Gemeindegebiets der Bebauung erschlossen werden sollen. Dies ist nicht anzunehmen. Aus den Materialien (StenogrHH. S. 306 ff.) geht hervor, daß bei Schaffung der Bestimmungen ausschließlich an die noch nicht bebauten Geländeteile an der Peripherie, das Stadterweiterungsgebiet, gedacht war. Zudem handelt es sich bei derartigen Bebauungen im Innern der Städte in der Regel um Baublöcke, d. h. um ein für die einheitliche Bebauung geeignetes Gelände. Die Fluchtlinienfestsetzung zum Zwecke der Aufteilung solcher Baublöcke ist aber nach der Tendenz des Gesetzes der Gemeinde besonders vorbehalten und der Einwirkung des Verbandes entzogen (vgl. § 5 Abs. 2 unten Anm. 17).

10) Die Beschlußbehörde beschließt sowohl über die Voraussetzung nach Satz 1 und 2 wie nach Satz 3 (vgl. BerHH. S. 484).

11) Aus § 6 Satz 1 (Vorlegung zur Äußerung und alsdann Weitergabe an den Minister) ist zu folgern, daß die Frage, ob der Fall einer Berechtigung des Verbandes zur Fluchtlinienfestsetzung gegeben ist, geprüft werden muß, ehe die Vorlage an den Minister erfolgt. Hat im Falle eines

Bestreitens der Berechtigung des Verbandes die Beschlußbehörde entschieden, so wird mit der Beschwerde an den Minister der öffentlichen Arbeiten der Antrag auf grundsätzliche Zustimmung alsbald verbunden werden können.

[12]) Über den Begriff Durchgangs- und Ausfallstraßen s. oben Anm. 3.

[13]) Das Recht der Gemeinden, Fluchtlinien festzusetzen, bleibt an sich unberührt. Es ist also auch zulässig, daß von den Gemeinden selbst für Durchgangs- und Ausfallstraßen Fluchtlinien festgesetzt werden. Bei Beteiligung mehrerer Gemeinden s. § 9 FluchtlG. Auch besondere Zweckverbände einzelner Gemeinden hierzu (§ 4 allg.ZVG.) sind zulässig (StenogrAH. S. 1524, 1532). Es ist nur dem Verbande innerhalb seiner Zuständigkeit (Abs. 1) ein Vorzugsrecht eingeräumt.

Die Festsetzung einer Fluchtlinie oder die Aufstellung eines Bebauungsplanes hindert den Verband nicht, durch eine neue Festsetzung die Fluchtlinie abzuändern. Umgekehrt kann aber eine Verbandsfluchtlinie nicht von einer Gemeinde abgeändert werden, weil mit der Festsetzung der Fluchtlinie durch den Verband die Zuständigkeit der Gemeinde erlischt. Die Ansicht, daß eine Änderung bestehender Fluchtlinienpläne durch den Verband ausgeschlossen sei (so Friedrichs S. 106), ist nicht für zutreffend zu erachten. Sie steht auch im Widerspruch zu § 6. Eine Einwirkung auf die für noch unbebaute Gebiete bereits festgesetzten, aber den Anforderungen der Gesundheitspflege und Wohnungsfürsorge nicht genügenden Bebauungspläne der Einzelgemeinden ist bei den Beratungen des Herrenhauses gerade als das Ziel der Vorschrift des Abs. 1 Satz 3 bezeichnet worden (StenogrHH. S. 306).

[14]) Unter Fluchtlinienplänen sind ersichtlich auch Bebauungspläne zu verstehen. Die Ansicht, daß zwar Fluchtlinienpläne, nicht aber Bebauungspläne vorzulegen seien (Friedrichs S. 106), kann nicht geteilt werden. Wenn die

Vorlegung schon für Fluchtlinienpläne vorgeschrieben ist, so ist sie es sicher für einen Bebauungsplan. Aus dem Umstand, daß in der Herrenhauskommission das Wort Bebauungsplan gestrichen worden ist (VerHH. S. 484), folgt nicht das Gegenteil. Bei den Beratungen der Kommission erklärte der Vertreter der Staatsregierung, ohne Widerspruch zu finden, ausdrücklich, daß unter Fluchtlinienplänen auch Bebauungspläne zu verstehen seien. Vgl. auch oben Anm. 6.

[15]) Auslegung der Pläne siehe § 7 FluchtlG.

[16]) Die Begutachtung des Verbandes folgt zeitig auf die Einholung der Zustimmung der Ortspolizeibehörde oder im Streitfalle des Kreis- oder Bezirksausschusses, für Berlin des Ministers der öffentlichen Arbeiten (§ 5 FluchtlG.). Die Begutachtung erstreckt sich nur darauf, ob die Interessen gewahrt sind, deren Wahrung zur Zuständigkeit des Verbandes gehört.

[17]) Baublöcke sind die bei der Aufteilung eines zur Bebauung geeigneten Geländes durch die Durchziehung mit Straßen entstehenden Geländeabschnitte, die zur vollständigen Bebauung nur der Einteilung in Einzelgrundstücke bedürfen. Die weitere Aufteilung solcher Baublöcke durch Straßendurchlegung wird zumeist erfolgen zwecks Herbeiführung einer gesundheitsgemäßen Bebauung (Vermeidung zu tiefer Grundstücke mit mehreren Höfen), vielfach aber auch auf Antrag der Grundbesitzer selbst, weil allzu große Tiefe der Grundstücke die Bebauung erschweren kann und ihnen eine neue Straßenfront von Nutzen ist (VerAH. S. 3082). In jedem Fall handelt es sich um Dinge, die das Verbandsinteresse nicht berühren und die bei der Häufigkeit ihres Eintrittes der größten Beschleunigung bedürfen (VerAH. a. a. O.). Die Gemeinden sind daher hier völlig von der Einwirkung des Verbandes freigestellt.

[18]) Nur die Verbreiterung, nicht aber die Verengerung bestehender Straßen ist privilegiert, ebensowenig die Geradelegung von Straßen; Straßendurchbrüche dann, wenn sie

unter den Begriff „Aufteilung von Baublöcken" fallen (s. oben Anm. 17).

[19]) Unter bestehenden Straßen werden nicht nur die zur Zeit des Inkrafttretens des Gesetzes bestehenden Straßen zu verstehen sein, sondern auch die später angelegten, wenn sie verbreitert werden sollen. Es kam dem Gesetzgeber nicht darauf an, gegenwärtige Rechte zu schonen, sondern einen Fall herauszuheben, in dem die Begutachtung des Verbandes wegen des mangelnden Allgemeininteresses erübrigt. Der Begriff bestehende oder vorhandene Straße im Gegensatz zu der neuen Straße findet sich auch im § 15 FluchtlG. (Anliegerbeiträge) und hat dort eine eingehende Auslegung in der Literatur und Rechtsprechung gefunden (vgl. Friedrichs-v. Strauß und Torney S. 161 ff., Saran S. 262 ff.). Diese Auslegung kann hier nicht verwertet werden. Während es dort bei der Feststellung des Begriffs „bestehende Straße" auf den rechtlichen Moment ankommt, in dem die Straße als vorhanden anzusehen ist und vornehmlich die Frage eine Rolle spielt, wie es mit dem im Zeitpunkt des Erlasses des Ortsstatuts in der Anlegung begriffenen Straßen zu halten ist, handelt es sich hier nach der Tendenz des Gesetzes ausschließlich um fertige, bebaute, im Stadtinnern belegene Straßen. Wenn praktisch ein Fall vorkommen könnte, in dem es sich um die „Verbreiterung" einer erst in der Anlegungsperiode befindlichen Straße handelt, so liegt doch rechtlich dieser Fall der erstmaligen Festsetzung einer neuen Fluchtlinie im wesentlichen gleich. Daß die Freiheit, die vom Verbande begutachteten Fluchtlinienpläne alsbald durch breitere Anlegung der eben fertiggestellten Straßen zu verändern, den Gemeinden gegeben werden sollte, ist ausgeschlossen.

[20]) Es handelt sich hier nicht um eine Beanstandung von ungesetzlichen Beschlüssen im Aufsichtswege (vgl. § 38), vielmehr um ein Mittel für den Verband, seine Interessen bei der Fluchtlinienfestsetzung zu wahren. Es liegt ein Einspruch mit aufschiebender Wirkung vor.

Das Verfahren nach §§ 7 ff. FluchtlG. kann nicht vorwärts gehen, bis die Beanstandung beseitigt ist. Aber auch wenn keine Beanstandung erfolgt, kann der Verband sein Recht immer noch im Wege der Einwendung nach § 7 FluchtlG. geltend machen. Der Unterschied beider Rechtsbehelfe besteht, abgesehen von der weitergehenden Wirkung der Beanstandung, darin, daß im Wege der Einwendung nach § 7 FluchtlG. nicht nur in den Grenzen der Zuständigkeit des Verbandes Bedenken geltend gemacht, sondern Einwendungen jeder Art zur Wahrung des öffentlichen Interesses vorgebracht werden können.

[21]) Die weitere Beschwerde geht danach binnen vier Wochen an den Minister der öffentlichen Arbeiten.

§ 6.

Die Entwürfe der Fluchtlinienpläne[1]) des Verbandes (§ 5 Abs. 1) sind mit der Angabe über die durch sie bedingten Abänderungen der bestehenden Pläne[2]) zunächst den beteiligten[3]) Gemeinden und Kreisen zur Äußerung[4]) und sodann dem Minister der öffentlichen Arbeiten zur grundsätzlichen Zustimmung[4]) vorzulegen. Einer Zustimmung der Ortspolizeibehörde bedarf es nicht[5]). Auf die Änderungen bestehender Fluchtlinienfestsetzungen infolge der Festsetzung von Fluchtlinien durch den Verband finden die Vorschriften des § 10 Abs. 1 des Gesetzes vom 2. Juli 1875) Gesetzsamml. S. 561) keine Anwendung[6]).

[7]) Nach erfolgter Zustimmung sind die auf die einzelnen Gemeinde- (Gutsbezirks-) Gebiete bezüglichen Planteile unter Kenntlichmachung der Abweichungen von den früheren Plänen in diesen Gemeinden (Gutsbezirken) zu jedermanns Einsicht offen zu legen[8]). Wie dies zu ge-

schehen hat, wird sowohl vom Verbandsausschuß in den für die Veröffentlichungen des Verbandes bestimmten Blättern als auch von den einzelnen Gemeinde- (Guts-) Vorständen in der für die Gemeinden (Gutsbezirke) geltenden Form mit dem Bemerken bekannt gemacht[9]), daß Einwendungen innerhalb einer Ausschlußfrist von vier Wochen bei dem Verbandsausschuß anzubringen sind[10]). Auch die beteiligten Gemeinden (Gutsbezirke)[11]) sind zur Erhebung von Einwendungen berechtigt[12]). Handelt es sich um Festsetzungen, welche nur einzelne Grundstücke betreffen, so genügt statt der Offenlegung und Bekanntmachung eine Mitteilung an die beteiligten Grundeigentümer und Gemeinden (Gutsbezirke)[13])[14]).

[15]) Über die erhobenen Einwendungen hat, soweit sie nicht durch Verhandlungen zwischen dem Verbandsausschuß und den Beschwerdeführern zur Erledigung gekommen sind[16]), die Beschlußbehörde für Groß Berlin zu beschließen; gegen ihren Beschluß ist binnen vier Wochen die Beschwerde an den Minister der öffentlichen Arbeiten zulässig. Sind Einwendungen nicht erhoben oder ist über sie endgültig beschlossen[17]), so hat der Verbandsausschuß die Pläne förmlich festzusetzen[18])[19]), zu jedermanns Einsicht offen zu legen und, wie dies geschehen soll, öffentlich bekannt zu geben[20]).

Vorbemerkung: § 6 regelt das Verfahren der Fluchtlinienfestsetzung durch den Verband im Anschluß an das Fluchtliniengesetz vom 2. 7. 1875, aber mit einigen Abweichungen. Einmal ist die Ortspolizeibehörde ausgeschaltet, während nach § 1 Abs. 1, 5 FluchtlG. die Polizeibehörde zustimmen muß und, wenn die Zustimmung versagt wird, darüber der Kreisausschuß, in Stadtkreisen der Bezirksausschuß, in Berlin der Minister der öffentlichen Arbeiten beschließt. Sodann kann im Gegensatz zu § 1 Abs. 2 FluchtlG. die Polizei auch nicht die Festsetzung von Fluchtlinien durch den Verband fordern, weil der Verband nicht wegebaupflichtig ist (VerAH. S. 3081). Neu ist auch das Vorverfahren (Äußerung der Gemeinden, grundsätzliche Zustimmung des Ministers), das der Notwendigkeit entspricht, die in die Rechte der Gemeinden tief eingreifenden Festsetzungen des Verbandes mit besonderen Kautelen zu umgeben.

[1]) Der Ersatz des Wortes „Bebauungspläne", wie es im Entwurfe hieß, durch das Wort „Fluchtlinienpläne" bedeutet keine materielle Änderung und stützt vielmehr die Ansicht, daß unter Bebauungsplänen eben nur ein Netz von Fluchtlinienplänen zu verstehen sind (siehe oben Anm. 6, 14 zu § 5). Wenn man, wie dies Friedrichs Anm. 10 zu § 5 Abs. 2 (Vorlegungspflicht) annimmt, die Ansicht vertritt, daß ein materieller Unterschied zwischen beiden Plänen bestehe, so würde der § 6 die Folge ergeben, daß die Festsetzung von Bebauungsplänen des Verbandes in formeller Beziehung überhaupt keine Regelung erfahren hätte.

Für die Fluchtlinienpläne des Verbandes gelten dieselben Grundsätze wie für die Gemeindefluchtlinien auf Grund des Fluchtliniengesetzes. Nach diesem (§ 1 Abs. 3) gehört zu einer Straße der Straßendamm und der Bürgersteig. Nach § 3 des genannten Gesetzes ist bei der Festsetzung von Fluchtlinien auf die Förderung des Verkehrs, der Feuersicherheit und der öffentlichen Gesundheit Bedacht zu nehmen und darauf zu halten, daß eine Verunstaltung der Straßen und Plätze nicht eintritt. Es ist deshalb für die Herstellung einer genügenden Breite der Straßen und einer guten Verbindung der neuen Bauanlagen mit den bereits bestehenden zu sorgen.

[2]) Hieraus und aus der Forderung, daß die Abänderung der bestehenden Pläne kenntlich zu machen ist (Abs. 2), ergibt sich einmal materiell (was schon oben Anm. 9, 13 zu § 5 hervorgehoben ist), daß der Verband zur Abänderung der bestehenden Pläne der Gemeinde innerhalb seiner Zuständigkeit

berechtigt ist. Formell ist dadurch ein weiteres Erfordernis für die Planfestsetzung gegeben, das neben die Anforderungen des § 4 FluchtlG. tritt. Danach muß jede Festsetzung von Fluchtlinien eine genaue Bezeichnung der davon betroffenen Grundstücke und Grundstücksteile und eine Bestimmung der Höhenlage, sowie der beabsichtigten Entwässerung der betreffenden Straßen und Plätze enthalten (vgl. hierzu die Ausführungsvorschriften zum FluchtlG. v. 28. 5. 1876 [MBl. S. 131], Runderlaß betr. die Handhabung der Baupolizei vom 24. 4. 1906 [MBl. S. 198] und Runderlaß betr. die Grundsätze für die Aufstellung von Bebauungsplänen und die Ausarbeitung neuer Bauordnungen vom 20. 12. 1906 [MBl. 1907 S. 65]). Aus § 34 dieses Gesetzes folgt, daß der Verbandsdirektor bei der ihm obliegenden Vorbereitung der Fluchtlinienpläne die vermittelnde Tätigkeit der Gemeindebehörden usw. des Verbandsgebiets in Anspruch nehmen kann. Man wird aber darüber hinaus den Verband auch für befugt erachten müssen, für die Aufstellung des Planes und die Feststellung der dazu nötigen Grundlagen sich des bei der Gemeinde vorhandenen Urkundenmateriales (Vermessungen, Pläne usw.) zu bedienen.

[3]) **Beteiligt** sind alle Gemeinden und Kreise, durch deren Gebiet die Fluchtlinie geht.

[4]) **Zur Äußerung** sind berechtigt die Gemeinden und Kreise, letztere, obwohl sie nach dem Fluchtliniengesetze kein Recht zur Mitwirkung bei der Festsetzung der Fluchtlinien haben und daher durch die Festsetzung von Verbandsfluchtlinien in ihre Rechte nicht eingegriffen wird. Die Äußerung hat vornehmlich den Zweck, den Gemeinden und Kreisen Gelegenheit zu geben, die Zuständigkeit des Verbandes zur Fluchtlinienfestsetzung nach § 5 Abs. 1 zu bemängeln. Stützt sich ihr Einwand darauf, daß die Zuständigkeit des Verbandes nicht begründet sei, so tritt das im § 5 Abs. 1 Satz 4 vorgesehene Verfahren ein. Da die Notwendigkeit der Äußerung der Kreise vorgesehen ist, so

wird auch diesen das Recht, die Beschlußbehörde anzurufen, nicht bestritten werden können. Den beteiligten Gemeinden und Kreisen wird freilich auch schon in diesem Stadium des Verfahrens gestattet sein, auch anderweite Vorstellungen zu erheben. Der Verband braucht sie aber nicht zu beachten, während eine Vorlegung an den Minister nur dann zulässig ist, wenn die Zuständigkeit des Verbandes von den Beteiligten nicht bestritten oder durch die Beschlußbehörde festgestellt ist (siehe oben Anm. 10 zu § 5).

⁴) Wird die Zustimmung versagt, so ist ein weiteres Verfahren nicht möglich. Wird sie erteilt, so erfolgt sie unbeschadet der Einwendungen im Festsetzungsverfahren. Der Minister hat also vorzugsweise die Voraussetzungen der Fluchtlinienfestsetzung nach § 5 Abs. 1 dieses Gesetzes zu prüfen.

⁵) Anders wie nach § 5 Abs. 2 FluchtlG. (siehe oben Vorbemerkung). Da die Ortspolizeibehörde mit der Verbandsfluchtlinie nicht befaßt ist, so kann auch § 6 FluchtlG., wonach, wenn der Plan der beabsichtigten Festsetzung eine Festung betrifft, oder in ihn öffentliche Flüsse, Chausseen, Eisenbahnen oder Bahnhöfe fallen, die Ortspolizeibehörde dafür zu sorgen hat, daß den beteiligten Behörden rechtzeitig zur Wahrung ihrer Interessen Gelegenheit gegeben werde, nicht angewendet werden. Daraus folgt aber nicht, daß die Bestimmung materiell beseitigt ist. Vielmehr wird der Minister das Nötige zu veranlassen haben. Aus praktischen Gründen wird sich empfehlen, daß der Verband schon im Stadium der Vorbereitung sich sichert, daß nicht Einsprüche vornehmlich der Festungs- und Eisenbahnbehörden zu gewärtigen sind.

⁶) Die Bestimmung ermöglicht die unmittelbare Abänderung bestehender Fluchtlinienpläne der Gemeinden durch die Fluchtlinienpläne des Verbandes. Wäre die Bestimmung nicht eingefügt worden, so würden die Gemeinden genötigt sein, ein besonderes Festsetzungsverfahren

zur Abänderung ihrer Pläne vorzunehmen, den § 10 Abs. 1 FluchtlG. bestimmt:

„Jede sowohl vor als auch nach Erlaß dieses Gesetzes getroffene Festsetzung von Fluchtlinien kann nur nach Maßgabe der vorstehenden Bestimmungen aufgehoben oder abgeändert werden."

Eine Abänderung ihrer Pläne durch die Gemeinden findet hiernach in dieser Beziehung nicht statt. Die Änderung erfolgt vielmehr unmittelbar durch die neue Fluchtlinienfestsetzung des Verbandes (a. A. Friedrichs S. 106 Anm. 9 zu § 5); vgl. hierzu Anm. 9, 13 zu § 5 und oben Anm. 2. Auf festgesetzte Verbandsfluchtlinien bezieht sich die Ausnahmevorschrift nicht; diese können nur in dem förmlichen Verfahren geändert werden.

7) Der Satz entspricht dem § 7 Abs. 1 FluchtlG. Die Offenlegung des gesamten Plans findet nicht statt.

8) Die Offenlegung erfolgt zu jedermanns Einsicht. Wie schon bei der Auslegung des § 7 FluchtlG. nicht bezweifelt wird, unterliegt die Einsicht keiner Beschränkung, sie steht jeder rechtsfähigen Person zu. Es ist weder der Nachweis eines rechtlichen, noch eines berechtigten Interesses nötig (Friedrichs-v. Strauß und Torney S. 56 f., Saran S. 68). Die Unterlassung der Offenlegung, abgesehen von dem Falle des Abs. 2 letzter Satz, macht das Verfahren ungültig (OVG. PrVBl. 7 S. 69).

9) Es ist also eine doppelte Bekanntmachung vorgesehen, die aber denselben Inhalt haben muß. Die Art, wie dies, d. h. die Offenlegung zur Einsicht, zu geschehen hat, muß angegeben werden. Dies bezieht sich auf den Ort der Offenlegung und die tägliche Offenlegungszeit. Die zur Veröffentlichung bestimmten Blätter sind die im § 37 dieses Gesetzes genannten. Für die Bekanntmachung durch die Gemeinde- und Gutsvorstände ist vorgeschrieben, daß die Bekanntmachungen in der „geltenden Form" erfolgen. Das bedeutet nichts anderes als die „ortsübliche Form"

des § 7 FluchtlG., denn eine andere Form ist gesetzlich nicht in Geltung. Es kommt nicht darauf an, welche Form für andere Veröffentlichungen in den Gemeinden und Gutsbezirken in Geltung ist (vgl. hierzu Saran, S. 69). Von der Einhaltung der doppelten Bekanntmachung kann auch dann nicht abgesehen werden, wenn die Bekanntmachung der Gemeinden und des Verbandes in denselben Blättern zu erscheinen pflegen. Eine gemeinsame Bekanntmachung wird aber nicht ausgeschlossen sein.

[10]) Die Vorschrift weicht von § 7 FluchtlG. hinsichtlich der Ausschlußfrist ab. Dort ist eine „präklusivische Frist" von mindestens vier Wochen in der Bekanntmachung zu bezeichnen, dagegen ist hier die Frist von vier Wochen ein für allemal festgesetzt. In den Bekanntmachungen wird der Tag, an dem die Offenlegung und damit der Lauf der Ausschlußfrist beginnt, angegeben werden müssen. Mit der Veröffentlichung kann sie nur dann beginnen, wenn alle vorgeschriebenen Bekanntmachungen an demselben Tage erfolgen. Der Zeitraum zwischen der Veröffentlichung und dem Tage des Fristbeginnes wird so geräumig zu bemessen sein, daß bis zu ihm alle Veröffentlichungen erfolgt sein können.

[11]) Beteiligt: s. Anm. 3.

[12]) Einwendungen zu erheben, steht jedermann zu. Daß auch die beteiligten Gemeinden zur Erhebung von Einwendungen beteiligt sein sollen, ist mit Recht hervorgehoben worden, weil es sich um die von ihnen selbst ausgelegten Fluchtlinienpläne handelt und normalerweise eine Behörde gegen die von ihr ausgehenden Verwaltungsakte keine Beschwerde erheben kann. Materiell handelt es sich aber gar nicht um die Festsetzung von Gemeindefluchtlinien, sondern um die Festsetzung von Verbandsfluchtlinien in der Gemeinde. Die Klammer (Gutsbezirk) war allerdings hier überflüssig. Daß dem Gutsbesitzer das Recht zu Einwendungen zusteht, ist selbstverständlich.

[13]) **Die Vorschrift entspricht dem § 7 Abs. 2 FluchtlG.**

Nur die Offenlegung und Bekanntmachung wird durch die Mitteilung ersetzt. Im übrigen bleiben die Vorschriften des Abs. 2 bestehen. Es gilt also auch hier die Vorschrift, daß Einwendungen von jedermann binnen vier Wochen erhoben werden können. Für das Fluchtliniengesetz ist die Frage, ob ein anderer als der Grundeigentümer Einwendungen erheben darf und ob auch hier eine Frist zu setzen ist, bestritten (Friedrichs-v. Strauß und Torney S. 58, Saran S. 72 f.). Die Frage der Fristsetzung ist für das Zweckverbandsgesetz durch die Einführung einer gesetzlichen Frist erledigt. Die Zulässigkeit zur Erhebung von Einwendungen wird man mangels des Vorliegens einer entgegenstehenden Vorschrift bejahen müssen, zumal einmal außer dem Grundeigentümer jedenfalls noch andere Grundstücksinteressenten als beteiligt in Frage kommen können, vor allem aber hier nicht ersichtlich wäre, warum die Gemeinde keine Einwendungen sollte erheben können.

[14]) Die Mitteilung geht im Falle des Abs. 2 letzter Satz nur vom Verband aus, nicht auch von den Gemeinden (anders als nach Satz 2 dieses Absatzes). Die Mitteilung ergeht — als Ersatz der Offenlegung und Bekanntmachung — unter der Firma des Verbandsausschusses und ist vom Verbandsdirektor zu zeichnen (§ 34).

[15]) Absatz 3 entspricht inhaltlich genau dem § 8 FluchtlG. Es kann zur Erläuterung auf die Kommentare zu diesem Gesetze verwiesen werden. Nur die Zuständigkeit ist verändert. Während nach § 8 der Kreisausschuß, in Stadtkreisen und in den nicht kreisfreien Städten über 10000 Einwohner der Bezirksausschuß, in Berlin der Minister der öffentlichen Arbeiten beschließt, ist hier die Beschlußbehörde für Groß Berlin zuständig, und gegen ihren Beschluß findet die Beschwerde an den Minister der öffentlichen Arbeiten statt.

[16]) Der Versuch, zu einer Verständigung zu kommen, braucht aber nicht gemacht zu werden. Es kann auch alsbald die Sache an die Beschlußbehörde abgegeben werden.

[17]) Wie bei § 8 FluchtlG. entsteht auch hier die Streit-

frage, ob der Beschlußbehörde und dem Minister der öffentlichen Arbeiten lediglich die Entscheidung darüber zugewiesen ist, ob die Einwendungen für begründet oder unbegründet zu erklären seien, oder ob, wenn die Einwendungen für begründet erachtet werden, die Beschlußbehörde, in zweiter Instanz der Minister über die Abänderung der definitiven Gestaltung des Planes mit der Wirkung beschließen kann, daß der Verbandsausschuß daran bei der Festsetzung der Fluchtlinien gebunden ist. Die herrschende Meinung (besonders Friedrichs-v. Strauß und Tornau S. 60 ff., vgl. weitere Literaturangaben bei Saran S. 74) nimmt an, daß im Falle des § 8 FluchtlG. die Beschlußbehörden auch behufs der Abhilfe von berechtigten Einwendungen befugt seien, definitiv über die Gestaltung des Planes zu bestimmen, obgleich zugegeben wird, daß „es nicht unbedenklich sei, die möglicherweise sehr berechtigten Einsprüche Dritter ohne weiteres abzuschneiden". Der herrschenden Ansicht kann nicht zugestimmt werden; ihre Folgen würden für das Zweckverbandsgesetz unerträgliche sein. Es wäre keine Sicherheit dagegen geschaffen, daß nicht z. B. auf Einwendung einer Gemeinde, daß die Durchlegung einer Ausfallstraße durch ihr Gebiet ihr unbillige Lasten auferlege und eine andere Nachbargemeinde viel besser zur Anlegung der Straße geeignet sei, die Beschlußbehörde lediglich die Fluchtlinie durch das Gebiet der anderen Gemeinde, die an dem Verfahren bisher gar nicht interessiert war, legen könnte. Das hätte eine weit größere Tragweite, als wenn, wie dies nach dem Fluchtliniengesetze der Fall wäre, nur private Rechte verletzt würden, denn diese würden nach Maßgabe der §§ 13, 14 FluchtlG. zur vollen Entschädigung kommen können, während die geschädigte Gemeinde auf einen Zuschuß nach § 7 des Gesetzes für den Verlust aller ihrer Rechte angewiesen wäre und dazu unentgeltlich die gesamte geschäftliche Belastung der Durchführung des Fluchtlinienverfahrens selbst tragen müßte.

[18]) Der Plan muß als Ganzes festgesetzt werden. Die

Festsetzung eines Teils als erledigt, wenn gegen andere Teile noch das Verfahren auf erhobene Einwendung schwebt, wird nur in seltenen Fällen bei völliger Unabhängigkeit der einzelnen Teile voneinander möglich sein, vornehmlich dann nicht, wenn die grundsätzliche Zustimmung des Ministers sich gerade auf den ganzen Plan als Einheit bezog.

[19]) Die Vorschrift des § 10 Abs. 2 FluchtlG., wonach zur Festsetzung neuer oder Abänderung bestehender Bebauungspläne in den Städten Berlin, Potsdam, Charlottenburg und deren nächster Umgebung die königliche Genehmigung erforderlich ist, bleibt unberührt. Die Erweiterung der Vorschrift auf das ganze Verbandsgebiet wurde abgelehnt (VerAH. S. 3085 f.). Die königliche Genehmigung ist nach Erfüllung aller Erfordernisse vor der endgültigen Festsetzung nachzusuchen, nicht schon im Vorverfahren (Abs. 1 Satz 1 des § 6). Jedoch ist das weitere Verfahren dann hinfällig, wenn der Minister schon im Vorverfahren erklärt, daß er den Plan dem König nicht vorlegen werde (zustimmend Friedrichs § 5 Anm. 11, § 6 Anm. 2, 4).

[20]) Einer Offenlegung der auf die Gemeinden bezüglichen Planteile und eine Veröffentlichung durch die Gemeinden ist nicht vorgesehen. Der Plan kann im ganzen ausgelegt werden. Daß er in den beteiligten Gemeinden offenzulegen ist und nicht etwa nur in Berlin am Sitze des Verbands, ist nicht bestimmt, erscheint aber zweckmäßig. Wegen der öffentlichen Bekanntmachung s. oben Anm. 9 und § 37.

§ 7.

Die Durchführung der vom Verbande festgesetzten Fluchtlinienpläne (§ 5 Abs. 1) liegt den Einzelgemeinden (Gutsbezirken) ob[1]).

Zu den Kosten der Herstellung[2]) und Unterhaltung[3]) der nach seinen Fluchtlinienplänen ausgeführten Straßen hat der Verband jedoch den Einzelgemeinden[4]) einen von der Verbandsversammlung festzusetzenden einmaligen oder laufenden Zuschuß[5]) zu leisten, bei dessen Bemessung die Vorteile der Straßenherstellung für den Verband sowie die Vorteile und Nachteile für die Einzelgemeinden (Gutsbezirke) entsprechend zu berücksichtigen sind[6]).

Der Verband kann solche Straßen mit Zustimmung der beteiligten Gemeinden (Gutsbezirke)[7]) auch selbst herstellen und unterhalten. In Gutsbezirken liegt ihm dies auf Antrag derselben ob[8]). Als Gegenleistung[9]) haben die beteiligten Gemeinden (Gutsbezirke)[10]) einen von der Verbandsversammlung festzusetzenden, ihren Vorteilen[11]), insbesondere der Verminderung ihrer Unterhaltungslast[12]), entsprechenden Zuschuß[13]) zu entrichten. Es kann ihnen gestattet werden, denselben ganz oder zum Teil in Naturalleistungen[14]) zu entrichten.

Gegen die in den Fällen der beiden vorstehenden Absätze gefaßten Beschlüsse der Verbandsversammlung steht den Beteiligten[15]) binnen vier Wochen die Beschwerde an die Beschlußbehörde für Groß Berlin und gegen ihre Beschlüsse binnen der gleichen Frist die Klage bei dem Oberverwaltungsgerichte zu.

[16]) In den Fällen des Abs. 3 gehen die den Gemeinden in den §§ 11 bis 15 des Gesetzes, betreffend die Anlegung und Veränderung von Straßen und Plätzen in Städten und ländlichen Ortschaften, vom 2. Juli 1875 (Gesetzsamml. S. 561)[17]) zugewiesenen Rechte und Pflichten sowie die Befugnisse auf Grund des § 9 des Kommunalabgabengesetzes vom 14. Juli 1893 (Gesetzsamml. S. 152)[18]) auf den Verband über[19]); Gutsbezirke werden den Gemeinden gleichgeachtet[20]). Dabei unterliegen Statuten des Verbandes der Bestätigung des Ministers der öffentlichen Arbeiten[21]). Für das Einspruchs- und Klage-

verfahren finden §§ 69, 70 des Kommunalabgabengesetzes mit der Maßgabe Anwendung, daß für den Einspruch der Verbandsausschuß und für die Klage das Oberverwaltungsgericht zuständig ist[22]).

[1]) Durch § 7 Abs. 1 wird einmal festgesetzt, daß an der Zuständigkeit der Gemeinden zur Durchführung der Fluchtlinienpläne nichts geändert wird; die vom Verband festgesetzten Pläne gelten also in Ansehung der auf die Gemeinden entfallenden Planteile als Pläne der Gemeinden, soweit die Durchführung der Fluchtlinien in Frage steht. Der Satz hat aber eine weitere Bedeutung: Es ist dadurch eine Pflicht, die Fluchtlinienpläne des Verbandes durchzuführen, für die Gemeinden und Gutsbezirke festgesetzt worden. Die Bestimmung des Abs. 1 enthält mehr als eine bloße Verteilung der Zuständigkeit; er setzt auch eine Ausnahme von dem Satze fest, daß die Gemeinden zur Durchführung von Fluchtlinienplänen, d. h. zur Anlage und zum Ausbau von Straßen nicht anders als aus polizeilichen Rücksichten auf Grund ihrer Wegebaupflicht gezwungen sein sollen, wie der Zusatz („Gutsbezirke") beweist. Denn für Gutsbezirke besteht die Möglichkeit, andere als Verbandsfluchtlinienpläne durchzuführen, überhaupt nicht. Es wäre darum widersinnig, hier anzuordnen, daß die Durchführung der Verbandsfluchtlinienpläne wie eigener zu geschehen habe (vgl. auch VerHH. S. 487). Allerdings hat der Verband kein Zwangsmittel, um die Gemeinden und Gutsbezirke zur Durchführung der Pläne zu zwingen. Es ist auch im Gesetze nicht vorgesehen, daß er selbst den Ausbau der der Fluchtlinie entsprechenden Straße gegen den Willen der Gemeinde (des Gutsbezirks) in Angriff nehmen könnte. Die Einwirkung auf die Gemeinden (Gutsbezirke) kann lediglich durch die Kommunalaufsichtsbehörde (§ 132 LVG.) erfolgen.

[2]) Kosten der Herstellung einer Straße sind die Kosten für alle die Maßnahmen, die darauf hinzielen, die

Straße herzustellen. Zu eng wäre es, darunter lediglich die bloßen Baukosten zu begreifen. Es gehören also dahin die Kosten des Erwerbes des Grundeigentums, einschließlich des Vertragsstempels und der Auflassungskosten, auch die Prozeßkosten im Enteignungsprozesse. Ferner fallen darunter auch die Kosten der Herstellung der notwendigen Zubehörungen der Straße, die der Gemeinde als Trägerin der Wegebaulast herzustellen obliegen. Es gehören dazu alle zur Vollständigkeit, zum Schutze und zur Sicherheit der Straßenanlagen und ihrer Benutzung nötigen Anstalten und Vorrichtungen, namentlich Brücken und Fähren über nichtschiffbare Teile von Gewässern, Gräben, Be- und Entwässerungsanlagen, Böschungen, Schutzgeländer, Bürgersteige, soweit sie unter die Wegebaupflicht der Gemeinde fallen (s. unten Anm. 16) (vgl. z. B. Wegeordnung für Westpreußen §§ 5, 6, für Posen § 10).

Nicht zu den Kosten der Herstellung einer Straße gehören die Kosten des Fluchtlinienfestsetzungsverfahrens. Diese Kosten trägt der Verband, soweit er die Aufgabe hat, die Maßregeln selbst durchzuführen (Veröffentlichung in den Blättern usw. gemäß § 6). Die Kosten, die den Einzelgemeinden durch die Veröffentlichung, Offenlegung usw. entstehen, tragen die Gemeinden selbst, weil mangels einer die Erstattung rechtfertigenden Bestimmung der Grundsatz, daß jede Behörde die von ihr zu veranlassenden Maßnahmen auf ihre Kosten zu besorgen hat, auch hier Geltung haben muß.

[3]) Unterhaltungskosten sind die Beträge, die aufgewendet werden müssen, um der Wegebaulast auch in Ansehung der Erhaltung der Straße in einem verkehrsmäßigen Zustand zu genügen. Die Unterhaltungspflicht erstreckt sich entsprechend so weit wie die Herstellungspflicht. Für die Aufwendungen ist das Verkehrsbedürfnis in erster Reihe maßgebend. Auch die durch das Verkehrsbedürfnis sich herausstellende Notwendigkeit der Verbesserung einer Straße (Pflasterung einer chaussierten Straße usw.) fällt unter die Unterhaltungs-

pflicht. Nicht zur Wegeunterhaltung gehört aber: die Anbringung von Straßenschildern (Benennung von Straßen) und die Anbringung von Hausnummern, ebensowenig auch die Straßenbeleuchtung. Alles dies sind polizeiliche Erfordernisse, deren Erfüllung gemäß § 3 PolizeiverwG. vom 11. 3. 1850 zu geschehen hat und deren Kosten dem zur Last fallen, der die Kosten der örtlichen Polizeiverwaltung zu tragen hat (OVG. 4 S. 419, 23 S. 103, 27 S. 62, 65, 28 S. 86, 88).

Was die Straßenreinigung anbetrifft, so gehört diese, soweit sie den Zweck hat, Verkehrshindernisse, z. B. große Schneemassen, zu beseitigen, zur Straßenunterhaltungspflicht. Im übrigen ist die aus allgemeinen sanitären und ästhetischen Gründen erfolgende Straßenreinigung kein Teil der Wegebaulast.

[4]) Es fehlt hier die ausdrückliche Aufführung der Gutsbezirke. Ohne Zweifel haben aber auch diese Anspruch auf Zuschüsse, wenn sie selbst die Straßenherstellung übernehmen. Nach Abs. 3 Satz 2 muß ihnen aber der Verband auf ihren Antrag die Wegebaupflicht gegen Zuschüsse ihrerseits abnehmen.

[5]) Der Zuschuß kann einmal oder laufend (als Rente) gezahlt werden. Für die Straßenherstellungskosten wird in der Regel eine einmalige Abfindung das Richtige treffen; jedoch wird bei der Herstellung aus Anleihemitteln auch ein Zuschuß zu den Zinsen und Tilgungsraten mit gleichem Rechte geleistet werden können. Umgekehrt wird zur Erleichterung der Unterhaltungspflicht ein laufender Zuschuß am Platze sein, ohne daß es ausgeschlossen ist, auch hier den Berechtigten durch eine einmalige Zahlung abzufinden. Eine Kombination beider Entschädigungsmöglichkeiten ist zulässig. Der Ausdruck „Zuschuß" beweist, daß niemals die gesamten Kosten der Straßenanlegung und Unterhaltung dem Verbande zur Last gelegt werden können.

[6]) Man ging von der Erwägung aus, daß die Straßen=

anlegung an sich sich innerhalb des Rahmens der Wegebaupflicht der Gemeinden hält und ein Zuschuß nur deswegen zu leisten ist, weil die Anlegung der Straßen im wesentlichen von dem eigenen Entschlusse der Gemeinde unabhängig ist. Es ist aber bei der Bemessung des Zuschusses sicherlich auch zu erwägen, ob eine mehr oder minder große Wahrscheinlichkeit dafür bestanden hat, daß auch ohne das Eingreifen des Verbandes die Gemeinde zur Festsetzung der gleichen Fluchtlinie geschritten wäre. Jedenfalls ist überhaupt kein Zuschuß zu leisten, wenn die Verhältnisse vorliegen, unter denen die Ortspolizeibehörde aus polizeilichen Rücksichten die Festsetzung derselben Fluchtlinie hätte fordern können (§ 1 Abs. 2 FluchtlG.).

Im übrigen schreibt das Gesetz vor, daß zu berücksichtigen sind:

a) einmal die Vorteile der Straßenherstellung für den Verband,

b) die Vorteile und Nachteile für die Einzelgemeinden (Gutsbezirke).

Zu a. Die Vorteile für den Verband wirken steigernd auf den Zuschuß. Es sind nur die Vorteile zu berechnen, die sich in Geld schätzen lassen und dem Verband als solchem, nicht anderen Verbandsgemeinden zugute kommen. In erster Reihe wird ein solcher Vorteil bei den Straßen in Frage kommen, die zum Zwecke der Schaffung oder Erweiterung von Bahnunternehmungen des Verbandes angelegt werden. Die Steigerung der Steuerkraft einer anderen Gemeinde durch die Straßenverbindung (z. B. Grundwertsteuer, Umsatzsteuer) und die damit verbundene stärkere Heranziehung der Gemeinden zu den Verbandslasten (§ 11 Abs. 4) ist kein Vorteil des Verbandes, weil der Verband immer nur das Recht hat, den durch die eigenen Einnahmen, Gebühren und Beiträge nicht gedeckten Fehlbetrag auf die Verbandsglieder umzulegen (§ 11 Abs. 2), die Mehr- oder Minderbelastung der Gemeinden also nur im Verhältnis der Gemeinden zueinander einen Unterschied ausmacht.

Auch wenn der Verband als solcher einen weder zu berechnenden, noch zu schätzenden Vorteil durch die Straßenanlegung erlangt, kann nicht etwa der Zuschuß ganz versagt werden. Ein Vorteil des Verbandes kann immer nur erhöhend, niemals, wenn er zu geringfügig ist, vermindernd auf den nach den Leistungen der Gemeinde berechneten angemessenen Zuschuß wirken.

Zu b. Der Vorteil der Einzelgemeinde (des Gutsbezirkes) verringert den Zuschuß. Der Vorteil kann in der steigenden Rentabilität von Verkehrsunternehmungen liegen, ebenso aber auch bei den Gemeinden in der Steigerung der Steuerkraft der Gemeindeeinwohner. Vornehmlich wird als Vorteil zu berechnen sein die durch die Festsetzung der Fluchtlinien und die dadurch ermöglichte oder gesteigerte Bautätigkeit eingehenden erhöhten Beträge an Grund- und Gebäudesteuern oder Grundwertsteuern und Umsatzsteuern. Die Steigerung der Einkommensteuer mit Rücksicht auf eine mit der Straßenanlegung im Zusammenhang stehenden Bevölkerungszuwachs (namentlich Zuzug vermögender Leute in neu geschaffene Landhausviertel) wird nur selten und jedenfalls nur dann berücksichtigt werden können, wenn der Kausalzusammenhang zwischen einer allgemeinen Steigerung der Einkommensteuer und der Schaffung neuer Wohnviertel wirklich dargelegt ist. Ähnliches gilt für die Steigerung der Gewerbesteuer bei der Schaffung von Industrievierteln. In den Gutsbezirken kommt die Steigerung des Grundwertes, die Verwandlung des Grund und Bodens in Baugelände in vollem Umfange als Vorteil in Betracht.

Auch die Gegenleistung, die die Gemeinde dafür sich versprechen läßt, daß sie von einem Bauverbot (§ 12 FluchtlG.) keinen Gebrauch machen werde, kann, wie Friedrichs S. 113 mit Recht hervorhebt, hierher gehören.

Zweifel entstehen hinsichtlich der Berechnung der nach § 15 FluchtlG. von der Gemeinde etwa zu erhebenden Anliegerbeiträge. Sind sie als Vorteile der Gemeinde bei der

Zuschußbemessung anzurechnen oder kommen sie in Wegfall, soweit der Zuschuß reicht, mit anderen Worten: geht die Zuschußpflicht des Verbandes der Beitragspflicht der Anlieger vor oder umgekehrt? Für den Fall der Zuschußleistung nach dem bisherigen Recht (z. B. durch den Provinzialverband) hat das OVG. 40 S. 108, 48 S. 102, 104, PrVBl. 27 S. 122 angenommen, daß die Anliegerbeiträge insoweit in Wegfall kommen, als der Zuschuß reicht, weil bei der Berechnung der Kosten nur die Posten berechnet werden dürfen, durch die das Vermögen der Gemeinde wirklich verringert worden ist (vgl. auch das von Friedrichs S. 111 angeführte Urteil des OVG. v. 21. 2. 1910). Es kann mindestens zweifelhaft sein, ob die Rechtsprechung des Oberverwaltungsgerichts bei der hier zu entscheidenden Frage denselben Weg gehen wird. Nach der Tendenz des Gesetzes ist dem Zuschuß des Verbandes die Aufgabe zugewiesen, einen der Gemeinde entstehenden Vermögensnachteil zu decken, er hat also subsidiäre Natur, während die Zuschüsse der Kreise und Provinzen nach bisherigem Rechte keinen anderen Zweck haben, als die Finanzkraft der Gemeinden in Ansehung der Aufgaben des Straßenbaues zu stärken. Würde der Zuschuß ohne Anrechnung der Anliegerbeiträge berechnet werden, so würden die nach dem Steuersoll zu verteilenden Umlagen sich steigern, und an dem Straßenbau nicht interessierte Verbandsglieder würden zugunsten der Anlieger der neugebauten Straßen belastet werden.

Als kostenmindernd oder als Vorteil kann nur das in Betracht gezogen werden, was die Gemeinde ohne besondere Veranstaltung gewinnen kann. Es wird ihr eine Pflicht, ein Ortsstatut nach § 15 FluchtlG. zwecks Erhebung von Anliegerbeiträgen zu erlassen oder Beiträge nach § 9 KAG. zu erheben, nicht auferlegt werden können. Grundsätzlich bleibt es Sache der Einzelgemeinden, wie sie ihre Finanzwirtschaft einrichten wollen.

Als Nachteile sind die über die tatsächlichen Aufwendungen hinausgehenden Schäden anzusehen, die für die Gemeinde oder den Gutsbezirk durch den Eingriff in ihr Gebietsrecht entstehen; z. B. bei Gemeinden die Verminderung des Steuereinkommens infolge der Legung der Fluchtlinien durch baureifes Land (StenogrAH. S. 1604), Lahmlegung von Bahnunternehmungen der Gemeinde und des Gutsbesitzers infolge der Schaffung neuer Verkehrsstraßen für fremde Bahnen, durch Änderungen im Kanalisationssystem und den Wasserwerksanlagen, die durch den Straßenbau notwendig werden, in beiden letzteren Fällen jedoch nur dann, wenn es sich nicht um Kosten handelt, die als Herstellungskosten, weil die Änderungen unmittelbar der Entwässerung und Wasserversorgung der Straße dienten, ohne dies zu berechnen sind. Als Nachteil zu berücksichtigen ist auch die Erweiterung der polizeilichen Lasten, z. B. durch Straßenbeleuchtung, Anbringung von Straßenschildern (vgl. oben Anm. 3).

Für alle Kategorien der Vorteile und Nachteile gilt, daß nicht ein strikter Beweis für die Richtigkeit der aufgemachten Berechnung verlangt werden darf. Namentlich bei der Berechnung der auf die Rentabilität eines Verkehrsunternehmens durch die Straßenanlegung sich gründenden Vorteile kann eine auf billiges Ermessen gestützte Schätzung nicht entbehrt werden.

[7]) Ohne Zustimmung der Gemeinde (des Gutsbezirkes) kann der Verband die Herstellung und Unterhaltung der Straßen nicht übernehmen, auch nicht, wenn die Gemeinden mit der Durchführung des Planes zögern (vgl. oben Anm. 1).

[8]) Wenn der Gutsbesitzer den Fluchtlinienplan selbst durchführt, so tritt für ihn eine Schlechterstellung insofern ein, als er nicht imstande ist, die Lasten auf die Einwohner abzuwälzen. Er kann keine Anliegerbeiträge erheben und auch keine Statuten nach § 12 FluchtlG. erlassen (vgl. Saran S. 253, Friedrichs-v. Strauß und Torney S. 103, 104, 158, StenogrAH. S. 1605). Aus diesem Grunde soll er zum Bau der Straßen auf Grund der Fluchtlinienpläne des Verbandes nicht gezwungen werden. Der Verband muß vielmehr

auf Antrag den Bau übernehmen. Daß der Verband, wenn der Gutsbesitzer gleichwohl baut, ungeachtet des Fehlens des Wortes „Gutsbezirk" im Abs. 2 des § 7 auch dem Gutsbesitzer einen Zuschuß zu leisten hat, ist oben Anm. 4 erwähnt.

[9]) Die Zuschußpflicht ist hier umgekehrt geregelt als im Abs. 2. Dort hat der Verband den Gemeinden (Gutsbezirken), hier diese dem Verbande die Gegenleistung durch den Zuschuß zu machen.

[10]) Beteiligt sind die nach Abs. 1 zur Durchführung der Fluchtlinienpläne des Verbandes berufenen d. h. wegebaupflichtigen Gemeinden (Gutsbezirke).

[11]) Über den Begriff Vorteil ist das in Anm. 6 Gesagte zu vergleichen. In Gutsbezirken kommt hier vornehmlich die durch die Fluchtlinienfestsetzung hervorgerufene Verwandlung von Feldern und Wiesen in Bauland und die damit verbundene Steigerung des Vermögens des Gutsbesitzers in Frage. Auch hier wird der Zuschuß gegenüber den von dem Verband nach § 15 FluchtlG. § 9 KAG. zu erhebenden Beiträgen in zweiter Linie stehen (vgl. auch oben Anm. 6). In Gutsbezirken fällt, wenn der Gutsbesitzer selbst an der Straße baut, der Zuschußpflichtige und der Beitragspflichtige zusammen. Der Unterschied zwischen beiden Verpflichtungen besteht aber darin, daß die Zuschußpflicht des Gutsbesitzers zeitlich unabhängig von der tatsächlichen Bebauung der anliegenden Parzellen ist. Ob der Gutsbesitzer, wenn die von ihm etwa verkauften Parzellen bebaut werden, noch zuschußpflichtig bleibt, hängt davon ab, ob durch die Anliegerbeiträge und die Beiträge nach § 9 KAG. die Herstellungs- und Unterhaltungskosten so weit gedeckt sind, daß ein Zuschuß nicht als angemessen erscheint.

[12]) Über den Inhalt der Unterhaltungslast siehe oben Anm. 3.

[13]) Ob der Zuschuß durch Kapital oder Rente zu leisten ist, ist hier nicht gesagt. Soweit die Herstellungs-

kosten' durch Anliegerbeiträge gedeckt sind und es sich lediglich um Unterhaltungskosten handelt, wird vorzugsweise eine laufende Beisteuer in Frage kommen (vgl. auch oben Anm. 5).

14) Als Naturalleistung können sowohl Beihilfen zum Straßenbau wie zur Straßenunterhaltung in Frage kommen, und zwar sowohl Lieferungen wie Leistungen (Kies-, Steinlieferungen, Hergabe von Schüttungsmaterial usw., Stellung von Arbeitskräften, Gerätschaften zur Wegschaffung von Hindernissen usw.).

15) Beteiligt sind die Gemeinden und Gutsbezirke, denen Zuschüsse zuzuerkennen oder zur Zahlung an den Verband auferlegt sind. Zur Klage gegen den die Festsetzung der Zuschüsse abändernden Beschluß der Beschlußbehörde ist auch der Verband legitimiert. Auch eine Gemeinde, die nicht Beschwerde eingelegt hatte, die aber durch die anderweite Festsetzung der Zuschußverteilung benachteiligt ist, kann Klage erheben. Die Klage richtet sich auch dann gegen den Verband, wenn lediglich die anderweite Verteilung des Zuschusses unter mehreren Beteiligten begehrt wird. In diesem Fall muß die Beiladung der anderen Beteiligten (§ 70 LVG.) erfolgen.

16) Durch die Übernahme der Straßenherstellung und Unterhaltung nach Abs. 3 tritt der Verband in allen Beziehungen in die Rechtsverhältnisse ein, die aus der Wegebaulast sich ergeben (über deren Inhalt s. oben Anm. 2 und 3). Durch die Zustimmung der Gemeinde gemäß Abs. 3 wird dauernd die Wegepflicht des Verbandes in Rücksicht auf die Verbandsstraßen begründet. Der Verband übt nicht etwa nur Rechte der Gemeinde, in deren Bezirk die Straße gelegen ist, aus. Daraus folgt:

a) Die etwaigen Anordnungen der Wegepolizeibehörden (§§ 55 ff. ZuständG.) richten sich in Ansehung dieser Straßen ausschließlich an den Verband.

b) Die Rechte, die sich an die Wegeunterhaltungspflicht knüpfen, (besonders nach § 6 KlbG.) stehen dem Verbande zu.

Der Verband kann also in seiner Eigenschaft als Kleinbahnunternehmer die von ihm erbauten Straßen ohne Entschädigung benutzen (§ 4 I). Zur Erteilung der Zustimmung für die Benutzung für private Bahnunternehmungen bedarf es nicht des Einverständnisses eines andern (§ 4 IV).

c) Ist der Verband Eigentümer am Wegekörper geworden, was zumeist der Fall sein wird, so ist die Gemeinde, in deren Bezirk die Straße liegt, ohne Zustimmung des Verbandes nicht in der Lage, den Grund und Boden des Weges zu benutzen, z. B. zu Kanalisationsanlagen, Wasserleitungsröhren, elektrische Kabel (vgl. VerH.H. S. 487). Die Verhältnisse liegen hier nicht anders, als wenn eine in der Unterhaltungspflicht der Gemeinden stehende Straße im Eigentum eines anderen als des Unterhaltungspflichtigen steht.

d) Etwaige Ansprüche der Anlieger aus der Straßenanlegung und Veränderung (vgl. hierüber Ledermann, StO. Anm. 1 b II zu § 56, 5; Oertel, StO. Anm. 8 F 2 c zu § 49 [S. 203 ff.] und dort angeführte Entscheidungen) richten sich gleichfalls gegen den Verband.

e) Die Rechte aus dem Gesetze vom 18. 8. 1902, betr. die Vorausleistungen zum Wegebau (GS. S. 315), stehen (vgl. § 2 des G.) auch dem Verbande zu. Danach kann, wenn ein öffentlicher Weg oder eine Brücke, welche eine selbständige Verkehrsanlage bildet, infolge der Anlegung von Fabriken, Bergwerken, Steinbrüchen, Ziegeleien oder ähnlichen Unternehmungen vorübergehend oder durch deren Betrieb dauernd in erheblichem Maße abgenutzt werden, auf Antrag derjenigen, deren Unterhaltungslast dadurch vermehrt wird, dem Unternehmer nach Verhältnis dieser Mehrbelastung ein angemessener Beitrag zu der Unterhaltung des betreffenden Weges auferlegt werden (vgl. hierzu OVG. 48 S. 259, 50 S. 323, 51 S. 274, 52 S. 273, 53 S. 306). Zu den hiernach beitragspflichtigen Unternehmungen gehören nicht Eisenbahn oder Automobilunternehmungen (OVG. 3. 6. 1907; Kunze-Kautz, Rechtsgrundsätze des Oberverwaltungsgerichts, Erg.Bd. 1907/09 S. 268).

f) Hinsichtlich der Bürgersteige ist hervorzuheben:

Nach der Judikatur des Oberverwaltungsgerichts sind Bürgersteige die für den Fußgängerverkehr bestimmten Teile der öffentlichen städtischen Straßen, die an die Häuser und Baugrundstücke stoßen und dazu dienen, den Fußgängerverkehr von Haus zu Haus zu vermitteln (vgl. Jebens, Aufsätze XX S. 409 ff. und die dort zitierten Erkenntnisse des Oberverwaltungsgerichts; vgl. auch die gesetzlichen Vorschriften ALR. §§ 81, 82 I, 8; ferner das FluchtlG. v. 2. 7. 1875 §§ 1, 15, 19).

Im Gegensatz zum Obertribunal, welches auf Grund § 81, I, 8 ALR. eine gesetzliche Verpflichtung der Anlieger zur Unterhaltung der Bürgersteige angenommen hatte, hat das Oberverwaltungsgericht in ständiger Rechtsprechung den Grundsatz festgehalten, daß überall da, wo nicht vermöge besonderer gesetzlicher Bestimmung oder ortsrechtlicher Entwicklung (Observanz) eine Pflicht der Anlieger zur Herstellung und Unterhaltung der Bürgersteige besteht, die Gemeinde die Trägerin dieser polizeilichen Last ist (OVG. 6 S. 212, 10 S. 203, 19 S. 70; PrVBl. 10 S. 634, 17 S. 353). Hinsichtlich der Beweislast vgl. PrVBl. 14 S. 636, 16 S. 52.

Durch die Übernahme der Straßenherstellung und Unterhaltung übernimmt der Verband nicht mehr Pflichten als sie der Gemeinde, mit deren Zustimmung die Übernahme der Wegebaulast geschah, obgelegen hätten. Die observanzmäßige Bürgersteigpflicht der Anlieger bleibt also unberührt. Dagegen kann nicht sprechen, daß Abs. 3 von der Herstellung „solcher Straßen", d. h. der auf dem Fluchtlinienplan beruhenden Straßen handelt, und zur Straße im Sinne des FluchtlG. § 1 auch der Bürgersteig gehört. In diese polizeiliche Wegebaupflicht der Anlieger wollte das Gesetz nicht eingreifen. Hat die Gemeinde durch Ortsstatuten die den Anliegern observanzmäßig obliegende Bürgersteigpflicht übernommen, so ist der Verband daran gebunden. Ein Ausgleich wird dann durch die Zulässigkeit der Einführung von

Anliegerbeiträgen und Beiträgen nach § 9 KAG. zu schaffen sein. Ein Mittel, zwangsweise die Anlieger zur Erfüllung ihrer Bürgersteigpflicht anzuhalten, hat der Verband nicht. Die Wegepolizeibehörde ist zuständig. Es greifen wie bei der Straßenunterhaltungspflicht §§ 55 ff. ZuständG. Platz (vgl. OVG. 25 S. 244; wegen des Verfahrens s. OVG. 27 S. 192, 33 S. 240).

17) §§ 11—15 FluchtlG. lauten:

„§ 11. Mit dem Tage, an welchem die im § 8 vorgeschriebene Offenlegung beginnt, tritt die Beschränkung des Grundeigentümers, daß Neubauten, Um- und Ausbauten über die Fluchtlinie hinaus versagt werden können, endgültig ein. Gleichzeitig erhält die Gemeinde das Recht, die durch die festgesetzten Straßenfluchtlinien für Straßen und Plätze bestimmte Grundfläche dem Eigentümer zu entziehen.

§ 12. Durch Ortsstatut kann festgestellt werden, daß an Straßen oder Straßenteilen, welche noch nicht gemäß der baupolizeilichen Bestimmungen des Orts für den öffentlichen Verkehr und den Anbau fertig hergestellt sind, Wohngebäude, die nach diesen Straßen einen Ausgang haben, nicht errichtet werden dürfen.

Das Ortsstatut hat die näheren Bestimmungen innerhalb der Grenze vorstehender Vorschrift festzusetzen und bedarf der Bestätigung.

Nach erfolgter Bestätigung ist das Statut in ortsüblicher Art bekanntzumachen.

§ 13. Eine Entschädigung kann wegen der nach den Bestimmungen des § 12 eintretenden Beschränkung der Baufreiheit überhaupt nicht und wegen Entziehung oder Beschränkung des von der Festsetzung neuer Fluchtlinien betroffenen Grundeigentums nur in folgenden Fällen gefordert werden:

1. wenn die zu Straßen und Plätzen bestimmten Grundflächen auf Verlangen der Gemeinde für den öffentlichen Verkehr abgetreten werden;

2. wenn die Straßen- oder Baufluchtlinie vorhandene Gebäude trifft und das Grundstück bis zur neuen Fluchtlinie von Gebäuden freigelegt wird;

3. wenn die Straßenfluchtlinie einer neu anzulegenden Straße ein unbebautes, aber zur Bebauung geeignetes Grundstück trifft, welches zur Zeit der Feststellung dieser Fluchtlinie an einer bereits bestehenden und für den öffentlichen Verkehr und den Anbau fertiggestellten anderen Straße belegen ist, und die Bebauung in der Fluchtlinie der neuen Straße erfolgt.

Die Entschädigung wird in allen Fällen wegen der zu Straßen und Plätzen bestimmten Grundfläche für Entziehung des Grundeigentums gewährt. Außerdem wird in denjenigen Fällen der Nr. 2, in welchen es sich um eine Beschränkung des Grundeigentums infolge der Festsetzung einer von der Straßenfluchtlinie verschiedenen Baufluchtlinie handelt, für die Beschränkung des bebaut gewesenen Teiles des Grundeigentums (§ 12 des Gesetzes über Enteignung von Grundeigentum v. 11. 6. 1874) Entschädigung gewährt.

In allen oben gedachten Fällen kann der Eigentümer die Übernahme des ganzen Grundstücks verlangen, wenn dasselbe durch die Fluchtlinie entweder ganz oder so weit in Anspruch genommen wird, daß das Restgrundstück nach den baupolizeilichen Vorschriften des Ortes nicht mehr zur Bebauung geeignet ist.

Bei den Vorschriften dieses Paragraphen ist unter der Bezeichnung Grundstück jeder im Zusammenhange stehende Grundbesitz des nämlichen Eigentümers begriffen.

§ 14. Für die Feststellung der nach § 13 zu gewährenden Entschädigungen und die Vollziehung der Enteignung kommen die §§ 24 ff. des Gesetzes über Enteignung von Grundeigentum v. 11. 6. 1874 zur Anwendung.

Streitigkeiten über Fälligkeit des Anspruchs auf Entschädigung gehören zur gerichtlichen Entscheidung.

Die Entschädigungen sind, soweit nicht ein aus besonderen Rechtstiteln Verpflichteter dafür aufzukommen hat, von der Gemeinde aufzubringen, innerhalb deren Bezirk das betreffende Grundstück belegen ist.

§ 15. Durch Ortsstatut kann festgesetzt werden, daß bei der Anlegung einer neuen oder bei der Verlängerung einer schon bestehenden Straße, wenn solche zur Bebauung bestimmt ist, sowie bei dem Anbau an schon vorhandenen bisher unbebauten Straßen und Straßenteilen von dem Unternehmer der neuen Anlage oder von den angrenzenden Eigentümern — von letzteren, sobald sie Gebäude an der neuen Straße errichten — die Freilegung, erste Einrichtung, Entwässerung und Beleuchtungsvorrichtung der Straße in der dem Bedürfnisse entsprechenden Weise beschafft, sowie deren zeitweise, höchstens jedoch fünfjährige Unterhaltung, bzw. ein verhältnismäßiger Beitrag oder der Ersatz der zu allen diesen Maßnahmen erforderlichen Kosten geleistet werde. Zu diesen Verpflichtungen können die angrenzenden Eigentümer nicht für mehr als die Hälfte der Straßenbreite, und wenn die Straße breiter als 26 Meter ist, nicht für mehr als 13 Meter der Straßenbreite herangezogen werden.

Bei Berechnung der Kosten sind die Kosten der gesamten Straßenanlage und bzw. deren Unterhaltung zusammenzurechnen und den Eigentümern nach Verhältnis der Länge ihrer die Straße berührenden Grenze zur Last zu legen.

Das Ortsstatut hat die näheren Bestimmungen innerhalb der Grenze vorstehender Vorschrift festzusetzen. Bezüglich seiner Bestätigung, Anfechtbarkeit und Bekanntmachung gelten die im § 12 gegebenen Vorschriften."

[18]) § 9 KAG. lautet:

„§ 9. Die Gemeinden können behufs Deckung der Kosten für Herstellung und Unterhaltung von Veranstaltungen, welche durch das öffentliche Interesse erfordert werden, von denjenigen Grundeigentümern und Gewerbetreibenden, denen hierdurch besondere wirtschaftliche Vorteile erwachsen, Beiträge zu den Kosten der Veranstaltungen erheben. Die Beiträge sind nach den Vorteilen zu bemessen.

Beiträge müssen in der Regel erhoben werden, wenn anderenfalls die Kosten, einschließlich der Ausgaben für die Verzinsung und Tilgung des aufgewendeten Kapitals, durch Steuern aufzubringen sein würden.

Der Plan der Veranstaltung ist neben einem Nachweise der Kosten offenzulegen. Der Beschluß der Gemeinde wegen Erhebung von Beiträgen ist unter der Angabe, wo und während welcher Zeit Plan nebst Kostennachweis zur Einsicht offenliegen, in ortsüblicher Weise mit dem Bemerken bekanntzumachen, daß Einwendungen gegen den Beschluß binnen einer bestimmt zu bezeichnenden Frist von mindestens vier Wochen bei dem Gemeindevorstande anzubringen seien. Handelt es sich eine Veranstaltung, welche nur einzelne Grundeigentümer oder Gewerbetreibende betrifft, so genügt an Stelle der Bekanntmachung eine Mitteilung an die Beteiligten. Der Beschluß bedarf der Genehmigung.

Zu diesem Behufe hat der Gemeindevorstand den Beschluß nebst den dazu gehörigen Vorverhandlungen und der Anzeige, ob und welche Einwendungen innerhalb der gestellten Frist erhoben sind, der zuständigen Behörde einzureichen.

Der Beschluß der zuständigen Behörde ist in gleicher Weise zur Kenntnis der Beteiligten zu bringen, wie der Beschluß der Gemeinde bekanntgemacht worden ist.

Gegen den Beschluß der zuständigen Behörde steht den Beteiligten die Beschwerde offen."

[19]) Die Hervorhebung der Anwendbarkeit der Vorschriften der §§ 11—15 FluchtlG. und des § 9 KAG. (Anm. 17, 18) war notwendig, weil nicht Rechtsfolgen aus der Wegebaupflicht in Frage kommen, sondern um Rechte, die das Fluchtliniengesetz und das KAG. ausdrücklich den Gemeinden beilegt, nicht schlechtweg dem Wegebaupflichtigen (so daß

das OVG. 42 S. 102 die Anwendbarkeit des § 15 FluchtlG. auf die Zweckverbände des alten Rechtes mit Recht verneint hat). Allerdings ist die ausdrückliche Einfügung der Anwendbarkeit des § 9 KAG. an dieser Stelle insofern überflüssig, als auch ohne die Zubilligung auf Grund des § 9 KAG., Beiträge zu erheben, dem Verbande nach § 11 Abs. 1 das Recht, Beiträge zu erheben, gewährleistet worden (vgl. übrigens Anm. 3 zu § 11, Anm. 1, 6 zu § 12).

Eine Erläuterung der in Anm. 17, 18 abgedruckten Vorschriften kann im Rahmen dieses Kommentars nicht gegeben werden. Es wird auf die Ausgaben des Fluchtliniengesetzes von Friedrichs-v. Strauß und Torney 1905, Luther 1906, Saran 1911 und die Kommentare zum Kommunalabgabengesetz von Nöll-Freund 7. Aufl. 1910 und Strutz 4. Aufl. 1908, Saß 1912 verwiesen (vgl. insbesondere über das Verhältnis des § 15 FluchtlG. zu § 9 KAG. die ausführlichen Darlegungen von Saran S. 402 ff. und die daselbst angeführte Literatur und Judikatur, ferner Saß a. a. O. S. 55 ff.).

[20]) Die Vorschrift, daß die Gutsbezirke den Gemeinden gleich geachtet werden, war notwendig, weil ohne sie in den Gutsbezirken der Verband von dem ihm gegebenen Rechte keinen Gebrauch machen könnte; denn die auf den Verband übergehenden Rechte stehen den Gutsbezirken gar nicht zu, können also an sich von ihnen auch nicht abgeleitet werden. Die Vorschrift beschränkt sich aber ausschließlich auf den Fall des Übergehens der Rechte auf den Verband. Stellt der Gutsbesitzer den Antrag auf Straßenherstellung durch den Verband nicht, so bleibt es bei der bisherigen Rechtslage, wonach er öffentlich-rechtliche Beiträge nicht erheben kann.

[21]) Statuten sind zu erlassen im Falle der §§ 12 und 15 FluchtlG. Was die Beschlüsse auf Grund des § 9 KAG. angeht, so unterliegen diese, wenn sie von der Gemeinde ausgehen, gleichfalls der Genehmigung (des Kreis-, Bezirksausschusses und in Berlin des Oberpräsidenten). Da man

nicht annehmen kann, daß das Gesetz unter Statuten im Sinne des § 7 Abs. 5 auch die Beschlüsse über die Erhebung von Beiträgen gemäß § 9 KAG. begreifen will, so fehlt es an einer Vorschrift darüber, ob die Genehmigung dazu überhaupt nötig und wer sie zu erteilen hat. Man wird anzunehmen haben, daß eine Genehmigung hier nicht erforderlich ist; eine andere Auffassung würde im Widerspruch dazu stehen, daß auch bei dem durch § 11 dieses Gesetzes dem Verbande zugestandenen Rechte auf Beitragserhebung von einer Genehmigung keine Rede ist (vgl. hierüber Anm. 3 zu § 11).

Zuständig zum Erlasse von Statuten und zur Beschlußfassung über die Erhebung von Beiträgen ist nach § 19 Ziff. 10 die Verbandsversammlung.

[22]) §§ 69, 70 KAG. lauten:

„§ 69. Dem Abgabepflichtigen steht gegen die Heranziehung (Veranlagung) zu Gebühren, Beiträgen, Steuern und Naturaldiensten der Einspruch zu. Das Rechtsmittel ist binnen einer Frist von vier Wochen bei dem Gemeindevorstande einzulegen.

Der Lauf der Frist beginnt:

1. soweit die Bekanntmachung durch Auslegung der Hebelisten erfolgt ist, mit dem ersten Tage nach Ablauf der Auslegungsfrist;

2. soweit eine besondere Mitteilung vorgeschrieben ist, mit dem ersten Tage nach erfolgter Mitteilung;

3. in allen übrigen Fällen mit dem ersten Tage nach der Aufforderung zur Zahlung bzw. Leistung.

Einsprüche, welche sich gegen den der Veranlagung zugrunde liegenden Staatssteuersatz (§§ 26, 30, 36, 38) und bei besonderen Gemeindeeinkommensteuern (§ 37) gegen die Höhe des zur Staatseinkommensteuer veranlagten Einkommens richten, sind unzulässig.

Vorstehende Bestimmungen finden sinngemäße Anwendung auf Einsprüche wegen Heranziehung oder Veranlagung von Grundbesitzern, Gewerbetreibenden und Einwohnern eines Gutsbezirks zu den öffentlichen Lasten desselben."

„§ 70. Über den Einspruch beschließt der Gemeindevorstand.

Gegen den Beschluß steht dem Pflichtigen binnen einer, mit dem ersten Tage nach erfolgter Zustellung beginnenden Frist von zwei Wochen die Klage im Verwaltungsstreitverfahren offen. Zuständig in erster Instanz ist für Landgemeinden (Gutsbezirke) der Kreisausschuß, für Stadtgemeinden der Bezirksausschuß. Der Gemeindevorstand kann zur Wahrnehmung der Rechte der Gemeinde einen besonderen Vertreter bestellen. Gegen die Entscheidung des Bezirksausschusses bei Stadtgemeinden ist nur das Rechtsmittel der Revision zulässig.

Der Entscheidung im Verwaltungsstreitverfahren unterliegen desgleichen Streitigkeiten zwischen Beteiligten über ihre in dem öffentlichen Rechte begründete Verpflichtung zu den in § 69 Abs. 1 bezeichneten Lasten."

Danach steht also dem Abgabepflichtigen gegen die Heranziehung zu den Beiträgen der Einspruch zu. Das Rechtsmittel ist binnen einer Frist von vier Wochen bei dem Verbandsausschuß einzulegen. Der Lauf der Frist beginnt mit dem ersten Tage nach der Aufforderung zur Zahlung oder Leistung (§ 69 Abs. 2 Ziff 3 KAG. AusfAnw. Art. 45, 1). Über den Einspruch beschließt der Verbandsausschuß. Gegen den Beschluß steht dem Pflichtigen binnen einer mit dem ersten Tage nach erfolgter Zustellung beginnenden Frist von zwei Wochen die Klage im Verwaltungsstreitverfahren bei dem Oberverwaltungsgericht offen.

§ 8.

Vor Erlaß neuer oder Abänderung bestehender Baupolizeiordnungen[1])[2]) hat die zuständige Behörde[3]) den Verbandsausschuß unter Bestimmung einer der Lage des Einzelfalls entsprechenden Frist[4]) gutachtlich zu hören[5]).

[1]) Über den Begriff der Baupolizei siehe Baltz, Preußisches Baupolizeirecht S. 1 ff. und dort Zitierte. Ohne Zweifel gehört zur Baupolizei auch die Straßenbaupolizei und die Polizei der Grundstücksbe- und -entwässerung (vgl. OVG. 27 S. 386 und im PrVBl. 25 S. 627). Es müssen also nach dem Wortlaut des Gesetzes auch die Straßenbaupolizeiverordnungen dem Verbandsausschuß zur Begutachtung vorgelegt werden. Nach der Entstehungsgeschichte des Paragraphen muß man aber folgern, daß er unter „Baupolizeiordnungen" nur die das Gebiet des Hochbaus betreffenden Verordnungen verstehen will. Dafür spricht schon der Ausdruck Baupolizeiordnung statt der allein richtigen und zur Gültigkeit nötigen Bezeichnung „Verordnung" (vgl. Baltz S. 82). Mit Baupolizeiordnung bezeichnet der Sprachgebrauch gerade die Baupolizeiverordnungen auf dem Gebiete des Hochbaus. Die Straßenbau- und Entwässerungspolizei ist auch vorzugsweise ein Verwaltungsgebiet der Ortspolizeiverwaltung, und die Ortspolizei liegt hier selbst in den Städten mit Königlicher Polizeiverwaltung wie in Berlin in der Hand der Stadt (KabO. 28. 12. 1875). In der Begründung des Gesetzes sowohl wie bei den parlamentarischen Verhandlungen ist aber hauptsächlich von den Verordnungen der Landespolizeibehörde dagegen von Ortspolizeiverordnungen als für das Gebiet der Baupolizei in zweiter Linie stehend, kaum die Rede gewesen (vgl. Begr. S. 22; VerAH. S. 3088 ff.; VerHH. S. 488 ff.). Die Kommission des Abgeordnetenhauses hatte sogar in erster Lesung beschlossen, für den Erlaß der „Baupolizeiordnungen" die ausschließliche Zuständigkeit des Oberpräsidenten mit Zustimmung des Verbandsausschusses zu begründen. An die Straßenbau- und Entwässerungspolizei war dabei ersichtlich nicht gedacht. Man wird danach die auf diesem Gebiete ergehenden Polizeiverordnungen nicht zu den Baupolizei-

ordnungen des § 8 rechnen dürfen, allerdings folgerichtig auch dann nicht, wenn es sich um Landespolizeiverordnungen handelt. Ihrer Vorlage an den Verbandsausschuß bedarf es somit nicht.

Unter Baupolizeiordnungen fallen nicht nur die für ein ganzes Gemeindegebiet oder mehrere Gemeindegebiete erlassenen oder zu erlassenden Verordnungen, sondern auch solche, die nur für bestimmte Teile von Gemeinden gegeben sind, z. B. für Landhausviertel, oder solche, die nur für bestimmte Materien gegeben sind, z. B. die Anlage und Einfriedung von Vorgärten betreffen (vgl. z. B. die für Berlin geltende Polizeiverordnung vom 27. 10. 1855).

Zweifelhaft kann es sein, ob auch baupolizeiliche Verordnungen für besondere Anlagen, wie für Theater, Anlage von Aufzügen usw., hierher gehören. Wenngleich der gesetzgeberische Grund für die Anhörung des Verbandsausschusses ersichtlich nur der gewesen ist, ihm einen Einfluß auf die Bebauungsart, die Gestaltung des Stadtbildes vornehmlich auch aus Rücksichten auf die Wohnungshygiene zu geben und für die Ausdehnung seiner Zuständigkeit auf die Begutachtung der hauptsächlich aus Gründen der Bausicherheit, Verkehrs- und Feuerpolizei gegebenen Anordnungen besondere Gründe nicht sprechen, muß man die Frage doch bejahen. Auch die allgemeinen Baupolizeiordnungen enthalten durchaus nicht zum geringsten Teile Bestimmungen, die mit den von dem Verbande zu wahrenden Interessen an sich nichts zu tun haben (Feuerstätten, Treppenanlagen u. a.). Auch diese Gegenstände unterliegen aber als Teile der vorzulegenden Ordnung der Begutachtung des Verbandsausschusses.

[2]) Die im Verbandsgebiet bestehenden Baupolizeiordnungen gliedern sich in drei Rubriken: 1. Gemeindebezirk Berlin, 2. Landespolizeibezirk Berlin, 3. Landespolizeibezirk Potsdam. Im Stadtkreis Berlin gilt die Baupolizeiordnung vom 15. 8. 1897 nebst Nachträgen, besondere Baubeschränkungen für einzelne Viertel enthaltend (Hansa-

viertel, Pariser Platz, Viktoriapark vom 11. 8. 1890, 7. 8. 1903, 28. 8. 1906). Im Landespolizeibezirk Berlin, außer Berlin, d. h. in Charlottenburg, Schöneberg, Neukölln (Ges. v. 13. 6. 1900, GS. 247), Deutsch-Wilmersdorf (Ges. v. 27. 3. 1907, GS. 37), Lichtenberg und Boxhagen-Rummelsburg (Ges. v. 7. 3. 1908, GS. 21), schließlich Stralau (Ges. v. 28. 6. 1909, GS. 533) ist das Baupolizeiwesen nicht einheitlich geregelt. Für den größten Teil dieses Gebietes gilt noch die von dem damals zuständigen Regierungspräsidenten von Potsdam erlassene Ordnung vom 22. 8. 1898 nebst Nachträgen. Die Ordnung ist erlassen für den größten Teil von Charlottenburg, Plötzensee, Rummelsburg, Lichtenberg, Stralau, Deutsch-Wilmersdorf, Schöneberg, Tempelhof, Neukölln und Treptow, soweit diese innerhalb der Ringbahn liegen. Für die anderen Teile dieser Orte blieb die Baupolizeiordnung vom 5. 12. 1892 zunächst in Kraft. Mehrfach durch Nachträge ergänzt, wurde sie für das damals noch zum Landespolizeibezirk Potsdam gehörige Gebiet (Boxhagen-Rummelsburg und Stralau) durch Polizeiverordnung vom 28. 5. 1907 ersetzt. Jetzt gilt in den außerhalb der Ringbahn belegenen Teilen von Wilmersdorf, Neukölln, Lichtenberg, Boxhagen-Rummelsburg und Stralau die Baupolizeiverordnung des Polizeipräsidenten von Berlin vom 15. 3. 1910 (Amtsblatt 13. Stück Beil.), mehrfach ergänzt.

In den gegenwärtig zum Landespolizeibezirk Potsdam gehörigen Teilen des Verbandsgebiets gilt jetzt die Baupolizeiverordnung vom 30. 1. 1912 (Amtsblatt Beil. zum 6. Stück). Für welche Orte sie Geltung hat und die Zugehörigkeit der einzelnen Orte zu den Bauklassen ergibt die Anlage der Verordnung.

[3]) Der Erlaß von Baupolizeiverordnungen gehört an sich zu den Aufgaben der Ortspolizeibehörde. Im Verbandsgebiet ist jedoch außer für den politischen Bezirk der Stadt Berlin, in dem der Polizeipräsident sowohl orts- wie landespolizeiliche Befugnisse wahrnimmt, also ein Unter-

schied zwischen orts- und landespolizeilichen Verordnungen nicht in die Erscheinung tritt, überall die Möglichkeit zum Erlasse ortspolizeilicher Bauordnungen dadurch ausgeschlossen, daß die Materie der Baupolizeiverordnungen erschöpfend durch Verordnungen des Polizeipräsidenten von Berlin als Inhaber der Landespolizei in dem Landespolizeibezirk Berlin und des Regierungspräsidenten in Potsdam für den ihm unterstellten Landespolizeibezirk geregelt ist. Daß auch der Oberpräsident für das Verbandsgebiet Baupolizeiverordnungen erlassen kann, folgt aus § 137 LVG.

Ortspolizeiliche Bauordnungen bedürfen der Zustimmung des Gemeindevorstandes, die durch den Beschluß des Bezirksausschusses, in Berlin des Oberpräsidenten, ersetzt werden kann (§ 143 LVG.). Der Polizeipräsident von Berlin als Landespolizeibehörde bedarf nach §§ 2, 3 des Gesetzes vom 13. 6. 1900 (GS. S. 247) der Zustimmung des Oberpräsidenten, der an Stelle des Bezirksausschusses getreten ist. Der Regierungspräsident von Potsdam bedarf nach § 139 LVG. der Zustimmung des Bezirksausschusses. Der Oberpräsident kann Baupolizeiverordnungen einmal für den Umfang der Provinz Brandenburg erlassen. Es fallen dann darunter von dem Verbandsgebiet nach § 3 des Gesetzes vom 13. 6. 1900 nur die Teile, die nicht zum Landespolizeigebiet Berlin gehören. Er bedarf der Zustimmung des Provinzialrates (§ 139 LVG.). Sodann kann der Oberpräsident Baupolizeiverordnungen für den Landespolizeibezirk Berlin oder Teile davon erlassen. Er bedarf in diesem Falle keiner Zustimmung (§§ 2, 5 Ges. v. 13. 6. 1900).

[4]) Die Fristsetzung ist vorgeschrieben, um Verzögerungen zu vermeiden. Die Länge der Frist ist dem Ermessen der Polizei überlassen. Daß sie der Lage des Einzelfalles entsprechen, also angemessen sein muß, sagt das Gesetz ausdrücklich. Eine unangemessen kurze Frist und dadurch herbeigeführte Unmöglichkeit der Begutachtung hat jedoch auf den Bestand der Verordnung keine Wirkung (vgl. Anm. 5).

[5]) Die Vorschrift, daß vor dem Erlaß oder der Abänderung der Baupolizeiordnungen der Verbandsausschuß „gutachtlich" zu hören sei, hat nicht die gleiche Bedeutung wie die Vorschrift der §§ 137, 143 LVG. (Zustimmung des Provinzialrats, Bezirksausschusses, Gemeindevorstandes zu Polizeiverordnungen des Ober- und Regierungspräsidenten und der Ortspolizeibehörde), oder des § 5 PolVerwGes. (Notwendigkeit der Beratung der Ortspolizei mit dem Gemeindevorstand vor dem Erlasse von sicherheitspolizeilichen Verordnungen). Beide Vorschriften haben die Wirkung, daß Polizeiverordnungen, die unter Unterlassung der Zustimmung oder ihres Ersatzes bzw. der Beratung ergangen sind, der Wirksamkeit entbehren und daß die erfolgte Zustimmung in dem anderen Falle die stattgefundene Beratung im Eingange der Verordnung kenntlich zu machen ist (Friedrichs, LVG. § 140 Anm. 7, § 143 Anm. 7; derselbe, Polizeiges. Anm. 5 zu § 7 und dort zitierte Anm. 6 zu § 17; Johow 23 C S. 3, 9; OVG. 37 S. 414, 31 S. 355). Daß eine Abweichung beabsichtigt ist, beweist die Vorschrift, daß eine „gutachtliche" Anhörung erfolgen solle. Es ist damit ausgedrückt, daß kein Formalakt in Rede steht. Es erscheint darum auch wenig zweckmäßig und keineswegs notwendig, zu verlangen, daß die zu erlassende Verordnung, damit die gutachtliche Anhörung wirksam sei, in ihrem vollen Wortlaut und nicht nur in ihren Grundzügen vorgelegt werde (anders Friedrichs, ZweckverbG. S. 114, der auch im übrigen die hier bekämpften Grundsätze anwenden will). Es müßte sonst der Entwurf erst dann an den Verbandsausschuß zur Begutachtung gelangen, wenn die zum Erlasse zuständigen Behörden sich einig sind. Alsdann würde aber eine abfällige Begutachtung, wenn sie beachtet werden sollte, ein umständliches Verfahren durch nochmalige Umarbeitung durch beide Behörden herbeiführen, oder aber, es würde häufig, um dies zu vermeiden, über die Beanstandungen hinweggegangen werden.

Auch die Verschiedenheit des Wortlautes der Vorschrift

von dem des § 5 PolizeiG. rechtfertigt eine Abweichung von der für die Auslegung jener Vorschriften herrschenden Meinung. Im § 5 PolizeiG. heißt es, daß die Ortspolizeibehörden „befugt sein sollten, nach Beratung mit dem Gemeindevorstand" Polizeiverordnungen zu erlassen. Es ist also ganz deutlich gesagt, daß die Befugnis selbst eine beschränkte ist, und nur eine nach Beratung mit dem Gemeindevorstand erlassene Verordnung rechtsgültig ist. Ebenso deutlich drücken sich auch die Vorschriften aus, die die Zustimmung des Gemeindevorstandes für notwendig erachten. So § 7 PolizeiG., § 143 LVG., wo es heißt: die Zustimmung ist erforderlich und Verordnungen bedürfen der Zustimmung. Demgegenüber enthält die Vorschrift, daß die zuständige Behörde den Verbandsausschuß gutachtlich zu hören habe, eine Anweisung für die Behörde, deren Unterlassung die Beschwerde bei der Aufsichtsbehörde rechtfertigt, aber nicht dazu führen kann, die Nichtigkeit der Verordnung zu begründen.

§ 9.

Der Verband kann über die Erwerbung[1]) größerer von der Bebauung ganz oder zum überwiegenden Teile freizuhaltender Flächen[2]) (Wälder, Parks, Wiesen, Seen, Schmuck-, Spiel-, Sportplätze usw.[3]) — § 1 Abs. 1 Ziffer 3 —) sowie über die dauernde Erhaltung[4]), Ausgestaltung[5]), Benutzung[6]) und Unterhaltung solcher von ihm erworbenen Flächen Bestimmung treffen[7]); der Erwerbung ist die Pachtung oder die Sicherung von Rechten gleichzuachten.

Der Verband kann von ihm erworbene[8]) Freiflächen[9]) einzelnen Verbandsgliedern[10]) zur Unterhaltung gegen angemessene Entschädigung[11]) im Vertragsweg übertragen[12]).

[1]) Die Erwerbung von Freiflächen erfolgt in erster Reihe durch Kauf, es kann aber auch Schenkung, Erbschaft und nach dem Schlußsatz des ersten Absatzes auch die Pachtung oder die Sicherung von Rechten in Frage kommen. Daß auch Freiflächen im Wege der Enteignung erworben werden können, nimmt Friedrichs S. 115 an. Obwohl nach einer Äußerung des Ministers des Innern (VerHH. S. 489) anzunehmen ist, daß man nur daran gedacht hat, es solle „der Verband lediglich befugt sein, freihändig und vom Fiskus oder von den Gemeinden im Wege des Vertrages Freiflächen zu erwerben", läßt sich schwer bestreiten, daß, wenn die Voraussetzungen vorliegen, unter denen die Enteignung aus Gründen des öffentlichen Wohls nötig ist, auch der Verband das Enteignungsrecht nach Maßgabe des Gesetzes vom 11. 6. 1874 (GS. S. 211) wird erhalten können. Praktisch könnte ein solcher Fall auch gegenüber einer Gemeinde werden, wenn der Verband ein bisher als Freifläche benutztes Gelände als solche erhalten will, während die Gemeinde es der Bebauung zu erschließen sich vorgenommen hat.

[2]) Der Wortlaut des § 9, der als Ausführungsbestimmung zu § 1 Ziff. 3 gedacht ist, stimmt auffallenderweise mit dieser Vorschrift nicht ganz überein. Im § 1 Ziff. 3 fehlen die Worte: „zum überwiegenden Teile". Es ist aber gleichwohl eine sachliche Verschiedenheit nicht beabsichtigt. Es ist im § 9 nur angedeutet, daß nicht jede Bebauung einer Fläche ihr den Charakter als Freifläche im Sinne des § 1 Ziff. 3 nimmt. Wann eine Fläche als überwiegend von der Bebauung freigehalten noch anzusehen ist, ist nicht allgemein nach bestimmten räumlichen Abmessungen zu entscheiden, sondern je nach dem Zwecke und der Lage der Freifläche. Es wäre durchaus nicht ausgeschlossen, daß eine größere von dem Verband erworbene Freifläche, z. B. im Wege der Randbebauung, zu einem ganz erheblichen Teile bebaut werden kann, ohne daß bei dem Vorhandensein der sonstigen Eigenschaften der Charakter der Restfläche als Freifläche verloren geht.

Das Gesetz sagt nicht, daß der Erwerb durch den Verband sich nur auf noch nicht bebaut gewesene Plätze usw. beziehen darf. Namentlich beweist das die Klammer: (Wälder, Parks usw.) nicht, denn es ist hier nicht von der Qualität der anzukaufenden Fläche, sondern von dem Zwecke des Ankaufs die Rede, sonst würden Wälder, Wiesen, Parks und Seen nicht mit Schmuck-, Spiel- und Sportplätzen gleichwertig behandelt werden können. Der Verband könnte also nach dem Wortlaut des Gesetzes auch Gebäudekomplexe im Stadtinnern aufkaufen und zum Zwecke der Anlegung von Freiflächen niederreißen. Immerhin wird man anzunehmen haben, daß für die Freiflächenbildung durch den Verband in der Regel nur bisher unbebaute Plätze in Betracht gezogen werden sollen. Dies ist einmal daraus zu folgern, daß bei der Zuständigkeit des Verbandes für die Freiflächenbildung vorzugsweise an die Schaffung eines „Wald- und Wiesengürtels" gedacht war, sodann aber daraus, daß es sich bei der Schaffung von Freiflächen durch Freilegung von Gebäuden ersichtlich um Bestrebungen der Gesundheits- und Wohnungsfürsorge handelt, deren Wahrnehmung auch nach § 5 Abs. 1 Satz 3 (Fluchtlinien) dem Verbande nur in bezug auf unbebaute Teile des Verbandsgebiets obliegt.

[3]) Wie schon eben (Anm. 2) erwähnt ist, ist nicht gemeint, daß nur solche Freiflächen erworben werden dürfen, die eine bestimmte Qualität aufweisen. Das könnte höchstens von den Wäldern und Seen angenommen werden. Bei den anderen Klassen von Freiflächen handelt es sich um Zweckangaben. Um welches Gelände es sich beim Erwerbe handelt, ist gleichgültig. Heide, Obstgärten, erst auszutrocknende Sümpfe, zuzuschüttende Gräben und Flußläufe können in gleicher Weise Gegenstand des Erwerbes sein, wenn nur der Zweck ihre Erhaltung als Freifläche ist. Wegen der schon bebauten Flächen siehe oben Anm. 2. Die Wälder des Verbandes unterliegen den Bestimmungen des Gesetzes betreffend die Verwaltung der den Gemeinden und öffentlichen Anstalten gehörenden Holzungen vom 14. 8. 1876 (GS. 373).

[4]) Dauernde Erhaltung bedeutet nicht die Festsetzung einer Pflicht, eine jede Freifläche ihrem Zwecke dauernd zu erhalten, sondern nur, daß der Verband berechtigt sein soll, über die dauernde Erhaltung Bestimmungen zu treffen (vgl. unten Anm. 5). Das Wort „dauernd" steht auch nicht im Gegensatze dazu, daß ein Erwerb durch Pachtung nur auf 30 Jahre (§§ 567, 581 Abs. 2 BGB.) möglich ist. Dauernd bedeutet nicht auf eine ungemessene Zahl von Jahren, sondern nur eine geraume Zeit. Die Möglichkeit für ewige Zeiten einen Platz als Freifläche zu bestimmen, ist auch nicht gegeben.

Daß der Verband nicht verpflichtet ist, eine Freifläche dauernd als solche zu erhalten, vielmehr berechtigt ist, um Zwecke der Bebauung sie zu verkaufen, wenn dies nach pflichtmäßigem Ermessen zweckmäßig ist, ist bei den Vorberatungen des Gesetzes ausdrücklich anerkannt worden (VerHH. S. 409) und kann auch nicht zweifelhaft sein. Rein spekulative Ankäufe, z. B. nur in der Absicht, eine gekaufte Freifläche alsbald ganz oder überwiegend zu parzellieren und der Bebauung zu erschließen, darf der Verband nicht machen. Tritt der rein spekulative Abschluß schon bei dem Ankauf zutage, so wird der Beschluß über den Erwerb, sonst der Beschluß über die Aufteilung und Veräußerung zu Bauzwecken der Beanstandung nach § 38 des Gesetzes unterliegen.

[5]) Die Ausgestaltung wird in der ersten Herrichtung, der Schaffung der zur Benutzung nötigen Anlagen, vornehmlich aber auch in der Verbindung der Freiflächen mit den baulichen Anlagen bestehen. Die Freifläche kann selbst zum Teil, soweit sie ihres Zweckes dadurch nicht entkleidet wird, der Bebauung erschlossen werden (s. oben Anm. 2). Über die Fluchtlinienfestsetzung zum Zwecke der Ausgestaltung der Umgebung von Freiflächen siehe Anm. 5 zu § 5.

[6]) Hinsichtlich der Regelung der Benutzung der Freiflächen ist der Verband frei, soweit nicht allgemeine Bestimmungen entgegenstehen. So sind durch die Berechtigung des Verbandes, über die Benutzung der Freiflächen

zu beschließen, nicht die für die Benutzung öffentlicher Straßen und Plätze geltenden Vorschriften irgendwie eingeschränkt worden. Soweit der Verband Eigentümer eines öffentlichen Platzes und Weges wird, steht er in allen Beziehungen hinsichtlich der Rechte und Pflichten aus dem Wegeeigentum und der Wegebaupflicht anderen Wegepflichtigen und Wegeeigentümern gleich. Hinsichtlich der nicht als öffentliche Plätze anzusehenden Freiflächen kann der Verband wie jeder Eigentümer frei schalten, soweit seine Bestimmung nicht dem Gesetze, vornehmlich der Eigenschaft der Fläche als typische Freifläche widerspricht. § 13 gibt nicht etwa den Kreis- und Gemeindeangehörigen ein Recht auf Benutzung der Freiflächen schlechtweg, sondern nur auf Benutzung nach Maßgabe der dafür bestehenden Bestimmungen. Sicherlich könnte, obwohl dies praktisch schwer denkbar ist, das Betreten einer Freifläche überhaupt ausgeschlossen werden, wenn sie etwa nur zu dem Zweck geschaffen ist, um inmitten eines Häuserviertels Licht und Luft zu schaffen.

Die Benutzung kann unentgeltlich oder entgeltlich gewährt werden. Ob der Verband privatrechliche Eintrittsgelder oder nach § 11 Abs. 1 öffentlich-rechtliche Gebühren erheben will, untersteht seiner Entscheidung. Zu beachten ist, daß § 13 des Gesetzes im Gegensatz zu § 4 StO. nicht nur von dem Rechte der Mitbenutzung der „öffentlichen" Einrichtungen und Anstalten, sondern schlechtweg der Einrichtungen und Anstalten spricht (vgl. Anm. 2 zu § 13).

Der Verband ist auch berechtigt, die Freiflächen zur Erfüllung des bestimmungsmäßigen Zweckes zu verpachten und zu vermieten, z. B. Teile von Sportplätzen und Erholungsparks zu Restaurationszwecken. Er wird auch z. B. Ausstellungen veranstalten können, immer soweit nicht die Freiflächen als solche dadurch ihrem bestimmungsmäßigen Zwecke dauernd entzogen werden.

⁷) Das Bestimmungsrecht bezieht sich nur auf die von dem Verband erworbenen Flächen, nicht auf die Freiflächen

der Verbandsglieder. Zuständig für alle Beschlußfassungen, also auch über jede Veränderung in der Benutzung einer Freifläche des Verbandes, ist nach § 19 Ziff. 10 die Verbandsversammlung.

[8]) Das Gesetz nennt als Ersatz des Erwerbes nur die Pachtung und die Sicherung von Rechten. Im letzteren Falle ist vorzugsweise an den Erwerb dinglicher Rechte gedacht. Jedoch fällt auch die Begründung obligatorischer Rechte darunter, wenngleich alsdann die Hervorhebung der Pachtung überflüssig wäre. Anderenfalls würde eine Miete ausgeschlossen sein. Eine solche ist aber durchaus möglich, weil es sich keineswegs immer um Grundstücke handelt, die natürliche Früchte oder sonstige Erträgnisse gewähren (z. B. Anmietung großer unbebauter Flächen als Spielplätze). Es wäre auch denkbar, daß Freiflächen, die an sich Früchte gewähren, lediglich gemietet werden, während die Fruchtziehung dem Eigentümer verbleibt. Über die Regeln der Miete siehe §§ 535 f. BGB.; über die Pacht siehe §§ 581 ff. daselbst. Rechtlich möglich, (praktisch wenig wahrscheinlich) wäre auch der Abschluß eines Leihvertrages (§§ 598 ff. BGB.). Eine dingliche Sicherung wäre möglich durch Nießbrauchbestellung (§§ 1030 ff. BGB.). Wegen Nießbrauchs an einem Walde siehe insbesondere § 1038 BGB. Die Eintragung einer Grunddienstbarkeit (etwa des Inhalts, daß bestimmte Grundstücke als Freiflächen zu erhalten sind) kommt nur dann in Frage, wenn eine solche zugunsten des Eigentümers an einem anderen bestimmten Grundstücke eingetragen werden soll (§§ 1018 ff. BGB.). Denkbar wäre eine solche Eintragung also nur dann, wenn sie zum Vorteile eines bestimmten im Eigentum des Verbandes stehenden Grundstücks (§ 1019 BGB.) erfolgte. Eine Grunddienstbarkeit kann nach § 1018 BGB. den Inhalt haben, daß

a) der Eigentümer des herrschenden Grundstücks das belastete Grundstück in einzelnen Beziehungen benutzen darf;

b) daß auf dem belasteten Grundstück gewisse Handlungen nicht vorgenommen werden dürfen;

c) daß auf dem belasteten Grundstücke von Rechten, die an sich dem Eigentümer zustehen, kein Gebrauch gemacht werden darf (hierher gehören die vertragsmäßigen Baubeschränkungen u. ä.).

Eine Verpflichtung zu einer Handlung, also etwa die Anlegung eines Schmuckplatzes auf dem belasteten Grundstück, kann dinglich durch Eintragung einer Grunddienstbarkeit nicht gesichert werden. Wohl aber kann dem Eigentümer des belasteten Grundstückes die Unterhaltung einer den Gegenstand der Grunddienstbarkeit bildenden Anlage durch die Grunddienstbarkeit auferlegt werden (§ 1021 BGB.). Darüber hinausgehend hat das Kammergericht (Johow 41 S. 228) auch eine Grunddienstbarkeit dahingehend für zulässig erachtet, daß der Eigentümer des belasteten Grundstücks einen Waldstreifen ständig als solchen zu erhalten und auch aufzuforsten habe.

Schließlich kann eine beschränkt persönliche Dienstbarkeit (etwa das Recht, einen Wald, Park usw. jederzeit zu betreten) in Frage kommen (§§ 1090ff., 1092 Satz 2 BGB.).

[9]) Auch gepachtete und anderweit rechtlich gesicherte (vgl. Anm. 8).

[10]) Die Übertragung der Unterhaltung ist nur an die Verbandsglieder zulässig, also nicht an die kreisangehörigen Gemeinden, die nicht selbständige Verbandsglieder sind, und auch nicht an einen Gutsbezirk. Ein Grund für diese Beschränkung der Vertragsfreiheit des Verbandes ist nicht zu erkennen.

[11]) Da kein Zwang zur Übernahme der Unterhaltungslast ausgeübt wird und völlige Vertragsfreiheit herrscht (Anm. 12), so ist das Wort „angemessen“ ohne rechtliche Bedeutung und gibt nur eine Direktive für den Verband. Sein Vertragsangebot soll eine angemessene Entschädigung vorschlagen. Die tatsächlichen Aufwendungen des Verbandsgliedes für die Unterhaltung (namentlich Materialverbrauch)

werden in der Regel voll erstattet werden. Bei den personellen Ausgaben (Parkwärter, Arbeiter, Bureaupersonal) wird bei ausschließlicher Beschäftigung für Verbandszwecke volle Erstattung, sonst anteilmäßige Vergütung stattfinden (vgl. Anm. 41 zu § 4). Pauschentschädigung ist nicht ausgeschlossen.

[12]) Die Verbandsglieder sind nicht gezwungen, die Unterhaltung zu übernehmen. Die Übertragung erfolgt im Vertragswege. Sie hat also privatrechtliche Grundlage. Streitigkeiten aus dem Vertrage gehören vor die ordentlichen Gerichte. Nach § 19 Ziff. 10 ist auch hier die Beschlußfassung der Verbandsversammlung nötig.

§ 10.

Der Verband ist berechtigt[1]), durch eine Satzung[2]) seine Rechtsverhältnisse insoweit zu ordnen, als es die Bestimmungen dieses Gesetzes zulassen[3]).

Die Satzung kann von der Verbandsversammlung nur mit Zweidrittelmehrheit[4]) beschlossen werden und bedarf der Bestätigung durch die Beschlußbehörde für Groß Berlin[5]). Gegen ihren Beschluß findet binnen vier Wochen die Beschwerde an den Minister des Innern statt[6]) [7]) [8]).

[1]) Damit ist dem Verbande das Recht der Selbstgesetzgebung (Autonomie) gewährleistet. Denn der Unterschied zwischen der Satzung (vgl. die ähnlichen Vorschriften in § 11 StO. hinsichtlich der Ortsstatute) und gewöhnlichen Beschlüssen der Verbandsorgane besteht darin, daß erstere Gesetzeskraft hat und deswegen Rechte und Verbindlichkeiten unmittelbar für und gegen Dritte erzeugt, während Beschlüsse der Verbandsorgane nur die einzelnen Verbandsorgane (Verbandsversammlung, Verbandsausschuß, Verbandsdirektor) im Verhältnis zueinander binden.

Der Erlaß einer Satzung ist fakultativ (vgl. auch Anm. 9 zu § 15); ein Zwang zum Erlaß der Satzung kann anders wie nach § 9 allg.ZVG. nicht ausgeübt werden.

²) Unter den Begriff der Satzung im Sinne des § 10 fallen nicht Statuten auf Grund des Baufluchtliniengesetzes; für solche ist in § 7 Abs. 5 die Bestätigung durch den Minister der öffentlichen Arbeiten vorgeschrieben (vgl. auch VerAH. S. 3090).

Daß die Rechtsverhältnisse, die statutarisch geordnet werden können, in eine einzige Verbandssatzung aufgenommen werden, ist nicht erforderlich; es ist vielmehr zulässig, mehrere Verbandssatzungen zur Ordnung der einzelnen Rechtsverhältnisse zu erlassen (vgl. auch die ähnlichen Bestimmungen in § 11 StO., § 20 KrO., § 8 PrO.).

³) D. h.: Die Rechtsverhältnisse können insoweit statutarisch geordnet werden, als dies Gesetz keine zwingenden Rechtsnormen enthält. Selbstverständlich darf die Satzung nicht solche Gesetze verletzen, die allgemein und daher auch für den Verband Groß Berlin gelten.

Als Gegenstände, bei denen dieses Gesetz eine abweichende oder ergänzende statutarische Regelung zuläßt, kommen in Frage:

a) Festsetzung eines von den gesetzlichen Bestimmungen abweichenden Verteilungsmaßstabes für den Umlagebedarf (§ 11 Abs. 6),

b) Vermehrung oder Verminderung der Zahl der Vertreter für die Verbandsversammlung (§ 15 Abs. 2),

c) Festsetzung der Fristen für die Zustellung der Einladungen zu den Sitzungen der Verbandsversammlung (§ 21 Abs. 1),

d) Festsetzung einer größeren als der einfachen Stimmenmehrheit für bestimmt zu bezeichnende Angelegenheiten (§ 24 Abs. 2),

e) Bestimmung einer längeren als sechsjährigen Wahlperiode für die gewählten Mitglieder des Verbandsausschusses und ihre Ersatzmänner (§ 27),

f) Festsetzung der Fristen für die Zustellung der Einladungen zu den Sitzungen des Verbandsausschusses (§ 31 Abs. 1),

g) Bestimmung der Organe für die Veröffentlichung der Bekanntmachungen des Verbandes (§ 37).

[4]) Die gleiche Mehrheit ist erforderlich für Abänderungen der Satzung. Vgl. auch § 19 Nr. 3 und unten Anm. 7.

[5]) Über die Beschlußbehörde für Groß Berlin vgl. § 39.

[6]) Der Bestätigungsbehörde steht das Recht zu, nicht bloß die Gesetzmäßigkeit, sondern auch die Zweckmäßigkeit der Bestimmungen der Satzung zu prüfen. Sie kann auch Abänderungsvorschläge machen und, falls diese nicht angenommen werden, die Bestätigung versagen. Wird die Satzung, wie das in der Praxis bei Ortsstatuten häufiger geschieht, unter der Bedingung, daß gewisse Abänderungen vorgenommen werden, oder mit der Maßgabe, daß gewisse Stellen einen anderen Wortlaut erhalten, bestätigt, so enthält diese Entscheidung zugleich eine Ablehnung der Bestätigung und die Zusage, daß bei gewissen Abänderungen die Satzung werde bestätigt werden. Korrekterweise müssen diese Abänderungen alsdann von der Verbandsversammlung beschlossen werden, worauf von neuem die Bestätigung nachzusuchen ist (vgl. Johow 33 C 82 und Das Recht 1907 S. 1153, aber auch OVG. im PrVBl. 32 S. 631). Nach erfolgter Bestätigung ist die Prüfung der Zweckmäßigkeit dem ordentlichen und dem Verwaltungsrichter entzogen, nicht aber die der Gesetzmäßigkeit (OVG. 2 S. 107; 3 S. 97; 4 S. 117, 145; 9 S. 29; 11 S. 104; 12 S. 177).

Die Rechtswidrigkeit einzelner Bestimmungen der Satzung zieht die Ungültigkeit der ganzen Satzung nur dann nach sich, wenn sie derart für ihren Bestand wesentlich sind, daß bei ihrem Ausscheiden auch die übrigen Bestimmungen die rechtliche Grundlage verlieren (OVG. im PrVBl. 21 S. 113).

[7]) Zur Abänderung einer bestehenden Satzung bedarf es zweifellos der Zustimmung der Bestätigungsbehörde; aus

diesem Grunde wird zweckmäßigerweise überall da, wo das Gesetz dem Verbande Raum zur Regelung seiner Angelegenheiten läßt, ohne statutarische Form zu verlangen, nicht die Form der Satzung gewählt werden, um unnötige Bindung des Verbandes zu vermeiden. An dem Rechte des Verbandes, solche Materien, die nicht eigentlich seine Verfassung, sondern nur seine Verwaltung betreffen, im Wege einfacher (nicht genehmigter) Verwaltungsregulative zu regeln, besteht kein Zweifel. — Ob zur Aufhebung der Satzung Zustimmung der Bestätigungsbehörde nötig ist, ist streitig. Das MR. v. 1. 8. 1881 (MBl. 81 S. 229) hält die Zustimmung für erforderlich; die entgegengesetzte Ansicht ist wohl die zutreffendere (vgl. Brauchitsch Anm. 5 zu § 11 StO.; Oertel Anm. 8 und Ledermann, Anm. 5 zu § 11 StO.).

[8]) Die Veröffentlichung der Satzung ist nicht ausdrücklich vorgeschrieben. Indessen ist weder an der Befugnis des Verbandes, sie vorzunehmen, noch an der der Aufsichtsbehörde, sie erforderlichenfalles anzuordnen, zu zweifeln. Die Veröffentlichung hat dann gemäß § 37 zu erfolgen. Das Unterlassen der Bekanntmachung soll nach OVG. 12 S. 216; 25 S. 17; 38 S. 99 und PrVBl. 21 S. 268 an sich ohne Einfluß auf die Rechtsgültigkeit sein, sofern die Publikation nicht im Gesetze (z. B. §§ 12, 15 FluchtlG.) oder in der Satzung selbst vorgesehen ist. In der Literatur ist die Frage bestritten (vgl. Oertel, Anm. 6 zu § 11 StO.; Jebens im PrVBl. 21 S. 333 und auch RGZ. 42 S. 314).

§ 11.

Der Verband ist berechtigt[1]), in sinngemäßer Anwendung der für Provinzialabgaben geltenden Bestimmungen des Kreis- und Provinzialabgabengesetzes vom 23. April 1906 (Gesetzsamml. S. 159) Gebühren[2]) und Beiträge[3]) zu erheben.

Soweit die eigenen Einnahmen des Verbandes[4]),

die Gebühren und die Beiträge zur Bestreitung der Verbandsausgaben nicht ausreichen[5]), wird der Fehlbetrag[6]) durch die Verbandsversammlung[7]) gemäß den nachstehenden Bestimmungen auf die Verbandsglieder umgelegt[8]).

Bei der Regelung des Verhältnisses zu den Transportanstalten (§ 1 Abs. 1 Ziffer 1)[9]) ist der Geldbedarf für jede einzelne Bahnunternehmung[10]) in dem Betrage festzustellen, um welchen die Ausgaben[11]) eines Betriebs- oder Baujahrs[12]) die Einnahmen übersteigen[13]), bei Betrieben, die für Rechnung des Verbandes geführt werden[14]), in dem Betrag, um welchen die Ausgaben für Betrieb und Unterhaltung[15]), für Rücklagen in den Reserve- und Erneuerungsfonds[16]), für Verzinsung und Tilgung des Anlagekapitals[17]), einschließlich der etwa gezahlten Entschädigung (§ 4 VII)[18]), in einem Betriebs- oder Baujahre[19]) die Einnahmen übersteigen. Der sich hiernach für die einzelnen Bahnunternehmungen[20]) ergebende Bedarf wird auf alle oder einzelne Verbandsglieder[21]) nach Maßgabe ihres Interesses[22]) umgelegt. Über die der Umlegung zugrunde zu legenden Maßstäbe[23]) sowie über die Verwendung der Reinüberschüsse[24]) beschließt die Verbandsversammlung mit der Maßgabe, daß solche Reinüberschüsse zunächst den einzelnen Verbandsgliedern in dem Verhältnis und bis zu dem Betrage zu überweisen sind, in dem von ihnen in früheren Betriebs- oder Baujahren für dieselbe Bahnunternehmung ein Geldbedarf gedeckt worden ist[25]). Gegen den Beschluß der Verbandsversammlung steht den Verbandsgliedern[26]) binnen vier Wochen die Beschwerde an die Beschlußbehörde für Groß Berlin und gegen ihren Beschluß binnen der gleichen Frist die Beschwerde[27]) an die Minister des Innern und der öffentlichen Arbeiten[28]) zu.

Im übrigen gelten für die Umlegung des Fehlbetrags die Grundsätze der §§ 25 bis 27 des Kreis- und Provinzialabgabengesetzes vom 23. April 1906[29]).

Gegen Beschlüsse der Verbandsversammlung, welche ausschließliche Belastung oder Mehr- oder Minderbelastung[30]) einzelner Verbandsglieder betreffen, steht binnen vier Wochen den Verbandsgliedern[31]) die Beschwerde an die Beschlußbehörde für Groß Berlin und gegen ihren Beschluß binnen der gleichen Frist die Beschwerde an die Minister des Innern, der öffentlichen Arbeiten und der Finanzen[32]) zu.

Durch die Satzung[33]) kann für einzelne oder alle Arten von Verbandslasten[34]) ein anderer Verteilungsmaßstab[35]) eingeführt oder auch bestimmt werden[36]), daß und in welcher Weise[37]) bei der Lastenverteilung einerseits das Übergewicht der Vorteile[38]) eines Verbandsunternehmens[39]) für einzelne Verbandsglieder und anderseits dasjenige zu berücksichtigen ist, was einzelne Verbandsglieder bereits vor Erlaß des gegenwärtigen Gesetzes für Zwecke des Verbandes geleistet haben[40]).

Vorbemerkung: § 11 enthält das materielle Finanzrecht des Verbandes, während das formelle im § 19 Ziff. 1 und 2, wonach die Verbandsversammlung über den Haushaltsplan und über die Entlastung der Jahresrechnung beschließt und im § 30 Abs. 1 enthalten ist. Das Gesetz weicht bei der Regelung des Finanzwesens des Verbandes von dem Entwurfe beträchtlich ab. Der Entwurf (§ 10) beruhte ausschließlich auf dem System der Matrikularbeiträge. Die Beiträge zu den Kosten des Verbandes sollten auf die Verbandsglieder umgelegt und von diesen im Wege der Unterverteilung gleich den übrigen Gemeinde- und Kreisbedürfnissen aufgebracht werden. Jetzt ist durch die Zulässigkeit der Erhebung von Verbandsgebühren und -beiträgen der Verband auch in direkte Beziehungen zu den Kreis- und Gemeindeeinwohnern gebracht und nicht allein auf die Umlagen angewiesen. Durch § 11 Abs. 2 ist sogar die Heranziehung zu den Matrikularbeiträgen an die zweite Stelle gerückt, der Verband ist dadurch finanziell wesentlich unabhängiger von den Verbandsgliedern gestellt.

Im einzelnen regelt § 11 die Oberverteilung, § 12 die Unterverteilung der Umlagen. Hierbei ist vom Gesetze die Verteilung der Matrikularbeiträge grundsätzlich nach zwei Richtungen geregelt. Für Bahnunternehmungen findet eine Verteilung nach dem Interesse (Abs. 3), für die übrigen Lasten nach Maßgabe des Steuersolls (Abs. 4) statt. Während die Regelung der Lastenverteilung aber nach dem Entwurfe zwingend sein sollte, ist im Gesetze einmal durch die Vorschrift der Anwendbarkeit des § 27 KPAG. die Mehr- oder Minderbelastung einzelner Verbandsteile für zulässig erachtet, und ferner ist durch den letzten Absatz des § 11 dem Verbande gestattet, in der Satzung die Verteilung nach anderweiten Maßstäben zu regeln.

[1]) Der Verband ist nur berechtigt, nicht gezwungen, Gebühren und Beiträge zu erheben. Die Vorschriften des § 4 Abs. 2 und § 9 Abs. 2 KAG. sind nicht anwendbar. Da hinsichtlich der Gebühren und Beiträge ein Erhebungszwang nicht besteht, können die einzelnen Verbandsglieder gegen ihre Belastung mit den Umlagekontingenten nicht unter Hinweis auf die Möglichkeit der Erhebung von Gebühren und Beiträgen vorstellig werden. Wegen der Erhebung von Beiträgen durch die Gemeinden bei der Unterverteilung s. Anm. 1 zu § 12 unten S. 151 f.

[2]) Gebühren sind öffentlich-rechtlich normierte Gegenleistungen für bestimmte Leistungen des Verbandes. Das KPAG., das hier anwendbar ist, kennt anders

als § 6 KAG. nur Benutzungsgebühren, keine Verwaltungsgebühren, für die auch ohnedies wegen mangelnder Zuständigkeit des Verbandes für die im § 6 KAG. vorgesehenen Verwaltungshandlungen kein Platz wäre. Für die Gebührenerhebung gilt § 24 KPAG., der wiederum auf die Kreisgebühren (§ 4) verweist. Danach kann die Verbandsversammlung die Erhebung von Gebühren und Beiträgen beschließen (vgl. § 19 Ziff. 10), auch deren Festsetzung auf den Verbandsausschuß übertragen (vgl. Anm. 27 zu § 19). Nach dem im § 24 KPAG. in Bezug genommenen § 4 desselben Gesetzes können Gebühren erhoben werden für die Benutzung der von dem Verbande im öffentlichen Interesse unterhaltenen Veranstaltungen (Anlagen, Anstalten und Einrichtungen). Über den Begriff der im öffentlichen Interesse unterhaltenen Veranstaltungen im Gegensatz zu den gewerblichen Unternehmungen siehe besonders Nöll-Freund, KAG. Anm. 2 zu § 3, Anm. 9 zu § 4; Saß, KAG. Anm. 6 zu § 4. Im öffentlichen Interesse ist eine Veranstaltung immer dann errichtet, wenn für die Angehörigen der Kommune oder des Kommunalverbandes ein tatsächlicher oder rechtlicher Zwang zur Benutzung besteht (PrVBl. 26 S. 961; vgl. auch AusfAnw. zum KAG. Art. 3, 1 Abs. 2). Für den Verband werden vorzugsweise die Bahnbetriebe in Frage kommen. Daß diese ungeachtet der Möglichkeit, Überschüsse zu erzielen, als im öffentlichen Interesse unterhaltene Veranstaltungen anzusehen sind, ergibt die Tendenz des Gesetzes, während es für das Kommunalabgabenrecht mit Recht als zweifelhaft zu bezeichnen ist, ob Straßenbahnbetriebe nicht rein gewerbliche Betriebe sind (Nöll-Freund, KAG. Anm. 2 zu § 3 a. E.; Ledermann, StO. Anm. 2 zu § 4). Da die Regelung des Verkehrswesens in Groß Berlin geradezu den Kernpunkt des Gesetzes bildet, so muß eine Vermutung dafür sprechen, daß jede das Verkehrswesen betreffende Veranstaltung des Verbandes das Ziel hat, ein öffentliches Bedürfnis zu befriedigen. Das gleiche gilt hinsichtlich der

Freiflächen. Hier kommen im besonderen für die Erhebung von Gebühren in Frage: Spiel- und Sportplätze, Luft- und Sonnenbäder, Badeanstalten in den vom Verband erworbenen Seen u. ä. Eine Veranstaltung des Verbandes liegt auch vor, wenn er sich an einem zur Gebührenerhebung berechtigten Unternehmen, etwa einer Gemeinde, nur beteiligt (vgl. hierzu OVG. 12 S. 27; PrVBl. 23 S. 526; Nöll-Freund, KAG. Anm. 4 zu § 9; Freund, KPAG. Anm. 3 zu § 4 S. 6 und AusfAnw. zum KPAG. II D 2).

Der Verband ist aber auch berechtigt, für die eben genannten Veranstaltungen rein-privatrechtliche Gegenleistungen zu fordern. Bei den hauptsächlichsten Veranstaltungen des Verbandes, den Bahnunternehmungen, ist sogar anzunehmen, daß die Forderung privatrechtlicher Gegenleistung die Regel bilden wird. Über die Beförderungspreise auf Kleinbahnen bestimmt insbesondere § 21 KlbG.:

„Der Fahrplan und die Beförderungspreise sowie die Änderungen derselben sind vor ihrer Einführung öffentlich bekanntzumachen. Die angesetzten Beförderungspreise haben gleichmäßig für alle Personen oder Güter Anwendung zu finden. Ermäßigungen der Beförderungspreise, welche nicht unter Erfüllung der gleichen Bedingungen jedermann zugute kommen, sind unzulässig."

Vgl. wegen seiner Auslegung die Kommentare von Gleim und Eger.

„Die Gebühren sind im voraus nach festen Normen und Sätzen zu bestimmen. Dabei ist eine Abstufung der Gebührensätze auch nach Maßgabe der Leistungsfähigkeit — bis zur gänzlichen Freilassung — zulässig" (§ 4 Abs. 3 KPAG.; vgl. über diese jetzt durch das Deklarationsgesetz vom 24. 7. 1906 GS. 376 auch für das Kommunalabgabenrecht geltende Vorschrift: Freund, KPAG. Anm. 6 zu § 4; Nöll-Freund, KAG. Anm. 4 zu § 7; Saß, KAG. Anm. 4 zu § 7 S. 48; AusfAnw. zum KPAG. IIB 1). Die Bestimmung der Gebühren im voraus erfolgt durch den Erlaß einer Gebührenordnung. Eine Genehmigung ist nicht vorgesehen.

Über die Heranziehung zu den Gebühren s. § 30 und die dort in Bezug genommenen §§ 31, 28 KPAG. Nach § 31 KPAG. sind für die Nachforderung, Verjährung und Beitreibung der Gebühren und Beiträge §§ 87, 88, 90 KAG. anwendbar; siehe hierüber Anm. 3 zu § 30.

[3]) Beiträge. Der schon oben Anm. 2 erwähnte § 24 KPAG. verweist hinsichtlich der Beiträge auf § 5 desselben Gesetzes (vom Kreis erhobene Beiträge).

§ 5 KPAG. lautet:

„Der Kreistag kann beschließen, daß behufs Deckung der Kosten für Herstellung und Unterhaltung von Veranstaltungen, welche durch das öffentliche Interesse erfordert werden, von denjenigen Grundeigentümern und Gewerbetreibenden, denen hierdurch besondere wirtschaftliche Vorteile erwachsen, Beiträge zu den Kosten der Veranstaltungen erhoben werden. Die Beiträge sind nach den Vorteilen zu bemessen.

Durch Beschluß des Kreistags kann den Beitragspflichtigen gestattet werden, die Beiträge ganz oder teilweise durch Naturalleistungen nach bestimmten, vom Kreistage festzustellenden Grundsätzen zu ersetzen.

Der Plan der Veranstaltung ist nebst einem Nachweise der Kosten offen zu legen. Der Beschluß des Kreistags wegen Erhebung von Beiträgen ist unter der Angabe, wo und während welcher Zeit Plan nebst Kostennachweis zur Einsicht offen liegen, durch das Kreisblatt mit dem Bemerken bekanntzumachen, daß Einwendungen gegen den Beschluß binnen einer bestimmt zu bezeichnenden Frist von vier Wochen bei dem Kreisausschuß anzubringen seien. Handelt es sich um eine Veranstaltung, welche nur einzelne Grundeigentümer oder Gewerbetreibende betrifft, so genügt an Stelle der Bekanntmachung eine Mitteilung an die Beteiligten. Der Kreisausschuß hat den Beschluß nebst den dazu gehörigen Vorverhandlungen und der Anzeige, ob und welche Einwendungen innerhalb der gestellten Frist erhoben worden sind, der Genehmigungsbehörde — § 19 Ziffer 1 — einzureichen.

Der Beschluß der Genehmigungsbehörde ist in gleicher Weise zur Kenntnis der Beteiligten zu bringen, wie der Beschluß des Kreistags bekanntgemacht worden ist."

Im vorstehenden Abdruck sind die auf die Erhebung von Verbandsbeiträgen nicht anwendbaren Vorschriften durch lateinischen Druck kenntlich gemacht. An die Stelle des Kreistages tritt die Verbandsversammlung, an die Stelle des Kreisausschusses der Verbandsausschuß, an die Stelle des Kreisblattes treten die im § 37 dieses Gesetzes bestimmten Blätter.

Was die Mitwirkung der „Genehmigungsbehörde" betrifft, so kann es, da schlechtweg die sinngemäße Anwendbarkeit des KPAG. vorgeschrieben ist, und dieses im § 33 für die Festsetzung von Beiträgen die Genehmigung des Ministers des Innern vorsieht, zweifelhaft erscheinen, ob auch für Verbandsbeiträge diese Genehmigung erfolgen muß. Die Frage ist zu verneinen. Daß das Gesetz nicht beabsichtigte, ohne weiteres alle Bestimmungen des Kreis- und Provinzialabgabengesetzes über Gebühren und Beiträge für anwendbar zu erklären, geht aus § 30 dieses Gesetzes hervor, der die Veranlagung und Beitreibung der Gebühren und Beiträge regelt und dabei die anwendbaren Bestimmungen des KPAG. besonders benennt. Daß aber jedenfalls an eine entsprechende Anwendbarkeit der Bestimmungen über die Genehmigung nicht gedacht war, ergibt sich auch daraus, daß das Gesetz, wo eine Genehmigung nötig ist, sie ausdrücklich hervorhebt (vgl. § 7 Abs. 5, § 20 Abs. 1).

Wegen der Auslegung der Vorschriften über die Beitragserhebung muß im übrigen auf Freund, Kreis- und Provinzialabgabengesetz Erläuterung zu § 5 und die Erläuterungen von Nöll-Freund, Strutz und Saß zu § 9 KAG. Bezug genommen werden.

Die Verbandsbeiträge werden vorzugsweise für Verbandsbahnen und Freiflächen in Frage kommen. Für die Beiträge zum Straßenbau und zur Straßenunterhaltung kommt nach § 7 Abs. 5 der § 9 KAG. (soweit nicht Anliegerbeiträge nach § 15 FluchtlG. erhoben werden) zur Anwendung. Wie schon Anm. 19 zu § 7 hervorgehoben ist, ist streng genommen die ausdrückliche Vorschrift der Anwendbarkeit des § 9 überflüssig, weil der Verband zur Erhebung von Beiträgen bei Straßenanlegungen und zur Straßenunterhaltung außerhalb des § 15 FluchtlG. nach § 11 Abs. 1 ohne weiteres zuständig wäre (vgl. aber wegen der Folgen der Anführung des § 9 bei der Unterverteilung Anm. 1, 6 zu § 12).

Was das Recht der Beitragspflichtigen, die Beiträge in Naturalleistungen zu entrichten, anbetrifft, so kann es zweifelhaft sein, ob auch für Wegebauten Naturallieferungen statt der Beiträge möglich sind, da sich die Beitragserhebung bei der Straßenherstellung und Unterhaltung auf § 9 KAG. stützt (vgl. § 7 Abs. 5) und diese Bestimmung eine Entrichtung der Beiträge durch Naturalleistung nicht kennt. Man wird jedoch annehmen müssen, daß durch den Übergang der Befugnisse aus § 9 KAG. auf den Verband seine Rechte nach § 5 KPAG. und die sich daraus ergebende Befugnis der Belasteten, sich durch Naturalleistungen abzufinden, nicht beeinträchtigt werden sollten.

Die Beiträge können auch durch privatrechtliche Abmachung mit Grundbesitzern, namentlich Terraingesellschaften, ersetzt werden; z. B. durch Abmachungen über Hergabe von Grundstücken für Bahnanlagen, Abtretung von Straßenland für die Ausgestaltung der Freiflächen usw.

Über die Veranlagung, die Einsprüche, Verjährung und Beitreibung gilt das gleiche wie bei der Gebührenerhebung (oben Anm. 2 a. E.).

[4]) Gemeint sind im Gegensatze zu den Gebühren und Beiträgen die privatrechtlichen Einnahmen des Verbandes aus nutzbringend betriebenen Unternehmungen. Bei der gegenwärtigen Zuständigkeit des Verbandes werden solche

privatwirtschaftlichen Einnahmen in der Hauptsache bei den Bahnunternehmungen zutage treten. Doch ist auch die Ausnutzung der von dem Verbande unterhaltenen Freiflächen (durch Verpachtung von Vergnügungslokalen, Sportplätzen, Seebadeanstalten, Unterhaltung von Ruder= und Segelboten) nicht ausgeschlossen. Daß die gewerblichen Unternehmungen des Verbandes so zu verwalten sind, daß durch die Einnahmen mindestens die gesamten durch die Unternehmungen dem Verbande erwachsenden Ausgaben einschließlich der Verzinsung und Tilgung des Anlagekapitals aufgebracht werden [§§ 3, 23 KPAG., § 3 KAG.], sagt das Gesetz nicht; ersichtlich deshalb nicht, weil es sich nach der Zuständigkeit des Verbandes wohl ausschließlich um Unternehmungen handelt, für die die Vorschrift der eben genannten Gesetzesparagraphen Anwendung finden soll, wonach Ausnahmen zulässig sind, wofern eine Unternehmung gleichzeitig einem öffentlichen Interesse dient, welches andernfalls nicht befriedigt wird.

[5]) Das Gesetz folgt dem schon im § 2 KAG. und § 2 KPAG. zum Ausdruck gebrachten Grundsatze, daß die eigenen Einnahmen, Gebühren und Beiträge der Heranziehung zu allgemeinen Beiträgen (dort Steuern) vorgehen soll.

[6]) Der Fehlbetrag ist zweckmäßig für jeden Zweig der Verbandstätigkeit gesondert zu berechnen. Soweit aber die Lasten aus einem Unternehmen nach einem Sondermaßstabe umzulegen sind, muß für dieses Unternehmen der Fehlbetrag gesondert berechnet werden. Insbesondere für die Bahnen ergibt die Vorschrift des Abs. 3, daß der umzulegende Fehlbetrag nicht nur für die Gesamtheit der Unternehmungen, sondern für jede einzelne Bahnunternehmung zu ermitteln ist. Wenn man von den Sondervorschriften für die Bahnen absieht, würde bei Anwendung der gesetzlichen Verteilungsmaßstäbe nach dem Steuersoll der Umlageverteilung allerdings im übrigen der Fehlbetrag als Gesamtheit zugrunde zu legen sein.

Was insbesondere die Errechnung des einzelnen Fehlbetrags betrifft, der aus den Bahnunternehmungen und aus den anderen Verbandsunternehmungen herrührt, so gelten für die beiden Kategorien nicht die gleichen Grundsätze.

A. Gemeinsam gilt für beide Kategorien, daß nur der Fehlbetrag durch Umlagen aufzubringen ist. Eine Erhebung von Umlagen zum Zwecke der Ansammlung von Fonds und eine künstliche Vergrößerung der Verbandsausgaben durch Rücklagen, die gesetzlich nicht vorgeschrieben sind (wie dies bei dem Erneuerungs- und Reservefonds der eigenen Bahnen des Verbandes der Fall ist, vgl. unten Anm. 16), ist dadurch ausgeschlossen.

B. Ein erheblicher Unterschied zwischen der Berechnung des Fehlbetrages bei den Bahnen und den anderen Unternehmungen ergibt sich aber aus folgendem:

1. Bei der einzelnen Bahnunternehmung ist ein durch Umlagen aufzubringender Fehlbetrag immer schon vorhanden, wenn sich ein solcher aus der Gegenüberstellung der Einnahmen und Ausgaben der einzelnen Bahnunternehmung ergibt. Ein etwa bei anderen Bahnunternehmungen vorhandener Überschuß berührt ihn an sich nicht. Wenn ein solcher Überschuß aus einer einzelnen Bahnunternehmung vorhanden ist, so bestimmt über seine Verwendung, soweit er nicht nach dem Gesetze zur Entschädigung von Verbandsgliedern, die in früheren Jahren für dieselbe Bahnunternehmung einen Bedarf gedeckt haben, zu verwenden ist, die Verbandsversammlung frei (unten Anm. 24). Der Überschuß kann danach, muß aber nicht zur Deckung des Fehlbetrages einer anderen Bahnunternehmung oder auch zur Deckung des Fehlbetrages einer anderen Verbandsunternehmung oder auch der allgemeinen Verwaltungsausgaben bestimmt werden. Er kann aber mit demselben Rechte an die Verbandsglieder verteilt, zu freiwilligen Fonds angesammelt werden usw.

2. Ergibt sich aber aus einer anderen Unternehmung

des Verbandes außer den Bahnunternehmungen ein Überschuß, so ist er, da eine freie Beschlußfassung der Verbandsversammlung über seine Verwendung im Gesetze nicht zugelassen ist, unter allen Umständen allgemein als Einnahme zu etatisieren und mindert den umlagefähigen Gesamtfehlbetrag. Dies kann dann keine Schwierigkeiten machen, solange die Umlagen für die Gesamtheit der Verbandsunternehmungen außer den Bahnen nach dem gesetzlichen Maßstabe (Steuersoll) erfolgen. (Daß ein Überschuß bei einem anderen Unternehmen des Verbandes den Bahnunternehmungen nicht zugute kommt, ergibt sich aus den eben erwähnten zwingenden Vorschriften über die Feststellung des umlagefähigen Fehlbetrages der einzelnen Bahnunternehmung. Der höchst unwahrscheinliche Fall, daß sich aus der Gesamtheit aller Unternehmungen des Verbandes nach Deckung sämtlicher Ausgaben ein Überschuß ergibt und nur für Bahnunternehmungen ein Fehlbetrag bleiben sollte, braucht nicht in Erwägung gezogen zu werden.) Wird aber für eine Klasse von Verbandsunternehmungen (etwa für Straßenanlagen) ein Sondermaßstab für die Umlegung des Fehlbetrages festgesetzt, und ist infolgedessen der Fehlbetrag gesondert zu errechnen, so fragt es sich, ob ein etwaiger Überschuß aus einem anderen Unternehmen (z. B. aus der Ausnutzung der Freiflächen) zur Deckung eines nach dem Steuersoll oder zur Deckung eines nach dem besonderen Maßstabe umzulegenden Fehlbetrags verwendet werden muß. Man wird sich dahin zu entscheiden haben, daß in erster Reihe die nach dem Steuersoll umzulegenden Fehlbeträge durch solche Überschüsse zu decken sind. Durch die Festsetzung eines besonderen Maßstabes für die Umlageverteilung wird der dadurch betroffenen Kategorie von Verbandsunternehmungen eine Sonderstellung eingeräumt, die sich der Stellung der Bahnunternehmungen in dem Finanzwesen des Verbandes nähert. Erst in zweiter Linie wird durch einen solchen Überschuß ein nach besonderem Maßstab umzulegender Fehlbetrag zu decken sein.

Aus vorstehendem ergibt sich die Notwendigkeit, einmal für jede einzelne Bahnunternehmung und sodann für jeden anderen Verwaltungszweig, bei dem die Deckung eines etwaigen Fehlbetrags nach einem besonderen Maßstabe zu erfolgen hat, einen besonderen Etat aufzustellen. Eine allgemeine Gegenüberstellung der Verbandsausgaben und -einnahmen zur Berechnung des Gesamtdefizits kann, da, abgesehen von besonderen Vorschriften der Satzung nach Abs. 6, durch die Bestimmung des Abs. 3 zwingend angeordnet ist, daß für die Bahnunternehmungen der Fehlbetrag jeder einzelnen Unternehmung zu berechnen ist, eine praktische Bedeutung für die Umlageverteilung nicht haben, sondern kann nur dazu dienen, einen allgemeinen Überblick über die Finanzwirtschaft des Verbandes zu gewähren.

[7]) Nur die Umlegung nimmt die Verbandsversammlung vor. Die Heranziehung zu den Umlagen ist Sache des Verbandsausschusses (§ 29 Ziff. 5).

[8]) S. Abs. 3—6. Unbeschadet der besonderen Vorschriften der Satzung (Abs. 6) unterscheidet das Gesetz grundsätzlich dahin, daß bei der Verteilung der durch Bahnunternehmungen entstehenden Lasten der Maßstab des Interesses (Anm. 22), bei den übrigen Verbandslasten der Maßstab der steuerlichen Leistungsfähigkeit maßgebend sein soll. Zur Aufbringung der Umlagen sind alle Verbandsglieder, also neben den Stadt- und Landkreisen auch die kreisangehörigen Gemeinden verpflichtet, die selbständige Verbandsglieder sind (§ 1 Abs. 2). Bei der Aufstellung des Umlageplanes sind daher diese Gemeinden als nicht zum Kreise gehörig anzusehen. Insbesondere bei der Verteilung nach dem Steuersoll (unten Abs. 4 Anm. 29) ist der Verteilung nur das Steuersoll der Kreise nach Abzug des für die kreisangehörigen Verbandsglieder in Rechnung zu stellenden Steuersolls zugrunde zu legen.

[9]) Was unter Transportanstalt im Sinne des § 1 Abs. 1 Ziff. 1 zu verstehen ist, vgl. Anm. 5, 6 zu § 1 und Anm. 1

zu § 4. Ein „Verhältnis zu den Transportanstalten" kommt bei der Finanzwirtschaft des Verbandes nach zwei Richtungen in Betracht. Einmal gegenüber fremden Bahnen, sodann gegenüber eigenen Bahnen. Nach diesen Richtungen gliedert auch das Gesetz die Frage der Deckung der Ausgaben (s. Anm. 11 bis 21).

[10]) Unter Bahnunternehmung ist jede Bahn zu verstehen, für die eine besondere Genehmigung erteilt ist; ob eine nachträgliche Zweig- oder Anschlußlinie ein besonderes Unternehmen darstellt, hängt davon ab, ob eine besondere Genehmigung oder nur ein Nachtrag zu der ersten Genehmigung erfolgt ist (s. Anm. 14 zu § 4). Es ist nicht maßgebend, ob zwei zusammenhängende private Bahnunternehmungen tatsächlich als Einheit verwaltet werden, was zulässig ist (vgl. hierzu aber die Sondervorschrift des § 32 KlbG.). Für die vom Verbande betriebenen Bahnen ist durch die Vorschrift über die Art der Aufstellung der Jahresrechnung die Verpflichtung geschaffen, jedes Bahnunternehmen in dem eben genannten Sinne gesondert zu verwalten.

[11]) Ausgaben des Verbandes aus seinem Verhältnis zu fremden Bahnunternehmungen sind einmal die Entschädigung an die Wegebaupflichtigen, die durchaus nicht immer der Abgabe der Bahn gleich sein muß, wenn etwa die Abgabe der Bahn in der Form einer Gewinnbeteiligung, die Entschädigung an die Wegebaupflichtigen in Form einer festen Rente geleistet wird. Ist ein Wegebaupflichtiger durch Kapitalabfindung entschädigt worden, so gehören zu den Ausgaben die Zinsen und Amortisationsquoten. Zu den Ausgaben gehören ferner die etwa von einer Gemeinde einer Bahn versprochenen Zuschüsse, die der Verband weiter zu leisten hat (Anm. 38 zu § 4) oder die der Verband zur Erhaltung eines Bahnunternehmens im Interesse des öffentlichen Verkehrs freiwillig leistet.

[12]) Das Betriebs- und Baujahr kann für die einzelne

Unternehmung ein verschiedenes sein. Der Verband hat bei den Privatbahnen keinen Einfluß auf seine Bestimmung. Vielfach wird das Kalenderjahr das Betriebsjahr einer Bahngesellschaft sein. Das Rechnungsjahr des Verbandes läuft indessen vom 1. 4. zum 31. 3. (§ 21 Abs. 2 des Gesetzes).

[13]) Als Einnahmen des Verbandes aus seinem Verhältnis zu fremden Transportanstalten kommen vorzugsweise zur Berechnung: a) die vertragsmäßigen Abgaben der Bahn an den Verband, b) die von den Gemeinden usw. wegen früher geschlossener unvorteilhafter Straßenbahnverträge an den Verband zu zahlende Entschädigung (Anm. 38 zu § 4), c) die Einnahmen aus einer Kapitalbeteiligung des Verbandes an einer privaten Bahnunternehmung.

[14]) Das sind die Bahnen, deren Betriebsunternehmer der Verband ist. Eigentümer der Bahn braucht der Verband nicht zu sein. Auch als Pächter führt er den Betrieb auf seine Rechnung. Eine bloße Beteiligung an einer Aktiengesellschaft oder G. m. b. H. dagegen, wenn selbst der Verband den größten Teil oder die Gesamtheit der Anteile und Aktien an sich gebracht hat, ist kein für Rechnung des Verbandes geführtes Unternehmen. Das geht schon aus den Vorschriften über die Gewinn- und Verlustrechnung hervor, für die bei den auf Reichsrecht beruhenden Gesellschaften des Handelsrechts kein Raum wäre.

[15]) Unter Ausgaben für Betrieb und Unterhaltung sind streng genommen nur die unmittelbaren Betriebs- und Unterhaltungsausgaben zu verstehen, wie die Koordinierung der Rücklagen in die Reserve- und Erneuerungsfonds zu beweisen scheint. Man muß hierher jedoch auch die etwaige in einer Rente oder nach Prozenten zu zahlende Abgabe an die entschädigungsberechtigten Wegebaupflichtigen (§ 4 I, VII) zählen, der sonst bei der Aufstellung der Verbandsausgaben nicht gedacht ist. Der Zusatz „einschließlich der etwa gezahlten Entschädigung" kann sich nur auf Kapitalentschädigungen beziehen (vgl. Anm. 18).

[16]) Die Bildung beider Fonds ist eine Eigentümlichkeit des Eisenbahn- und Kleinbahnrechtes. Insbesondere hat der Reservefonds in diesem Sinne mit dem Bilanzreservefonds der Aktiengesellschaft, der bei Eisenbahnaktiengesellschaften neben dem (Spezial-) Reservefonds zu bilden ist, nichts zu tun. Die Bildung dieser Fonds beruht nicht auf Gesetz. Die Pflicht dazu wird in den Eisenbahnkonzessionen dem Unternehmer stets auferlegt und soll nach der Ausführungsanweisung zu § 11 KlbG. Unternehmern von nebenbahnähnlichen Kleinbahnen (darüber s. Anm. 1 zu § 4) stets in der Genehmigungsurkunde auferlegt werden. Der Verband ist als Kleinbahnunternehmer, weil er ein Kommunalverband ist (§ 3), von der Bildung solcher Fonds an sich befreit (§ 12 KlbG.), jedoch „nur unbeschadet der von Kommunalaufsichts wegen etwa getroffenen Anordnungen oder Vereinbarungen" (AusfAnw. zu § 11 Ziff. VI KlbG.). Wird also auch in der Regel eine Auferlegung der Verpflichtung zur Bildung dieser Fonds nicht in Frage kommen, so wird sich die Bildung der Fonds doch als notwendig und zweckmäßig erweisen. Die für die Bildung solcher Fonds gegebenen Vorschriften der AusfAnw. vom 13. 8. 1898 zum KlbG. werden daher auch hier als Grundlage dienen können. Danach dient

„I. der Erneuerungsfonds zur Bestreitung der Kosten der regelmäßig wiederkehrenden Erneuerung des Oberbaues und der Betriebsmittel.

Es sind jedoch hieraus von den Betriebsmitteln nur die Kosten ganzer Lokomotiven und Wagen, von den Oberbaumaterialien dagegen auch die Kosten einzelner Stücke zu bestreiten. Der Ersatz einzelner Teile von Betriebsmitteln (Siederohre usw.) muß auf Rechnung des Betriebsfonds erfolgen.

In den Erneuerungsfonds fließen:

1. der Erlös aus den entsprechenden abhängigen Materialien,

2. die Zinsen des Fonds selbst,

3. eine aus den Bruttobetriebseinnahmen zu entnehmende jährliche Rücklage.

Die Höhe dieser Jahresrücklagen ist unter Berücksichtigung der besonderen Verhältnisse und Bedürfnisse des einzelnen Unternehmens auf:

a) 1 bis 2 % von dem zusammengerechneten Beschaffungswerte der Schienen, der Weichen und des Kleineisenzeuges,

b) 2,5 bis 5 % vom Beschaffungswerte der Schwellen,

c) 1,25 bis 2,5 % von dem der Lokomotiven,

d) 0,75 bis 1,5 % von dem der Wagen zu bemessen.

II. Der Spezialreservefonds dient zur Bestreitung von Ausgaben, die durch außergewöhnliche Elementarereignisse und größere Unfälle hervorgerufen werden.

Diesem Fonds sind zuzuführen:

1. der Betrag der verfallenen, nicht abgehobenen Dividenden und Zinsen,

2. die Zinsen des Fonds selbst,

3. eine aus dem Reinertrage zu entnehmende jährliche Rücklage.

Die Höhe der jährlichen Rücklagen zum Spezialreservefonds ist auf ½ bis 3 % des Reinertrages zu bemessen. Erreicht der Spezialreservefonds den Betrag von 5 % des Anlagekapitals, so können für die Dauer dieses Bestandes weitere Rücklagen unterbleiben.

Die Fonds sind getrennt voneinander und etwaigen anderen Fonds des Unternehmens zu verwalten."

Die Zulässigkeit der Rücklagen in den Erneuerungs- und Reservefonds als Ausgaben der Verwaltung ohne Rücksicht auf die dadurch hervorgerufenen künstlichen Fehlbeträge ist eine für die Bahnunternehmungen gegebene Ausnahme von der Regel, daß eine Umlage nur zur Deckung der wirklichen Fehlbeträge (s. Anm. 6) erhoben werden darf. Darüber, daß aus den Überschüssen eines jeden Bahnunternehmens für sich betrachtet ohne Rücksicht auf Fehlbeträge bei anderen Verbandsunternehmungen auch freiwillig Fonds angesammelt werden können, s. oben Anm. 6 B 1 und unten Anm. 24.

[17]) Wegen der Anleihen des Verbandes s. Anm. 12 bis 15 zu § 19, Anm. 2 zu § 20.

[18]) Gemeint sind die Entschädigungen, die in Kapital geleistet sind, also besonders die Entschädigung für die Überlassung der Bahnen der Kreise und Gemeinden nach § 4, II. Die Worte: „einschließlich usw." gehören zu dem Begriff „Anlagekapital", von dem sie auch im Entwurf und in allen in den Vorberatungen aufgestellten Fassungen des § 11 nicht durch ein Komma getrennt waren. Wird, was vorzugsweise für die Benutzung von Wegen (§ 4, I, VI) der Fall sein wird, eine feste Rente oder ein Anteil am Gewinne gewährt, so kommt dieser Betrag in der Gewinn- und Verlustrechnung unter dem Posten Betriebs- und Unterhaltungsausgaben zur Verrechnung (s. oben Anm. 15).

[19]) Daß das Bau- und Betriebsjahr mit dem Rechnungsjahr zusammenfällt ist auch bei den Verbandsbahnen nicht vorgeschrieben, aber zweckmäßig (vgl. auch Anm. 12).

[20]) Über den Begriff „Einzelne Bahnunternehmungen" s. § 4 Anm. 14 und oben Anm. 10.

[21]) Daß Verbandsglieder, die ein Interesse an einer Bahn nicht haben, ganz freizulassen sind, ergibt schon der Grundsatz der Verteilung nach dem Interesse selbst (Anm. 22).

[22]) Für die Kosten der Bahnunternehmungen ist der Maßstab des Interesses deswegen eingeführt, weil hier ein erhebliches Mißverhältnis zwischen den Interessen eines Verbandsgliedes an einem Bahnunternehmen und seiner steuerlichen Leistungsfähigkeit hervortreten kann. Jenes kann nur gering sein, während dieses bedeutend ist, oder umgekehrt. „Der Maßstab des Interesses, der in der Gesetzgebung auch bei gewissen Verbandsarten bereits zur Geltung gelangt ist (z. B. Gesetz, betreffend die Unterhaltung der öffentlichen Volksschulen, vom 28. 7. 1906, § 9 Gesetz, betreffend Bildung der

Wassergenossenschaften, vom 1. 4. 1879, § 66), erscheint gerade für die Verteilung der Kosten von Bahnunternehmungen am Platze, deren wirtschaftliche Beziehungen zu den einzelnen Verbandsgliedern sich in scharf erkennbarer Weise abzustufen pflegt." (Begr. S. 24.)

[23]) Das Gesetz hat, um bei der Mannigfaltigkeit der möglichen Verhältnisse die Entwicklung nicht durch Schablonisierung einzuengen, davon abgesehen, einen bestimmten Interessenmaßstab der Verteilung der Beiträge zu dem Kostenbedarf der Bahnen zugrunde zu legen. Die Verbandsversammlung hat für die einzelnen Bahnunternehmungen, die der Natur der Sache nach ganz verschiedene Interessengruppen und die einzelnen Gemeinden innerhalb dieser Gruppen ganz verschieden berühren können, geeignete Maßstäbe zu finden. Als möglicher Maßstab sollen nach der Begründung die Länge der Strecke, die Höhe der Anlagekosten innerhalb der einzelnen Betriebsteile, die Wagenachsenkilometer, Steigerung der Grundwerte in Betracht kommen können. „Auch kann sich die Zuweisung fester Quoten nach den wirtschaftlichen Vorteilen empfehlen. Auch Kombinationen von Maßstäben können in Erwägung gezogen werden." (Begr. S. 24.)

[24]) Reinüberschüsse sind nicht die Überschüsse aus der Gesamtheit der Beziehungen des Verbandes zu eigenen oder fremden Bahnunternehmungen, sondern die Überschüsse einer einzelnen Bahnunternehmung für sich betrachtet (vgl. den Ausdruck „dieselbe Bahnunternehmung" am Schlusse des Satzes). Die Verbandsversammlung beschließt (mit Ausnahme des in der Anm. 25 behandelten Falles) frei über die Verwendung der Überschüsse. Daß sie auch die nicht im Gesetz vorgesehene Verteilung an die Verbandsglieder beschließen kann, ist nicht zu bezweifeln; namentlich wird dadurch auch ermöglicht werden, eine Gemeinde, deren rentable Bahn übernommen ist, über den Rahmen des § 4, II hinaus, für den entgangenen Gewinn zu entschädigen (vgl.

VerHH. 492). Die Maßstäbe, nach denen der Reingewinn tatsächlich verteilt werden soll, bestimmt die Verbandsversammlung. Auch eine Verwendung der Überschüsse zur Bestreitung der anderweiten Bedürfnisse des Verbandes und damit zur Verringerung des Umlagebedarfs für andere Unternehmungen kann beschlossen werden, ebenso eine Verwendung zur Verringerung der Schuldenlast des Verbandes. Mit gleichem Rechte kann aber auch eine Ansammlung von Fonds, auch abgesehen von dem besonders vorgeschriebenen Erneuerungs- und Reservefonds (oben Anm. 16), erfolgen (vgl. dagegen die für die anderen Verbandsunternehmungen geltenden Vorschriften oben Anm. 6 B 2).

[25]) Die Verbandsglieder, die in füheren Jahren einen Bedarf für eine Bahnunternehmung gedeckt haben, haben ein Recht auf Vorabüberweisung der Überschüsse. Reicht der Überschuß zur Deckung aller berechtigten Gemeinden aus, so werden sie ganz befriedigt. Das Maximum ist aber der von ihnen früher zugeschossene Betrag. Der Rest des Reinüberschusses wird den Beschlüssen der Verbandsversammlung entsprechend (Anm. 24) behandelt. Daß dieselben Gemeinden noch einmal bedacht werden, ist nicht ausgeschlossen. Ein Anrecht darauf haben sie aber nicht. Eine Verteilung nach dem Verhältnis der früher geleisteten Zuschüsse findet statt, wenn mehrere Verbandsglieder berechtigt sind und der Überschuß zur Befriedigung aller nicht ausreicht. Die Vorschrift, daß die Vorabüberweisung nach dem Verhältnis der früheren Zuschüsse zu erfolgen hat, ist zwingend. Es kommt insbesondere nicht darauf an, ob die Überschüsse auf derselben Strecke, die das Defizit früher verursacht hat, entstanden sind. Daraus kann, wie mit Recht bei den Verhandlungen des Abgeordnetenhauses (Verh. S. 1551, 1566) hervorgehoben wurde, sich ergeben, daß eine Gemeinde, die für eine ertraglose Bahn einen Zuschuß leisten mußte, in einem ertragreichen Jahr diese Ausgabe vergütet erhält, obgleich die ihr Interesse ausmachende Strecke wiederum einen Verlust gebracht hat

und sich nur im ganzen ein Überschuß aus dem Unternehmen durch Mehrung der Einnahmen aus den in anderen Verbandsgebieten gelegenen Strecken ergeben hat.

Es ist nicht nur der etwaige Zuschuß aus dem zuletzt verflossenen Jahr, sondern aus allen früheren Betriebs- oder Baujahren zu vergüten. Eine anderweite Verteilung des Reinüberschusses kann so lange nicht stattfinden, als noch ein früher geleisteter Zuschuß ungedeckt ist. Die älteren und jüngeren Zuschüsse sind gleichberechtigt. Die Höhe des Anspruchs eines Verbandsgliedes ergibt sich lediglich durch Zusammenzählung aller von ihm in den früheren Jahren geleisteten Zuschüsse. Aufwendungen, die das Verbandsglied in der Zeit vor dem Inkrafttreten des Gesetzes (also vor dem 1. 4. 1912) zugunsten der Bahnunternehmung gemacht hat, können nicht in Rechnung gestellt werden. Eine Verzinsung der geleisteten Zuschüsse findet nicht statt.

[26]) Daß nur den Verbandsgliedern, nicht dem Verbande die Beschwerde zusteht, ist selbstverständlich, weil der Verband gegen die Beschlüsse seines eigenen Willensorgans nicht Beschwerde führen kann. Auffallend ist es aber, daß ihm auch gegen einen den Beschluß der Verbandsversammlung abändernden Beschluß der Beschlußbehörde kein Rechtsmittel gegeben ist. Wenn er auch an der Verteilung der Umlagen auf die Verbandsglieder als solcher nicht interessiert ist, so ist er es doch an der Aufrechterhaltung der Beschlüsse über die Verwendung der Reinüberschüsse (Anm. 24). Die Rechtsmittel stehen aber nicht schlechtweg jedem, sondern nur den beteiligten Verbandsgliedern zu, d. h. denen, die von dem Beschlusse betroffen sind. Zur weiteren Beschwerde sind aber nicht nur die Glieder befugt, deren Beschwerde zurückgewiesen ist, sondern auch diejenigen die keine Beschwerde eingelegt hatten, aber durch den Beschluß der Beschlußbehörde benachteiligt sind.

[27]) Im Falle der Beschwerde und der weiteren Beschwerde entscheiden die Beschlußbehörde und die Minister in der

Sache selbst (Umlagemaßstäbe, Verwendung der Reinüberschüsse). Die Entscheidung geht nicht etwa nur dahin, daß die angefochtenen Beschlüsse aufzuheben seien, so daß dann ein neuer Beschluß der Verbandsversammlung erforderlich wäre. Auch sind die Beschlußbehörde und die Minister an die Anträge der Beschwerdeführer nicht gebunden (a. A. Friedrichs S. 121).

[28]) Vgl. Anm. 21 zu § 4.

[29]) § 25 bis 27 KPAG. lauten:

§ 25. Zur Aufbringung der Provinzial-(Bezirks-) Steuern sind die einzelnen Land- und Stadtkreise verpflichtet.

Als Maßstab der Verteilung der Provinzial- (Bezirks-) Steuern auf diese Verbände dient das Soll der Einkommensteuer und der vom Staate veranlagten Realsteuern einschließlich der Betriebssteuer, wie es in Landkreisen nach den Vorschriften dieses Gesetzes, mit Ausschluß des § 8, und in Stadtkreisen nach dem Kommunalabgabengesetze, nach Gemeindebeschlüssen und Vereinbarungen mit Steuerpflichtigen der Kreis- bzw. Gemeindebesteuerung zugrunde zu legen ist.

Der Einkommensteuer sind die auf Einkommen von nicht mehr als 900 Mark entfallenden Steuerbeträge (§ 38 Abs. 1 KAG.) hinzuzuzählen; indessen kann der Provinzial- (Kommunal-) Landtag beschließen, diese Steuerbeträge insgesamt oder teilweise freizulassen oder mit einem geringeren Prozentsatz als die Einkommensteuer heranzuziehen.

Maßgebend für die Verteilung ist in den Landkreisen das der Kreisbesteuerung des jeweilig laufenden Rechnungsjahres gemäß § 7 Abs. 5 zugrunde gelegte Steuersoll, in den Stadtkreisen das Steuersoll des jeweilig vorangegangenen Rechnungsjahres nach dem Stande des 1. Januar, und zwar unter Berücksichtigung der bis zu diesem Zeitpunkte endgültig eingetretenen Berichtigungen und Veränderungen sowie mit der Maßgabe, welche aus dem Schlußsatze des Abs. 5 a. a. O. folgt.

§ 26. Die Realsteuern sind mit dem gleichen Prozentsatze heranzuziehen, mit welchem die Einkommensteuer belastet wird.

§ 27. Handelt es sich um Veranstaltungen des Provinzial- (Bezirks-) Verbandes, welche ausschließlich oder in besonders hervorragendem oder geringem Maße einzelnen Kreisen zustatten kommen, so kann der Provinzial- (Kommunal-) Landtag eine ausschließliche Belastung oder eine nach Umfang und Maßstab näher zu bestimmende Mehr- oder Minderbelastung dieser Kreise beschließen. Die Bestimmung im § 5 Abs. 2 findet entsprechende Anwendung.

Eine eingehende Erläuterung ist im Rahmen dieses Werkes nicht möglich. Es wird auf den Kommentar zum Kreis- und Provinzialabgabengesetz von Freund und zur Ergänzung auf die Erläuterungen zu dem Kommunalabgabengesetz in den Kommentaren von Nöll-Freund und Strutz und Saß Bezug genommen. Hier ist nur zu bemerken:

Zu § 25 Abs. 1: Umlagepflichtig sind nicht nur die Stadt- und Landkreise, sondern auch die kreisangehörigen Gemeinden, die selbständige Verbandsglieder sind (§ 1 Anm. 2). Für die Stadt Berlin und die nicht kreisfreien selbständigen Verbandsglieder ist die Vorschrift der §§ 25 ff. KPAG. nur entsprechend anzuwenden, weil diese Verbandsglieder nicht provinzialsteuerpflichtig sind.

Zu § 25 Abs. 2: In den Gemeinden ist, auch wenn besondere Steuern erhoben werden, nicht das Soll dieser, sondern das Soll der staatlich veranlagten Steuern, wie es nach Maßgabe des Kommunalabgabengesetzes umlagefähig erscheint, zugrunde zu legen. Das umlagefähige Gemeindesteuersoll kann aber durch Gemeindebeschlüsse insofern gegenüber dem staatlich veranlagten Soll verändert werden, als in mehreren Fällen die Gemeinden zur Freilassung oder Ermäßigung von der Steuer befugt sind, z. B. §§ 24 Abs. 1, 39 KAG. Wegen der Zulässigkeit der Vereinbarungen mit Steuerpflichtigen vgl. § 47 KAG.

Durch die Vorschrift der Anwendbarkeit des § 8 KPAG. ist festgesetzt, daß das Soll der besonderen Kreis-Grundwertsteuer nicht in Rechnung zu stellen ist.

Zu § 25 Abs. 3: An die Stelle des Provinziallandtages muß sinngemäß die Verbandsversammlung treten.

Zu § 25 Abs. 4: § 7 Abs. 5 KPAG. lautet:

„Maßgebend für die Verteilung ist das Steuersoll des dem jedesmaligen Etatsjahre vorangegangenen Rechnungsjahres nach dem Stande des 1. Januar, und zwar unter Berücksichtigung der bis zu diesem Zeitpunkt endgültig eingetretenen Berichtigungen und Veränderungen. Steuerbeträge, welche erst nach dem 1. Januar für das Rechnungsjahr veranlagt werden, obwohl die Steuerpflicht schon vor diesem Zeitpunkte begonnen hatte, werden dem Steuersoll des nächsten Rechnungsjahres hinzugerechnet; Steuerbeträge, welche für Vorjahre veranlagt worden sind, werden dem Steuersoll des Jahres, in dem die Veranlagung erfolgt ist, oder dem des nächsten Rechnungsjahres hinzugerechnet, je nachdem die Veranlagung vor oder nach dem 1. Januar erfolgt ist."

Die zwischen der Feststellung des Gesamtsteuersolls in Stadt- und Landkreisen gemachte Verschiedenheit beruht darauf, daß für die Kreisbesteuerung eines Rechnungsjahres gemäß § 7 Abs. 5 des Gesetzes das Gemeindesteuersoll des vorangegangenen Rechnungsjahres nach dem Stande des 1. Januar maßgebend ist. Es muß daher, wenn Land- und Stadtkreise gleichmäßig behandelt werden sollen, der Provinzialbesteuerung eines Rechnungsjahres in Landkreisen das für die Kreisbesteuerung dieses Jahres maßgebende, für die Stadtkreise das vorjährige Steuersoll nach dem Stande vom 1. Januar zugrunde gelegt werden (Begr. zu § 25 KPAG.).

Zu § 27 KPAG.: An die Stelle des Provinziallandtags tritt die Verbandsversammlung. Die Mehr- oder Minderbelastung trifft nicht nur die Kreise, sondern alle selbständigen Verbandsglieder. Aus der Anwendbarkeit des § 5 Abs. 2 KPAG. ergibt sich, daß durch Beschluß der Verbandsversammlung den Belasteten gestattet werden kann, sich in Naturalleistungen nach bestimmten von der Verbandsversammlung festzustellenden Grundsätzen abzufinden (vgl. oben Anm. 3).

Die Vorschrift ähnelt der über die Beiträge. Ein Unterschied besteht aber einmal hinsichtlich des Personenkreises der Besteuerung. Während die Beiträge die interessierten Gewerbetreibenden und Grundbesitzer, also physische Personen treffen, werden hier durch ausschließliche oder Mehrbelastung die Verbandsglieder getroffen. Weiter liegt es in der Natur der Beiträge, daß niemals der Gesamtbetrag der Kosten einer Veranstaltung gefordert werden kann (vgl. OVG. 32 S. 110, PrVBl. 19 S. 185, 22 S. 347), während hier auch eine ausschließliche Belastung der Verbandsglieder mit dem Gesamtbetrag der Kosten möglich ist.

Veranstaltungen des Verbandes sind nicht nur die Veranstaltungen, die der Verband allein getroffen hat, sondern auch die unter seiner Mitwirkung getroffen werden. Die Mehr- oder ausschließliche Belastung findet dann hinsichtlich des durch den Anteil des Verbandes an den Kosten entstehenden Bedarfes statt (vgl. oben Anm. 2 Abs. 1 a. E). Belastet können nur die Verbandsglieder werden; die Unterverteilung ist Sache der Verbandsglieder nach § 12.

Die Mehrbelastung eines Verbandsgliedes schließt nicht aus, daß der Verband zur Deckung des Bedarfs derselben Veranstaltung gleichzeitig von den Grundbesitzern und Gewerbetreibenden desselben Verbandsgebietes Beiträge erhebt. Das Kreis- und Provinzialabgabengesetz kennt eine Einschränkung, wie sie § 20 Abs. 2 KAG. enthält, wonach eine Mehr- oder Minderbelastung von Teilen des Gemeindebezirks oder bestimmter Kreise von Gemeindeangehörigen nur dann zulässig ist, wenn keine Beiträge erhoben werden, nicht. Die Möglichkeit, daß bei einer Abwälzung der Mehrbelastung das Verbandsglied durch Erhebung von Beiträgen nach § 9 KAG. die Interessenten mit doppelten

Beiträgen heranzieht oder auch nach § 10 KPAG., § 20 Abs. 2 KAG. wiederum die ihr auferlegte Mehrbelastung durch Mehrbelastung der Interessenten unterverteilt (§ 12), wodurch sich gleichfalls eine doppelte Belastung der Interessenten ergibt, ist allerdings nicht ausgeschlossen. Über die Befugnis der Verbandsglieder, ungeachtet der Erhebung von Verbandsbeiträgen auch ihrerseits für dieselbe Veranstaltung Beiträge zu erheben, vgl. Anm. 1 zu § 12.

Eine Genehmigung der Beschlüsse über Mehr- und Minderbelastung, wie sie § 33 KPAG. kennt, ist nicht vorgesehen. Die Beschwerde (Abs. 5) tritt an ihre Stelle.

30) S. oben Anm. 29 (zu § 28 KPAG.).

31) Nur den beteiligten Verbandsgliedern, s. Anm. 26.

32) Vgl. Anm. 21 zu § 4.

33) Siehe § 10.

34) Die Berechtigung zur besonderen Regelung der Umlageverteilung bezieht sich auf alle Verbandslasten, also auch auf den durch die Bahnunternehmungen entstehenden Bedarf. Während grundsätzlich nur der durch die Bahnunternehmung entstehende und besonders umzulegende Bedarf der Gesamtheit der übrigen Lasten gegenübersteht (vgl. oben Anm. 6), soll die Möglichkeit gegeben werden, aus der Gesamtheit der Lasten bestimmte Kategorien gleichfalls auszusondern. Bei der Schaffung der Bestimmung ging man davon aus, daß man nicht beurteilen könne, ob nicht in Zukunft für manche Aufgaben sich der Verteilungsmaßstab des Gesetzes als unzweckmäßig und eine anderweite Regelung als erforderlich ergeben werde. Um diese Fälle zu berücksichtigen, ohne eine Änderung des Gesetzes nötig zu machen, ist die Möglichkeit gegeben worden, andere Verteilungsmaßstäbe zu schaffen. Vorzugsweise wird dadurch für den durch Straßenanlegung und Freiflächen entstehenden Bedarf eine Sonderregelung ermöglicht. Theoretisch möglich, wenn auch praktisch wenig wahrscheinlich, wäre aber auch umgekehrt die Umlegung des Bedarfes für Bahnen etwa nach dem Steuersoll.

Die Satzungsvorschrift muß sich auf bestimmte Arten von Lasten, z. B. Freiflächen, beziehen. Soweit eine besondere Bestimmung nicht getroffen ist, bleibt die gesetzliche Bestimmung in Kraft. Es wird also, wenn selbst für alle drei Hauptkategorien, Bahnen, Straßenanlegung, Freiflächen, besondere Maßstäbe festgesetzt sind, immer noch der durch die allgemeine Verwaltung entstehende Bedarf nach dem Steuersoll umzulegen sein. Daß aber auch hier ein besonderer Maßstab eingeführt werden kann, ist nicht zu bezweifeln.

[35]) Die einzelnen für die Verteilung des Bedarfs für die Verbandslasten zu wählenden Maßstäbe können verschieden sein. Bei den hauptsächlich in Betracht zu ziehenden Freiflächen könnte zum Beispiel als Maßstab dienen das Verhältnis der Dichtigkeit der Bebauung in den einzelnen Ortschaften, der Dichtigkeit der Bevölkerung, das Verhältnis der Kleinwohnungen der einzelnen Ortschaften, hier wiederum unter Berücksichtigung der auf einen Wohnraum entfallenden Bevölkerungszahl, weil alles dies Momente sind, die das Bedürfnis des betreffenden Verbandsgliedes nach einer Freifläche besonders brennend erscheinen lassen können. Hierbei kann natürlich nicht allgemein etwa die mehr oder minder große Entfernung von der Ortsgrenze maßgebend sein, denn gerade die der Freifläche (z. B. einem Walde) ganz nahe gelegenen Orte werden häufig geringeres Interesse an der Erhaltung der Freifläche haben, wenn sie selbst frei und landhausmäßig gebaut sind, während für entfernte Arbeiterwohnviertel ein lebhaftes Interesse bestehen kann. Andererseits ist immer zu berücksichtigen, daß die nahe gelegenen Ortschaften durch die Freifläche einen ganz erheblichen finanziellen Vorteil durch Steigerung der Grundwerte und Zuzug steuerkräftiger Bewohner haben, so daß die eben erwähnten Maßstäbe nicht unbedingt als empfehlenswert und gerecht gegenüber den dem Verbande angehörenden Großstädten, namentlich Berlin, bezeichnet werden können. Als

Beispiel für das mangelnde Interesse einer nahe gelegenen Gemeinde an der Erhaltung einer Freifläche ist in den Verhandlungen des Abgeordnetenhauses (StenogrAH. S. 1519) die Stadt Spandau angeführt worden, die trotz der Nähe des Grunewalds an der Erhaltung dieses Waldes nicht sonderlich interessiert sei, weil die Stadt selbst in unmittelbarer Nähe den 6000 Morgen großen Stadtforst besitze.

[36]) Diese Bestimmung ist neben dem gesetzlichen und dem etwa satzungsmäßig festgesetzten Verteilungsmaßstabe gestattet. Würde man die Vorschrift nur auf den Fall der Verteilung nach dem Gesetze beziehen, so wäre sie überflüssig, weil für Bahnen die Möglichkeit der Berücksichtigung der Vorteile und früheren Leistungen schon durch den anzuwendenden Maßstab des Interesses gegeben ist, bei der Verteilung nach dem Steuersoll aber das gleiche ohne Satzungsbeschluß durch die Mehr- oder Minderbelastung zu erreichen wäre. Auch entspricht es der Absicht des Gesetzgebers, dem Verband bei der Verteilung der Umlagen möglichste Freiheit in der Schaffung und Kombination von Maßstäben zu gewähren (vgl. BerAH. 3092).

[37]) Die Satzung kann natürlich nur den allgemeinen Grundsatz enthalten, nicht etwa zahlenmäßige Angaben machen. Es könnte z. B. neben dem Grundsatz der Verteilung des Geldbedarfs für Freiflächen nach der Bevölkerungsdichtigkeit bestimmt werden, daß das nächst belegene Verbandsglied einen bestimmten Prozentsatz der ihm durch die Steigerung des Bodenwertes zufließenden steuerlichen Vorteile als Zuschuß zu leisten hat.

[38]) Vorteile sind hier vorzugsweise die rein finanziellen in Geld zu schätzenden Vorteile, namentlich die in den Anm. 35 und 37 schon erwähnte Erhöhung der Steuerkraft der Bewohner durch Steigerung der Grundwerte und Zuzug steuerkräftiger Bevölkerung. Jedoch werden auch sicherlich die oben genannten ideellen Vorteile der Bevölkerung an dem Verbandsunternehmen bei den Freiflächen, vorzugsweise

wenn es sich um die Erhaltung von Wäldern handelt, in Rechnung zu ziehen sein.

39) Es kann ein bestimmtes Verbandsunternehmen in der Satzung genannt sein, z. B. können Verteilungsvorschriften bei einem in Aussicht stehenden Ankauf einer Freifläche — etwa des Grunewaldes — gegeben werden. In erster Reihe wird es sich jedoch um Festsetzung von Verteilungsvorschriften im allgemeinen handeln, z. B. für „Wälder", „Spielplätze" u. ä.

40) Diese Vorschrift zielt besonders auf die Freiflächen hin. Es soll die Möglichkeit geschaffen werden, einzelne Verbandsglieder, die wertvolle Freiflächen besitzen und erhalten, in geeigneter Weise dafür zu entschädigen. Die Berücksichtigung könnte z. B. in der Weise geschehen, daß bei der Verteilung nach dem Steuersoll die Verzinsung und Amortisation des Anlagekapitals ganz oder zum Teil auf das von dem Verbandsglied aufzubringende Kontingent in Anrechnung gebracht wird. Zu diesem Zwecke wäre der erforderliche Betrag zunächst der Gesamtsumme des Bedarfes zuzurechnen und demnächst von dem auf die Gemeinde entfallenden Umlagebetrag abzusetzen.

§ 12.

Den Verbandsgliedern bleibt überlassen, den auf sie entfallenden Teil des Umlagebedarfs gleich den übrigen Gemeinde- (Kreis-) bedürfnissen aufzubringen[1]). Kreisangehörige Gemeinden, die dem Verband als selbständige Glieder beigetreten sind[2]), können jedoch von den Landkreisen zu den von diesen aufzubringenden Verbandslasten nicht herangezogen werden[3]). Die Unterverteilung des Umlagebedarfs[4]) kann im übrigen auch im Wege der Mehr- oder Minderbelastung beziehungsweise der ausschließlichen Belastung von Gemeinde- oder Kreisteilen gemäß § 20 Abs. 2 des Kommunalabgabengesetzes vom

14. Juli 1893, § 10 des Kreis- und Provinzialabgabengesetzes vom 23. April 1906 erfolgen[5])[6]).

[1]) Dieser Satz enthält die allgemeine Vorschrift für die Unterverteilung des Verbandsbedarfs. Er gleicht dem Sinne nach völlig dem § 29 KVAG., wonach „die Land- und Stadtkreise den auf sie entfallenden Teil des Provinzialsteuerbedarfs gleich den übrigen Kreis- und Gemeindeausgaben aufzubringen haben", mit der Maßgabe, daß außer den Land- und Stadtkreisen auch die kreisangehörigen selbständigen Verbandsglieder zur Unterverteilung berechtigt sind. Eingeschränkt wird die Befugnis der Landkreise zur Unterverteilung durch den Satz 2 (s. Anm. 3). Das auf das einzelne Verbandsglied entfallende Umlagekontingent erscheint also im Etat des Kreises oder der Gemeinde lediglich als Ausgabeposten. Seine Deckung ist an sich im Etat nicht gesondert zu behandeln, soweit dies nicht in den Kreisetats nach Satz 2 und in den Kreis- und Gemeindeetats dann nötig ist, wenn eine besondere Unterverteilung durch ausschließliche bzw. Mehr- oder Minderbelastung (Satz 3) beabsichtigt wird.

Erfolgt die Deckung der Verbandsumlage durch direkte Steuern, so sind für die Verteilung des Bedarfs auf die verschiedenen Steuerarten in den Gemeinden §§ 54 ff. KAG. (vgl. § 39 AusfAnw. zum KAG.), in den Kreisen § 9 KPAG. maßgebend. Daraus, daß das Umlagekontingent lediglich ein Teil der allgemeinen Ausgaben des Verbandsgliedes ist, folgt aber, daß das einzelne Verbandsglied nicht darauf angewiesen ist, diese Ausgabe lediglich durch direkte Steuern aufzubringen, daß es vielmehr jede der ihm gesetzlich zustehenden Abgaben (Gebühren, Beiträge, indirekte Steuern § 1 KAG., § 1 Abs. 2 KPAG.) zur Deckung benutzen kann. Praktisch wird neben dem Normalfall der Deckung durch direkte Steuern wohl nur die Aufbringung eines Teiles des entstehenden Bedarfs durch die Erhebung von Beiträgen werden. Die Verbandsglieder, die Kreise nach § 4 KPAG., die Gemeinden nach § 9 KAG. können für die Verbandsveranstaltungen, für die sie umlagepflichtig sind (z. B. für eine einzelne Bahnunternehmung, eine Freifläche), Beiträge erheben. Der Umstand, daß es sich im Grunde genommen nicht um eine Veranstaltung des Verbandsgliedes handelt, hindert die Erhebung von Beiträgen nicht. Unter den Begriff der Veranstaltungen eines Verbandsgliedes fallen vielmehr auch diejenigen, für die das Verbandsglied zuschußpflichtig ist (OVG. 12 S. 27. PrVBl. 23 S. 526; Nöll-Freund, KAG. Anm. 4 zu § 9; Freund, APAG. Anm. 6 zu § 10, Anm. 1 zu § 27; Saß, KAG. S. 54; AusfAnw. zu §§ 4, 5 KPAG., VerHH. S. 493). Die Annahme Friedrichs (Anm. 2 zu § 12), daß durch den letzten Satz des § 12, der zwar das Recht der ausschließlichen, der Mehr- und Minderbelastung, nicht aber der Beitragserhebung erwähnt, eine solche generell ausgeschlossen sei, ist nicht berechtigt (s. Anm. 6). Ebensowenig ist die Ansicht von Friedrichs Anm. 33 zu § 17 allg.ZVG. zutreffend, daß die doppelte Belastung mit Beiträgen des Verbandes und solchen des Verbandsgliedes durch die Natur der Zweckverbandsbildung ausgeschlossen sei. (Vgl. hierzu auch Sczcesny allg.ZVG. Anm. 1 zu § 17 S. 109, der auch im Gegensatz zu den oben angeführten Erkenntnissen annimmt, daß für eine Beitragserhebung durch das Verbandsglied tatsächlich kein Raum sei, „weil die fragliche kommunale Angelegenheit durch die Bildung des Zweckverbandes völlig aus dem Kompetenzbereich der einzelnen Gemeinde ausscheidet".) Gegen eine allzu starke Heranziehung ist ein genügender Schutz dadurch getroffen, daß zur Beitragserhebung nach § 4 KPAG. und § 9 KAG. die Genehmigung der Aufsichtsbehörde erforderlich ist; hierbei ist die Angemessenheit der etwaigen doppelten Belastung zu prüfen.

Eine Beschränkung im Rechte, Beiträge zu erheben, gilt für die Gemeinden allerdings insofern, als sie nicht in der Lage sind, zur Deckung der ihnen durch die Straßenbauten des Verbandes erwachsenen Kosten (Zuschüsse! § 7 Abs. 3)

Beiträge nach § 9 KAG. zu erheben. Dies folgt aus der ausdrücklichen Vorschrift des § 7 Abs. 5, wonach das Recht, Beiträge nach § 9 KAG. zu erheben, auf den Verband „übergeht". Ob dies vom Gesetzgeber beabsichtigt war, mag dahingestellt bleiben. Jedenfalls fehlt es, wenn man diesen Schluß nicht ziehen will, an jeder Erklärung, warum neben der Vorschrift des § 11 Abs. 1, wonach der Verband Beiträge aus eigenem Rechte erheben darf, ihm auch die Befugnis gegeben worden ist, von der Beitragserhebung nach § 9 KAG. Gebrauch zu machen (vgl. Anm. 19 zu § 7).

Eine Gebührenerhebung ist zwar auch für eine von dem Kreis oder der Gemeinde nicht allein unterhaltene Veranstaltung möglich (vgl. Nöll-Freund, KAG. Anm. 4 zu § 9 S. 35); dies setzt aber ersichtlich voraus, daß der Gebührenerhebende die selbständige Verwaltung der Veranstaltung auf eigene Rechnung hat und zu dergleichen Dispositionen, die erschwerend auf die Benutzung der Veranstaltung wirken können, berechtigt ist. Es wird sich also immer um Fälle handeln, in denen die Beteiligung eines Dritten an der zur Gebührenerhebung berechtigenden Veranstaltung in der Form eines Zuschusses, z. B. des Kreises an eine Gemeinde, geschieht. Das kann sich innerhalb der Zuständigkeitsgrenzen des Verbandes nicht ereignen. Soweit das Gesetz die Verwaltung von Verbandseinrichtungen und -veranstaltungen durch einzelne Verbandsglieder vorsieht (§ 4 I „Betreibenlassen" von Bahnen durch Dritte, § 4 III Abs. 1 vorletzter Satz, § 9 Abs. 2), handelt es sich immer um eine Verwaltung für ausschließliche Rechnung des Verbandes.

[2]) Siehe § 1 Abs. 1 und 2.

[3]) Die Vorschrift beruht darauf, daß diese Gemeinden als selbständige Glieder des Verbandes selbst mit den Umlagekontingenten belastet werden und in den Umlagekontingenten, die von dem Kreise aufzubringen sind, der Anteil an dem Verbandsfehlbetrag, der durch die kreisangehörigen selbständigen Verbandsglieder aufzubringen ist, gar nicht

mehr enthalten ist (vgl. Anm. 8 zu § 11). Durch die Vorschrift ist auch ausgeschlossen, daß etwa der Kreis von den Gemeindeangehörigen der nicht kreisfreien selbständigen Verbandsglieder Beiträge erheben kann.

[4]) Umlagebedarf s. § 11 Abs. 2 Anm. 4 bis 6.

[5]) Die angeführten Vorschriften lauten:

§ 20 Abs. 2 KAG.: Handelt es sich um Veranstaltungen, welche in besonders hervorragendem oder geringem Maße einem Teile des Gemeindebezirks oder einer Klasse von Gemeindeangehörigen zustatten kommen, und werden Beiträge nach §§ 9 und 10 nicht erhoben, so kann die Gemeinde eine entsprechende Mehr- oder Minderbelastung dieses Teiles des Gemeindebezirks oder dieser Klasse von Gemeindeangehörigen beschließen. Bei der Abmessung der Mehr- und Minderbelastung ist namentlich der zur Herstellung und Unterhaltung der Veranstaltungen erforderliche Bedarf nach Abzug des etwaigen Ertrages in Betracht zu ziehen. Der Beschluß bedarf der Genehmigung.

§ 10 KPAG.: Handelt es sich um Veranstaltungen des Kreises, welche ausschließlich oder in besonders hervorragendem oder geringem Maße einzelnen Kreisteilen zustatten kommen, so kann der Kreistag eine ausschließliche Belastung oder eine nach Umfang und Maßstab näher zu bestimmende Mehr- oder Minderbelastung dieser Kreisteile beschließen. Die Bestimmung des § 5 Abs. 2 findet entsprechende Anwendung.

Soweit hinsichtlich der Vorausbelastung einzelner Kreisteile bei Aufbringung der Kosten für Anlegung und Unterhaltung von Wegen besondere gesetzliche Vorschriften bestehen, behält es hierbei sein Bewenden.

Der im § 10 KPAG. in Bezug genommene § 5 Abs. 2 KPAG. lautet:

Durch Beschluß des Kreistags kann den Beitragspflichtigen gestattet werden, die Beiträge ganz oder teilweise durch Naturalleistungen nach bestimmten vom Kreistag festzustellenden Grundsätzen zu ersetzen.

Wegen der näheren Erläuterung wird auf die ausführlichen Darlegungen von Nöll-Freund und Strutz zu § 20 KAG. und Freund zu § 10 KPAG. Bezug genommen. Hier ist nur zu bemerken: Die beiden Bestimmungen, des § 20 Abs. 2 KAG. und des § 10 KPAG., weisen erhebliche Verschiedenheiten auf:

a) Die Kreise dürfen die Kosten einer Veranstaltung auch ausschließlich auf bestimmte Kreisteile (worunter nur Gemeinden und Gutsbezirke zu verstehen sind, vgl. Freund, KPGA. Anm. 3 zu § 10) legen; in den Gemeinden ist nur die Mehr- oder Minderbelastung, nicht aber die ausschließliche Belastung zulässig.

b) In den Kreisen ist die ausschließliche, die Mehr- oder Minderbelastung auch neben der Beitragserhebung möglich, anders aber in den Gemeinden, in denen eine Mehr- oder Minderbelastung nur dann möglich ist, wenn keine Beiträge erhoben werden. Hieraus in Verbindung mit der Heranziehung des § 9 KAG. im § 7 Abs. 5 unseres Gesetzes ergibt sich, daß, wenn der Verband für seine Straßenbauten Beiträge nach § 9 KAG. erhebt, die Gemeinde eine Mehrbelastung des durch die Straße begünstigten Gemeindeteils nicht beschließen kann.

c) In den Kreisen, nicht aber in den Gemeinden können die ausschließlich oder Mehrbelasteten zur Abgeltung der Leistung durch Naturalleistung zugelassen werden.

⁶) Auch ohne die Anführung der Vorschriften des Kommunalabgabengesetzes und des Kreis- und Provinzialabgabengesetzes über die ausschließliche, die Mehr- und Minderbelastung (s. Anm. 5) wären die Verbandsglieder, da sie „den auf sie entfallenden Teil des Umlagebedarfs gleich den übrigen Gemeinde- (Kreis-) Bedürfnissen aufzubringen haben", zur Unterverteilung des Umlagebedarfs für eine Verbandsveranstaltung im Wege der ausschließlichen, der Mehr- oder Minderbelastung nach den zitierten Vorschriften befugt. Die Bedeutung der ausdrücklichen Hervorhebung der Anwendbarkeit des

§ 20 KAG. und des § 10 KPAG. erscheint also nicht völlig klar. **Friedrichs** (Anm. 2 zu § 12) meint, daß aus der „Aufzählung" der anwendbaren Vorschriften der Abgabengesetze folgen solle, daß die anderen Vorschriften, namentlich die des § 5 KPAG. und des § 9 KAG., über die **Beitragserhebung** nicht anwendbar seien und daher Beiträge der Verbandsglieder zur Deckung der Umlagekontingente nicht erhoben werden könnten. Indessen ist dem nicht zuzustimmen (vgl. oben Anm. 1). Eine „Aufzählung" der anwendbaren Vorschriften der Abgabengesetze, die allein doch einen solchen Schluß rechtfertigen könnte, enthält der § 12 überhaupt nicht. Im Gegenteil ist der bei weitem größte Teil der anwendbaren Vorschriften der Abgabengesetze nicht erwähnt (z. B. über die Verteilung auf die Steuerarten, die persönlichen Steuerbefreiungen und -ermäßigungen usw.).

Man wird annehmen müssen, daß die ausdrückliche Hervorhebung der erwähnten Vorschriften der Abgabengesetze erfolgt ist, um **klarzustellen, daß das Umlagekontingent, das auf ein Verbandsglied entfällt, als eine Aufwendung für eine „Veranstaltung" des Verbandsgliedes im Sinne des § 20 KAG. Abs. 2 und des § 10 KPAG. anzusehen ist.** Die Mehr-, Minder- oder ausschließliche Belastung ist also nicht nur dann möglich, wenn eine einzelne **Verbandsveranstaltung** einem bestimmten Kreis- oder Gemeindeteil allein oder überwiegend zustatten kommt; vielmehr kommt es nur darauf an, ob ein Interesse der einzelnen Teile des Kreises oder der Gemeinde an der **Gesamtheit der Aufwendungen** für Verbandszwecke überhaupt besteht und ob es ein mehr oder minder großes ist. Es wird also z. B. dadurch die Möglichkeit gegeben, daß die Kreise Teltow und Nieder-Barnim ihre an der Peripherie der Kreise belegenen, von Berlin weit entfernten Gemeinden und Gutsbezirke gänzlich von allen durch den Verband hervorgerufenen Kreislasten freilassen.

Vorzugsweise wird es sich allerdings bei der Anwendung

der Vorschriften um die Unterverteilung für einzelne Verbandslasten (z. B. eine Bahnunternehmung, eine Freifläche) handeln. Insoweit ist die Vorschrift in der Tat als überflüssig zu bezeichnen. Die schon im Entwurfe des Gesetzes enthaltene Bestimmung erklärt sich wohl aber auch damit, daß der Gesetzgeber die Verbandsglieder im Interesse einer gerechten Verteilung der Verbandslasten auf den Weg der ausschließlichen, der Mehr- und Minderbelastung als einen empfehlenswerten besonders hinweisen wollte, zumal der Entwurf keine Verbandsbeiträge und keine Mehr- und Minderbelastung bei der Oberverteilung kannte, die durch die Einfügung der Anwendbarkeit des § 27 KPAG. im § 11 Abs. 4 zulässig geworden ist.

§ 13.

Die Angehörigen der Kreise und Gemeinden[1]) des Verbandsgebiets sind zur Mitbenutzung der Einrichtungen und Anstalten[2]) des Verbandes nach Maßgabe der dafür bestehenden Bestimmungen[3]) berechtigt[4])[5]).

[1]) Darüber, welche Personen als Angehörige der Kreise und Gemeinden anzusehen sind, vgl. Anm. 8 zu § 16.

Zu den Angehörigen der Kreise gehören unter den sonstigen Voraussetzungen auch die Angehörigen der Gutsbezirke (VerHH. S. 494).

[2]) Während § 4 StO., § 9 LGO., § 7 KrO., § 6 PrO. und insbesondere § 20 des Allgemeinen Zweckverbandsgesetzes das Mitbenutzungsrecht auf öffentliche Einrichtungen und Anstalten beschränken, spricht § 13, der von der Kommission des Abgeordnetenhauses nach Analogie des § 20 des allg. Ges. eingefügt worden ist (VerAH. S. 3093), nur von Einrichtungen und Anstalten schlechthin. Da kein Anhaltspunkt für die Annahme vorliegt, daß das Wort „öffentlich" lediglich versehentlich fortgelassen worden ist, muß man mit Rücksicht auf den Wortlaut des Gesetzes Einrichtungen und Anstalten im

Sinne des § 13 im weitesten Umfange verstehen. Insbesondere ist nicht, wie in § 4 Abs. 1 KAG. erfordert, daß die Anstalten und Einrichtungen im öffentlichen Interesse unterhalten werden; es genügt vielmehr, daß es sich um Einrichtungen und Anstalten handelt, die der Verband Groß Berlin zur Erfüllung der in § 1 unter Ziff. 1 bis 3 näher bezeichneten kommunalen Aufgaben ins Leben gerufen hat.

[3]) Damit ist zum Ausdruck gebracht, daß das Recht der Verbandsangehörigen auf Mitbenutzung der Einrichtungen und Anstalten des Verbandes in den durch Reglements, Instruktionen usw. für die einzelnen Veranstaltungen festgesetzten Ordnungen seine Grenze findet. Auch wird das durch § 13 statuierte Recht der Verbandsangehörigen nicht dadurch verletzt, daß der Verband für die Benutzung seiner Einrichtungen und Anstalten Gebühren erhebt (vgl. Anm. 6 zu § 9, sowie § 11 des Gesetzes und §§ 21 ff. des Kreis- und Provinzialabgabengesetzes vom 23. 4. 1906 [GS. 159]). Endlich verstößt der Verband auch nicht gegen § 13, wenn er Personen, die sich in einer Einrichtung oder Anstalt des Verbandes gegen die Gesetze vergehen oder die Hausordnung stören, aus dieser weist (PrVBl. 25 S. 594).

Die Beförderungsbedingungen der Bahnen werden, soweit nicht gesetzlich bindende Normen bestehen (§§ 453 ff. HGB., Eisenbahnverkehrsordnung vom 23. 12. 1908 [RGBl. 1909 S. 93], § 14 Abs. 3, § 21 KlbG.) oder durch die Genehmigungsurkunde auferlegt sind, durch die Tarife und Reglements bestimmt. Wegen der Einführung der Tarife für Eisenbahnen (nicht Kleinbahnen) vgl. § 6 EVO. Über das Tarifwesen bei Eisen- und Kleinbahnen siehe Eger, Eisenbahnrecht, Leipzig 1910. Wegen der Zuständigkeit des Ministers vgl. § 159 ZuständG.

[4]) Aus dem Mitbenutzungsrecht der Verbandsangehörigen folgt nicht die Verpflichtung des Verbandes, Anstalten und Einrichtungen, die er einmal ins Leben gerufen hat, in infinitum bestehen zu lassen. Das öffentliche Recht zur

Mitbenutzung aus § 13 wird durch Aufhebung solcher Anstalten und Einrichtungen nicht verletzt. Wohlerworbene Privatrechte der Verbandsangehörigen oder dritter Personen sind in solchen Fällen im ordentlichen Rechtswege geltend zu machen.

Endlich setzt das Mitbenutzungsrecht immer eine bereits bestehende Anstalt oder Einrichtung voraus; dagegen kann kein Verbandsangehöriger gestützt auf § 13 den Verband zur Herstellung oder Abänderung (Erweiterung) einer Veranstaltung zwingen (vgl. auch OVG. im PrVBl. 32 S. 264).

[5]) Darüber, in welcher Weise das Recht zur Mitbenutzung der Einrichtungen und Anstalten des Verbandes im Falle seiner Verletzung verfolgt wird, enthält das Gesetz keine Bestimmungen. Zwar heißt es im Bericht der Kommission des Abgeordnetenhauses, von der § 13 eingefügt worden ist, ebenso wie in dem allgemeinen Zweckverbandsgesetze müsse auch in dem Zweckverbandsgesetze für Groß Berlin eine Bestimmung enthalten sein, „die die Mitbenutzung der gemeinsamen Einrichtungen und Anstalten für die Angehörigen der Gemeinden und Kreise sicher stelle und ihnen für den Fall der Vorenthaltung der Mitbenutzung ein Beschwerde- und Klagerecht gebe" (S. 3093). Dabei ist aber übersehen, daß das allgemeine Zweckverbandsgesetz sich nicht nur mit der Statuierung des Mitbenutzungsrechtes begnügt, sondern in § 21 (ähnlich wie § 4 StO. und § 18 Nr. 1 des ZuständG.) eingehende Bestimmungen über Beschwerden, Einsprüche und Klagen wegen Verletzung dieses Rechtes trifft. Beim Fehlen entsprechender Vorschriften in dem vorliegenden Gesetze kommt jedenfalls die Zuständigkeit der Verwaltungsgerichte bei Streitigkeiten über das Mitbenutzungsrecht nicht in Frage; wohl aber ist grundsätzlich der ordentliche Rechtsweg für zulässig zu erachten (§ 13 GVG.). Denn das aus der Verbandsangehörigkeit entspringende Teilnahmerecht gehört nach der für alle Korporationen aufgestellten Regel des § 72 ALR. II 6 in Verbindung mit § 4 I 17 zu den besonderen

Rechten der einzelnen Mitglieder, stellt sich seinem Gegenstand wie seinem Inhalte nach als eine private Berechtigung dar und kann als Teil des besonderen Vermögens der Verbandsangehörigen wie gegen jedermann, so auch gegen die Korporation selbst im Rechtswege geltend gemacht werden (vgl. insbesondere RGZ. 12 S. 280).

Neben dem ordentlichen Rechtswege ist in allen Fällen die Beschwerde an die Aufsichtsbehörde gemäß § 38 des Gesetzes gegeben.

§ 14.

Die Organe[1]) des Verbandes sind die Verbandsversammlung[2]), der Verbandsausschuß[3]) und der Verbandsdirektor[4]).

[1]) § 14 führt die notwendigen Organe des Verbandes auf, ohne die er nicht existieren kann. Neben diesen notwendigen Organen kann der Verband selbstverständlich noch weitere Organe, wie insbesondere Verbandsbeamte, haben.

Auch steht nichts im Wege, insbesondere wenn dies durch die Geschäftsordnung (§§ 19, 29) vorgesehen ist, daß sowohl die Verbandsversammlung wie der Verbandsausschuß besondere Ausschüsse (Kommissionen) zur Vorberatung und Prüfung bestimmter Fragen einsetzen. Das damit erstrebte Ziel ist die Herbeiführung einer sachverständigen und gründlichen Prüfung, das um so eher erreicht wird, als die in kleinem Kreise leichter festzuhaltenden Verwaltungsgrundsätze mit der Zeit naturgemäß zu einer gewissen Stetigkeit der Beschlüsse führen. Es wird sich besonders für die vielköpfige Verbandsversammlung empfehlen, wenn nicht unvermeidlich sein, ständige Ausschüsse zu bilden, die geschäftsordnungsgemäß die zu ihrer Zuständigkeit gehörenden Vorlagen vorberaten und über sie votieren, bevor die Verbandsversammlung im Plenum sich damit beschäftigt.

[2]) Die Verbandsversammlung ist Willensorgan des

Verbandes; im Rahmen ihrer Zuständigkeit (§ 19) kann ohne ihre Beschlußfassung ein rechtlich erheblicher Entschluß des Verbandes nicht zustande kommen. Näheres über die Verbandsversammlung in den §§ 15—25.

[3]) Der Verbandsausschuß ist ebenfalls Willensorgan des Verbandes, insoweit ihm gemäß § 29 Nr. 3 die Beschlußfassung über alle Verbandsangelegenheiten zusteht, soweit sie nicht der Verbandsversammlung vorbehalten sind. Außerdem liegt ihm die Ausführung der Beschlüsse der Verbandsversammlung (§ 29 Nr. 1) und damit die eigentliche Verwaltung des Verbandes ob. Näheres über den Verbandsausschuß in den §§ 26—32.

[4]) Der Verbandsdirektor ist Willensorgan des Verbandes nur insoweit, als der Kreis der laufenden Geschäfte reicht (§ 34 Abs. 1). Im übrigen hat er die Beschlüsse des Verbandsausschusses vorzubereiten und für ihre Ausführung Sorge zu tragen (§ 34). Näheres über den Verbandsdirektor in den §§ 33—35.

§ 15.

Die Verbandsversammlung[1]) besteht aus dem ersten Bürgermeister der Stadt Berlin als Vorsitzenden[2]) und aus hundert[3]), erstmalig von dem Minister des Innern[4]), später[5]) vom Verbandsausschuß auf die Verbandsglieder[6]) nach dem Verhältnisse der Einwohnerzahl[7]) zu verteilenden Vertretern. Die Einwohnerzahl bemißt sich nach der letzten Personenstandsaufnahme[8]). Jedes Verbandsglied muß mindestens einen Vertreter haben. Kein Verbandsglied darf mehr als zwei Fünftel der Gesamtvertreterzahl erhalten[9]). Der Stadtgemeinde Berlin wird hierbei der erste Bürgermeister als Vertreter nicht angerechnet.

Durch die Satzung[10]) kann eine Vermehrung oder

Verminderung der im Abs. 1 bezeichneten Vertreterzahl vorgesehen werden; auf die veränderte Vertreterzahl findet Abs. 1 Anwendung[11]).

Beim Hinzutritte neuer Verbandsglieder[12]) wird die dem beteiligten Landkreise zustehende Vertreterzahl auf die ausscheidende Gemeinde und den verbleibenden Landkreis in dem durch Abs. 1 festgesetzten Verhältnisse verteilt[13])[14])[15]).

[1]) Die Verbandsversammlung übt ähnliche Funktionen aus wie die Stadtverordnetenversammlungen in den Städten, die Kreistage in den Kreisen und die Provinziallandtage in den Provinzen. Näheres über die Stellung der Verbandsversammlung in § 19.

[2]) Der erste Bürgermeister der Stadt Berlin führt auch im Verbandsausschusse den Vorsitz (§ 26); er hat hier wie dort volles Stimmrecht (vgl. VerAH. S. 3094). Über seine Vertretung im Vorsitz der Verbandsversammlung siehe § 36 Satz 3 und die Erläuterungen dazu. Die Vorschriften über den Vorsitz in der Verbandsversammlung sind zwingender Natur und können auch durch die Satzung nicht abgeändert werden.

[3]) Die Verbandsversammlung besteht daher zunächst aus 101 Personen einschließlich des Vorsitzenden. Diese Zahl ist aber nicht unabänderlich; vielmehr kann nach Abs. 2 dieses Paragraphen durch die Satzung (§ 10) eine Vermehrung oder Verminderung der Vertreterzahl vorgesehen werden. Eine dahingehende Bestimmung der Satzung würde praktisch erst bei der ersten Ergänzungswahl (§ 18), also frühestens zum 1. April 1915, wirksam werden.

[4]) Der Minister des Innern hat die 100 Vertreter auf die Verbandsglieder derart verteilt, daß entfallen auf: Berlin 40, Charlottenburg 10, Schöneberg 5, Neukölln (Rixdorf) 8, Deutsch Wilmersdorf 3, Lichtenberg 3, Spandau 3, Steglitz 2, Groß-Lichterfelde 1, Friedenau 1, Cöpenick 2, Boxhagen-Rummels-

burg 2, Pankow 1, Weißensee 1, Reinickendorf 1, Kreis Teltow 9, Kreis Niederbarnim 9 Vertreter.

[5]) D. h. vor jeder Ergänzungswahl (§ 18), erstmalig also nach § 17 Abs. 2 zum 1. 4. 1915.

[6]) Wer zu den Verbandsgliedern gehört, bestimmt sich nach § 1.

[7]) Im Gegensatz zu dem allgemeinen Zweckverbandsgesetz, das in § 12 eine Reihe verschiedener Verteilungsmaßstäbe zur Verfügung stellt (nämlich außer dem Verhältnisse der Einwohnerzahl den Maßstab entweder der Beteiligung an den vom Zweckverband zu erfüllenden Aufgaben oder des der Kreis- bzw. Provinzialbesteuerung zugrunde zu legenden Solls der Staats- und staatlich veranlagten Steuern oder eines anders berechneten Steuersolls oder einen anderen, in der Satzung zu bestimmenden Maßstab), kennt das Groß Berliner Gesetz nur den Maßstab der Einwohnerzahl analog der Zusammensetzung der Provinziallandtage (§ 10 PrO.) und der Bildung der Bürgermeistereien in der Rheinprovinz (§ 110 Abs. 2 u. 3 der rhein. Gemeindeordnung vom 23. 7. 1845). Dieser Maßstab ist gewählt worden, um „einer scharfen Hervorhebung des plutokratischen Momentes und demgemäß einer weitgehenden Unterdrückung der leistungsschwächeren Verbandsglieder, in erster Linie der Stadtkreise Rixdorf, Lichtenberg, Spandau und des Landkreises Niederbarnim“ vorzubeugen (Begründung S. 984).

[8]) Vgl. hierzu Anm. 12 und 13 zu § 1.

[9]) Solange die Gesamtvertreterzahl 100 beträgt, kann daher Berlin, abgesehen von dem ersten Bürgermeister, nie mehr als 40 Vertreter haben. Diese Bestimmung soll nach der Begründung eine bei strikter Durchführung des Prinzips der Einwohnerzahl zu befürchtende oder zum mindesten mögliche Majorisierung der übrigen Verbandsglieder durch die Stadt Berlin verhüten.

Auf der anderen Seite gewährt das Gesetz der Stadt Berlin einen gewissen Schutz gegen die Majorisierung durch die übrigen Verbandsglieder dadurch, daß nach § 24 durch die Satzung für bestimmt zu bezeichnende Angelegenheiten eine größere als die einfache Stimmenmehrheit gefordert werden kann und die Berliner Vertreter mit ihren 40 Stimmen für sich allein jede Satzung, die der Stadt Berlin in dieser Beziehung nicht entgegenkommt, verhindern können, da nach § 10 zur Annahme der Satzung eine Zweidrittelmehrheit erforderlich ist.

[10]) Die nach § 10 nur mit Zweidrittelmehrheit beschlossen werden kann und der Bestätigung durch die Beschlußbehörde für Groß Berlin bedarf.

[11]) Das heißt, daß auch die veränderte Gesamtvertreterzahl auf die selbständigen Verbandsglieder nach dem Verhältnisse der Einwohnerzahl zu verteilen ist, jedes Verbandsglied mindestens einen Vertreter haben muß und kein Verbandsglied mehr als zwei Fünftel der Gesamtvertreterzahl erhalten darf. Mit Rücksicht auf diese letztere Bestimmung wird es sich empfehlen, eine Gesamtvertreterzahl zu wählen, die durch 5 teilbar ist.

Durch die Satzung kann lediglich die Gesamtzahl der Vertreter eine Änderung erfahren; dagegen ist der Verteilungsmaßstab der Einwohnerzahl unabänderlich (vgl. auch Anm. 7).

[12]) Über die Möglichkeit und die Voraussetzungen des Hinzutritts neuer Verbandsglieder vgl. Anm. 7—14 zu § 1.

[13]) Würde z. B. ein Landkreis mit 270000 Einwohnern 9 Vertreter haben und eine Gemeinde dieses Landkreises mit 60000 Einwohnern selbständiges Verbandsglied werden, so hätten nunmehr auf den Landkreis mit seinen verbleibenden 210000 Einwohnern nur 7, auf die ausscheidende Gemeinde die restlichen 2 Vertreter zu entfallen.

Der Ausdruck „ausscheidende Gemeinde" in Abs. 3 bedeutet lediglich, daß die Gemeinde nicht mehr bloß durch das Medium des Landkreises an dem Verband Groß Berlin teilnimmt, sondern selbständiges Glied des Verbandes wird.

Mit dem Ausscheiden aus dem Landkreise im Sinne des § 4 KrO. ist das nicht identisch (vgl. Anm. 10 zu § 1).

[14]) In welcher Weise in einem solchen Falle die Wahl der Vertreter erfolgt, regelt sich nach § 17 Abs. 3. Vgl. auch § 1 Abs. 2 letzten Satz.

[15]) Der ganze Abs. 3 dieses Paragraphen erscheint mit Rücksicht auf § 1 letzter Satz, wonach die Selbständigkeit neuer Verbandsglieder erst vom Zeitpunkt der nächsten Ergänzungswahl zur Verbandsversammlung wirksam wird, und auf die weitere Bestimmung in § 18, daß vor jeder Ergänzungswahl das Beteiligungsverhältnis der Verbandsglieder an der Verbandsversammlung neu festzustellen ist, überflüssig und ist augenscheinlich nur aus Versehen stehen geblieben.

§ 16.

In Gemeinden werden die Vertreter[1]) durch die Gemeindevertretungen[2]), in Städten unter Zutritt des Magistrats, in den Landkreisen durch die Kreistage gewählt[3]). Für jeden Vertreter wird ein Ersatzmann[4]) gewählt, der im Falle der Behinderung des ersteren auch ohne besondere Einladung befugt ist, für ihn einzutreten[5]).

Wählbar[6]) sind mit Ausnahme der Beamten des Verbandes[7]) alle Angehörigen der beteiligten Gemeinden und Landkreise[8]), welche die Wählbarkeit für den Gemeindevorstand oder die Gemeindevertretung beziehungsweise den Kreistag besitzen[9])[10]).

[1]) Die Wahl der Vertreter für die Verbandsversammlung ist den Bestimmungen in § 104 Abs. 1 KrO., §§ 14 und 15 PrO., § 110 Abs. 4 der rheinischen, § 75 Ziff. 3 der westfälischen LGO. nachgebildet.

[2]) Über die Gemeindevertretungen in Städten vgl. §§ 12 bis 28 und 35 ff. StO., in Landgemeinden §§ 49 ff. LGO.

[3]) Nähere Bestimmungen über die Art und Weise der Wahl trifft das Gesetz bis auf die Vorschrift, daß in Städten die Wahl unter Zutritt des Magistrats erfolgt, nicht. Es ist daher denkbar, daß die Städte die Wahl unter analoger Anwendung von § 104 KrO. und des Wahlreglements zur KrO. oder von §§ 15, 16 PrO. vornehmen. In diesen Fällen würden sich Bürgermeister und Stadtverordnetenvorsteher über Zeit und Ort der Sitzung zu verständigen und demnächst der Bürgermeister die Magistratsmitglieder, der Stadtverordnetenvorsteher die Stadtverordneten einzuladen haben. Die Leitung der gemeinsamen Sitzung würde dem Bürgermeister zustehen.

In Landgemeinden und auf den Kreistagen könnte die analoge Anwendung der §§ 76 ff. LGO. und § 116 Nr. 8 KrO. in Frage kommen.

Solange das Wahlverfahren nicht im Wege einer Ausführungsbestimmung des Ministers des Innern gemäß § 40 Abs. 2 des Gesetzes geregelt ist, kann jede Wahlversammlung sich ihr eigenes Wahlreglement geben.

Die ersten Wahlen zur Verbandsversammlung haben auf Anordnung des Ministers des Innern gemäß § 40 Abs. 1 schon im Oktober 1911 stattgefunden, um die rechtzeitige Ausführung des Gesetzes sicherzustellen. Allgemeine Bestimmungen über das Wahlverfahren sind dabei aber nicht getroffen worden.

[4]) Es sind daher, solange nicht gemäß § 15 Abs. 2 durch die Satzung eine Vermehrung oder Verminderung der gesetzlichen Vertreterzahl vorgesehen ist, 100 Ersatzmänner zu wählen. Für den ersten Bürgermeister von Berlin, den Vorsitzenden der Verbandsversammlung (§ 15), wird ein Ersatzmann nicht gewählt; ihn vertritt kraft Gesetzes (§ 36) der zweite Bürgermeister von Berlin, sofern er Mitglied ist, sonst und bei dessen Behinderung ein von der Verbandsversammlung zu wählendes Mitglied.

Der Ersatzmann ist immer nur einem bestimmten Vertreter für dessen Behinderung zugeteilt; er scheidet daher mit dem Ausscheiden des Vertreters wegen Ablaufs der Wahlperiode oder wegen Auslosung (§ 17 Abs. 2) ebenfalls aus der Verbandsversammlung aus. Das gilt nicht für den Fall des Todes des Vertreters; vielmehr liegt bis zur Vollziehung der Ersatzwahl gemäß § 17 Abs. 4 ein Fall der Behinderung vor, der den Ersatzmann zur Teilnahme an den Sitzungen der Verbandsversammlung mit vollem Stimmrecht berechtigt.

[5]) Der Ersatzmann tritt kraft Gesetzes für den behinderten Vertreter ein. Zweckmäßigerweise wird daher jeder Vertreter den Ersatzmann rechtzeitig von seiner Behinderung benachrichtigen; ferner wird eine Zustellung des Einladungsschreibens gemäß § 21 auch an den Ersatzmann empfehlenswert sein.

Ist auch der Ersatzmann verhindert, so ist eine anderweite Vertretung ausgeschlossen.

Aus dem Begriff des Ersatzmannes folgt, daß dieser immer nur an Stelle des eigentlichen Vertreters, nie aber gleichzeitig mit diesem in der Verbandsversammlung tätig sein kann. Eine Ausnahme hiervon gilt jedoch dann, wenn der Oberbürgermeister von Berlin am Vorsitz in der Verbandsversammlung oder im Verbandsausschuß verhindert ist und für ihn der zweite Bürgermeister von Berlin den Vorsitz übernimmt; in diesem Falle tritt für den zweiten Bürgermeister sein Ersatzmann ein, so daß das Stimmverhältnis Berlins unverändert bleibt (VerAH. S. 3104).

Darüber, ob der Ersatzmann auch in etwaigen von der Verbandsversammlung eingesetzten Kommissionen oder Ausschüssen (vgl. Anm. 1 zu § 14) ohne weiteres an die Stelle des verhinderten Vertreters tritt, trifft das Gesetz keine Bestimmung, da es überhaupt von Kommissionen oder Ausschüssen nicht spricht. Mit Rücksicht auf den Zweck, den das Institut der Ersatzmänner verfolgt (vgl. Begr. S. 984), muß die Frage im bejahenden Sinne entschieden werden, weil sonst die Interessen eines Verbandsgliedes durch den zufälligen Umstand der Krankheit oder der Abwesenheit ein Vertreters empfindlich beeinflußt werden könnten; aus diesem Grunde wird auch anzunehmen sein, daß die Geschäftsordnung (§ 19 Abs. 2) nicht eine gegenteilige Bestimmung treffen kann.

[6]) Im Interesse einer lebendigeren Fühlung der Verbandsversammlung mit der Bevölkerung des Verbandsgebiets ist die Wählbarkeit nicht an die Mitgliedschaft der städtischen (ländlichen) Vertretungskörperschaften oder der Kreistage gebunden, sondern der Kreis der wählbaren Personen in der gleichen Weise umschrieben, wie für die Wahlen zum Gemeindevorstand oder zur Gemeindevertretung bzw. zum Kreistag (Begr. S. 984). Man muß daher, um zum Vertreter oder Ersatzmann wählbar zu sein, zwei Voraussetzungen erfüllen, nämlich

a) Angehöriger der wahlberechtigten Stadt- oder Landgemeinde, bzw. des wahlberechtigten Landkreises sein (vgl. hierüber Anm. 8)

und zugleich

b) in der wahlberechtigten Stadtgemeinde die Wählbarkeit zum Magistratsmitgliede oder zum Stadtverordneten, in der wahlberechtigten Landgemeinde die Wählbarkeit zum Gemeindevorsteher, oder zum Schöffen, oder zum Gemeindeverordneten, in dem wahlberechtigten Landkreise endlich die Wählbarkeit zum Kreistagsabgeordneten besitzen (vgl. hierüber Anm. 9).

[7]) Die Verbandsbeamten sind nicht wählbar, weil man es nicht für ratsam hielt, ihnen durch eine Wahl die Möglichkeit zu geben, an der Geschäftsführung ihres Vorgesetzten, des Verbandsdirektors, Kritik zu üben (VerHH. S. 495). Aber auch der Verbandsdirektor selber ist nicht in die Verbandsversammlung wählbar, da er ebenfalls zu den Beamten des Verbandes gehört (vgl. insbesondere die Ausdrucksweise des Gesetzes in § 32: „Die Beamten des Verbandes, mit Ausnahme des Verbandsdirektors"). Wegen der Beamten der einzelnen Verbandsglieder vgl. Anm. 9.

[8]) Die Angehörigkeit zu einer Stadt-, Landgemeinde oder zu einem Landkreise bestimmt sich nach den Vorschriften der StO., LGO. und KrO.

I Über die Angehörigkeit zu einer Stadtgemeinde verhält sich § 3 StO.:

„Alle Einwohner des Stadtbezirks, mit Ausnahme der servisberechtigten Militärpersonen des aktiven Dienststandes, gehören zur Stadtgemeinde.

Als Einwohner werden diejenigen betrachtet, welche in dem Stadtbezirk nach den Bestimmungen der Gesetze ihren Wohnsitz haben."

Danach besitzen also, weil nicht zur Stadtgemeinde gehörend, die servisberechtigten Militärpersonen des aktiven Dienststandes nicht die Wählbarkeit für die Verbandsversammlung. Darüber, wer zu den servisberechtigten Militärpersonen des aktiven Dienststandes gehört, sowie über den Begriff des Wohnsitzes vgl. die Kommentare von Oertel und Ledermann zu § 3 StO.

II. Hinsichtlich der Angehörigkeit zu einer Landgemeinde ist § 7 LGO. maßgebend, der lautet:

„Angehörige der Landgemeinde sind mit Ausnahme der nicht angesessenen servisberechtigten Militärpersonen des aktiven Dienststandes diejenigen, welche innerhalb des Gemeindebezirks einen Wohnsitz haben.

Einen Wohnsitz im Sinne dieses Gesetzes hat jemand an dem Orte, an welchem er eine Wohnung unter Umständen inne hat, die auf die Absicht dauernder Beibehaltung einer solchen schließen lassen."

Darüber, wer zu den servisberechtigten Militärpersonen des aktiven Dienststandes gehört, vgl. vorstehend unter I. Zu beachten ist, daß solche servisberechtigten Militärpersonen, die in der Landgemeinde nicht nur ihren Wohnsitz, sondern auch Grundbesitz haben, Gemeindeangehörige sind (anders nach § 3 StO.).

Näheres über den Begriff des Wohnsitzes im Sinne des § 7 LGO. in dem Kommentar von Genzmer zu § 7 LGO.

III. Angehörige des Kreises sind nach § 6 KrO. mit Ausnahme der nicht angesessenen servisberechtigten Militärpersonen des aktiven Dienststandes alle diejenigen, welche innerhalb des Kreises einen Wohnsitz haben. Über den letzteren Begriff vgl. Anm. 28 zu § 6 KrO. bei Brauchitsch, Bd. II, 18. Aufl.

[9]) a) Hinsichtlich der Wählbarkeit zum Mitgliede des Magistrats oder der Stadtverordnetenversammlung einer Stadtgemeinde enthalten die §§ 30 und 17 StO. die maßgebenden Bestimmungen. Da für die Wählbarkeit zum Vertreter in der Verbandsversammlung die Wählbarkeit zum Magistratsmitglied oder zum Stadtverordneten genügt, sind nur folgende Personen nicht wählbar:

1. diejenigen Beamten und die Mitglieder derjenigen Behörden, durch welche die Aufsicht des Staates über die Städte ausgeübt wird (§ 76 StO.);
2. die besoldeten Gemeindebeamten;
3. Geistliche, Kirchendiener und Elementarlehrer (dagegen sind sonstige an öffentlichen Schulen angestellte Lehrer wählbar);
4. die richterlichen Beamten, zu denen jedoch die technischen Mitglieder der Handels-, Gewerbe- und ähnlicher Gerichte nicht zu zählen sind;
5. die Beamten der Staatsanwaltschaft;
6. die Polizeibeamten.

Da es lediglich auf die Wählbarkeit zum Magistratsmitgliede oder zum Stadtverordneten ankommt, finden in Ermangelung einer ausdrücklichen gesetzlichen Vorschrift die Bestimmungen des § 17 Abs. 2 und des § 30 Abs. 2—4 StO., wonach gewisse Verwandte und Verschwägerte nicht zugleich Mitglieder der Stadtverordnetenversammlung bzw. des Magistrats sein können, keine entsprechende Anwendung auf die Mitglieder der Verbandsversammlung.

Wegen der Einzelheiten ist auf die Kommentare von Oertel und Ledermann zu §§ 17, 30 StO zu verweisen. Hervorzuheben ist nur, daß der Besitz des **Bürgerrechts** im Sinne des § 5 StO. kein Erfordernis der Wählbarkeit zur Verbandsversammlung ist, da die Wählbarkeit zu **besoldeten** städtischen Ämtern von dem Besitze des Bürgerrechts in der Gemeinde nicht abhängig ist, und für die Fähigkeit, zum Vertreter oder Ersatzmann in der Verbandsversammlung gewählt zu werden, die Wählbarkeit zum besoldeten Magistratsmitglied für sich allein schon genügt.

b) Zu **Gemeindeverordneten in Landgemeinden** können außer den Gemeindegliedern, d. h. den Gemeindeangehörigen, welchen das Gemeinderecht zusteht (§§ 39 ff. LGO.) auch die über 24 Jahre alten männlichen Forensen (§ 45 LGO.), und die Vertreter derjenigen Stimmberechtigten, welche ihr Wahlrecht nicht selbst ausüben dürfen (§§ 46, 50 LGO.), gewählt werden. Nicht wählbar als Gemeindeverordnete sind nach § 53 LGO:

1. diejenigen Beamten und die vom Staate ernannten Mitglieder derjenigen Behörden, durch welche die Aufsicht des Staates über die Gemeinden ausgeübt wird,
2. die besoldeten Gemeindebeamten,
3. die richterlichen Beamten,
4. die Beamten der Staatsanwaltschaft und die Polizeiexekutivbeamten,
5. Geistliche, Kirchendiener und Volksschullehrer,
6. Frauen.

Die Vorschrift in § 53 LGO. Abs. 2, wonach Vater und Sohn nicht zugleich Gemeindeverordnete derselben Gemeinde sein dürfen, gilt nicht für die Mitglieder der Verbandsversammlung (vgl. oben a).

In denjenigen Gemeinden, die einen **besoldeten** Gemeindevorsteher oder **besoldete** Schöffen besitzen (§ 75 LGO.), genügt zur Wählbarkeit für die Verbandsversammlung lediglich die Angehörigkeit zur Landgemeinde und das Nichtvorhandensein eines der Ausschließungsgründe aus § 53 LGO.; nicht erforderlich ist in solchen Fällen der Besitz des Gemeinderechts im Sinne des § 41 LGO. (vgl. auch oben unter a am Schlusse).

c) Hinsichtlich der Wählbarkeit für den Kreistag sind zunächst zwei allgemeine Voraussetzungen zu erfüllen (§§ 106, 96 KrO.). Wählbar sind nämlich nur solche Personen, die

α) Angehörige des Deutschen Reiches und selbständig sind. Als selbständig wird derjenige angesehen, der das 21. Lebensjahr vollendet hat, sofern ihm das Recht, über sein Vermögen zu verfügen und dasselbe zu verwalten, nicht durch gerichtliche Anordnung entzogen ist;

β) sich im Besitze der bürgerlichen Ehrenrechte befinden.

Im übrigen ist hinsichtlich der Wählbarkeit zum Kreistage zu unterscheiden:

I. Wählbar im Wahlverband der Städte ist jeder Einwohner der im Kreise belegenen Städte, welcher sich im Besitz des Bürgerrechts nach § 5 StO. befindet (§ 106 KrO., § 4 des Ges. vom 6. 6. 1900, GS. 147). Daher muß hier auch der besoldete Bürgermeister, um wählbar zu sein, das Bürgerrecht besitzen. In den beiden zum Verbande Groß-Berlin gehörigen Kreisen Teltow und Niederbarnim gelten ferner solche Landgemeinden, die nach der letzten allgemeinen Volkszählung mit Ausschluß der aktiven Militärpersonen mehr als 6000 Einwohner haben, als Städte im Sinne der Bestimmungen der Kreisordnung über die Zusammensetzung des Kreistages; in solchen Landgemeinden ist jedes Gemeindeglied (§ 39 LGO.) zum Kreistagsabgeordneten wählbar (§§ 2 und 4 des Ges. vom 6. 6. 1900, GS. 147).

II. Wählbar in den Wahlverbänden der größeren Grundbesitzer sowie der nicht unter I fallenden Landgemeinden ist nach § 106 KrO. ein jeder seit einem Jahre in dem Kreise angesessene ländliche Grundbesitzer (und zwar ohne Rücksicht auf die Größe der Besitzung), sowie ein jeder, welcher in einer Versammlung dieser Verbände ein Wahlrecht ausübt, d. h. die in § 86 letzter Absatz, § 98 Nr. 3 KrO. und die in LGO. § 46 bezeichneten Personen und die in § 97 KrO. bezeichneten Vertreter, vorausgesetzt, daß sie seit einem Jahre in dem Kreise einen Wohnsitz haben. Das Gemeinderecht in einer nicht unter I fallenden Landgemeinde, das sich nicht auf Grundbesitz stützt (§ 41 Abs. 1 Nr. 6c LGO.), gewährt nicht die Wählbarkeit zum Kreistagsabgeordneten.

Wegen der Einzelheiten ist auf die Erläuterungen zur KrO. bei Brauchitsch Bd. II zu verweisen. Hervorzuheben ist nur, daß, anders wie die Beamten der Stadt- und Landgemeinden, die Kreisbeamten von der Wählbarkeit zum Kreistage und damit zur Verbandsversammlung nicht ausgeschlossen sind (OVG. vom 19. 2. 1904, II 319).

[10]) Hinsichtlich der Frage, ob jemand die Wählbarkeit gemäß § 16 Abs. 2 des Gesetzes besitzt, kommt es lediglich auf den Zeitpunkt der Wahl an (OVG. 25 S. 23 und 28 S. 13). Über die Wirkungen des nach der Wahl eingetretenen Verlustes der Wählbarkeit vgl. § 17 Abs. 1.

§ 17.

Die Vertreter und ihre Ersatzmänner werden auf sechs Jahre[1])[2]) gewählt[3]). Jede Wahl[4]) verliert dauernd[5]) oder vorübergehend[6]) ihre Wirkung mit dem gänzlichen[7]) oder zeitweisen[8]) Aufhören einer der für die Wählbarkeit vorgeschriebenen Bedingungen[9]). Die Verbandsversammlung beschließt, ob einer dieser Fälle eingetreten ist[10]).

Alle drei Jahre scheidet die Hälfte der Vertreter und ihrer Ersatzmänner aus und wird durch Ergänzungswahlen ersetzt. Die das erste Mal Ausscheidenden werden durch das Los bestimmt[11])[12])[13])[14]).

Im Falle des Hinzutritts neuer Verbandsglieder[15]) (§ 1 Abs. 3, § 15 Abs. 3) scheiden alle Vertreter des beteiligten Landkreises und ihre Ersatzmänner aus der Verbandsversammlung aus und werden durch neu zu wählende Vertreter (Ersatzmänner) der selbständig gewordenen Gemeinde und des verbleibenden Landkreises ersetzt[16]).

In Fällen notwendiger Ersatzwahlen[17]) bestimmt sich die Dauer dieser Wahlen nach der Wahlperiode des bisherigen Vertreters (Ersatzmanns)[18]).

[1]) Die sechsjährige Wahlperiode entspricht den Vorschriften der §§ 107 KrO., 19 PrO., 18 StO., 54 LGO.

Eine Ausnahme von der Regel der sechsjährigen Wahlperiode enthält Abs. 2 dieses Paragraphen; eine kürzere Wahlperiode kann ferner in Frage kommen, wenn infolge zeitweisen Aufhörens einer der für die Wählbarkeit vorgeschriebenen Bedingungen eine Wahl vorübergehend ihre Wirkung verliert und infolgedessen eine Ersatzwahl stattfindet (vgl. Anm. 6 unten). Nur eine scheinbare Ausnahme ist Abs. 4, weil der im Wege einer Ersatzwahl Gewählte und der Ausgeschiedene gesetzlich als eine Person angesehen werden müssen (OVG. 17 S. 105). Wegen vorzeitiger Niederlegung des Amtes als Vertreter (Ersatzmann) siehe Anm. 4 unten.

[2]) In Ermangelung einer gesetzlichen Festlegung des Beginns der Wahlperiode wird man den 1. 4. 1912, den Tag des Inkrafttretens des Gesetzes als Beginn der ersten Wahlperiode anzusehen haben und von da ab weiter rechnen. Anders für die Mitglieder des Kreistages und des Kreisausschusses nach MinErl. vom 26. 1. 1887, wonach unter Jahren im Sinne der §§ 107, 133 KrO. Kalenderjahre zu verstehen sind, und jedes Kalenderjahr, in dem ein Mitglied des Kreistages oder des Kreisausschusses im Amt gestanden hat, als volles Jahr anzusehen ist (vgl. Brauchitsch, Anm. 412 zur KrO.).

[3]) Satz 1 hängt logisch mit Abs. 2 des Paragraphen eng zusammen. Die drei Sätze zusammen enthalten die Grundlagen für die regelmäßige Ergänzung der Verbandsversammlung (für die außerordentliche Ergänzung ist Abs. 4 dieses Paragraphen anzuwenden). Der Zweck dieser Bestimmungen ist die dauernde Erhaltung eines eingearbeiteten und mit den Verhältnissen des Verbandes vertrauten Stammes der Verbandsversammlung und die hierdurch bedingte Stetigkeit in der Verwaltung.

[4]) Der Gewählte wird nicht schon durch die Wahl selbst Vertreter (Ersatzmann), sondern erst durch die ausdrückliche oder nach den Vorschriften der einzelnen Wahlordnung als abgegeben unterstellte Annahmeerklärung. Ein Zwang zur Annahme der Wahl kann nicht ausgeübt werden; auch ist jeder Vertreter (Ersatzmann) berechtigt, jederzeit sein Mandat niederzulegen.

[5]) D. h. der Gewählte verliert sein Mandat als Vertreter oder Ersatzmann endgültig; es muß eine Ersatzwahl vorgenommen werden. Werden später die für die Wählbarkeit vorgeschriebenen Bedingungen wieder erfüllt, so kann er nur durch Neuwahl in seine Funktionen zurücktreten.

[6]) In diesem Falle wird zweckmäßigerweise, es sei denn, daß es sich um ein nur kurzes, in absehbarer Zeit voraussichtlich gehobenes Hindernis handelt, eine Ersatzwahl vorzunehmen sein, selbstverständlich nur für den Zeitraum, während dessen die Wählbarkeit ruht (ebenso Brauchitsch, Anm. 32 zu § 22 PrO., anders Friedrichs, Anm. 5 zu § 17).

[7]) Ein solches gänzliches Aufhören würde z. B. vorliegen, wenn der Gewählte seinen Wohnsitz in der Stadtgemeinde, von der er gewählt ist, aufgibt.

[8]) Ein zeitweises Aufhören liegt beispielsweise vor nach § 96 Abs. 2 KrO. während der Dauer eines Konkurses, ferner während der Dauer einer gerichtlichen Untersuchung, wenn dieselbe wegen Verbrechen oder wegen solcher Vergehen, welche den Verlust der bürgerlichen Ehrenrechte nach sich ziehen

müssen oder können, eingeleitet oder wenn die gerichtliche Haft verfügt ist.

[9]) Über diese Bedingungen vgl. Anm. 6—10 zu § 16.

[10]) Der Verbandsversammlung liegt neben der Prüfung der fortdauernden Wirkung auch die Prüfung der Gültigkeit der Wahl überhaupt ob (§ 19 Nr. 9). Gegen den Beschluß der Verbandsversammlung findet binnen vier Wochen die Klage bei dem Oberverwaltungsgerichte statt (§ 20 Abs. 2).

[11]) Wegen des Zusammenhanges mit Satz 1 in Abs. 1 und des Zweckes dieser Vorschrift vgl. Anm. 3.

Die Auslosung findet grundsätzlich unter allen Mitgliedern der Verbandsversammlung, nicht etwa nach Gemeinden oder Kreisen getrennt statt.

[12]) Wie der Wortlaut des zweiten Satzes in Abs. 2 beweist, bezieht sich die Vorschrift des ersten Satzes in Abs. 1 und des zweiten Absatzes in erster Reihe auf den Fall der Neuwahl der Verbandsversammlung bei der ersten Konstituierung oder der Neukonstituierung nach einer Auflösung. Die Vorschriften müssen aber auch entsprechende Anwendung finden bei Wahlen zur Durchführung einer durch die Satzung vorgesehenen Vermehrung oder Verminderung der Vertreterzahl (§ 15 Abs. 2). Auch da müssen alle neu zu wählenden Vertreter (Ersatzmänner) formell auf sechs Jahre gewählt werden; unter den neu auf sechs Jahre Gewählten muß dann bei den drei Jahre später erfolgenden Ergänzungswahlen durch das Los entschieden werden, wer von ihnen behufs Ermöglichung der Neuwahlen (bei denen wieder die Hälfte aller Vertreter und Ersatzmänner neu gewählt werden muß), außer denjenigen Vertretern (Ersatzmännern), deren Wahlzeit abgelaufen ist, auszuscheiden hat (OVG. 17 S. 100ff. und 26 S. 16). Nur läßt sich in solchen Fällen der Grundsatz, daß immer die Hälfte der Vertreter auszuscheiden hat, nicht immer durchführen; auch muß unter Umständen die Auslosung nach Gemeinden und Kreisen getrennt (vgl. Anm. 11) vorgenommen werden. Folgende Beispiele, bei denen die

Exponenten das Jahr der Wahl angeben, mögen zur Erläuterung dienen.

A. Die Satzung schreibt mit Wirksamkeit zum 1. 4. 1915 eine Vermehrung der Vertreterzahl auf 120 (statt 100) vor. Dann stellt sich die Sachlage folgendermaßen:

1912: sind gewählt 100^{12};

1915: scheiden aus 50^{12} (ausgelost), bleiben 50^{12}; neugewählt werden 70^{15};

1918: scheiden aus 60, nämlich $50^{12} + 10^{15}$ (letztere ausgelost).

B. Die Satzung schreibt mit Wirksamkeit zum 1. 4. 1915 eine Verminderung der Vertreterzahl auf 80 (statt 100) vor. Dann stellt sich die Sachlage folgendermaßen:

1912: sind gewählt 100^{12};

1915: scheiden aus 50^{12}, und zwar wird zuerst nur unter den Gemeinden und Kreisen einzeln gelost, deren Stimmenzahl eine Verringerung erfährt; der an 50 fehlende Rest wird dann unter der Gesamtzahl ausgelost. Es bleiben 50^{12}; neugewählt werden 30^{15};

1918: scheiden aus 50^{12} (also mehr als die Hälfte, weil bereits sechs Jahre im Amt!); es bleiben 30^{15}; neugewählt werden 50^{18};

1921: scheiden aus $30^{15} + 10^{18}$ (letztere ausgelost!), bleiben 40^{18}; neugewählt werden 40^{21}.

[13]) Die Ergänzungswahlen werden von denselben Stadt-Landgemeinden oder Landkreisen vorgenommen, von denen der Ausscheidende gewählt war, es sei denn, daß infolge der Neuverteilung der Vertreter auf die einzelnen Verbandsglieder gemäß § 18 für Verbandsglieder Stimmen wegfallen oder zuwachsen (vgl. hierüber Anm. 5 zu § 18). Die Ausscheidenden sind wieder wählbar.

Die Ergänzungswahlen müssen so rechtzeitig vorgenommen werden, daß die neugewählten Vertreter (Ersatzmänner) ihr

Amt am 1. 4., an welchem Tage die Wahlperiode der Ausscheidenden abläuft (vgl. oben Anm. 2), antreten können.

[14]) Nähere Bestimmungen über die Art des Losens sowie darüber, wer das Los zu ziehen hat, fehlen. Es wird dies der Geschäftsordnung der Verbandsversammlung (§ 19 Abs. 2) vorbehalten bleiben.

Aus dem Begriff des Auslosens ergibt sich, daß die Entscheidung nur vom Zufall abhängen und der Wille der das Los ziehenden Person keinen Einfluß auf die Entscheidung haben darf. Gegen die Gültigkeit des Losens können keine besonderen Rechtsmittel eingelegt werden; wohl aber kann die Wahl selbst wegen Ungültigkeit der Auslosung angefochten werden (PrVBl. 20 S. 500).

[15]) Über die Voraussetzungen des Hinzutritts neuer Verbandsglieder vgl. Anm. 11 zu § 1.

[16]) Ein Beispiel diene zur Erläuterung (die Exponenten bezeichnen das Jahr der Wahl): Dem Kreise Niederbarnim stehen nach der vom Minister des Innern bewirkten Verteilung gegenwärtig neun Stimmen zu. Würde nun Oranienburg eine Einwohnerzahl erreichen, die zur selbständigen Verbandsmitgliedschaft im Jahre 1918 berechtigte, so stellt sich die Sachlage folgendermaßen:

a) **1912**: sind gewählt 100^{12};

1915: scheiden aus 50^{12} (durch Los zu bestimmen; ausgelost werden beispielsweise alle 9 Vertreter Niederbarnims); bleiben 50^{12} (darunter kein Vertreter Niederbarnims);
neugewählt werden 50^{15} (darunter 9^{15} Vertreter Niederbarnims);

1918: scheiden aus 50^{12}, außerdem noch gemäß § 17 Abs. 3 die 9^{15} von Niederbarnim, bleiben 41^{15};
neugewählt werden 59^{18} (darunter 8^{18} Niederbarnim + 1^{18} Oranienburg);

1921: scheiden aus $41^{15} + 9^{18}$ (letztere ausgelost); bleiben 50^{18};

oder

b) **1912**: sind gewählt 100^{12};

1915: scheiden aus 50^{12} (durch Los zu bestimmen; ausgelost werden beispielsweise 4^{12} Vertreter von Niederbarnim); bleiben 50^{12} (darunter 5^{12} Niederbarnim);
neugewählt werden 50^{15} (darunter 4^{15} Niederbarnim);

1918: scheiden aus 50^{12} (darunter 5^{12} Niederbarnim) $+ 4^{15}$ Niederbarnim (letztere aus den 50^{15}); bleiben 46^{15} (darunter kein Vertreter von Niederbarnim); neugewählt werden 54^{18} (darunter 8^{18} Niederbarnim $+ 1^{18}$ Oranienburg);

1921: scheiden aus $46^{15} + 4^{18}$ (letztere ausgelost); bleiben 50^{18}.

[17]) Ersatzwahlen können notwendig werden durch Tod, dauerndes oder vorübergehendes Aufhören einer der für die Wählbarkeit vorgeschriebenen Bedingungen (vgl. Anm. 5—9 oben) oder Niederlegung des Mandates (vgl. Anm. 4 oben). Eine Ersatzwahl für einen Vertreter wird nur notwendig durch Umstände, die in der Person des Vertreters sich ereignet haben, nicht auch durch Umstände in der Person des Ersatzmannes und ebenso umgekehrt. (Abweichend anscheinend Friedrichs, Anm. 5 zu § 17.)

[18]) Binnen welcher Frist Ersatzwahlen vorzunehmen sind, ist im Gesetz nicht bestimmt. Zweifellos steht der Aufsichtsbehörde (§ 38) das Recht zu, die Vornahme notwendig gewordener Ersatzwahlen anzuordnen.

§ 18.

Vor jeder Ergänzungswahl [1]) wird das Beteiligungsverhältnis der Verbandsglieder an dieser Versammlung [2]) durch Beschluß des Verbandsausschusses [3]) nach Maßgabe des § 15 neu festgestellt [4]) [5]).

[1]) Die alle drei Jahre, vom 1. 4. 1912 ab gerechnet (vgl. Anm. 2 zu § 17) stattfindet. Von der Ergänzungswahl ist wohl zu unterscheiden die Ersatzwahl nach § 17 Abs. 4.

[2]) D. h. die Zahl der Vertreter (Ersatzmänner), welche jedem Verbandsgliede in der Verbandsversammlung zusteht. Zugrunde zu legen ist eine Gesamtzahl von 100, wofern nicht durch die Satzung eine Vermehrung oder Verminderung dieser Zahl vorgesehen ist (§ 15).

[3]) Ein Rechtsmittel gegen den Beschluß des Verbandsausschusses ist nicht gegeben; doch kann eine Beanstandung des Beschlusses in Frage kommen (vgl. hierüber Anm. 11 zu § 38).

[4]) Danach hat der Verbandsausschuß die Gesamtzahl von 100, bzw. die durch die Satzung vermehrte oder verminderte Zahl auf die selbständigen Verbandsglieder nach dem Verhältnisse der durch die letzte Personenstandsaufnahme ermittelten Einwohnerzahl zu verteilen, wobei jedem Verbandsglied mindestens ein Vertreter, keinem Verbandsgliede aber mehr als zwei Fünftel der Gesamtvertreterzahl zuzubilligen ist. Dieser Verteilung muß die Feststellung vorausgehen, ob die Voraussetzungen für den Hinzutritt neuer Verbandsglieder erfüllt sind (§ 1 Abs. 3, § 17 Abs. 3).

[5]) Die völlige Neufeststellung des Beteiligungsverhältnisses war unter Nachbildung des § 12 PrO. bereits in der Regierungsvorlage vorgesehen und ließ sich, da nach dem Entwurf alle drei Jahre sämtliche Vertreter (Ersatzmänner) ausschieden, auch leicht durchführen. Durch die vom Abgeordnetenhause getroffene Änderung der Wahlperiode ist die Sachlage außerordentlich kompliziert worden, da eine Neufeststellung des Beteiligungsverhältnisses die Möglichkeit der Disposition über alle Mandate voraussetzt, während doch nach § 17 Abs. 2 bei den Ergänzungswahlen immer nur die Hälfte der Vertreter und ihrer Ersatzmänner ausscheidet. Ein Beispiel, bei dem die Exponenten das Jahr der Wahl angeben, möge zur Erläuterung dienen: Von den im Jahre 1912 gewählten

100^{12} Abgeordneten sind im Jahre 1915 die Hälfte, d. h. 50^{12} durch Los ausgeschieden; zu den verbleibenden 50^{12} sind weitere 50^{15} hinzugewählt. Im Jahre 1918 verschiebt sich die Einwohnerzahl derart, daß auf Wilmersdorf nicht mehr 3, sondern nur noch 2, dagegen auf Lichtenberg 4 Vertreter (Ersatzmänner) entfallen. Dann sind verschiedene Möglichkeiten gegeben. Am einfachsten gestaltet sich die Rechnung, wenn in den im Jahre 1918 wegen Ablaufs der sechsjährigen Wahlperiode ausscheidenden 50^{12} sämtliche Wilmersdorfer und Lichtenberger Vertreter enthalten sind. In diesem Falle werden einfach unter den neuzuwählenden 50^{18} nicht mehr 3 Wilmersdorfer und 3 Lichtenberger, sondern 2 Wilmersdorfer und 4 Lichtenberger gewählt.

Sind dagegen unter den im Jahre 1918 ausscheidenden 50^{12} weder Wilmersdorfer noch Lichtenberger, weil diese bereits 1915 sämtlich ausgelost waren, so scheiden nicht nur die 50^{12} aus, sondern es muß ferner unter den 3 Wilmersdorfern 1 Vertreter (Ersatzmann) durch Los zum Ausscheiden bestimmt werden; für letzteren wird bei der Neuwahl ein Lichtenberger gewählt.

Bei diesem Wahlmodus sind im Jahre 1918 nur 49^{15} verblieben; im Jahre 1921 muß daher, um das Ausscheiden der Hälfte aller Vertreter (Ersatzmänner) zu ermöglichen, neben den 49^{15} noch 1 Abgeordneter aus den neugewählten 51^{18} zum Ausscheiden ausgelost werden. (Anders anscheinend Friedrichs, Anm. 2^{3} zu § 18, der im Jahre 1918 alle Wilmersdorfer Mandate für erloschen erklärt; hiergegen spricht auch OVG. 26 S. 16.)

Die Neufeststellung des Beteiligungsverhältnisses vor jeder Ergänzungswahl kann nicht bloß infolge Veränderung der Einwohnerzahl der bisherigen Verbandsglieder, sondern auch durch den Hinzutritt neuer selbständiger Glieder oder durch die von der Satzung vorgesehene Vermehrung oder Verminderung der Gesamtvertreterzahl eine völlige Verschiebung zur Folge haben. In solchen Fällen werden sich die Vor=

schriften des § 17, wonach die Vertreter (Ersatzmänner) auf sechs Jahre gewählt werden und alle drei Jahre die Hälfte von ihnen ausscheidet, kaum noch durchführen lassen. Es wird sich vielmehr dann, um den kaum zu überwindenden Schwierigkeiten zu entgehen, die Auflösung der Verbandsversammlung durch Königliche Verordnung gemäß § 38 (vgl. Anm. 13 dazu) und völlige Neuwahl aller Vertreter (Ersatzmänner) empfehlen.

§ 19.

Der Verbandsversammlung [1] [2] [3] liegt ob [4]:

1. die Beschlußfassung über den Haushaltsplan [5] [6];
2. die Entlastung der Jahresrechnung [7] [8] [9];
3. die Beschlußfassung über Erlaß und Änderungen der Satzung (§ 10) [10];
4. die Feststellung des von den Verbandsgliedern aufzubringenden Umlagebedarfs [11];
5. die Beschlußfassung über die Aufnahme von Anleihen [12] [13] [14] [15];
6. die Aufstellung von Grundsätzen für die Tätigkeit des Verbandes und über die Verwaltung seines Vermögens [16];
7. die Beschlußfassung über die Errichtung von Verbandsämtern [17] [18] sowie über die Anstellungs- und Besoldungsverhältnisse der Verbandsbeamten [19] [20];
8. die Wahl des Verbandsdirektors [21], der ihm zugeordneten oberen Beamten [22] und der zu wählenden Mitglieder des Verbandsausschusses [23];
9. die Prüfung der Gültigkeit oder der fortdauernden Wirkung (§ 17 Abs. 1) der Wahlen zur Verbandsversammlung [24] [25];
10. die Beschlußfassung gemäß § 4 I bis V, § 5 Abs. 1, § 7 Abs. 5 [26], § 9 und § 11 [27];

11. die Beschlußfassung[28]) über die Erwerbung[29]) und die Veräußerung[30]) von Grundstücken[31])[32]).

Die Verbandsversammlung ist berechtigt[33]), sich ihre Geschäftsordnung[34]) selbst zu geben.

[1]) Die Stellung der Verbandsversammlung entspricht im wesentlichen der des Kreis- und Provinziallandtags. Hinsichtlich ihres Verhältnisses zum Verbandsausschuß gelten folgende Grundsätze:

a) Die Beschlüsse der Verbandsversammlung innerhalb ihres Zuständigkeitsgebietes bedürfen nicht der Zustimmung des Verbandsausschusses.

b) Die Verbandsversammlung darf grundsätzlich ihre Beschlüsse nicht selbst ausführen, vielmehr ist der Verbandsausschuß zur Ausführung berufen (§ 29 Nr. 1). Eine Ausnahme von diesem Grundsatz gilt nur insoweit, als es sich um Beschlüsse handelt, welche die Geschäftsordnung der Verbandsversammlung (§ 19 Nr. 2) betreffen. Hierzu würde gehören das Recht der Verbandsversammlung, selbständig ihre Sitzungsprotokolle zu veröffentlichen und ihr Bureau zu wählen.

c) Die Überwachung der Geschäftsführung des Verbandsdirektors steht nicht der Verbandsversammlung, sondern dem Verbandsausschusse zu (§ 34).

Beide Organe sind einander koordiniert, keines dem anderen übergeordnet.

[2]) Rechtsstellung der Verbandsversammlung und ihrer Mitglieder.

Die Verbandsversammlung ist keine juristische Person, vielmehr das — aus einer Personenmehrheit bestehende — Organ einer solchen, nämlich des Zweckverbandes (vgl. §§ 3, 14). Eine kollegialische „Behörde", d. h. eine Mehrheit von Beamten, welche zur Ausübung eines begrenzten Kreises staatlicher oder gemeindlicher Verwaltungsbefugnisse berufen sind, ist die Verbandsversammlung ebenfalls nicht (vgl. zu dem Begriff „Behörde" Friedrichs im PrVBl. 28 S. 41 und Preuß, Amtsrecht, S. 338 ff.). Ebensowenig sind die einzelnen Mitglieder der Versammlung als solche Beamte, z. B. im Sinne des § 359 StGB. (OVG. 25 S. 417). Wohl aber ist das Vertretermandat ein öffentliches Amt im Sinne des § 31 StGB. (OVG 50 S. 12). Die einzelnen Mitglieder unterliegen nicht dem Disziplinarverfahren auf Grund des Ges. vom 21. 7. 1852. Ist die Verbandsversammlung auch keine Behörde, so ist sie doch eine „politische Körperschaft" im Sinne des § 197 StGB. Wird daher die Verbandsversammlung als solche, d. h. in ihrem Berufe beleidigt, so kann der Staatsanwalt von Amts wegen einschreiten, indessen nur nach Ermächtigung seitens der Verbandsversammlung, deren Erteilung an die Innehaltung der dreimonatlichen Antragsfrist nicht gebunden ist. Wird nicht von Amts wegen Anklage erhoben, so kann nur jeder Vertreter für sich Strafantrag stellen bzw. Privatklage erheben.

Hat die Verbandsversammlung als solche Strafantrag zu stellen beschlossen, so ist zur Ausführung dieses Beschlusses der Verbandsausschuß, nicht der Vorsitzende der Verbandsversammlung zuständig.

Die Verbandsversammlung als politische Körperschaft kann keine Privatklage wegen Beleidigung erheben; ebensowenig kann sie sich gemäß § 435 StPO. dem auf Grund ihrer Ermächtigung eingeleiteten Strafverfahren als Nebenklägerin anschließen (RGSt. 41 S. 171).

[3]) An irgendwelche Instruktionen oder Aufträge ihrer Wähler sind die Mitglieder der Verbandsversammlung nach allgemeinen staatsrechtlichen Grundsätzen nicht gebunden. Es kann daher ein Vertreter wegen Nichterfüllung der vor der Wahl seinen Wählern hinsichtlich seiner zukünftigen Abstimmungen und der allgemeinen Richtung seiner Kommunalpolitik gegebenen Versprechungen nicht verantwortlich gemacht werden.

Eine Haftung der Vertreter für die Zweckmäßigkeit und Gesetzlichkeit ihrer Beschlüsse findet nicht statt. Irgend einem

Regresse seitens der Gemeinde oder des Kreises, von welchem die Vertreter gewählt sind, seitens des Verbandes oder eines Dritten, der sich durch Beschlüsse der Verbandsversammlung geschädigt glaubt, sind die Vertreter nicht ausgesetzt. Ein etwaiger Ersatzanspruch Dritter kann immer nur gegen den Zweckverband selbst gerichtet werden.

Für ihr Verhalten in der Versammlung, insbesondere für ihre Reden und Aussprüche daselbst, können die Vertreter zunächst durch den Vorsitzenden gemäß der nach dem letzten Absatz dieses Paragraphen etwa erlassenen Geschäftsordnung disziplinarisch verantwortlich gemacht werden (vgl. Anm. 34 unten). Demnächst unterliegen ihre Äußerungen gegebenenfalles auch strafrechtlicher Ahndung, da eine gesetzliche Bestimmung (gleich derjenigen der Art. 30, 31 RV., 84 PrV. hinsichtlich der Mitglieder der Parlamente), welche den Vertretern volle Redefreiheit unter Garantie der Straflosigkeit gewährt, nicht besteht. Wohl aber können Vertreter, im Falle sie wegen angeblicher Beleidigungen, die sie in der Versammlung ausgesprochen haben sollen, zur Verantwortung gezogen werden, sich auf den Schutz des § 193 StGB. berufen, wonach, wer in Wahrnehmung berechtigter Interessen handelt, nur dann der Beleidigung schuldig ist, wenn aus der Form der Äußerungen oder den Umständen, unter denen dieselben erfolgten, die Absicht der Beleidigung hervorgeht.

[4]) Außer den in diesem Paragraphen unter 1—11 aufgeführten Angelegenheiten liegt der Verbandsversammlung noch gemäß § 7 Abs. 2 und 3 die Festsetzung des daselbst näher bestimmten Zuschusses ob. Dagegen steht die Beschlußfassung über sonstige Verbandsangelegenheiten nicht der Verbandsversammlung, sondern dem Verbandsausschusse zu (§ 29 Nr. 3).

[5]) Der Haushaltsplan ist ein Voranschlag für eine bestimmte Zeit, der einerseits alle nach der Wahrscheinlichkeitsrechnung für diese Zeit zu erwartenden notwendigen Ausgaben aufführt, andererseits eine Aufzählung der zur Deckung

dieser Ausgaben nötigen mutmaßlichen Einnahmen enthält. Zweck des Haushaltsetats ist einmal, die wirtschaftliche Lage des Verbandes und die periodische Fortentwicklung dieser wirtschaftlichen Lage klarzulegen, zum anderen, dem Verbandsdirektor und dem Verbandsausschusse Vollmacht und Grenzen anzuweisen für ihre Befugnis, das Vermögen und die Einkünfte des Verbandes zur Bestreitung von Ausgaben zu verwenden. Nur soweit der Etat ihm Mittel zur Verfügung stellt, ist der Verbandsdirektor bzw. der Verbandsausschuß befugt, über die wirtschaftlichen Hilfsmittel des Verbandes zu laufenden Zwecken zu verfügen und Anweisungen an die Verbandskasse zu erlassen.

Entworfen wird der Verbandshaushalt vom Verbandsausschuß (§ 29 Nr. 1).

Über die innere Einrichtung des Etats sind gesetzliche Vorschriften nicht erlassen. Zweckmäßig und kaum entbehrlich erscheint die Unterscheidung von ordentlichen und außerordentlichen Einnahmen und Ausgaben, je nachdem es sich um laufende, periodisch wiederkehrende oder um einmalige oder vorübergehende Einnahmen oder Ausgaben handelt. Als ordentliche Einnahmen werden insbesondere die laufenden Einnahmen aus dem Vermögen des Verbandes, aus seinen Betrieben, Gebühren und Beiträge, als außerordentliche Einnahmen dagegen solche aus Schenkungen und Vermächtnissen, Verkäufen von Grundeigentum und Begebung von Anleihen zu figurieren haben. In der Regel wird hiernach der Etat in Einnahme und Ausgabe in ein Ordinarium und ein Extraordinarium zerfallen.

Darüber, zu welcher Zeit und in welchen Zwischenräumen der Haushaltsplan aufzustellen ist, trifft das Gesetz keine Bestimmung. Zweckmäßigerweise wird er so früh festzustellen sein, daß die einzelnen Verbandsglieder in ihren eigenen Etats darauf Rücksicht nehmen können. An sich steht nichts im Wege, den Haushaltsplan für mehrere Jahre festzustellen (vgl. auch die ähnlichen Vorschriften in den §§ 101—104

PrO.). Das Rechnungsjahr fällt nicht mit dem bürgerlichen Jahre zusammen, sondern läuft vom 1. 4. bis zum 31. 3. (vgl. § 21 Abs. 2).

[6]) Im Gegensatz zu § 66 StO., wonach Magistrat und Stadtverordnetenversammlung gleichberechtigt bei der Feststellung des Etats Beschluß fassen, wird der Verbandshaushalt ausschließlich von der Verbandsversammlung festgestellt (vgl. die ähnlichen Bestimmungen in § 127 KrO. und § 101 PrO.). Die Verbandsversammlung kann daher den ihr vom Verbandsausschuß vorgelegten Etatsentwurf ändern, ohne daß diese Änderung zu ihrer rechtlichen Wirksamkeit der Zustimmung des Verbandsausschusses bedarf.

Eine Genehmigung des Etats durch die Aufsichtsbehörde ist nicht vorgesehen. Indessen erlangt die Aufsichtsbehörde eine Befugnis zur Einwirkung auf die Gestaltung des Etats in gewissen Fällen, nämlich dann, wenn der Verband es unterläßt oder verweigert, die ihm gesetzlich obliegenden, von der zuständigen Behörde innerhalb der Grenzen ihrer Zuständigkeit festgestellten Leistungen auf den Haushaltsetat zu bringen oder außerordentlich zu genehmigen. In diesem Falle ist der Aufsichtsbehörde das Mittel der Zwangsetatisierung gegeben (vgl. § 38 Abs. 3 und Anm. 12 ebenda).

[7]) Der Zweck der Jahresrechnung, die für jedes Rechnungsjahr (vgl. oben Anm. 5 am Schlusse) zu legen ist, besteht darin, die Feststellung zu ermöglichen, ob die Kassenführung sich in Übereinstimmung mit dem von der Versammlung aufgestellten Etat befindet und ob insbesondere die Anweisungen des Verbandsdirektors an die Kasse sich innerhalb der Etatsfestsetzungen gehalten haben. Damit diese Prüfung möglich sei, ist erforderlich, daß die gelegte Jahresrechnung vollständig ist. Sie muß daher im Anschluß an die etatsmäßigen Solleinnahmen und Ausgaben die wirklichen (Ist-) Einnahmen und Ausgaben bei allen einzelnen Positionen des Etats angeben, ferner ergeben, wieviel Einnahmeausfälle oder Ausgabeersparnisse bei jeder Position vorhanden und

welche Beträge demnach als Bestand einzeln und im ganzen verblieben sind (vgl. PrVBl. 22 S. 403).

Die Jahresrechnung ist gemäß § 29 Nr. 1 von dem Verbandsausschusse zu legen.

[8]) Der Entlastungsbeschluß der Verbandsversammlung bedarf weder der Genehmigung der Aufsichtsbehörde noch der Zustimmung des Verbandsausschusses. Seine Bedeutung ist lediglich die, daß damit seitens der Versammlung anerkannt wird, daß die Rechnungslegung ergeben habe, daß Ansprüche aus der Verwaltung der Kasse nicht hergeleitet werden können; bestehen bleiben allerdings solche Ansprüche, die auf Betrug, rechnerischem Irrtum und Unvollständigkeit der gelegten Rechnung beruhen.

Was die Prüfung der Rechnung anbelangt, so wird sich diese keineswegs auf die rein rechnerische Seite beschränken dürfen, sondern in das wirtschaftliche Gebiet eindringen und klarstellen müssen, ob die Verwaltung nach anerkannten ökonomischen Grundsätzen geführt, d. h. mit den aufgewendeten Mitteln das denkbar beste Resultat erreicht und in diesem Sinne sparsam verwaltet worden ist (vgl. v. Kamptz, Annalen 1835 S. 750). Die Heranziehung berufsmäßig vorgebildeter Beamten zur Vorbereitung und Erleichterung der Prüfung der Jahresrechnung ist zulässig (MR. vom 15. 3. 1833, v. Kamptz, Annalen S. 112, und vom 4. 3. 1840, MBl. S. 80).

Ergeben sich bei Prüfung der Rechnung Monita, so müssen diese vor Feststellung der Rechnung und Erteilung der Entlastung erledigt werden, oder aber die Feststellung und Entlastung kann nur vorbehaltlich der Erledigung dieser Anstände erfolgen.

[9]) Wird gelegentlich der Prüfung der Jahresrechnung oder gelegentlich einer sonstigen Nachforschung aufgedeckt, daß der Istbestand einer Kasse oder Deposital- oder Materialverwaltung hinter dem rechnungsmäßigen Sollbestande zur Zeit der Entdeckung zurückbleibt, so liegt ein „Defekt" vor. Gleichgültig ist dabei, ob das Manko auf ein strafrechtliches

oder disziplinares Verschulden des zuständigen Beamten zurückzuführen ist oder nicht. Bezüglich der Feststellung und des Ersatzes der Defekte trifft Bestimmung die Verordnung vom 24. 1. 1844 über die Feststellung und den Ersatz der bei Kassen und anderen Verwaltungen vorkommenden Defekte (GS. 52). Zuständig zum Erlaß des Defektenbeschlusses ist der Oberpräsident in seiner Eigenschaft als Aufsichtsbehörde (§ 38). Im übrigen ist wegen der Einzelheiten dieser Verordnung zu verweisen auf Oertel, Anm. 5 zu § 70 StO. und Ledermann, Anm. 7 zu § 56^4 StO.

Zu beachten ist, daß das durch die Defektenverordnung geregelte Verfahren sich nur bezieht auf solche Kassenmankos, die durch die Kassenhandhabung entstanden sind, d. h. also auf die Fälle, in denen der Sollbestand der Kasse mit dem Istbestande nicht übereinstimmt, nicht aber auf Fehler, die dadurch entstanden sind, daß die vom Verbandsdirektor erlassenen Kassenanweisungen auf falsche Etatstitel gelautet oder sonst den Etat überschritten haben. Wegen derartiger Fehler kann der schuldige Beamte nur gemäß den allgemeinen Rechtsgrundsätzen zivilrechtlich haftbar gemacht werden.

[10]) Über den Inhalt der Satzung vgl. die Anm. zu § 10. Beschlüsse über Erlaß und Änderungen der Satzung können nur mit Zweidrittelmehrheit gefaßt werden und bedürfen der Bestätigung durch die Beschlußbehörde für Groß Berlin.

[11]) Nach § 11 ist der Verband berechtigt, soweit seine eigenen Einnahmen, die Gebühren und Beiträge zur Bestreitung der Verbandsausgaben nicht ausreichen, den Fehlbetrag auf die Verbandsglieder umzulegen.

Zur Feststellung des Umlagebedarfs ist ausschließlich die Verbandsversammlung zuständig; die Zustimmung des Verbandsausschusses ist nicht erforderlich. Dieser hat lediglich in Ausführung des Beschlusses der Versammlung die Verbandsglieder zu den Umlagen heranzuziehen (§ 29 Nr. 5).

Der Festsetzungsbeschluß der Verbandsversammlung bedarf der Genehmigung des Oberpräsidenten, wenn der Umlagebedarf höher als 25 v. H. des umlagefähigen Gesamtsteuersolls ist (§ 20 Abs. 1).

[12]) Anleihen, die nach § 20 Abs. 1 der Genehmigung des Oberpräsidenten bedürfen, sind nicht etwa alle obligatorischen Verbindlichkeiten, auch nicht etwa alle Darlehnsverbindlichkeiten, welche der Verband eingeht, sondern nur solche im Wege des Darlehens erfolgenden Geldaufnahmen, welche der Verband eingeht zur Bestreitung außerordentlicher und umfangreicher Ausgaben und mit der Absicht, die Schuld nicht alsbald, sondern allmählich und im Wege planmäßiger Tilgung abzutragen. Es gehören daher nicht zu den „Anleihen" im Sinne des § 19 und bedürfen nicht der Genehmigung des Oberpräsidenten alle diejenigen Kreditgeschäfte, die der Verband etwa zu anderen Zwecken abschließt, z. B. auch nicht die Aufnahme eines Darlehens bei einem Kreditinstitut behufs Beseitigung eines augenblicklichen, vorübergehenden Geldmangels unter der Abrede einer kurzen Rückzahlungsfrist, wobei freilich die Entscheidung der Frage, ob dieser Tatbestand oder der einer Anleihe vorliegt, zunächst in das Ermessen der Aufsichtsbehörde gelegt ist (vgl. MR. vom 11. 6. 1854, nicht veröffentlicht; abgedruckt bei Hübner, Städteordnung, Berlin 1859, S. 192). Diese würde in der Lage sein, im Falle der Verband ohne die Genehmigung des Oberpräsidenten einen Beschluß ausführen sollte, der nach Ansicht der Aufsichtsbehörde eine wirkliche Anleihe betrifft, hiergegen mittels Beanstandung einzuschreiten, so daß die konkrete Frage im Wege des Verwaltungsstreitverfahrens entschieden werden könnte (§ 38). Auch daß für ein Darlehen Wertpapiere verpfändet werden, macht das Darlehen noch nicht zur genehmigungspflichtigen Anleihe, wenn deren Voraussetzungen sonst nicht vorliegen (MR. vom 11. 6. 1854, ebendort; da die Veräußerung von Wertpapieren nicht an die aufsichtsbehördliche Genehmigung geknüpft ist, ist es auch die Verpfändung nicht). Ebenso fällt nicht unter den Begriff der Anleihe die Verpfändung von Grundstücken des Verbandes

zu Darlehnszwecken (PrVBl. 11 S. 37); desgleichen nicht das Kaufen gegen Kreditieren des Kaufpreises, und zwar auch dann nicht, wenn der Verband Grundstücke kauft und das Kaufgeld ganz oder zum Teil hypothekarisch eintragen läßt. Schließlich fällt die Übernahme einer Garantie für fremde Schulden ebenfalls nicht unter den Begriff der staatlich zu genehmigenden Anleihen, und zwar auch dann nicht, wenn sie in Form der selbstschuldnerischen Bürgschaft erfolgt ist (PrVBl. 25 S. 12 und der dort zitierte MinErl. vom 9. 7. 1903; anders hinsichtlich der Garantien der Kreise nach § 176[5] KrO. und nach § 24 Nr. 1 des allgemeinen Zweckverbandsgesetzes).

Über die Frage, ob zweckmäßigerweise die Aufnahme einer Anleihe zu erfolgen hat oder das Geldbedürfnis besser durch Ansammlung von Fonds zu decken ist, vgl. PrVBl. 26 S. 783.

[13]) Form der Anleihen. Allgemeine gesetzliche Grundlagen. Gesetzliche Spezialvorschriften. Was die Form der Anleihen anbetrifft, so können diese in allen nach bürgerlichem Rechte zulässigen Gestaltungen des Kreditgeschäfts aufgenommen werden. Der regelmäßige Weg ist der, daß der Verband sich durch Ausgabe von Schuldurkunden, durch welche die Zahlung einer bestimmten Geldsumme seitens des Verbandes an jeden Inhaber versprochen wird (Verbandsobligationen) und bei denen das Darlehnsverhältnis seitens des Gläubigers unkündbar ist, die erforderlichen Mittel verschafft. Möglich, wenn auch für den Verband nicht sehr wahrscheinlich, ist aber auch der andere Weg, daß der Verband sich das Darlehen von einer größeren und das öffentliche Vertrauen genießenden Kreditanstalt verschafft und es dieser überläßt, ihrerseits, eventuell unter Garantie des Verbandes, Obligationen zur Beschaffung des erforderlichen Geldbetrages auszugeben. Nach § 795 BGB. dürfen im Inland ausgestellte Schuldurkunden auf den Inhaber, welche über Zahlung einer bestimmten Geldsumme lauten, nur mit staat-

licher Genehmigung in den Verkehr gebracht werden. Nach Art. 8 der Königlichen Verordnung vom 16. 11. 1899 (GS. 562) wird jetzt die Genehmigung durch die Minister des Innern und der Finanzen auf Grund vorher eingeholter Ermächtigung des Königs erteilt. Die erteilte Genehmigung und die Bedingungen, unter denen diese erteilt ist, müssen nach § 795 BGB. im Deutschen Reichsanzeiger bekanntgemacht werden. Auf die auf den Inhaber lautenden Verbandsobligationen finden die allgemeinen Bestimmungen des BGB. über Inhaberpapiere (§§ 793—808) Anwendung.

Außer den im vorigen Absatz angeführten allgemeinen gesetzlichen Grundlagen kommen noch folgende spezielle Vorschriften in Betracht:

a) Art. 17 § 1 AG.BGB. (auf Grund des Art. 100 Nr. 1 EG.BGB. und § 793 BGB.) über die Form der Ausfertigungen der Schuldverschreibungen.

b) Art. 18 AG.BGB (beruhend auf Art. 101 EG.BGB. und § 806 BGB.) über die auf Antrag erforderliche (§ 1 des Art. 18) Umschreibung des Inhaberpapieres auf den Namen des Berechtigten durch den Verband.

In Ausführung des § 7 des vorstehenden Art. 18 AG.BGB. ist die Ausführungsverordnung vom 15. 12. 1899 (MBl. 263) erlassen worden.

c) Der Ministerialerlaß vom 1. 11. 1879 (MBl. 1880 S. 11) bestimmt — unter Bezugnahme auf ältere Erlasse — in Nr. II, daß der kleinste Nennwert einer Schuldverschreibung 200 M. betragen und daß bei Verteilung der Anzahl der auszugebenden Anleihestücke auf die einzelnen Nennwertskategorien (Stücke zu 200, 500, 1000 M. bei einer Anleihe) darauf Rücksicht genommen werden solle, daß, falls die Tilgung durch regelmäßige Auslosung erfolgen soll, die planmäßigen Tilgungsbeträge für jede Verlosung innegehalten werden können; daß ferner drei Monate vor dem Zahlungstermin der ausgelosten und gekündigten Schuldverschreibungen eine einmalige öffentliche Bekanntmachung dieser Stücke zu erfolgen habe, und (in Nr. III) daß das Aufgebot und die Kraftloserklärung verlorener und vernichteter Schuldverschreibungen nach den Bestimmungen der ZPO. §§ 1004 ff. zu erfolgen habe.

d) Bezüglich der äußeren Fassung der Genehmigungsurkunde sowie der Schuldverschreibungen nebst Zinsscheinen und Zinslisten ist das durch MinErl. vom 31. 1 1900 (MBl. 81) empfohlene Schema — für Kreisobligationen entworfen und demnach für den Verband entsprechend abzuändern — maßgebend. Schon durch den MinErl. vom 23. 8. 1884 (MBl. 231) war die Ausgabe von Zinsscheinen auf Zeitperioden von zehn Jahren vorgesehen.

e) Die Tilgung der Anleihen soll spätestens zwei Jahre nach der Begebung beginnen.

Zulässig ist die Tilgung durch Auslosung wie durch freihändigen Ankauf von Obligationen. Ist letztere Tilgungsart in der Genehmigungsurkunde aber nicht vorgesehen so kann sie nachträglich auch nicht durch Königliche Genehmigung zugelassen werden. Es bleibt alsdann nur übrig, die alten noch umlaufenden Anleihebeträge zu kündigen und auf Grund eines neu zu beantragenden Privilegs neue Anleihescheine auszugeben (MR. v. 18. 3. 1888, MBl. 101).

f) Konvertierung von Anleihen. Soll der Zinsfuß einer Anleihe herabgesetzt werden, so muß ausdrücklich beschlossen werden, ob die Konvertierung in Form der Abstempelung der alten Stücke oder in Form der Ausgabe neuer Obligationen unter Einziehung der alten erfolgen solle. Unter allen Umständen ist die in der Genehmigung und der Schuldurkunde vorgesehene Kündigungsfrist und Bekanntmachungsform innezuhalten. Eine Hinausschiebung des Tilgungstermins ist nicht zulässig, der Tilgungssatz der konvertierten Anleihe ist daher so festzusetzen, daß der ursprünglich festgesetzte Tilgungstermin innegehalten wird (MinErl. v. 6. 12. 1881, MBl. 1882 S. 5). Soll das Kapital oder der

Zinsfuß erhöht werden, so bedarf es gemäß § 20 der Genehmigung des Oberpräsidenten.

[14]) Nach Art. 74 AG.BGB. (Nr. 2 u. 4) in Verbindung mit Art. 212 EG.BGB. sind die Schuldverschreibungen, welche von einer deutschen kommunalen Körperschaft oder von der Kreditanstalt einer solchen Körperschaft ausgestellt und entweder von seiten der Inhaber kündbar sind oder einer regelmäßigen Tilgung unterliegen, und ebenso die auf den Inhaber lautenden Schuldverschreibungen, welche von einer preußischen Hypothekenaktienbank auf Grund von Darlehen an preußische Körperschaften des öffentlichen Rechts oder von Darlehen, für welche solche Körperschaften die Gewährleistung übernommen haben, ausgegeben sind, zur Anlegung von Mündelgeld geeignet.

[15]) Auf pünktliche Tilgung der Anleihen wie überhaupt auf pünktliche Zahlung aller Schulden des Verbandes hat die Aufsichtsbehörde hinzuwirken. Darüber, welche Zwangsmittel ihr dabei zu Gebote stehen, siehe das zu § 3 in Anm. 4 Gesagte.

[16]) Diese Vorschrift entspricht der ähnlichen Bestimmung in § 116[6] KrO. und § 40 PrO. Die vom Gesetz gewählte Fassung, daß der Verbandsversammlung die Aufstellung von Grundsätzen für die Tätigkeit des Verbandes und über die Verwaltung seines Vermögens zustehe, könnte zu der Annahme verleiten, als sei die Zuständigkeit der Versammlung auf die Aufstellung von Grundsätzen beschränkt. In Wirklichkeit aber unterliegen auch erhebliche Einzelheiten der Tätigkeit des Verbandes und der Verwaltung seines Vermögens der Beschlußfassung der Verbandsversammlung, wie Nr. 10 dieses Paragraphen zeigt.

Die laufenden Geschäfte des Verbandes sind in keinem Falle Gegenstand der Beschlußfassung der Versammlung, werden vielmehr von dem Verbandsdirektor unter Aufsicht des Verbandsausschusses geführt (§ 34). Über den Begriff der laufenden Geschäfte vgl. Anm. 2 zu § 34.

[17]) Der Verbandsversammlung liegt nur die Beschlußfassung über die Errichtung von Verbandsämtern ob; dagegen steht ihr nach beschlossener Errichtung die Wahl nur hinsichtlich der dem Verbandsdirektor zugeordneten oberen Beamten (§ 19 Nr. 8) zu, während die übrigen Verbandsbeamten von dem Verbandsausschuß gewählt und angestellt werden (§ 29 Nr. 4).

Bei der Errichtung eines Verbandsamtes kann die Verbandsversammlung für das Amt eine Amtsbezeichnung beschließen, die den Beamten mit dem Amte zukommt und von ihnen pflichtgemäß zu führen ist. Dagegen kann die Verbandsversammlung den Verbandsbeamten nicht einen Titel im engeren Sinne, d. h. eine vom Amte unabhängige, losgelöst von diesem zur Auszeichnung einer bestimmten Persönlichkeit dienende Benennung, beilegen. Dieses Recht steht gemäß Art. 50 PrV. allein dem Könige zu. — Bei der Auswahl der Amtsbezeichnungen ist die Verbandsversammlung völlig frei, insbesondere von jeder Mitwirkung der Aufsichtsbehörde. Ausgeschlossen sind nur solche Benennungen, die mit staatlichen Amtsbezeichnungen oder Titeln übereinstimmen oder doch sich von diesen so wenig deutlich unterscheiden, daß sie den Träger nach außen als Inhaber der staatlichen Benennung erscheinen lassen könnten (vgl. OVG. 6 S. 59, 41 S. 43, PrVBl. 17 S. 224, 23 S. 259, 265, 281 und 31 S. 587).

[18]) a) Das Gesetz trifft keine Bestimmung darüber, inwieweit der Verband verpflichtet ist, Beamte anzustellen, und inwieweit er berechtigt ist, gleich jedem privaten Arbeitgeber, Personen zu beschäftigen, welche er mittels privatrechtlichen Dienstvertrages (§§ 611 ff. BGB.) an sich fesselt. Der gewichtige Unterschied besteht darin, daß im Gegensatz zu dem letzteren, dem privatvertraglichen Verhältnis, der Beamte zu dem Verbande in ein durch öffentlich-rechtlichen Akt begründetes öffentlich-rechtliches Dienstverhältnis tritt, welches ihm, auch über die vertragsmäßigen und berufsmäßigen

Pflichten hinaus, zu einer besonderen Treue gegen seinen Dienstherrn, den Verband, verpflichtet, und welches ihn außerdem zugleich zum mittelbaren Staatsbeamten macht (s. OVG. 20 S. 128, 16 S. 154, 19 S. 62, 20 S. 39; ALR. § 69 II, 10). Als leitender Grundsatz wird in der Judikatur und Literatur übereinstimmend der Satz aufgestellt, daß obrigkeitliche Funktionen, d. h. Funktionen, welche organisch in die Verfassung des Staates eingreifen und Zwecke zu erfüllen haben, die in direkten Beziehungen zu den Aufgaben des Staates stehen (OVG. 20 S. 39), nur angestellten Beamten, daß dagegen mechanische, künstlerische, wissenschaftliche und technische Dienstleistungen auch den auf Grund von Privatdienstverträgen beschäftigten Personen übertragen werden dürfen (RGZ. 28 S. 84, 85; RGSt. 31 S. 293; OVG. 20 S. 128; 27 S. 431). Und zwar gilt dieser Grundsatz stets, gleichviel ob es sich um vorübergehende, um probeweise Verwaltung bestimmter Geschäfte oder um dauernde Besetzung der betreffenden Stelle handelt.

Es werden demnach in bezug auf die Frage, ob Beamte anzustellen oder Privatbedienstete zu engagieren sind, zunächst die Verbandsorgane selbst Entscheidung zu treffen haben. Demnächst wird jedoch der Aufsichtsbehörde das Recht nicht verschränkt werden können, nachzuprüfen, ob der Verband seiner Pflicht, zur Erledigung sämtlicher obrigkeitlichen Geschäfte genügend zahlreiche Beamte anzustellen, nachgekommen ist, und erforderlichenfalles im Wege der Zwangsetatisierung (s. § 38 Abs. 3) die Einstellung der nötigen Gehälter in den Etat zu erzwingen (vgl. OVG. 41 S. 151).

b) Eine weitere Frage ist die, inwieweit der Verband bei der Auswahl der Beamten an die Erfüllung bestimmter Vorbedingungen seitens der Beamten (persönliche Qualifikation) gebunden ist. Nach dieser Richtung ist zunächst zu bemerken, daß gesetzliche Bestimmungen über die wissenschaftliche oder technische Qualifikation der Verbandsbeamten nicht vorhanden sind. Doch wird es sich empfehlen, ähnlich wie in größeren Städten, das vorhandene Beamtenpersonal in höhere Beamte, mittlere oder Subalternbeamte und Unterbeamte zu zerlegen, indem im allgemeinen dabei nicht nur die Besoldungsverhältnisse, sondern auch der Grad der erlangten Vorbildung und zwar in derselben Weise wie bei den entsprechenden Klassen der Staatsbeamten zur Unterlage gemacht ist. Dabei ist zu beachten, daß der Begriff der „höheren" Beamten sich nicht deckt mit dem der „oberen" Beamten im Sinne des § 33 Abs. 3. Zwar ist jeder „obere" Beamte auch ein höherer Beamter, nicht aber auch umgekehrt. Oberer Beamter im Sinne des § 33 Abs. 3 ist nur, wer von der Verbandsversammlung (§ 19 Nr. 8) ausdrücklich als solcher gewählt ist.

Trotz dieser Freiheit in Bezug auf die Qualifikation der anzustellenden Beamten ist der Verband dennoch in der Auswahl der Beamten bei Besetzung der Subaltern- und Unterbeamtenstellen in starkem Maße gebunden durch die gesetzlichen Bestimmungen, welche hinsichtlich der Besetzung der Stellen im Dienst der Kommunalverbände mit Militäranwärtern bestehen. Die Verpflichtung des Verbandes, gewisse Stellen ganz oder vorwiegend mit Militäranwärtern zu besetzen, beruht:

α) auf den vom Bundesrat in Ausführung des § 18 des Mannschaftsversorgungsgesetzes vom 31. 5. 1906 (RGBl. 593) unter dem 20. 6. 1907 bekanntgemachten Grundsätzen für die Besetzung der mittleren, Kanzlei- und Unterbeamtenstellen bei den Kommunalbehörden mit Militäranwärtern und Inhabern des Anstellungsscheines (nebst den zu diesen Grundsätzen erlassenen Erläuterungen — ZBl. für das Deutsche Reich 1907 S. 309);

β) auf dem durch die vorstehend erwähnten Grundsätze in der Hauptsache aufrecht erhaltenen preußischen Gesetze betreffend die Besetzung der Subaltern- und Unterbeamtenstellen der Kommunalverbände mit Militäranwärtern, vom 21. 7. 1892 (GS. 214) nebst

Ausführungsanweisung vom 30. 9. 1892 (MBl. 285) und vom 1. 12. 1899 (MBl. 235).

[19]) Zu den Anstellungs- und Besoldungsverhältnissen gehören vor allem Bestimmungen über etwaige Ansprüche auf Pension, Gnadenbesoldungen, Witwen- und Waisenversorgung. Die Bestimmungen können durch generelle Beschlüsse der Verbandsversammlung oder auch in Form der Satzung (§ 10) getroffen werden.

Bei der Beschlußfassung über die Anstellungsverhältnisse der Verbandsbeamten ist die Verbandsversammlung an die gesetzlichen Vorschriften über die Militäranwärter (vgl. Anm. 18 oben) und an die Bestimmungen der §§ 1—7 KBG. (vgl. § 33 Abs. 4) gebunden.

Die Anstellung der Beamten kann auf Lebenszeit, auf Zeit oder auf Kündigung erfolgen (vgl. auch § 94 PrO. und Anm. 19c zu § 33 unten).

[20]) Die Vorschrift in § 11 KBG., wonach die Aufsichtsbehörde in Fällen eines auffälligen Mißverhältnisses zwischen der Besoldung und den amtlichen Aufgaben der Beamtenstelle verlangen kann, daß den städtischen Beamten die zu einer zweckmäßigen Verwaltung angemessenen und der Leistungsfähigkeit der Stadtgemeinde entsprechenden Besoldungsbeträge bewilligt werden, gilt nicht für den Zweckverband.

[21]) Das Nähere über den Verbandsdirektor vgl. in §§ 33, 34.

[22]) Ob und welche oberen Beamten dem Verbandsdirektor zuzuordnen sind, beschließt die Verbandsversammlung (§ 19 Nr. 7).

Darüber, welchen Titel diese oberen Beamten zu führen haben, trifft das Gesetz keine Bestimmung (vgl. oben Anm. 17 und für die oberen Provinzialbeamten [§ 93 PrO.] die Allerh. Kab.-Order vom 20. 1. 1877, MBl. 37).

[23]) Vgl. hierzu § 26 und Anm. 10—12 ebenda.

[24]) Die Prüfung der Gültigkeit oder der fortdauernden Wirkung der Wahlen erfolgt von Amts wegen oder auf

Einspruch (OVG. 25 S. 21). Darüber, von wem der Einspruch eingelegt werden kann und binnen welcher Frist dies geschehen muß, trifft das Gesetz keine Bestimmung. Auch der Beschluß der Verbandsversammlung über die Gültigkeit oder die fortdauernde Wirkung der Wahlen ist an eine Frist nicht gebunden (vgl. auch OVG. 12 S. 18).

Mangels einer ausdrücklichen gesetzlichen Vorschrift kann auch das Mitglied, dessen Wahl beanstandet ist, an der Abstimmung teilnehmen. Doch wird es sich empfehlen, eine dies ausschließende Vorschrift in die Geschäftsordnung (§ 19 letzter Absatz, Anm. 34 unten) aufzunehmen.

Der materielle Inhalt des Beschlusses ist lediglich die Erklärung, daß die Wahl gültig oder ungültig sei, fortdauernde Wirkung habe oder dauernd, bzw. vorübergehend ihre Wirkung verloren habe (OVG. 6 S. 136 und 32 S. 6). Einen weiteren Inhalt, etwa Ratschläge oder Hinweise darauf, was nunmehr zu geschehen habe, darf der Beschluß nicht haben.

Der Beschluß der Verbandsversammlung erledigt zugleich die eingelaufenen Einsprüche in gleichem Sinne (PrVBl. 15 S. 178). Mit der einmal erfolgten Beschlußfassung, auch wenn sie nicht auf Einspruch, sondern von Amts wegen erfolgte, ist das Beschlußfassungsrecht und die Beschlußfassungspflicht der Verbandsversammlung hinsichtlich der betreffenden Wahl endgültig erschöpft. Eine nochmalige Beschlußfassung über dieselbe Wahl ist unzulässig (PrVBl. 24 S. 603). Selbstverständlich wird aber durch die einmal erfolgte Beschlußfassung über die Gültigkeit einer Wahl eine spätere Beschlußfassung über die fortdauernde Wirkung derselben nicht ausgeschlossen.

Die Folge der von der Verbandsversammlung beschlossenen Gültigkeit der Wahl ist, daß der Gewählte Sitz und Stimme in der Versammlung erhält und solche erst durch rechtskräftige Entscheidung des OVG. verlieren kann.

[25]) Gegen die Beschlüsse der Verbandsversammlung über die Gültigkeit oder die fortdauernde Wirkung der Vertreter=

wahlen findet die Klage bei dem OVG. statt (vgl. § 20 Abs. 2 und die Erläuterungen dazu).

[26]) Auch der nach § 7 Abs. 2 und 3 zu entrichtende Zuschuß ist von der Verbandsversammlung festzusetzen.

[27]) Da die Erhebung der Gebühren und Beiträge in sinngemäßer Anwendung der für Provinzialabgaben geltenden Bestimmungen des Kreis- und Provinzialabgabengesetzes vom 23. 4. 1906 (GS. 159) erfolgt, kann gemäß § 24 dieses Gesetzes die Verbandsversammlung die Festsetzung der Gebühren und Beiträge auf den Verbandsausschuß übertragen (vgl. auch StenBerHH. S. 312).

[28]) Soweit es sich um die Erwerbung oder Veräußerung von Grundstücken handelt, ist die Beschlußfassung der Verbandsversammlung ohne Rücksicht auf den Wert des Gegenstandes erforderlich (BerAH. S. 3097).

[29]) Der Erwerbung steht die Pachtung von Grundstücken nicht gleich (BerAH S. 3097); doch kann die Verbandsversammlung auch auf die Pachtung von Grundstücken durch Aufstellung von Grundsätzen für die Tätigkeit des Verbandes und über die Verwaltung seines Vermögens gemäß N. 6 dieses Paragraphen maßgebenden Einfluß erlangen.

[30]) Darunter fällt jeder Vertrag, durch welchen freiwillig Eigentum übertragen wird, also außer Kauf auch Tausch und jede Schenkung. Dagegen fällt die Bestellung eines Erbbaurechts an einem Grundstücke des Verbandes nicht unter die Veräußerung (vgl. Johow 21 A S. 127).

Da nur die freiwillige Veräußerung der Beschlußfassung der Verbandsversammlung unterliegt, so kommt diese nicht in Frage, wenn ein Grundstück des Verbandes verloren geht:

a) durch Verkauf im Wege der Zwangsvollstreckung (vgl. Anm. 4 zu § 3);

b) durch Tabularersitzung (§ 900 BGB.);

c) durch ein den Verband im Prozesse zur Herausgabe verurteilendes Erkenntnis, mag dieses auch im Wege des Versäumnisverfahrens ergangen sein;

d) durch Unterlassung des Widerspruchs gegen die Ausführung fremder Bauten auf einem Verbandsgrundstück (§ 912 BGB.).

[31]) Den Grundstücken müssen solche Immobiliarrechte gleichgestellt werden, die nach bürgerlichem Rechte wie Grundstücke behandelt werden, wie insbesondere Grunddienstbarkeiten (§ 1018 BGB.), das subjektiv-dingliche Vorkaufsrecht (§ 1094 Abs. 2 BGB.), die sogenannten selbständigen Gerechtigkeiten (vgl. hierzu Art. 67, 68, 196 EG.BGB., Art. 40 AG.BGB. sowie Art. 22, 27 AG.RGBO.), das Bergwerkseigentum (§ 50 des Berggesetzes vom 24. 6. 1865), die Schiffsmühlen, d. h. die Berechtigung, auf einem öffentlichen Strom eine Mühle zu haben (OTr. 34 S. 440, § 7 G. v. 11. 3. 1850, betreffend die auf Mühlengrundstücken haftenden Reallasten, GS. 146; ALR. II 15 § 229); die Fährgerechtigkeit; die Fischereigerechtigkeit (G. v. 30. 5. 1874) und die Bahneinheiten (EG.BGB. Art. 112; Gesetz vom 8. 7. 1902, GS. 238).

Denn wollte man die Zuständigkeit der Verbandsversammlung auf die Veräußerung und Erwerbung von Grundstücken im engeren Sinne beschränken, so würde man zu der unhaltbaren Konsequenz gelangen, daß eine von dem Verbande nach Beschlußverfassung der Verbandsversammlung erworbene Bahneinheit (§ 4, § 19 Nr. 10) ohne Genehmigung der Verbandsversammlung wieder veräußert werden könnte.

[32]) Daß die Beschlüsse über Erwerb und Veräußerung von Grundstücken nicht der Genehmigung der Aufsichtsbehörde bedürfen, ist bereits in Anm. 3 zu § 3 ausgeführt.

[33]) Der Verbandsversammlung steht es frei, ob sie sich eine Geschäftsordnung geben will. Der die Geschäftsordnung betreffende Beschluß bedarf weder der Bestätigung des Verbandsausschusses noch der Genehmigung der Aufsichtsbehörde; er kann mit einfacher Stimmenmehrheit gefaßt werden.

[34]) Was den Inhalt der Geschäftsordnung anlangt, so ist zu beachten, daß Geldbußen wegen Zuwiderhandlung gegen

die zur Aufrechterhaltung der Ordnung gegebenen Vorschriften nicht festgesetzt werden können (anders nach § 48 StO.). Im übrigen wird die Geschäftsordnung zweckmäßig über folgende Punkte Bestimmung treffen:

a) über die Zusammensetzung des Vorstandes, insbesondere über die Wahl von Beisitzern, die den Vorsitzenden der Versammlung unterstützen;

b) über die Einsetzung von ständigen oder unständigen Ausschüssen zur Vorberatung der Vorlagen und Wahlen;

c) über die Behandlung der Vorlagen, d. h. sowohl der Vorlagen des Verbandsausschusses, wie auch der Initiativanträge und Interpellationen der Mitglieder, sowie der Petitionen. Regelmäßig werden hier zur Entlastung der Versammlung eine Reihe von Gegenständen angeführt, die, wenn auf der Tagesordnung stehend, ohne Verhandlung und Abstimmung als genehmigt oder erledigt gelten, falls kein Mitglied Widerspruch erhebt, während bezüglich anderer Gegenstände eine mehrmalige Lesung (bis zu dreimaliger) vorbehalten wird;

d) über die Sitzungen, wobei in Ergänzung des Gesetzes Bestimmungen über die regelmäßigen Sitzungstage, die Art der Zusammenberufung und der Bekanntmachung der Tagesordnung, über den Ausschluß der Öffentlichkeit, über den Inhalt und die Unterzeichnung des Protokolls, über die Redeordnung, die Einbringung von Abänderungs-, Schluß- und Vertagungsanträgen, über die Form der Fragestellung zum Zwecke der Abstimmung sowie über die Form der Abstimmung selbst werden aufgenommen werden müssen;

e) über die Mittel zur Handhabung der Ordnung in der Sitzung, die dem Vorsitzenden der Versammlung zur Seite stehen sollen (Verweisung zur Sache, Ordnungsruf, Entziehung des Wortes, Unterbrechung und Aufhebung der Sitzung, Räumung des Zuhörerraumes);

f) über die für den Geschäftsgang, die Sitzungen und Verhandlungen der Ausschüsse maßgebende Geschäftsordnung;

g) über die Pflicht der Mitglieder, in gewissen Fällen Amtsverschwiegenheit zu wahren und die Voraussetzungen hierfür;

h) über die Beurlaubung und Vertretung von Mitgliedern sowie die Einhaltung bestimmter Ferienzeiten.

§ 20.

Die Festsetzung des Umlagebedarfs (§ 19 Ziffer 4), sofern er höher als 25 vom Hundert des umlagefähigen Gesamtsteuersolls ist[1]), und die Aufnahme von Anleihen (§ 19 Ziffer 5)[2]) bedarf der Genehmigung der Aufsichtsbehörde (§ 38)[3])[4])[5]).

Gegen die Beschlüsse der Verbandsversammlung über die Gültigkeit oder die fortdauernde Wirkung der Vertreterwahlen[6]) (§ 19 Ziffer 9) findet binnen vier Wochen[7]) die Klage bei dem Oberverwaltungsgerichte statt[8])[9])[10]). Die Klage hat keine aufschiebende Wirkung[11]); jedoch dürfen Ersatzwahlen[12]) vor ergangener rechtskräftiger Entscheidung nicht vorgenommen werden.

[1]) Vgl. Anm. 11 zu § 19. Es kommt nicht der Belastungsprozentsatz der einzelnen Gemeinde, sondern der des gesamten Verbandes in Betracht (VerAH. S. 3098). Über den Begriff des Gesamtsteuersolls vgl. Anm. zu § 11.

[2]) Grundsätze für die Erteilung der Genehmigung. Zulässige Verwendungszwecke. Maßgebend sind die Ministerialerlasse vom 1. 6. 1891 (MBl. 84) und vom 6. 8. 1892 (MBl. 321).

Die darin enthaltenen Grundsätze haben bei der Genehmigung von Anleihen auch dann zur Anwendung zu kommen, wenn die Anleihen nicht in Form der Ausgabe von Inhaberpapieren, sondern in anderer Weise zur Begebung gelangen (MinErl. vom 14. 8. 02, MBl. 174).

[3]) D. i. der Oberpräsident. Gegen seine Entscheidung

findet innerhalb 4 Wochen die Beschwerde an den Minister des Innern statt (§ 38).

[4]) Der § 20 Abs. 1 enthält kein vollständiges Verzeichnis derjenigen Fälle, in denen die Gültigkeit von Beschlüssen der Verbandsversammlung von der Genehmigung der Aufsichtsbehörde abhängig ist; er bezieht sich vielmehr ausschließlich auf das Gebiet der Vermögensverwaltung. Auf anderen Gebieten gibt es noch Fälle, in denen die Beschlüsse der Verbandsversammlung der Bestätigung durch die Aufsichtsbehörde bzw. den König bedürfen (vgl. §§ 7 Abs. 5, 10 und 33). Aber auch auf dem engeren Gebiete der Vermögensverwaltung bedarf der Verband noch in einem weiteren, in § 20 nicht genannten Falle der Genehmigung, nämlich beim Erwerb von Schenkungen und letztwilligen Zuwendungen über 5000 Mark (vgl. hierzu Anm. 3 zu § 3).

[5]) Wird ein nach § 20 an höhere Genehmigung gebundenes Geschäft vom Verbandsdirektor ohne Genehmigung und ohne Vorbehalt der Genehmigung mit Dritten abgeschlossen, so ist es, vorausgesetzt, daß im übrigen die gesetzliche Form gewahrt ist, rechtsgültig abgeschlossen; der Verbandsdirektor ist aber haftbar. Ist dagegen der Vorbehalt erfolgt, so wird das Geschäft erst mit der Genehmigung perfekt.

[6]) Dazu gehören auch die Wahlen der Ersatzmänner nach § 16 Abs. 1 Satz 2.

[7]) Diese Frist beginnt für diejenigen, deren Wahl durch den Beschluß für ungültig oder für dauernd bzw. vorübergehend unwirksam erklärt ist, erst dann, wenn ihnen der Beschluß zugestellt ist oder sie von dem Beschluß in einer die Zustellung ersetzenden Weise Kenntnis erlangt haben (OVG. im PrVBl. 16 S. 448).

[8]) Die Klage gegen die Beschlüsse der Verbandsversammlung steht dem Vertreter (Ersatzmann) zu, dessen Wahl für ungültig oder für dauernd bzw. vorübergehend unwirksam erklärt ist. Dagegen ist nicht klageberechtigt ein bei der Abstimmung der Verbandsversammlung in der Minderheit ge-

bliebenes Mitglied der Versammlung, dessen Legitimation gar nicht in Frage gekommen ist (OVG. 3 S. 6, PrVBl. 13 S. 157 u. 16 S. 448). Ebensowenig kann der Kreistag oder die Gemeindevertretung, welche die Wahl gemäß § 16 vorgenommen haben, die Klage erheben, weil die Wahl für ungültig erklärt ist (OVG. 17 S. 1).

[9]) Beklagter ist die Verbandsversammlung. Die Vorschrift in § 21 ZuständG. über die Bestellung eines besonderen Vertreters zur Wahrnehmung der Rechte im Verwaltungsstreitverfahren kann in Ermangelung einer ausdrücklichen Bestimmung keine Anwendung finden. Selbstverständlich kann aber die Verbandsversammlung durch Beschluß einen Bevollmächtigten für das Streitverfahren ernennen.

Die Klage muß sich gegen den Inhalt des Beschlusses der Verbandsversammlung richten, also die Ungültigkeitserklärung der Wahl anfechten. Diesem Inhalt der Klage muß inhaltlich auch die Entscheidung des Oberverwaltungsgerichts entsprechen; diese darf sich nicht darauf beschränken, den Beschluß der Verbandsversammlung aufzuheben, sondern muß die Ungültigkeit oder Gültigkeit der Wahl aussprechen (OVG. 14 S. 37). Darüber hinausgehend darf das Oberverwaltungsgericht allerdings weder Vorschläge, wie nunmehr zu prozedieren sei, machen, noch gar dem aufgehobenen Wahlergebnis ein anderes positiv substituieren (OVG. 6 S. 136, 14 S. 37, 18 S. 336, 19 S. 23, 20 S. 21 und 22, 31 S. 112, 43 S. 94).

[10]) Stirbt der Gewählte vor rechtskräftiger Entscheidung über die Gültigkeit der Wahl, so kann eine sachliche Entscheidung — sei es ein Beschluß der Verbandsversammlung, sei es ein Urteil des Oberverwaltungsgerichts — nicht mehr ergehen. Erfolgt der Tod erst nach Eintritt in das Verwaltungsstreitverfahren, so muß auf Antrag über den Kostenpunkt noch erkannt werden (OVG. 28 S. 9). — Die Ablehnung der Wahl oder Niederlegung der schon angenommenen vor der Erledigung des Streits über die Gültigkeit der Wahl stehen dagegen der weiteren Verfolgung des Einspruchs und

ev. der Durchführung der Klage im Verwaltungsstreitverfahren nicht entgegen.

11) Die wichtigsten Konsequenzen hiervon sind:

a) daß der gewählte Vertreter alsbald mit dem Verbandsversammlungsbeschluß Sitz und Stimme in der Versammlung erhält und diese erst verliert, wenn rechtskräftig die Ungültigkeit der Wahl festgestellt ist (OVG. 31 S. 108, PrVBl. 24 S. 281);

b) daß die Beschlüsse der Versammlung deshalb, weil Vertreter mitgewirkt haben, deren Wahl hinterher durch das Oberverwaltungsgericht für ungültig erklärt worden ist, nicht angefochten werden können.

12) Ersatzwahl ist hier nicht im technischen Sinne (Ersatzwahl für vorzeitig ausgeschiedene Mitglieder § 17 Abs. 4) zu verstehen, sondern in dem Sinne: Ersatzwahlen für ungültig, bzw. für dauernd oder vorübergehend unwirksam erklärte Wahlen.

§ 21.

Der Vorsitzende (§ 15 Abs. 1)[1]) beruft die Verbandsversammlung[2]) durch Einladungsschreiben[3]) unter Angabe der zu verhandelnden Gegenstände[4]). Den Einladungsschreiben sind die Vorlagen des Verbandsausschusses zu diesen Gegenständen nebst den zugehörigen Schriftstücken beizufügen[5]). Mit Ausnahme dringender Fälle[6]), in welchen die Frist auf drei Tage[7]) abgekürzt werden darf, muß die Einladung den Vertretern mindestens zwei Wochen vorher zugestellt werden. Durch die Satzung[8]) können andere Fristen vorgeschrieben werden[9]).

Die Verbandsversammlung ist zusammenzuberufen, so oft es die Geschäfte erfordern, indessen mindestens einmal im Rechnungsjahr (1. April bis 31. März). Auf den Antrag von wenigstens einem Drittel der Vertreter[10]) muß die Zusammenberufung oder die Ergänzung der Tagesordnung [11]) erfolgen.

[1]) D. i. der erste Bürgermeister der Stadt Berlin, bei dessen Verhinderung der zweite Bürgermeister von Berlin, sofern er Mitglied ist, sonst und bei dessen Behinderung ein von der Verbandsversammlung zu wählendes Mitglied (§ 36).

[2]) D. h. die Vertreter; ist dem Vorsitzenden die Behinderung eines Vertreters bekannt, so hat er dessen Ersatzmann einzuladen (vgl. auch Anm. 5 zu § 16).

Mit Rücksicht auf § 38, wonach der Oberpräsident befugt ist, an den Beratungen der Verbandsversammlung entweder selbst oder durch einen zu seiner Vertretung abzuordnenden Staatsbeamten teilzunehmen, wird es notwendig sein, auch den Oberpräsidenten von der Tagung der Verbandsversammlung in Kenntnis zu setzen.

[3]) Nähere Bestimmungen über die Form der Einladungsschreiben wird zweckmäßigerweise die Geschäftsordnung treffen. Zwecks Feststellung, ob die in Satz 3 dieses Paragraphen bestimmte Frist von zwei Wochen gewahrt ist, empfiehlt es sich, die Einladungsschreiben durch die Post zuzustellen.

[4]) Und zwar aller Gegenstände, auch derjenigen, die in geheimer Sitzung verhandelt werden sollen. Sollte die Geheimhaltung von Einzelheiten im Interesse des Verbandes liegen, so genügen generelle Angaben über diese geheim zu behandelnden Gegenstände, vorausgesetzt, daß sie erkennbar machen, um was im allgemeinen es sich handelt.

[5]) Das gleiche wird von Anträgen gelten müssen, die von Vertretern bei dem Vorsitzenden zur Beratung in der Verbandsversammlung angebracht worden sind. Solche Anträge müssen auf Verlangen von wenigstens einem Drittel der Vertreter auf die Tagesordnung der nächsten Verbandsversammlung gesetzt werden (vgl. Abs. 2 Satz 2 dieses Paragraphen), vorausgesetzt, daß sie vor Ablassung der Einladungsschreiben eingehen oder die nachträgliche Ergänzung der

Tagesordnung noch unter Innehaltung der vorgeschriebenen zweiwöchigen Frist den Mitgliedern zugestellt werden kann.

[6]) Was „dringender Fall“ ist, hat die Versammlung selbst festzustellen. Wie die Versammlung dies feststellt, ist zweckmäßigerweise in der Geschäftsordnung zu bestimmen. Hat die Versammlung die Dringlichkeit ausdrücklich ausgesprochen, so ist hierdurch die Verletzung der Frist des § 21 geheilt (Anm. 8).

Wird die Dringlichkeit ausdrücklich anerkannt, so kann auch über solche eilige Sachen verhandelt werden, die den Mitgliedern der Verbandsversammlung überhaupt nicht vor der Sitzung mitgeteilt worden sind.

[7]) Bei Berechnung der dreitägigen Frist wird der Tag der Zustellung der Einladung und der Tag der Verhandlung nicht mitgezählt, so daß zwischen diesen drei volle Kalendertage liegen müssen. Erfolgt z. B. die Zustellung der Einladung am Dienstag, so kann die Sitzung nicht am Freitag, sondern frühestens am Sonnabend stattfinden. Ob zu den freien Zwischentagen ein Feiertag gehört, insbesondere ein Sonntag, ist gleichgültig.

[8]) Vgl. § 10 und die Anm. dazu. Durch die Geschäftsordnung (§ 19 Abs. 2) können andere Fristen nicht vorgeschrieben werden.

[9]) Sind die Bestimmungen des § 21 Abs. 1 gegenüber allen oder einigen Vertretern verletzt, so heilt weder das Einverständnis der Beteiligten mit der dennoch stattfindenden Sitzung und Beratung, noch eine etwaige zu den Beschlüssen hinzutretende Bestätigung der Aufsichtsbehörde den Mangel; die gefaßten Beschlüsse sind vielmehr nichtig (OVG. 24 S. 98). Vgl. aber Anm. 6 hinsichtlich der Ausnahmen der dringlichen Fälle.

[10]) Dagegen kann der Verbandsausschuß den Vorsitzenden der Verbandsversammlung zur Einberufung der letzteren nicht zwingen.

[11]) Wobei aber die in § 21 Abs. 1 vorgeschriebene Frist

von zwei Wochen bzw. drei Tagen oder die durch die Satzung anderweit bestimmte Frist gewahrt werden muß.

§ 22.

Die Mitglieder des Verbandsausschusses [1]) und im Auftrage des Verbandsdirektors [2]) die ihm zugeordneten oberen Beamten [3]) können an den Sitzungen der Verbandsversammlung [4]) mit beratender Stimme teilnehmen [5]) [6]). Ob noch andere Personen, insbesondere Sachverständige, mit beratender Stimme zu den Sitzungen zuzuziehen sind, bleibt der Beschlußfassung des Verbandsausschusses oder der Verbandsversammlung überlassen [7]).

An Verhandlungen über Rechte und Verpflichtungen des Verbandes darf derjenige nicht teilnehmen, dessen Interesse [8]) mit dem des Verbandes im Widerspruche steht [9]) [10]).

[1]) Über die Zusammensetzung des Verbandsausschusses vgl. § 26.

[2]) Der nach § 26 von Amts wegen Mitglied des Verbandsausschusses und daher zur Teilnahme an den Sitzungen der Verbandsversammlung mit beratender Stimme berechtigt ist.

[3]) Über diese oberen Beamten vgl. § 33 Abs. 3.

[4]) Also auch an den geheimen Sitzungen (§ 25).

[5]) Zur Stellung von Anträgen in der Verbandsversammlung sind die Mitglieder des Verbandsausschusses und die oberen Beamten nicht befugt; wohl aber können sie Vorschläge machen.

Anders wie der Verbandsdirektor und die oberen Beamten, die nach § 16 Abs. 2 nicht wählbar sind, können die Mitglieder des Verbandsausschusses gleichzeitig auch Mitglieder der Verbandsversammlung sein. Ist dies der Fall, so müssen sie, wie jedes andere Mitglied, von dem Vorsitzenden gemäß § 21 Abs. 1 zur Sitzung eingeladen werden; sie sind dann voll stimmberechtigt.

Sind dagegen die Mitglieder des Verbandsausschusses nicht zugleich Mitglieder der Verbandsversammlung, so ist ihre formelle Einladung vom Gesetze nicht vorgeschrieben. (Anders hinsichtlich des Magistrats zu den Versammlungen der Stadtverordneten nach § 38 Abs. 3 StO.)

[6]) Außer den Mitgliedern des Verbandsausschusses und den vom Verbandsdirektor beauftragten oberen Beamten ist noch der Oberpräsident befugt, an den Beratungen der Verbandsversammlung entweder selbst oder durch einen zu seiner Vertretung abzuordnenden Staatsbeamten teilzunehmen; der Oberpräsident sowie die zu seiner Vertretung abgeordneten Staatsbeamten sind auf Verlangen jederzeit zu hören (§ 38 und Anm. 5—6 ebenda).

[7]) Es genügt die Beschlußfassung des Verbandsausschusses oder der Verbandsversammlung. Hat also z. B. der Verbandsausschuß zur Vertretung einer Vorlage in der Verbandsversammlung eine solche andere Person abgeordnet, so kann die Verbandsversammlung nicht einen Beschluß auf Zurückweisung dieser Person fassen.

[8]) Worin das Interesse des einzelnen bestehen muß, um ihn von der Teilnahme auszuschließen, ist nicht gesagt. Es ist anzunehmen, daß es sich um ein unmittelbares persönliches (individuelles) Interesse, sei es ein Vermögensinteresse oder ein Interesse anderer Art, handeln muß, das in Widerspruch tritt zu dem allgemeinen, dem Gesamtinteresse. Ein solches unmittelbares Interesse des einzelnen kann auch vorliegen, wenn es sich um vermögensrechtliche Interessen solcher Angehörigen handelt, welche mit einem Vertreter durch das rechtliche Band der Unterhaltspflicht oder des Nießbrauchs am Vermögen verbunden sind. Dagegen liegt ein die Teilnahme ausschließender Grund nicht vor, wenn es sich um das Vermögensinteresse solcher Verwandten handelt, die nicht in dem oben geschilderten Rechtsverhältnisse

zu dem Vertreter stehen (nicht Aszendenten, Deszendenten, Ehegatten sind); ferner nicht, wenn Interessen einer Korporation oder Berufsklasse in Frage stehen, denen der einzelne Vertreter angehört (z. B. ein Staatsbeamter beim Ankauf eines fiskalischen Grundstücks durch den Verband, ein Kirchengemeindemitglied bei Streitigkeiten seiner Kirchengemeinde mit dem Verband, ein Grundbesitzer, wenn Interessen aller Grundbesitzer in Frage stehen, MR. vom 13. 8. 1840 MBl. 343). Denn in diesen Fällen fehlt es trotz des vorhandenen individuellen Interesses des einzelnen an dem notwendigen Widerstreit dieses Interesses mit dem Gesamtinteresse. Auch die Mitgliedschaft in einem Verein oder in einer Gesellschaft mit idealen Zwecken rechtfertigt an sich noch nicht die Anwendung des § 22 Abs. 2, und zwar selbst dann nicht, wenn der Vertreter dem Vorstand des Vereins oder der Gesellschaft angehört; es muß hier die Sachlage des Einzelfalles entscheiden. — Streitig kann die Frage in Fällen sein, in denen ein Vertreter Vorstand oder Aufsichtsratsmitglied solcher Erwerbsgesellschaften ist, deren Interesse mit dem des Verbandes kollidiert oder wo das Interesse des Mündels eines Vertreters dem des Verbandes zuwiderläuft. Jeder in einer Pflichtenkollision befindliche Vertreter wird gut tun, sich in den auch nur zweifelhaften Fällen seiner Mitarbeit zu enthalten, wenn nicht um seiner selbst willen, so doch schon, um die Gefahr ungültiger Beschlüsse zu vermeiden (Anm. 9, vgl. auch PrVBl. 21 S. 273, 26 S. 489, 29 S. 54). Dem Verbot der Teilnahme an den Verhandlungen ist nicht schon dadurch genügt, daß der Vertreter des Mitsprechens und des Mitabstimmens sich enthält. Vielmehr muß gefordert werden, daß der persönlich Interessierte nicht anwesend ist. Auch stumme Anwesenheit des Interessierten kann auf die Aussprache und Entschließung der übrigen Mitglieder von erheblichem Einfluß sein. Auf die Entfernung der seiner Ansicht nach interessierten Personen hat der Vorsitzende hinzuwirken.

Die Frage, ob ein Mitglied der Verbandsversammlung oder des Verbandsausschusses in Prozessen des Verbandes als Sachverständiger zuzulassen ist, oder ob es die Besorgnis der Befangenheit gegen sich hat, kann nur nach den Umständen des einzelnen Falles entschieden werden (vgl. auch RGZ. 66 S. 53).

[9]) Eine Verletzung des § 22 Abs. 2 macht die gefaßten Beschlüsse ungültig. Erfährt die Aufsichtsbehörde von einem Beschluß der Verbandsversammlung, bei welchem Personen mitgewirkt haben, die nach ihrer Ansicht gemäß § 22 Abs. 2 hätten ausgeschlossen werden sollen, so ist sie gemäß § 38 Abs. 3 zur Beanstandung des Beschlusses verpflichtet; die betroffenen Mitglieder haben dann, falls die Verbandsversammlung Klage erhebt, die Möglichkeit, im Verwaltungsstreitverfahren darzutun, daß bzw. ob sie uninteressiert sind (OVG. 51 S. 6).

[10]) Die Vorschrift des Abs. 2 dieses Paragraphen bezieht sich auch auf die Mitglieder des Verbandsausschusses, die oberen Beamten und sonstigen Personen, die zu den Sitzungen mit beratender Stimme zugezogen werden.

§ 23.

Die Verbandsversammlung ist beschlußfähig, wenn mehr als die Hälfte der Mitglieder anwesend sind[1])[2]). Eine Ausnahme hiervon findet statt, wenn die Verbandsversammlung, zum zweiten Male zur Verhandlung über denselben Gegenstand berufen, dennoch nicht in beschlußfähiger Anzahl erschienen ist[3]). Bei der zweiten Zusammenberufung muß auf diese Bestimmung hingewiesen werden[4])[5])[6]).

[1]) Diese Zahl kann durch die Satzung nicht abgeändert werden (VerAH. S. 3098, 3099).

Maßgebend für die Berechnung der Hälfte ist die durch

das Gesetz (§ 15 Abs. 1) oder die Satzung (§ 15 Abs. 2) festgesetzte Gesamtzahl der Vertreter, nicht etwa die Hälfte der zufällig amtierenden Vertreter, unter Weglassung der durch Tod oder sonstiges Ausscheiden unbesetzten Sitze (OVG. 18 S. 48 ff.). Solange daher die Gesamtvertreterzahl einschließlich des Vorsitzenden 101 beträgt, ist zur Beschlußfähigkeit die Anwesenheit von mindestens 51 Mitgliedern erforderlich.

[2]) Bei der Feststellung, ob mehr als die Hälfte der Mitglieder anwesend sind, müssen alle erschienenen Vertreter mitgezählt werden, auch diejenigen, die sich der Stimme enthalten oder gemäß § 22 Abs. 2 ausgeschlossen sind.

Ersatzmänner werden nicht neben den eigentlichen Vertretern mitgezählt; eine Ausnahme gilt nur dann, wenn der zweite Bürgermeister von Berlin gemäß § 36 den Vorsitz in der Verbandsversammlung in Vertretung des ersten Bürgermeisters übernimmt und nunmehr für ihn sein Ersatzmann eintritt (vgl. Anm. 5 zu § 16).

[3]) Die Anwendung des Satzes 2 hat zur Voraussetzung, daß überhaupt noch mehr als die Hälfte der gesetzlich oder satzungsgemäß vorhandenen Vertretersitze besetzt sind. Ist dies nicht der Fall, so gilt eine ordnungsmäßige Verbandsversammlung nicht mehr als vorhanden und die Ausnahmebestimmung des Satzes, die nur bezweckt, Abhilfe zu gewähren, wenn nicht genügend Vertreter erscheinen wollen, kann nicht angewendet werden, weil in diesem Falle nicht genügend Vertreter erscheinen können (OVG. 18 S. 54); vielmehr müssen dann schleunigst Ersatzwahlen angeordnet und vorgenommen werden. — Auch bei Anwendung des Satzes 2 dieses Paragraphen müssen die Bestimmungen des § 21 betreffend die Einberufung der Verbandsversammlung befolgt werden.

[4]) Der Mangel des Hinweises macht die gefaßten Beschlüsse ungültig, wenn in der Tat nicht mehr als die Hälfte der Vertreter (Anm. 1) in der Sitzung anwesend waren.

[5]) Es ist zulässig, schon im voraus für den Fall, daß die erste Versammlung nicht beschlußfähig sein sollte, eine zweite Versammlung mit dem vorgeschriebenen Hinweis zusammenzuberufen.

[6]) Die Fassung des ganzen § 23, insbesondere Satz 1 beweist, daß nur die auf Einberufung versammelten Vertreter rechtlich bedeutsame Beschlüsse fassen und abstimmen können. Andere Abstimmungsarten, etwa durch Umlaufzettel oder durch schriftliche Einholung aller Stimmen oder der Stimmen einer Anzahl (nicht in der Versammlung erschienener) Vertreter, sind unzulässig.

§ 24.

Die Beschlüsse[1]) der Verbandsversammlung werden nach einfacher Stimmenmehrheit[2]) gefaßt[3]); bei Stimmengleichheit gilt der Antrag als abgelehnt[4]).

Durch die Satzung[5]) kann für bestimmt zu bezeichnende Angelegenheiten eine größere als einfache Stimmenmehrheit gefordert werden[6]).

[1]) Über die Art der Abstimmung ist nichts bestimmt. Daß Abstimmungen durch Umlaufzettel oder schriftliche Willensäußerung außerhalb der Sitzung unzulässig sind, ist schon zu § 23 ausgeführt. Im übrigen ist jede Art der Abstimmung — Abstimmung durch Zettel, durch Aufstehen, durch Aufheben der Hand, durch Namensaufruf unter Protokollierung der Stimmabgabe jedes einzelnen, oder schließlich durch Stillschweigen, nachdem der Vorsitzende erklärt, er werde, wenn niemand widerspreche, einen Antrag als angenommen ansehen — zulässig (PrVBl. 14 S. 147). Die zulässigen Arten der Abstimmung werden zweckmäßigerweise in der Geschäftsordnung für jeden Fall, insbesondere auch für den Fall von Wahlen, festzusetzen sein.

[2]) Entscheidend ist die Mehrheit der gültig abgegebenen

Stimmen der Erschienenen. Zur Feststellung des Ergebnisses der Abstimmung werden nur die Abstimmenden, dagegen zur Feststellung der Beschlußfähigkeit nach § 23 die Anwesenden gezählt. Erforderlich ist, daß die Anwesenden, die nicht mitstimmen wollen, dies erkennbar machen. Bei Zettelabstimmung geschieht dies durch Abgabe keiner oder unbeschriebener Zettel, sonst durch ausdrückliche Erklärung, eventuell durch kurzes Verlassen des Abstimmungsraumes (s. OVG. im PrVBl. 14 S. 147).

[3]) Es fragt sich, ob die Verbandsversammlung einmal gefaßte Beschlüsse überhaupt und ev. ob sie solche noch in derselben Sitzung, in der sie gefaßt sind, wieder aufheben und abändern kann. An sich steht der Aufhebung gefaßter Beschlüsse, vorbehaltlich der etwa aus diesen Beschlüssen unmittelbar oder in ihrer Ausführung mittelbar erwachsenen Privatrechte Dritter, nichts im Wege, unter der Bedingung natürlich, daß alle Voraussetzungen eines gültigen Beschlusses, also ordnungsmäßige Setzung der Angelegenheit auf die Tagesordnung und Mitteilung dieser innerhalb der in § 21 bestimmten Frist, sowie Beschlußfähigkeit der Versammlung an demjenigen Tage, an welchem der zweite Beschluß gefaßt wird (§ 23), gegeben sind (OVG. 27 S. 25, PrVBl. 15 S. 178, 16 S. 24, 24 S. 603). In ein und derselben Sitzung aber wird jedenfalls dann nicht von neuem in die durch Beschlußfassung erledigte Sache eingetreten werden können, wenn sich die Zusammensetzung der Versammlung inzwischen durch den Fortgang eines oder mehrerer Mitglieder geändert hat (OVG. 14 S. 174), oder wenn, was zulässig ist, die Geschäftsordnung eine zweimalige Beschlußfassung über dieselbe Angelegenheit in derselben Sitzung untersagt.

[4]) Vgl. die ähnliche Bestimmung in § 124 Abs. 2 KrO. und § 30 PrO. Anders dagegen nach §§ 43, 57 StO., wonach bei Stimmengleichheit die Stimme des Vorsitzenden entscheidet.

[5]) Vgl. § 10 und die Anm. dazu.

[6]) Im Gegensatz zum Regierungsentwurf, der für Beschlüsse, die den Bau, die Übernahme des Betriebes oder den Erwerb von Bahnen durch den Verband, insbesondere die Übernahme von Bahnen der Verbandsmitglieder oder der zu den beteiligten Landkreisen gehörigen Gemeinden auf den Verband betreffen, eine Mehrheit von zwei Dritteln der Stimmen verlangte, überläßt das Gesetz der Satzung die Bestimmung der Angelegenheiten, die einer größeren als der einfachen Stimmenmehrheit bedürfen. Auch die Größe der Stimmenmehrheit ist der Satzung vorbehalten.

§ 25.

Die Sitzungen der Verbandsversammlung sind öffentlich[1]). Für einzelne Gegenstände kann durch einen in geheimer Sitzung zu fassenden Beschluß[2]) der Versammlung die Öffentlichkeit ausgeschlossen werden[3]).

[1]) D. h. sie müssen öffentlich sein, soweit nicht Ausnahmen gemäß Satz 2 beschlossen werden. Eine Beschränkung der Öffentlichkeit im Sinne von § 176 GVG. oder von § 8 RVG. vom 15. 4. 1908 ist nicht zulässig. Es haben also auch Frauen, Schüler, Lehrlinge, Kinder, Bestrafte usw. Zutritt (vgl. PrVBl. 26 S. 868). Personen, die sich unangemessen betragen oder die Sitzung stören, kann der Vorsitzende kraft seiner Befugnis, die Sitzung zu leiten, aus dem Sitzungsraume verweisen und entfernen lassen.

[2]) Der Beschluß bedarf nicht der Zustimmung des Verbandsausschusses, wohl aber kann dieser die Beschlußfassung darüber, ob die Öffentlichkeit ausgeschlossen werden soll, anregen. Der Wortlaut des § 25 hindert nicht, den Beschluß auch generell zu fassen und für bestimmte Kategorien von Angelegenheiten die Öffentlichkeit ein für allemal — etwa durch Bestimmung in der Geschäftsordnung — auszuschließen (s. PrVBl. 17 S. 52). Nur müssen, wenn dem Gesetze entsprochen sein soll,

diese Kategorien in dem Beschlusse ganz genau bezeichnet sein, und ferner muß auch der generelle Beschluß in nicht öffentlicher Sitzung gefaßt sein. Wegen der Form, in welcher diejenigen Vorlagen, die der Vorsitzende in nicht öffentlicher Sitzung verhandeln lassen will, in der Einladung zur Sitzung mitzuteilen sind, vgl. Anm. 4 zu § 21.

[3]) An den geheimen Sitzungen dürfen außer den Vertretern bzw. den im Fall deren Behinderung eintretenden Ersatzmännern nur die Mitglieder des Verbandsausschusses und die von dem Verbandsdirektor beauftragten, ihm zugeordneten oberen Beamten (vgl. Anm. 4 zu § 22) sowie der Oberpräsident bzw. der zu seiner Vertretung abzuordnende Staatsbeamte teilnehmen (§ 38). Ob noch andere Personen, insbesondere Sachverständige, zu den geheimen Sitzungen zuzuziehen sind, bleibt der Beschlußfassung des Verbandsausschusses oder der Verbandsversammlung überlassen (§ 22 Abs. 1).

§ 26.

Der Verbandsausschuß[1]) besteht aus dem ersten Bürgermeister der Stadt Berlin als Vorsitzenden[2]), einem von dem ersten Bürgermeister der Stadt Berlin zu bezeichnenden[3]) Magistratsmitgliede[4]) dieser Stadt, den ersten Bürgermeistern[5]) der sechs nach Einwohnerzahl[6]) nächstgrößten Gemeinden[7]) des Verbandsgebiets[8]), den Vorsitzenden der Kreisausschüsse der zum Verbande gehörigen Kreise[9]) und acht von der Verbandsversammlung[10]) aus dem im § 16 Abs. 2 bezeichneten Personenkreise[11]) zu wählenden[12]) Mitgliedern. Außerdem ist der Verbandsdirektor von Amts wegen Mitglied des Verbandsausschusses[13]).

Von den gewählten Mitgliedern müssen vier in der Stadt Berlin[14]) und vier in den nicht schon nach Abs. 1

berücksichtigten Gemeinden des Verbandsgebiets die im § 16 Abs. 2 bezeichnete Wählbarkeit besitzen[15]).

Die Vorschriften im § 16 Abs. 1 Satz 2[16]) und § 17 Abs. 1 Satz 2[17]) finden mit der Maßgabe Anwendung, daß über die fortdauernde Wirkung der Wahlen der Verbandsausschuß beschließt[18]).

[1]) Der Verbandsausschuß ist als verwaltendes, die Beschlüsse der Verbandsversammlung vorbereitendes und ausführendes Organ gedacht. Er besteht aus 19 Mitgliedern, und zwar 11 geborenen und 8 gewählten; auf die Stadtgemeinde Berlin entfallen außer dem ersten Bürgermeister und dem von ihm bezeichneten Magistratsmitgliede 4 Mitglieder.

Eine Abänderung der Gesamtzahl der Mitglieder des Verbandsausschusses durch die Satzung ist nicht zulässig.

[2]) Der erste Bürgermeister der Stadt Berlin wird im Vorsitze des Verbandsausschusses von dem zweiten Bürgermeister, falls dieser Mitglied ist, sonst und bei dessen Verhinderung von dem ersten Bürgermeister bzw. Vorsitzenden des Kreisausschusses des nächstgrößten Stadt- oder Landkreises vertreten (§ 36). Es würde daher, falls der zweite Bürgermeister von Berlin nicht Mitglied des Verbandsausschusses oder verhindert sein sollte, nach dem gegenwärtigen Stande der Einwohnerzahl der erste Bürgermeister von Charlottenburg den Vorsitz im Verbandsausschusse zu übernehmen haben.

[3]) Die Bezeichnung ist jederzeit widerruflich; nur bei den gewählten Mitgliedern des Verbandsausschusses beträgt die Amtsperiode 6 Jahre (§ 27).

[4]) Dieses Magistratsmitglied kann besoldet oder unbesoldet sein. Wegen der Vertretung dieses vom ersten Berliner Bürgermeister bezeichneten Magistratsmitgliedes im Falle der Behinderung vgl. unten Anm. 16.

[5]) Die ersten Bürgermeister können sich nach § 36 durch Mitglieder des Gemeindevorstandes vertreten lassen. Soweit

etwa in einer Gemeinde die Stelle des ersten Bürgermeisters unbesetzt sein sollte, tritt für ihn gemäß § 29 StO. der zweite Bürgermeister als gesetzlicher Vertreter ein.

[6]) Die Einwohnerzahl bestimmt sich nach der letzten endgültigen Personenstandsaufnahme (vgl. hierzu Anm. 11—13 zu § 1 und Anm. 8 zu § 15).

[7]) Gemeinden sind hier nur Stadtgemeinden, denn lediglich Stadtgemeinden können erste Bürgermeister haben.

Zurzeit kommen als diese 6 Gemeinden in Betracht: Charlottenburg, Schöneberg, Neukölln (Rixdorf), Deutsch Wilmersdorf, Lichtenberg, Spandau.

[8]) Sobald eine Gemeinde infolge Bevölkerungsverschiebung aus der Zahl der 6 an Einwohnerzahl nach Berlin nächstgrößten Gemeinden ausscheidet, tritt damit auch ihr erster Bürgermeister aus dem Verbandsausschusse aus und wird nunmehr durch den ersten Bürgermeister der ihr an Einwohnerzahl überlegenen Gemeinde ersetzt. Sollte etwa zufälligerweise diese letztere Gemeinde im Wege der Wahl durch ihren ersten Bürgermeister oder einen anderen Gemeindeangehörigen im Verbandsausschusse vertreten gewesen sein, so muß für den ersten Bürgermeister oder den anderen Gemeindeangehörigen eine Ersatzwahl stattfinden; denn die 6 nach Berlin nächstgrößten Gemeinden können im Verbandsausschusse immer nur kraft Gesetzes durch ihre ersten Bürgermeister, nicht aber durch gewählte Mitglieder vertreten sein.

Selbstverständlich steht nichts im Wege, daß der infolge Bevölkerungsverschiebung aus dem Verbandsausschusse ausgeschiedene erste Bürgermeister bei der nächsten Wahl in den Verbandsausschuß gewählt wird; nur das ihm vom Gesetz erteilte Mandat ist erloschen.

[9]) Vorsitzender des Kreisausschusses ist nach § 136 KrO. der Landrat; dieser kann sich durch ein Mitglied des Kreisausschusses vertreten lassen (§ 36).

[10]) Vgl. § 19 Nr. 8.

[11]) Danach sind wählbar mit Ausnahme der Beamten

des Verbandes alle Angehörigen der beteiligten Gemeinden und Landkreise, welche die Wählbarkeit für den Gemeindevorstand oder die Gemeindevertretung bzw. den Kreistag besitzen. Wegen der Einzelheiten vgl. Anm. 6—10 zu § 16.

[12]) Die Wahl erfolgt nach § 27 auf 6 Jahre, sofern nicht durch die Satzung eine längere Wahlperiode vorgeschrieben ist.

Ein Zwang zur Annahme der Wahl kann mangels einer ausdrücklichen gesetzlichen Bestimmung nicht angenommen werden (anders nach § 8 KrO.).

Dagegen ist anders wie bei der Verbandsversammlung (vgl. Anm. 4 zu § 17) die jederzeitige Niederlegung des Amtes als Mitglied des Verbandsausschusses nicht zulässig. Nach §§ 94, 97 II, 10 ALR. muß bei derjenigen Instanz, von welcher die Besetzung eines Amtes abhängt, auch die Entlassung nachgesucht werden; in keinem Fall darf der abgehende Beamte seinen Posten eher verlassen, als bis wegen Wiederbesetzung oder einstweiliger Verwaltung desselben Verfügung getroffen ist. Diese Bestimmungen finden auch auf die Mitglieder des Verbandsausschusses als einer Behörde Anwendung, welche zur Verwaltung der Angelegenheiten des Verbandes berufen ist. Es muß daher die vorzeitige Entlassung bei der Verbandsversammlung nachgesucht und von dieser genehmigt werden (vgl. auch OVG. 10 S. 374). Wird diese Genehmigung nicht erteilt, so kann gegen ein Mitglied, das sich seinen amtlichen Pflichten entzieht, im Wege des Disziplinarverfahrens gemäß § 28 dieses Gesetzes vorgegangen werden.

[13]) Nur der Verbandsdirektor selbst, nicht auch der etwa gemäß § 33 Abs. 2 bezeichnete Stellvertreter oder der nach § 33 Abs. 1 bestellte kommissarische Verwalter dieses Amts (vgl. auch § 88 Abs. 2 PrO.).

Daß die übrigen Beamten des Verbandes nicht Mitglieder des Verbandsausschusses sein können, ist, abgesehen von der Bezugnahme auf § 16 Abs. 2, noch in § 32 ausdrücklich bestimmt.

[14]) Diese vier Mitglieder müssen also Angehörige der Stadt Berlin sein und die Wählbarkeit für den Magistrat oder die Stadtverordnetenversammlung ebenda besitzen. Näheres vgl. Anm. 8 u. 9 zu § 16.

[15]) Diese vier Mitglieder müssen Angehörige einer Stadt- oder Landgemeinde sein, die nicht zu den sechs nach Berlin an Einwohnerzahl nächstgrößten gehört, und in dieser Gemeinde die Wählbarkeit für den Gemeindevorstand oder die Gemeindevertretung besitzen.

[16]) Danach wird für jedes gewählte Mitglied des Verbandsausschusses von der Verbandsversammlung ein Ersatzmann gewählt, der im Falle der Behinderung des ersteren auch ohne besondere Einladung befugt ist, für dieses einzutreten (vgl. Anm. 4—5 zu § 16). Es sind daher insgesamt acht Ersatzmänner zu wählen. Hinsichtlich der Wählbarkeit der Ersatzmänner gelten die gleichen Bestimmungen wie für die Mitglieder selbst.

Für die kraft Gesetzes dem Verbandsausschusse angehörenden ersten Bürgermeister und die Vorsitzenden der Kreisausschüsse werden Ersatzmänner nicht gewählt; ihre Stellvertretung richtet sich vielmehr nach § 36 (vgl. oben Anm. 2, 5, 9). Dagegen fehlt es an einer gesetzlichen Bestimmung über die Vertretung des von dem ersten Bürgermeister von Berlin gemäß § 26 Abs. 1 zu bezeichnenden Magistratsmitgliedes dieser Stadt. Schwierigkeiten werden sich jedoch hieraus kaum ergeben, da der erste Bürgermeister jederzeit in der Lage ist, die ursprüngliche Bezeichnung zu widerrufen und für das verhinderte Magistratsmitglied ein anderes zu benennen (vgl. oben Anm. 3).

[17]) Danach verliert jede Wahl dauernd oder vorübergehend ihre Wirkung mit dem gänzlichen oder zeitweisen Aufhören einer der für die Wählbarkeit vorgeschriebenen Bedingungen. Vgl. hierzu im einzelnen Anm. 4—9 zu § 17.

[18]) Gegen die Beschlüsse des Verbandsausschusses über die fortdauernde Wirkung der Wahlen zum Verbandsausschusse

findet die Klage bei dem Oberverwaltungsgerichte statt (§ 30 und Anm. 4—6 ebenda).

§ 27.

Die Wahlperiode der gewählten Mitglieder[1]) des Verbandsausschusses und ihrer Ersatzmänner umfaßt sechs Jahre[2]), sofern nicht durch die Satzung eine längere Wahlperiode vorgeschrieben ist[3])[4]). In dem Falle einer notwendigen Ersatzwahl[5]) bestimmt sich die Dauer dieser Wahl[6]) nach der Wahlperiode des bisherigen Mitglieds (Ersatzmanns)[7]).

[1]) Die Vorschrift des § 27 Satz 1 bezieht sich nur auf die gewählten Mitglieder des Verbandsausschusses, nicht auch auf das vom ersten Bürgermeister der Stadt Berlin als Mitglied des Verbandsausschusses gemäß § 26 zu bezeichnende Magistratsmitglied dieser Stadt (vgl. Anm. 4 zu § 26).

[2]) Vgl. die ähnlichen Bestimmungen in § 107 KrO., § 19 PrO., § 18 StO., § 54 LGO. Über die Berechnung der sechs Jahre siehe Anm. 2 zu § 17.

[3]) Dagegen kann durch die Satzung nicht eine kürzere als die sechsjährige Wahlperiode vorgeschrieben werden.

Nur eine scheinbare Ausnahme von der Regel der sechsjährigen, bzw. der durch die Satzung vorgeschriebenen längeren Wahlperiode enthält Satz 2 dieses Paragraphen; denn der im Wege einer Ersatzwahl Gewählte und der Ausgeschiedene werden gesetzlich als eine Person angesehen (vgl. Anm. 1 zu § 17).

[4]) Im Gegensatz zur Verbandsversammlung (§ 38) ist eine Auflösung des Verbandsausschusses nicht zulässig; auch ist die Auflösung der Verbandsversammlung ohne Wirkung auf den Verbandsausschuß. Ist die Verbandsversammlung aufgelöst und können deshalb die erforderlichen Neuwahlen zum Verbandsausschuß nicht vorgenommen werden, so bleiben die von der aufgelösten Verbandsversammlung gewählten

Mitglieder des Verbandsausschusses trotz Ablaufs der Wahlperiode bis zum Zusammentritt der neu gebildeten Verbandsversammlung in Wirksamkeit (§ 38 Abs. 3 dieses Gesetzes, § 122 Abs. 2 PrO.).

[5]) Eine Ersatzwahl kann notwendig werden durch Tod, dauernden oder vorübergehenden Fortfall eines Erfordernisses der Wählbarkeit (vgl. Anm. 17 zu § 26) oder freiwillige Niederlegung des Mandates seitens des Mitgliedes oder Ersatzmannes. Im übrigen vgl. Anm. 17 zu § 17.

[6]) Die Ersatzwahl hat unter Beobachtung der Vorschriften in § 26 zu erfolgen.

[7]) Über die Frist, binnen welcher die Ersatzwahl vorzunehmen ist, vgl. Anm. 18 zu § 17.

§ 28.

Die gewählten Mitglieder des Verbandsausschusses werden vom Vorsitzenden vereidigt[1])[2])[3]). Sie können nach Maßgabe der §§ 51 und 98 Nr. 5 der Provinzialordnung für die östlichen Provinzen vom 29. Juni 1875/22. März 1881 (Gesetzsamml. 1881 S. 233) im Wege des Disziplinarverfahrens ihrer Stellen enthoben werden[4]); hierbei tritt an Stelle des Bezirksausschusses die Beschlußbehörde für Groß Berlin[5])[6]).

[1]) Die Bestimmung in Satz 1 dieses Paragraphen, welche der Vorschrift in § 51 PrO. entspricht, bezieht sich nur auf die gewählten Mitglieder des Verbandsausschusses, nicht dagegen auf diejenigen Personen, welche nach § 26 dem Verbandsausschusse kraft Gesetzes angehören. Alle diese Personen (einschließlich des Verbandsdirektors) haben in ihrer Eigenschaft als Staatsbeamte bereits gemäß Art. 108 der preuß. Verfassung den Diensteid geleistet.

[2]) Die Vereidigung ist nicht von der Aufsichtsbehörde, sondern von dem Vorsitzenden des Verbandsausschusses, d. i. dem ersten Bürgermeister der Stadt Berlin, vorzunehmen.

[3]) Satz 1 spricht nur von der Vereidigung, nicht von der Einführung. Die Form des Diensteides ist die in § 1 der Verordnung vom 6. 5. 1867 (GS. 715) vorgeschriebene. Der Eid lautet:

„Ich N. N. schwöre usw., daß Seiner Königlichen Majestät von Preußen, meinem Allergnädigsten Herrn, ich untertänig, treu und gehorsam sein und alle mir vermöge meines Amtes obliegenden Pflichten nach meinem besten Wissen und Gewissen genau erfüllen, auch die Verfassung gewissenhaft beobachten will.

So wahr mir Gott helfe."

wobei es dem Schwörenden überlassen bleibt, die seinem religiösen Bekenntnisse entsprechende Bekräftigungsformel hinzuzufügen (MBl. 50 S. 26). Die Vereidigung unterbleibt, wenn der Diensteid von dem gewählten Mitgliede bereits früher geleistet ist (§ 2 l. c.). Selbst ein Hinweis auf den geleisteten Eid ist in diesem Falle nicht unbedingt erforderlich (MBl. 1888 S. 191).

[4]) Danach können die gewählten (nicht auch die geborenen) Mitglieder des Verbandsausschusses aus Gründen, welche die Entfernung eines Beamten aus seinem Amte rechtfertigen (§ 2 des Gesetzes vom 21. 7. 1852, GS. 465), im Disziplinarwege ihrer Stellen enthoben werden; die Einleitung des Disziplinarverfahrens wird von dem Minister des Innern verfügt.

Das Disziplinarverfahren kann nur die Entfernung aus dem Amte zum Ziele haben; dagegen können gegen die gewählten Mitglieder des Verbandsausschusses Ordnungsstrafen (Warnungen, Verweise, Geldstrafen) nicht verhängt werden (VerAH. S. 3102, OVG. 25 S. 419).

[5]) Disziplinargericht erster Instanz ist die Beschlußbehörde für Groß Berlin (§ 39); gegen deren Entscheidung findet binnen vier Wochen die Berufung an das Oberverwaltungsgericht statt (§ 98 Nr. 5 PrO.).

[6]) Die Vorschriften des Satzes 2 dieses Paragraphen be=

ziehen sich ausschließlich auf die gewählten Mitglieder des Verbandsausschusses, nicht dagegen auf die Personen, die dem Verbandsausschusse nach § 26 kraft Gesetzes angehören. Für diese kommen vielmehr diejenigen disziplinaren Bestimmungen in Betracht, welche für ihr Hauptamt maßgebend sind (vgl. VerHH. S. 497).

§ 29.

Dem Verbandsausschusse[1]) liegt ob[2]):

1. die Vorbereitung[3]) und Ausführung[4]) der Beschlüsse der Verbandsversammlung;
2. die Überwachung[5]) der Geschäftsführung des Verbandsdirektors[6]);
3. die Beschlußfassung über alle Verbandsangelegenheiten, soweit sie nicht der Verbandsversammlung vorbehalten sind[7]);
4. die Anstellung[8]) der Verbandsbeamten, soweit ihre Ernennung nicht der Verbandsversammlung vorbehalten ist (§ 19 Ziffer 8), und deren Beaufsichtigung[9]);
5. die Heranziehung der Verbandsglieder zu den Umlagen[10]);
6. die Prüfung der fortdauernden Wirkung der Wahlen zum Verbandsausschusse (§ 26 Abs. 3)[11])[12]).

Der Verbandsausschuß ist berechtigt, sich seine Geschäftsordnung selbst vorzuschreiben[13]).

[1]) Die Stellung des Verbandsausschusses ist etwa mit der des Kreis- und Provinzialausschusses zu vergleichen. Über das Verhältnis des Verbandsausschusses zur Verbandsversammlung vgl. Anm. 1 zu § 19.

Über die Beanstandung von Beschlüssen des Verbandsausschusses vgl. Anm. 11 zu § 38.

[2]) Außer den in diesem Paragraphen ausdrücklich aufgeführten Angelegenheiten weist das Gesetz dem Verbandsausschusse noch besonders zu:

a) Begutachtung neuer oder abgeänderter Fluchtlinienpläne der Einzelgemeinden (§ 5 Abs. 2);

b) Bekanntmachung über die Art der Offenlegung der auf die einzelnen Gemeinde- (Gutsbezirks-) Gebiete bezüglichen Planteile (§ 6 Abs. 2);

c) förmliche Feststellung der Fluchtlinienpläne (§ 6 Abs. 3);

d) Entscheidung über Einsprüche gemäß § 7 Abs. 5;

e) gutachtliche Äußerung vor Erlaß neuer oder Abänderung bestehender Baupolizeiordnungen (§ 8);

f) Feststellung des Beteiligungsverhältnisses der Verbandsglieder an der Verbandsversammlung (§ 18);

g) Entscheidung über Einsprüche gegen die Heranziehung zu den Gebühren, Beiträgen und Umlagen (§ 30);

h) Bezeichnung eines Stellvertreters des Verbandsdirektors für den Fall seiner Behinderung (§ 33);

i) Mitzeichnung verpflichtender Urkunden und Vollmachten (§ 35).

[3]) Das geschieht regelmäßig durch Übersendung einer schriftlichen Vorlage an die Verbandsversammlung, in welcher der Verbandsausschuß das Sachverhältnis darstellt und eine bestimmte Beschlußfassung seitens der Versammlung beantragt, oder auch der Versammlung den Inhalt ihrer Beschlußfassung anheimstellt. In allen Fällen, in denen die Verbandsversammlung nur Kenntnis zu nehmen, nicht zu beschließen hat, erübrigt sich ein Antrag des Verbandsausschusses, in bestimmter Weise zu beschließen, ohnehin. Der Vorlage werden zweckmäßig die darauf bezüglichen Akten beizufügen sein, und zwar vollständig. Darüber, welchen Inhalt die Vorlagen haben müssen, um vollständig zu sein, lassen sich allgemeine Regeln nicht aufstellen. Keineswegs müssen alle einzelnen möglichen Zweifel und Bedenken, wie in einem juristischen

Votum, erörtert sein. Es genügt vielmehr eine solche Darstellung, daß daraufhin eine Entschließung in der Angelegenheit getroffen werden kann. Alle einzelnen möglichen Gründe und Gegengründe werden von dem oder den Abgeordneten des Verbandsausschusses in der Sitzung der Verbandsversammlung (§ 22) oder in den vorbereitenden Ausschüssen (vgl. Anm. 1 zu § 14) erörtert werden können.

Das Recht des Verbandsausschusses, die Beschlüsse der Verbandsversammlung vorzubereiten, schließt nicht aus, daß die Verbandsversammlung bei Erledigung einer Verbandsangelegenheit ihrerseits die Initiative ergreift; sie kann dies tun, entweder, indem sie den Verbandsausschuß zur Beschlußfassung und Ausarbeitung einer Vorlage anregt; sie kann aber auch ihrerseits selbst sachlichen Beschluß fassen.

Nur die Vorbereitung der Beschlüsse der Verbandsversammlung liegt dem Verbandsausschusse ob, nicht aber die Beschlußfassung darüber, welche Gegenstände auf die Tagesordnung der Versammlung zu setzen sind. Hierfür ist der Vorsitzende der Verbandsversammlung zuständig (§ 21).

[4]) Anders wie nach § 36 StO. hat der Verbandsausschuß die Beschlüsse der Verbandsversammlung auszuführen, ohne daß es seiner Zustimmung bedarf. Doch wird der Ausschuß solche Beschlüsse der Versammlung, welche deren Befugnisse überschreiten oder die Gesetze verletzen, nicht zur Ausführung bringen, sondern vielmehr in solchen Fällen an die Aufsichtsbehörde berichten, die derartige Beschlüsse mit aufschiebender Wirkung zu beanstanden hat (vgl. § 38 Abs. 3 dieses Gesetzes und § 118 PrO.).

Über das Verhältnis des Verbandsausschusses zum Verbandsdirektor vgl. Anm. 1 zu § 34.

[5]) Das Überwachungsrecht steht niemals den einzelnen Mitgliedern des Ausschusses, sondern nur dem Verbandsausschusse in seiner Gesamtheit zu. Freilich kann dieser sein Überwachungsrecht oder doch die zur Ausübung desselben erforderlichen Maßnahmen einer aus seiner Mitte gewählten

Kommission delegieren, oder mit der Vornahme einzelner Kontrollhandlungen jedes seiner Mitglieder betrauen. Aber auch in diesem Falle übt der einzelne die Kontrolle nicht kraft eigenen Rechts, sondern nur vermittels des ihm mittelbar oder unmittelbar übertragenen Rechts der Gesamtheit aus. Unter keinen Umständen steht dem Verbandsausschusse das Recht zu, mit der Kontrolle fremde, dem Ausschusse nicht angehörige Personen zu beauftragen (vgl. auch OVG. 45 S. 42 und PrVBl. 25 S. 329).

Dem Verbandsausschusse steht nicht nur das sog. materielle Kontrollrecht zu, sondern auch das sog. formelle Kontrollrecht, d. h. die Kontrolle darüber, ob der Verbandsdirektor die ihm obliegenden Arbeiten pünktlich und sachgemäß erledigt oder aber deren Ausführung unterläßt oder ungebührlich verzögert. Auf Grund dieses formellen Kontrollrechts wird man den Verbandsausschuß für berechtigt erachten müssen, dem Verbandsdirektor sein Mißfallen, Rügen, Tadel oder Verweise auszusprechen.

Der Verbandsausschuß kann verlangen, daß ihm das gesamte für seine Kontrolle erforderliche Aktenmaterial zugängig gemacht wird und braucht sich mit Auszügen oder Übersichten und schriftlichen Berichten aus den Akten nicht zu begnügen.

In Ausübung seiner Überwachungspflicht hat sich endlich der Ausschuß davon zu überzeugen, daß der Haushalt nach dem Etat geführt wird. Vgl. auch Anm. 1 zu § 34.

[6]) Darüber, welche Geschäfte dem Verbandsdirektor obliegen, vgl. Anm. 2 zu § 34.

[7]) Darüber, welche Angelegenheiten der Verbandsversammlung vorbehalten sind, vgl. § 19 und Anm. 5—32 ebenda.

Soweit die Zuständigkeit der Verbandsversammlung für eine Angelegenheit nicht vom Gesetz vorgeschrieben ist, unterliegt die Angelegenheit der ausschließlichen Beschlußfassung des Verbandsausschusses. Diese Zuständigkeit des

Verbandsausschusses kann nicht durch die Satzung beschränkt werden.

Die Ausführung der vom Verbandsausschusse gefaßten Beschlüsse liegt nicht diesem, sondern dem Verbandsdirektor ob (§ 34).

[6]) In welchen Formen die Anstellung zu erfolgen hat, darüber vgl. Anm. 19 zu § 33.

Dem Verbandsausschusse liegt nicht nur die Anstellung, sondern auch die Wahl der Verbandsbeamten ob. Eine Ausnahme gilt nur für den Verbandsdirektor und die ihm zugeordneten oberen Beamten, für deren Wahl und Anstellung die Verbandsversammlung zuständig ist (§ 19 Nr. 8). Die Beschlußfassung darüber, ob das betreffende Verbandsamt überhaupt errichtet werden soll, sowie die Festsetzung der Anstellungs- und Besoldungsverhältnisse steht in allen Fällen der Verbandsversammlung zu (vgl. Anm. 17—20 zu § 19).

Hinsichtlich der Verpflichtung des Verbandes, gewisse Beamtenstellen ganz oder teilweise mit Militäranwärtern zu besetzen, vgl. Anm. 18 zu § 19.

[9]) Das Aufsichtsrecht über die Verbandsbeamten, einschließlich der von der Verbandsversammlung gewählten Beamten, steht dem Verbandsausschusse allein zu; bei Ausübung der daraus resultierenden Gewalt ist er in keiner Weise an die Mitwirkung der Verbandsversammlung gebunden. Der Verbandsausschuß hat demnach auch allein die Macht, generelle und spezielle Instruktionen für die Verbandsbeamten zu erlassen. Soweit dabei lediglich die Verteilung der Geschäfte unter die einzelnen Beamten in Frage kommt, steht das Recht zur Anordnung gemäß § 34 dem Verbandsdirektor allein zu; dasselbe gilt von der Verhängung der Ordnungsstrafen (vgl. § 33). — In naher Beziehung zu dem Aufsichtsrechte steht die Frage nach der Verantwortlichkeit der Verbandsbeamten für ihre Amtshandlungen (nicht die Frage, inwieweit der Verband für Handlungen seiner Organe und Beamten haftet, hierüber siehe § 3 Anm. 3). In disziplinarer,

strafrechtlicher und zivilrechtlicher Hinsicht kann eine Haftung der Verbandsbeamten in Frage kommen. Ob ein Beamter disziplinarisch haftbar gemacht werden soll, ist in dem gesetzlich geordneten Disziplinarverfahren zu entscheiden (vgl. hierzu § 33 Abs. 5). — Wird der Beamte strafrechtlich oder von seiten Dritter zivilrechtlich wegen Amtshandlungen vor den Gerichten zur Verantwortung gezogen, so steht der Staatsaufsichtsbehörde eine Art Mitwirkungsrecht zu. Der Oberpräsident kann nämlich, wenn er der Meinung ist, daß dem Beamten keine Verletzung seiner Dienstpflichten zur Last fällt, den Konflikt erheben und damit herbeiführen, daß vor strafrechtlicher Weiterverfolgung des Beamten vom OVG. festgestellt wird, ob der Beamte in der Tat sich der Verletzung einer Dienstpflicht schuldig gemacht hat. In Betracht kommt in dieser Beziehung § 11 EG.GVG. v. 27. 1. 1877, G. v. 13. 2. 1854 (GS. 86), insbesondere § 5 und § 114 LVG. Alle diese Vorschriften sind als Verfahrensvorschriften durch das BGB. nicht aufgehoben worden.

Ein Konflikt kann nur zugunsten eines bestimmten Beamten, nicht zugunsten einer Behörde erhoben werden (OVG. 54 S. 450). Hinsichtlich des Zeitpunkts, bis zu dem der Konflikt erhoben werden darf, vgl. ME. vom 13. 7. 1904 (MBl. 322) und PrVBl. 26 S. 237.

Ist die Verletzung der Amtspflicht festgestellt worden, so haftet der Beamte gemäß BGB. §§ 823, 829, 831, 840, 841, 852 in Verbindung mit §§ 252, 276 Satz 2, sowie gemäß ALR. I, 6 §§ 45, 46, 47, 48, 49, 58, I, 13 §§ 41, 42 (ob auch ALR. II, 10 §§ 90, 91 noch gelten, ist zweifelhaft; vgl. EG.BGB. Art. 77, 78, 80). Dagegen trifft die in § 839 BGB. bestimmte Verantwortlichkeit gemäß §§ 1, 4 des G. vom 1. 8. 1909 (GS. 691) an Stelle des Beamten den Verband (vgl. Anm. 3 zu § 3).

Zuständig zur Entscheidung aller Ansprüche gegen Beamte aus Amtshandlungen sind ausschließlich die Landgerichte (§ 39 Nr. 3 AG.GVG.).

[10]) Die Festsetzung des von den Verbandsgliedern insgesamt aufzubringenden Umlagebedarfs liegt der Verbandsversammlung nach § 19 Nr. 10 ob (vgl. Anm. 11 zu diesem Paragraphen); ebenso ist die Verbandsversammlung zuständig zur Beschlußfassung über die Maßstäbe, die der Verteilung des für die einzelnen Bahnunternehmungen sich ergebenden Beitragsbedarfs auf alle oder einzelne Verbandsglieder zugrunde zu legen sind (§ 11 und Anm. 23—25 ebenda). Dagegen hat der Verbandsausschuß auf der Grundlage der von der Verbandsversammlung gefaßten Beschlüsse den Umlagebedarf auf die einzelnen Verbandsglieder zu verteilen.

Gegen die Heranziehung zu den Umlagen seitens des Verbandsausschusses sind die in § 30 Abs. 1 statuierten Rechtsmittel gegeben.

[11]) Vgl. hierzu Anm. 17 zu § 26 und Anm. 4—9 zu § 17.

Dem Verbandsausschusse ist nicht, wie nach § 19 Nr. 9 der Verbandsversammlung, die Prüfung der Gültigkeit der Wahlen überhaupt, sondern nur die Prüfung der fortdauernden Wirkung der Wahlen zugewiesen. Der Meinung von Friedrichs (Anm. 1 c zu § 29), daß die ursprüngliche Gültigkeit der Wahlen von der Verbandsversammlung zu prüfen sei, kann nicht beigetreten werden; eher könnte man den Verbandsausschuß selber nach § 29 Nr. 3 für zuständig erachten. In Ermangelung einer ausdrücklichen Bestimmung würde aber jedenfalls gegen die Beschlüsse des Verbandsausschusses über die ursprüngliche Gültigkeit der Wahlen die Klage beim Oberverwaltungsgericht nicht gegeben sein. Praktische Bedeutung wird die Frage jedoch kaum gewinnen, da eine Wahl, die die Vorschriften des § 26 Abs. 1 und 2 verletzt, gemäß § 38 dieses Gesetzes und § 118 PrO. der Beanstandung unterliegen würde (vgl. auch OVG. im PrVBl. 23 S. 138).

Bezüglich der Einzelheiten der Wahlprüfung ist auf die Anm. 24 zu § 13 zu verweisen; das dort von der Verbands=

versammlung Gesagte ist entsprechend auf den Verbandsausschuß anzuwenden.

[12]) Gegen die Beschlüsse des Verbandsausschusses über die fortdauernde Wirkung der Wahlen findet die Klage bei dem Oberverwaltungsgerichte statt (vgl. § 30 Abs. 2 und die Erläuterungen dazu).

[13]) Die Geschäftsordnung des Verbandsausschusses bedarf nicht der Genehmigung der Verbandsversammlung (anders nach § 57 PrO.) oder der Aufsichtsbehörde. Im übrigen vergleiche hinsichtlich der Geschäftsordnung Anm. 33—34 zu § 19.

§ 30.

Gegen die Heranziehung zu den Gebühren, Beiträgen und Umlagen (§ 11 Abs. 1 und 2, § 29 Ziffer 5)[1]) steht den Pflichtigen[2]) der Einspruch bei dem Verbandsausschuß und gegen seinen ablehnenden Bescheid Klage bei dem Oberverwaltungsgerichte zu. Dabei sind die Vorschriften der §§ 31 und 28 des Kreis- und Provinzialabgabengesetzes vom 23. April 1906 sinngemäß anzuwenden[3]).

Gegen die Beschlüsse[4]) über die fortdauernde Wirkung der Wahlen[5]) zum Verbandsausschusse (§ 29 Ziffer 6) findet die Klage bei dem Oberverwaltungsgerichte nach Vorschrift des § 20 Abs. 2 statt[6]).

[1]) Vgl. hierzu Anm. 1—8 zu § 11 und Anm. 10 zu § 29.

[2]) Pflichtige sind hinsichtlich der Gebühren und Beiträge die betroffenen Verbandsangehörigen, hinsichtlich der Umlagen nur die selbständigen Verbandsglieder als solche, nicht auch die Angehörigen der einzelnen Stadt- und Landkreise.

[3]) Die angezogenen Bestimmungen lauten:

§ 31. „Gegen die Heranziehung (Veranlagung) zu Provinzial- (Bezirks-) Gebühren und Beiträgen steht den

Pflichtigen binnen einer Frist von vier Wochen der Einspruch zu, über welchen der Provinzial- (Landes-) Ausschuß beschließt. Im übrigen findet § 28 Abs. 4 und 5 entsprechende Anwendung.

Für die Nachforderung, Verjährung und Beitreibung der Gebühren und Beiträge sind die §§ 87, 88 und 90 des Kommunalabgabengesetzes maßgebend."

§ 28. „Der vom Provinzial- (Kommunal-) Landtage festgestellte Steuerbedarf wird vom Provinzial- (Landes-) Ausschuß auf die Land- und Stadtkreise verteilt. Die Zahlung an die Provinzial- (Bezirks-, Landes-) Hauptkasse hat zu den von dem Provinzial- (Landes-) Ausschusse zu bestimmenden Terminen zu erfolgen.

Die Höhe des Steuerbedarfs, die Verteilung auf die Kreise und die für die Zahlung bestimmten Termine sind durch die Amtsblätter der Provinz (der Regierungsbezirke) öffentlich bekannt zu machen.

Gegen die Verteilung der Provinzial- (Bezirks-) Steuern steht den Land- und Stadtkreisen binnen einer Frist von vier Wochen der Einspruch zu, über welchen der Provinzial- (Landes-) Ausschuß beschließt.

Gegen den Beschluß des Provinzial- (Landes-) Ausschusses findet innerhalb einer Frist von zwei Wochen die Klage bei dem Oberverwaltungsgerichte statt.

Durch Einspruch und Klage wird die Verpflichtung zur Zahlung der Provinzial- (Bezirks-) Steuern nicht aufgeschoben."

Wegen der Einzelheiten zu diesen Bestimmungen vgl. den Kommentar von Freund. Zu verweisen ist ferner auf § 90 KAG., wonach Gebühren und Beiträge der Beitreibung im Verwaltungszwangsverfahren nach Maßgabe der Verordnung vom 15. 11. 1899 (GS. 545) unterliegen, und auf die §§ 87, 88 ebenda, welche die Nachforderung und Verjährung von Gebühren und Beiträgen regeln.

[4]) Des Verbandsausschusses.

[5]) Nicht auch über die ursprüngliche Gültigkeit der Wahlen (vgl. Anm. 11 zu § 29).

[6]) Danach muß die Klage binnen vier Wochen erhoben werden; sie hat keine aufschiebende Wirkung, jedoch dürfen Ersatzwahlen vor ergangener rechtskräftiger Entscheidung nicht vorgenommen werden. Im einzelnen vergleiche hierzu Anm. 6—12 zu § 20; das dort von der Verbandsversammlung Gesagte gilt entsprechend für den Verbandsausschuß.

§ 31.

Der Vorsitzende (§ 26 Abs. 1)[1]) beruft den Verbandsausschuß[2]) durch Einladungsschreiben[3]) unter Angabe der zu verhandelnden Gegenstände. Den Einladungsschreiben sind tunlichst[4]) die für diese Gegenstände grundlegenden Schriftstücke beizufügen[5]). Mit Ausnahme dringender Fälle[6]), in denen die Frist auf 24 Stunden[7]) abgekürzt werden darf, muß die Einladung mindestens eine Woche vorher zugestellt werden. Durch die Satzung[8]) können andere Fristen vorgeschrieben werden[9]).

Der Verbandsausschuß ist zusammenzuberufen, so oft es die Geschäfte erfordern. Auf den Antrag von wenigstens einem Drittel seiner Mitglieder[10]) muß die Zusammenberufung oder die Ergänzung der Tagesordnung erfolgen[11]).

[1]) D. i. der erste Bürgermeister der Stadt Berlin, in seiner Vertretung der zweite Bürgermeister, falls dieser Mitglied ist, sonst und bei dessen Behinderung der erste Bürgermeister bzw. Vorsitzende des Kreisausschusses des nächstgrößten Stadt- oder Landkreises (§ 36).

[2]) Ist dem Vorsitzenden die Behinderung eines gewählten Mitglieds bekannt, so hat er dessen Ersatzmann (§ 26 Abs. 3) einzuladen.

Hinsichtlich der Einladung des Oberpräsidenten (§ 38) vgl. Anm. 2 zu § 21.

[3]) Hinsichtlich der Form der Einladungsschreiben vgl. Anm. 3 zu § 21.

[4]) Während § 21 vorschreibt, daß den Einladungsschreiben zur Verbandsversammlung die Vorlagen des Verbandsausschusses nebst den zugehörigen Schriftstücken beizufügen sind, hat bei der Einladung des Ausschusses die Beifügung der Schriftstücke nur dann zu erfolgen, wenn sie tunlich ist. Die Entscheidung darüber steht dem Vorsitzenden des Verbandsausschusses zu.

[5]) Wegen der Anträge von Mitgliedern des Verbandsausschusses vgl. Anm. 5 zu § 21.

[6]) Vgl. hierzu die Ausführungen in Anm. 6 zu § 21; das dort von der Verbandsversammlung Gesagte gilt entsprechend auch für den Verbandsausschuß.

[7]) 24 Stunden sind nicht gleichbedeutend mit einem vollen Kalendertag. Wird also beispielsweise die Ausschußsitzung auf Donnerstag 11 Uhr anberaumt, so genügt es, wenn die Einladung den Mitgliedern am Mittwoch vor 11 Uhr zugestellt ist.

[8]) Vgl. hierzu Anm. 8 zu § 21.

[9]) Vgl. Anm. 9 zu § 21 über die Folgen der Verletzung der Bestimmungen des Gesetzes über die Formen und Fristen der Einladung.

[10]) Also auf den Antrag von wenigstens 7 Mitgliedern. Dagegen kann weder die Verbandsversammlung noch der Verbandsdirektor (anders der Landesdirektor nach § 52 PrO.) den Vorsitzenden des Verbandsausschusses zur Einberufung des letzteren zwingen.

[11]) Wobei aber die in § 31 Abs. 1 vorgeschriebene Frist von einer Woche bzw. 24 Stunden oder die durch die Satzung anderweit bestimmte Frist gewahrt werden muß.

§ 32.

Die dem Verbandsdirektor[1]) zugeordneten oberen Beamten[2]) können im Auftrage des Verbandsdirektors an den Sitzungen des Verbandsausschusses mit beratender Stimme[3]) teilnehmen[4]). Die Beamten des Verbandes, mit Ausnahme des Verbandsdirektors[5]), können nicht Mitglieder des Verbandsausschusses sein[6]).

Dem Beschlusse des Verbandsausschusses bleibt es überlassen, zu den Verhandlungen des Ausschusses auch Nichtmitglieder, insbesondere Sachverständige, zuzuziehen[7]).

Im übrigen finden die Bestimmungen in § 22 Abs. 2[8]), §§ 23[9]) und 24 Abs. 1[10]) auf die Verhandlungen des Verbandsausschusses entsprechende Anwendung[11]).

[1]) Der nach § 26 von Amts wegen stimmberechtigtes Mitglied des Verbandsausschusses ist.

[2]) Vgl. hierüber § 33 Abs. 3 und die Anmerkungen dazu.

[3]) Vgl. hierzu Anm. 5 zu § 22.

[4]) Außerdem ist noch nach § 38 der Oberpräsident befugt, an den Beratungen des Verbandsausschusses entweder selbst oder durch einen zu seiner Vertretung abzuordnenden Staatsbeamten teilzunehmen; der Oberpräsident sowie die zu seiner Vertretung abgeordneten Staatsbeamten sind auf Verlangen jederzeit zu hören.

[5]) Aus den Worten „mit Ausnahme des Verbandsdirektors" ergibt sich, daß auch der Verbandsdirektor zu den Verbandsbeamten gehört (vgl. Anm. 7 zu § 16).

[6]) Daß die Beamten des Verbandes nicht Mitglieder des Verbandsausschusses sein können, ergibt sich schon aus § 26 Abs. 1 und dem daselbst zitierten § 16 Abs. 2 (vgl. Anm. 11 u. 13 zu § 26).

[7]) Vgl. die ähnliche Bestimmung in § 22. Selbstverständlich haben solche zugezogenen Nichtmitglieder nur eine beratende Stimme (oben Anm. 3).

[8]) Danach darf an Verhandlungen über Rechte und Verpflichtungen des Verbandes derjenige nicht teilnehmen, dessen Interesse mit dem des Verbandes im Widerspruche steht.

Diese Vorschrift bezieht sich auch auf die oberen Beamten und sonstigen Personen, die zu den Sitzungen mit beratender Stimme zugezogen werden.

Im einzelnen vgl. Anm. 8 u. 9 zu § 22.

[9]) Danach ist der Verbandsausschuß beschlußfähig, wenn mehr als die Hälfte der Mitglieder, d. h. also mindestens 10 Mitglieder, anwesend sind. Eine Ausnahme hiervon findet statt, wenn der Verbandsausschuß, zum zweiten Male zur Verhandlung über denselben Gegenstand berufen, dennoch nicht in beschlußfähiger Anzahl erschienen ist. Bei der zweiten Zusammenberufung muß auf diese Bestimmung hingewiesen werden. Im einzelnen vgl. hierzu Anm. 1—6 zu § 23.

[10]) Danach werden die Beschlüsse des Verbandsausschusses nach einfacher Stimmenmehrheit gefaßt; bei Stimmengleichheit gilt der Antrag als abgelehnt. Im einzelnen vgl. hierzu Anm. 1—4 zu § 24.

Da § 24 Abs. 2 nicht für anwendbar erklärt ist, kann durch die Satzung eine qualifizierte Stimmenmehrheit für den Verbandsausschuß nicht vorgeschrieben werden.

[11]) Keine Anwendung findet die Vorschrift des § 25. Die Sitzungen des Verbandsausschusses sind daher nicht öffentliche.

§ 33.

Der Verbandsdirektor[1]) wird von der Verbandsversammlung[2]) auf mindestens sechs bis höchstens zwölf Jahre[3]) gewählt[4]) und bedarf der Bestätigung durch den König[5])[6]). Wird die Bestätigung versagt[7]), so schreitet die Verbandsversammlung zu einer neuen Wahl. Wird auch diese Wahl nicht bestätigt, so kann[8]) der Minister des Innern die kommissarische Verwaltung[9]) auf Kosten des Verbandes[10]) anordnen. Dasselbe findet statt, wenn der Verbandstag die Wahl verweigert oder den nach der ersten Wahl nicht Bestätigten wieder wählt[11]). Die kommissarische Verwaltung dauert so lange, bis die Wahl des Verbandstags, deren wiederholte Vornahme ihm jederzeit zusteht, die Bestätigung erlangt hat.

Für den Fall der Behinderung[12]) des Verbandsdirektors sowie im Falle der Erledigung seiner Stelle[13]) hat der Verbandsausschuß einen Stellvertreter[14]) zu bezeichnen.

Dem Verbandsdirektor können noch andere[15]) obere Beamte[16]) zugeordnet werden[17]).

Auf die Rechtsverhältnisse aller Verbandsbeamten, einschließlich der in den vorstehenden Absätzen genannten[18]), finden die §§ 1 bis 7 des Gesetzes, betreffend die Anstellung und Versorgung der Kommunalbeamten, vom 30. Juli 1899 (Gesetzsamml. S. 141) mit der Maßgabe entsprechende Anwendung, daß im Falle des § 7 a. a. O. an Stelle des Bezirksausschusses die Beschlußbehörde für Groß Berlin tritt; gegen ihren Beschluß ist, soweit das Verwaltungsstreitverfahren eröffnet ist, die Klage bei dem Oberverwaltungsgerichte zulässig[19]) [20]).

In betreff der Dienstvergehen[21]) der Verbandsbeamten[22]) finden die Vorschriften des § 98 der Provinzialordnung für die östlichen Provinzen vom $\frac{\text{29. Juni 1875}}{\text{22. März 1881}}$ (Gesetzsamml. 1881 S. 233) mit der Maßgabe entsprechende Anwendung, daß die von dem Verbandsdirektor zu verhängenden Ordnungsstrafen neun Mark nicht übersteigen dürfen und daß an Stelle des Bezirksausschusses die Beschlußbehörde von Groß Berlin tritt[23]) [24]) [25]).

[1]) Die Stellung des Verbandsdirektors und der ihm unterstellten Beamten ist derjenigen des Landesdirektors und der Provinzialbeamten in den wesentlichen Beziehungen nachgebildet (vgl. §§ 87 ff. PrO.).

[2]) Vgl. § 19 Nr. 8.

[3]) Der Beginn der Wahlperiode ist gesetzlich nicht festgelegt. In Ermangelung besonderer Bestimmungen wird man den Tag der Zustellung der königlichen Bestätigung als Beginn der Wahlzeit anzusehen haben; zweckmäßigerweise wird gleichzeitig mit dieser Zustellung die Übergabe der Anstellungsurkunde (vgl. unten Anm. 6) erfolgen. Die Wahlzeit des ersten, bereits vor dem Inkrafttreten des Gesetzes gewählten Verbandsdirektors wird man frühestens vom 1. 4. 1912 an zu rechnen haben (vgl. Anm. 2 zu § 17).

Der Verbandsdirektor kann nur auf sechs Jahre oder auf einen zwischen sechs und zwölf Jahre liegenden Zeitraum gewählt werden; dagegen ist eine Wahl auf unbestimmte Zeit mit dem Vorbehalt der Kündigung unzulässig.

Was das vorzeitige Ende der Amtszeit anlangt, so kann der Verbandsdirektor (ebenso wie die übrigen Beamten), sofern nicht erhebliche Nachteile für das gemeine Beste zu besorgen sind, jederzeit aus dem Amte ausscheiden und muß auf Antrag entlassen werden (§ 95 II 10 ALR.). Über das Entlassungsgesuch entscheidet die Verbandsversammlung.

[4]) Nähere Bestimmungen über die Art der Wahl enthält das Gesetz nicht; insbesondere fehlen Vorschriften über eine etwa notwendig werdende Stichwahl. Es wird Sache der Geschäftsordnung der Verbandsversammlung (§ 19 Abs. 2) sein, diese Lücke auszufüllen.

Ob die Verbandsversammlung bis zur erfolgten Einreichung des Bestätigungsantrages an die Aufsichtsbehörde von ihrer Wahl wieder abgehen darf (vgl. MR vom 29. 5. 1839, v. Kamptz, Annalen S. 384), ist zweifelhaft; jedenfalls aber ist anzunehmen, daß die auf Anfrage des Vorsitzenden der Verbandsversammlung erfolgte Annahmeerklärung des Gewählten der Verbandsversammlung dieses Rücktrittsrecht nimmt. In diesem Falle dürfte erst die Versagung der Bestätigung für eine neue Wahl Raum schaffen.

[5]) Die Erteilung und Versagung der Bestätigung ist in das freie Ermessen der zuständigen Stelle gelegt; die Wahl kann aus formellen Gründen, wegen vorgekommener Formfehler bei der Wahl, nicht bestätigt werden, oder auch, weil der Gewählte nicht für qualifiziert gehalten wird. Wie die Aufsichtsbehörde sich ihr Urteil über die Qualifikation gebildet hat, unterliegt keiner Nachprüfung seitens des Gewählten oder der Verbandsversammlung.

Die Angabe der Gründe, aus denen die Bestätigung versagt wird, ist nicht vorgeschrieben. Ihre Grenze findet demnach das freie Bestätigungsrecht der zuständigen Stelle lediglich in der gewissenhaften Überzeugung der Beteiligten und in der Verfassung, deren Bestimmungen eingehalten werden müssen und deren Verletzung den die Nichtbestätigung gegenzeichnenden Minister dem Landtage gegenüber gemäß Art. 44 Verf. verantwortlich macht. Die Behauptung, daß das Bestätigungsrecht ein völlig schrankenloses, von Gesetz und Verfassung unbeengtes Vorrecht der Krone sei, ist nach Art. 44 Verf. nicht zutreffend, wenngleich freilich, beim Fehlen eines Ministerverantwortlichkeitsgesetzes, eine Verfolgung des gegenzeichnenden Ministers gemäß Art. 61 Verf. praktisch undurchführbar ist.

Die einmal erfolgte Bestätigung kann nicht mehr zurückgezogen werden (OVG. 41 S. 1).

Auf kürzere Zeit als die Zeit der Wahlperiode oder interimistisch oder sonst unter Bedingungen und Vorbehalten darf die Bestätigung nicht erteilt werden.

Die Entscheidung des Königs muß unter allen Umständen eingeholt werden, auch dann, wenn die Aufsichtsbehörde ihrerseits die Versagung der Bestätigung befürworten zu müssen glaubt (MBl. 1860 S. 71).

[6]) Erst durch die Bestätigung erlangt die Wahl Rechts-

gültigkeit. Doch erhält der Gewählte nicht schon mit der Bestätigung das Amt, sondern erst mit der Aushändigung der Anstellungsurkunde (§ 1 KBG. und Abs. 4 dieses Paragraphen).

Eine besondere Einführung des Verbandsdirektors ist nicht vorgeschrieben (anders nach § 89 PrO. für den Landesdirektor).

Hinsichtlich der Vereidigung des Verbandsdirektors, die von dem Vorsitzenden des Verbandsausschusses vorzunehmen ist, vgl. Anm. 1 u. 3 zu § 28.

7) Vgl. die ähnlichen Bestimmungen in § 87 Abs. 2 PrO. und § 33 Abs. 2 StO.

8) Der Minister des Innern ist nicht verpflichtet, die kommissarische Verwaltung anzuordnen; von seinem Rechte wird er z. B. dann nicht Gebrauch machen, wenn die Wahl das erste Mal lediglich wegen formeller Mängel des Wahlverfahrens nicht bestätigt ist und der zuerst Gewählte wiedergewählt wird.

9) Der Kommissar braucht nicht ein Angehöriger des Verbandes zu sein; er kann ein unmittelbarer oder mittelbarer Staatsbeamter oder auch ein Privatmann (Pensionär usw.) sein. Ein Anspruch, Vorschläge über die Person des Kommissars zu machen, steht dem Verbandsausschusse nicht zu (anders § 87 Abs. 3 PrO.).

Daß der Kommissar nicht stimmberechtigtes Mitglied des Verbandsausschusses ist, wurde bereits in Anm. 13 zu § 26 ausgeführt.

Liegt nicht einer der Fälle des § 33 Abs. 1 vor, sondern ist die Stelle des Verbandsdirektors unbesetzt oder deren Inhaber funktionsunfähig, so tritt der gemäß § 33 Abs. 2 als Stellvertreter Bezeichnete ipso jure ein; in solchen Fällen ist kein Raum für die kommissarische Verwaltung vorhanden (OVG. 11 S. 35).

10) Zur Bestreitung dieser Kosten sind in erster Reihe die im Etat für die regelmäßige Besoldung oder Dienstunkosten-

entschädigung des gewählten Stelleninhabers ausgeworfenen Beträge zu verwenden.

[11]) Die Frage, ob im Falle der Wiederwahl eines vom König nicht Bestätigten die Aufsichtsbehörde die Verpflichtung hat, von neuem die Entscheidung des Königs über die Bestätigung herbeizuführen, ist zu bejahen (vgl. Litten, Deutsche Jur.-Zeitung 1901 S. 502 und Johannsen, PrVBl. 23 S. 122; anderer Ansicht Jebens, Die Stadtverordneten, S. 154 und in der DJZ. 1901 S. 465, sowie Immich im PrVBl. 23 S. 65 und 123).

[12]) Der Fall der Behinderung braucht nicht abgewartet zu werden; vielmehr kann die Bezeichnung des Stellvertreters auch im voraus geschehen.

[13]) Der Stellvertreter tritt auch im Falle der Anordnung der kommissarischen Verwaltung gemäß Abs. 1 dieses Paragraphen bis zum Eintritt des Kommissars in Tätigkeit (vgl. § 88 PrO.).

[14]) Hinsichtlich der Person des Stellvertreters gilt das gleiche wie das über die Person des Kommissars oben in Anm. 9 Gesagte. Zweckmäßigerweise wird aber der Verbandsausschuß einen oberen Beamten oder ein Mitglied des Ausschusses als Stellvertreter bezeichnen.

Der Stellvertreter ist an sich nicht stimmberechtigtes Mitglied des Verbandsausschusses (vgl. Anm. 13 zu § 26). Seine Teilnahme an den Sitzungen der Verbandsversammlung und des Verbandsausschusses mit beratender Stimme wird durch die Vorschriften in § 22 Abs. 1 und § 32 Abs. 2 ermöglicht.

[15]) Aus den Worten „noch andere" folgt, daß auch der Verbandsdirektor zu den Verbandsbeamten gehört (vgl. auch Anm. 7 zu § 16 und Anm. 5 zu § 32).

[16]) Vgl. die ähnliche Bestimmung in § 93 PrO. Diese oberen Beamten werden von der Verbandsversammlung gewählt (§ 19 Nr. 8); sie können im Auftrage des Verbandsdirektors an den Sitzungen der Verbandsversammlung und des Verbandsausschusses mit beratender Stimme teilnehmen

(§ 22 u. § 32). Dagegen sind sie von der Mitgliedschaft in der Verbandsversammlung und im Verbandsausschusse ausgeschlossen (§ 16 Abs. 2 und § 32 Abs. 1). Über ihren Amtstitel vgl. Anm. 22 zu § 19.

17) Selbstverständlich können außer dem Verbandsdirektor und den ihm zugeordneten oberen Beamten noch andere Verbandsbeamte, insbesondere mittlere und Unterbeamte angestellt werden (vgl. Anm. 18b zu § 19).

18) D. h. des Verbandsdirektors, der ihm zugeordneten oberen Beamten und aller übrigen, zur Wahrnehmung der Bureau-, Kassen- und sonstigen Geschäfte der Verbandsverwaltung erforderlichen Beamten. Inwieweit für die Angelegenheiten des Verbandes Beamte anzustellen sind, vgl. Anm. 18a zu § 19.

19) Die §§ 1—7 KBG. vom 30. 7. 1899 lauten mit der durch § 33 Abs. 4 bedingten Maßgabe:

§ 1. Als Kommunalbeamter im Sinne dieses Gesetzes gilt, wer als Beamter für den Dienst eines Kommunalverbandes (§§ 8—22) gegen Besoldung angestellt ist. Die Anstellung erfolgt durch Aushändigung einer Anstellungsurkunde.

§ 2. Die Rechtsverhältnisse der auf Probe, zu vorübergehenden Dienstleistungen oder zur Vorbereitung angestellten Kommunalbeamten unterliegen den Bestimmungen dieses Gesetzes nur insoweit, als dies ausdrücklich vorgesehen ist. Die Anstellung auch dieser Beamten erfolgt nach § 1 Satz 2.

Auf Personen, welche ein Kommunalamt nur als Nebenamt oder als Nebentätigkeit ausüben oder ein Kommunalamt führen, das seiner Art oder seinem Umfange nach nur als eine Nebentätigkeit anzusehen ist, findet dieses Gesetz keine Anwendung.

§ 3. Die Zahlung des Gehalts an Kommunalbeamte erfolgt in Ermangelung besonderer Festsetzungen vierteljährlich im voraus.

§ 4. Die Hinterbliebenen eines Kommunalbeamten erhalten für das auf den Sterbemonat folgende Vierteljahr noch die volle Besoldung des Verstorbenen (Gnadenquartal); war der Verstorbene pensioniert, so gebührt ihnen die Pension noch für den auf den Sterbemonat folgenden Monat (Gnadenmonat). Dabei finden die für die unmittelbaren Staatsbeamten geltenden Bestimmungen mit der Maßgabe Anwendung, daß an Stelle der Genehmigung des Verwaltungschefs und der Provinzialbehörde, auf deren Etat die Pension übernommen war, die Genehmigung der Kommunalverwaltungsbehörde tritt.

§ 5. In dem Genusse der von dem verstorbenen Beamten bewohnten Dienstwohnung ist die hinterbliebene Familie in Ermangelung anderweiter Festsetzungen nach Ablauf des Sterbemonats noch drei fernere Monate zu belassen. Hinterläßt der Beamte keine Familie, so ist denjenigen, auf welche sein Nachlaß übergeht, unter der gleichen Voraussetzung eine vom Todestage an zu rechnende einmonatliche Frist zur Räumung der Dienstwohnung zu gewähren.

In jedem Falle müssen Arbeits- und Sitzungszimmer sowie sonstige für den amtlichen Gebrauch bestimmte Räumlichkeiten sofort geräumt werden.

§ 6. Über die Art und Höhe der Reisekostenentschädigung, welche den Kommunalbeamten, einschließlich der im § 2 Absatz 1 erwähnten, bei Dienstreisen zugebilligt werden sollen, können die Kommunalverbände Vorschriften erlassen. Kommen solche in Fällen, in welchen ein Bedürfnis der Regelung besteht, nicht zustande, so kann die Aufsichtsbehörde die erforderlichen Vorschriften erlassen, welche so lange in Geltung bleiben, bis anderweite Bestimmungen seitens der Kommunalverbände getroffen sind.

§ 7. Die Beschlußbehörde für Groß Berlin beschließt über streitige vermögensrechtliche Ansprüche der Kommunalbeamten einschließlich der in § 2 Absatz 1 erwähnten

Beamten aus ihrem Dienstverhältnisse, insbesondere über Ansprüche auf Besoldung, Reisekostenentschädigung, Pension sowie über streitige Ansprüche der Hinterbliebenen der Beamten auf Gnadenbezüge oder Witwen- und Waisengeld. Die Beschlußfassung erfolgt, soweit sie sich auf die Frage erstreckt, welcher Teil des Diensteinkommens bei Feststellung der Pensionsansprüche als Gehalt anzusehen ist, vorbehaltlich der den Beteiligten innerhalb zwei Wochen bei dem Oberverwaltungsgericht gegeneinander zustehenden Klage im Verwaltungsstreitverfahren. Im übrigen findet gegen den Beschluß binnen einer Ausschlußfrist von sechs Monaten nach Zustellung desselben die Klage im ordentlichen Rechtswege statt. Die Beschlüsse sind vorläufig vollstreckbar.

Bezüglich der Einzelheiten dieser Bestimmungen muß auf die Kommentare zum KBG. von Freytag und von Ledermann, auf Kautz-Appelius, Preußisches Kommunalbeamtenrecht, sowie auf die Kommentare zur StO. von Oertel (S. 346, 351, 355, 534, 562, 564, 528, 535, 558) und Ledermann, Anm. zu §§ 56[6], 64, 65) verwiesen werden. Nur folgendes sei hervorgehoben:

a) Einziges Kriterium der Anstellung ist die Aushändigung der die Anstellung als Verbandsbeamter aussprechenden Anstellungsurkunde. Dies gilt ausnahmslos für alle Verbandsbeamte. Werden daher die in § 4 II genannten Beamten vom Verbande übernommen, so werden sie nicht schon durch die Übernahme, sondern erst durch die Aushändigung der Anstellungsurkunde Verbandsbeamte (vgl. auch RG. im PrVBl. 26 S. 237).

Durch die Anstellung gemäß § 1 KBG. erlangen die Verbandsbeamten die Rechte und Pflichten von mittelbaren Staatsbeamten (§ 69 II, 10 ALR.). Ihre besonderen Anstellungs-, Besoldungs- und Versorgungsverhältnisse unterliegen der Beschlußfassung der Verbandsversammlung (§ 19 Nr. 7).

b) Auf die in § 2 KBG. genannten Beamten finden,

ihre Anstellung gemäß Satz 2 § 1 ebenda vorausgesetzt, nur die §§ 6—7 des Gesetzes Anwendung. Sie sind demnach nur hinsichtlich des Anspruchs auf Reisekostenentschädigung und des Rechtsweges bei vermögensrechtlichen Streitigkeiten aus ihrem Dienstverhältnisse den dauernd angestellten Beamten gleichgestellt; ein gesetzlicher Anspruch auf vierteljährliche Vorauszahlung des Gehalts sowie auf Gnadenkompetenzen besteht dagegen für diese Beamten und ihre Hinterbliebenen nicht.

c) Die in § 4 KBG. in Bezug genommenen Bestimmungen für die unmittelbaren Staatsbeamten sind enthalten in dem Gesetz betr. die Zahlung der Beamtenbesoldung und des Gnadenvierteljahrs vom 7. 3. 1908 (GS. 35) und in § 31 des Pensionsgesetzes vom 27. 3. 1872 (GS. 268) mit dem Abänderungsgesetz vom 27. 5. 1907 (GS. 95).

d) Der Instanzenzug bei Streitigkeiten über vermögensrechtliche Ansprüche der Verbandsbeamten ist folgender:

Beschluß der Beschlußbehörde für Groß Berlin. Hiergegen

α) falls es sich um die Frage handelt, welcher Teil des Diensteinkommens bei Feststellung der Pension als Gehalt anzusehen ist, binnen zwei Wochen Klage bei dem Oberverwaltungsgerichte, das endgültig entscheidet;

β) in allen anderen Fällen der binnen sechs Monaten nach Zustellung des anzugreifenden Beschlusses zu beschreitende ordentliche Rechtsweg.

e) § 8 KBG., wonach die Anstellung der städtischen Beamten grundsätzlich auf Lebenszeit erfolgt, findet auf die Verbandsbeamten keine Anwendung (vgl. auch Anm. 19 zu § 19); es können daher die Verbandsbeamten auch auf Kündigung oder auf bestimmte Zeit angestellt werden. Ebensowenig anwendbar kraft Gesetzes ist § 12 KBG., wonach die städtischen Beamten bei eintretender Dienstunfähigkeit Pension nach den für die Pensionierung der unmittelbaren Staatsbeamten geltenden Grundsätzen erhalten. Die Pensionsverhältnisse der Verbandsbeamten müssen vielmehr besonders von der Verbandsversammlung geregelt werden.

Das gleiche gilt hinsichtlich des Witwen- und Waisengeldes (§ 15 KBG.). Vgl. hierzu auch Anm. 19 zu § 19.

[20]) Für die Rechtsverhältnisse der Verbandsbeamten gelten außer den §§ 1—7 KBG. noch folgende allgemeine Bestimmungen:

a) Die Verbandsbeamten haben als mittelbare Staatsbeamte beim Amtsantritt den Diensteid zu leisten (vgl. Anm. 1 und 3 zu § 28).

b) Das Recht zur Beurlaubung steht hinsichtlich des Verbandsdirektors dem Verbandsausschusse zu, der dies Recht auf den ersten Bürgermeister von Berlin als den Vorsitzenden delegieren kann; die übrigen Verbandsbeamten werden vom Verbandsdirektor beurlaubt (§ 34 Abs. 2), wobei der letztere an die etwaigen allgemeinen, vom Verbandsausschusse erlassenen Urlaubsbestimmungen gebunden ist.

c) Die Verbandsbeamten dürfen, da sie zu den mittelbaren Staatsbeamten gehören, soweit nicht durch die Anstellungsbedingungen besondere Bestimmungen getroffen sind, ein Nebenamt oder eine Nebenbeschäftigung nicht übernehmen, ohne von ihrem Vorhaben der vorgesetzten Dienstbehörde Mitteilung gemacht und sich versichert zu haben, daß Anstände dagegen nicht erhoben werden. Schon die Unterlassung einer Anzeige über das Vorhaben ist eine Verletzung der Amtspflicht (OVG. 57 S. 509).

Die Bestimmung in § 19 der preuß. Gewerbeordnung v. 17. 1. 1845 (GS. 411), wonach Beamte, deren Ehefrauen und in väterlicher Gewalt stehende Kinder, Dienstboten und andere Hausstandsmitglieder ein Gewerbe nur mit Erlaubnis der vorgesetzten Dienstbehörde betreiben dürfen, ist durch § 12 Abs. 2 RGO. aufrecht erhalten (vgl. auch EG.BGB. Art. 55 und 80, PrVBl. 28 S. 914 und OVG. 58 S. 445).

Nach Art. 72 AG.BGB. bedarf, wer ein besoldetes Amt in der Kommunalverwaltung bekleidet, zur Übernahme einer

Vormundschaft oder zur Fortführung einer vor dem Eintritt in das Amt übernommenen Vormundschaft der Erlaubnis der zunächst vorgesetzten Behörde. Das gleiche gilt für die Übernahme oder die Fortführung des Amtes eines Gegenvormundes, Pflegers oder Beistandes. Die Erlaubnis kann zurückgenommen werden.

d) Verpflichtung zum Wohnen am Amtsorte. Da der Beamte ohne Erlaubnis seinen Amtsort nicht verlassen darf (§ 92 II, 10 ALR.), folgt hieraus, daß der Verbandsbeamte, wenn er nicht die besondere Erlaubnis, auswärts zu wohnen, erhalten hat, in Berlin, dem Sitze des Verbandes nach § 3, wohnen muß.

e) Amtsverschwiegenheit. Die Amtsverschwiegenheit, d. h. die Pflicht, über alle amtlichen Gegenstände, über die sie vermöge ihres Amtes Kenntnis erhalten, Stillschweigen zu beobachten, soweit dies das amtliche Interesse erfordert, liegt sämtlichen Beamten ob. Die Verletzung der Amtsverschwiegenheit, und zwar die vorsätzliche wie die fahrlässige, kann ein Amtsvergehen im Sinne des Disziplinargesetzes darstellen. Besondere Beachtung erheischen §§ 376 u. 408 ZPO. und §§ 53 und 76 StrPO.; die Erlaubnis zur Aussage erteilt in diesen Fällen dem Verbandsdirektor der Verbandsausschuß, den übrigen Verbandsbeamten der Verbandsdirektor.

f) Versetzung. Bei den Verbandsbeamten wird eine Versetzung von Ort zu Ort nur ausnahmsweise vorkommen, im allgemeinen wird es sich nur um Übertragung anderweitiger Amtsfunktionen handeln; wird dadurch die Rechtslage des Versetzten nicht verschlechtert, sein Einkommen nicht verringert und entspricht die ihm neu übertragene Beschäftigung seiner Ausbildung, so ist eine derartige Versetzung in ein anderes Amt auch gegen den Willen des Betroffenen zulässig.

g) Ende der Amtszeit. Dies wird bedingt durch Tod, Zeitablauf (bei auf Zeit angestellten Beamten), Kündigung, Strafurteil (§ 7 Disziplinargesetz), disziplinargerichtliches

Urteil (ebenda §§ 22 ff.), Versetzung in den Ruhestand, Amtsentlassung auf Antrag (§§ 94—97, 68, 69 II, 10 ALR.).

[21]) Ein Dienstvergehen liegt vor, wenn ein Verbandsbeamter die Pflichten verletzt, die ihm sein Amt auferlegt, oder sich durch sein Verhalten in oder außer dem Amte der Achtung, des Ansehens oder des Vertrauens, die sein Beruf erfordert, unwürdig zeigt (§ 2 des Disziplinargesetzes vom 21. 7. 1852, GS. 465).

[22]) Und zwar aller Verbandsbeamten, mit Einschluß des Verbandsdirektors und der ihm zugeordneten oberen Beamten (vgl. StenBerAH. 6376).

[23]) Danach finden die Vorschriften des Disziplinargesetzes (vgl. Anm. 21 vorstehend) mit folgenden Maßgaben auf die Verbandsbeamten Anwendung:

a) Gegen den Verbandsdirektor und die ihm zugeordneten oberen Beamten ist die Festsetzung von Ordnungsstrafen nur in dem auf Entfernung aus dem Amte gerichteten Verfahren zulässig.

b) Gegen die übrigen Verbandsbeamten kann der Verbandsdirektor Ordnungsstrafen bis zu neun Mark verhängen.

c) Gegen die Disziplinarverfügungen des Verbandsdirektors findet innerhalb zwei Wochen die Klage bei der Beschlußbehörde für Groß Berlin statt; die Berufung hiergegen geht binnen vier Wochen an das Oberverwaltungsgericht.

d) In dem auf Entfernung aus dem Amte gerichteten Verfahren tritt an die Stelle des Regierungspräsidenten der Verbandsdirektor und, sofern das Verfahren gegen den letzteren selbst oder einen der ihm zugeordneten oberen Beamten gerichtet ist, der Minister des Innern, an die Stelle der Bezirksregierung bzw. des Disziplinarhofes die Beschlußbehörde für Groß Berlin und an die Stelle des Staatsministeriums das Oberverwaltungsgericht.

Die Vertreter der Staatsanwaltschaft bei der Beschlußbehörde für Groß Berlin und dem Oberverwaltungsgerichte werden vom Minister des Innern ernannt. Die Verhandlung vor der Beschlußbehörde für Groß Berlin und vor dem Oberverwaltungsgerichte findet im mündlichen Verfahren statt. Das Gutachten des Disziplinarhofes ist nicht einzuholen.

Das Verfahren kann mit Rücksicht auf den Ausfall der Voruntersuchung durch Beschluß der Beschlußbehörde für Groß Berlin eingestellt werden.

e) Bei den Verbandsbeamten mit Ausnahme des Verbandsdirektors und der ihm zugeordneten oberen Beamten (vgl. § 98 Nr. 6 PrO. und die darin hinsichtlich der in § 41 genannten Provinzialbeamten gemachte Ausnahme, anders ohne Angabe von Gründen Friedrichs, Anm. 9 zu § 33) kann die Entfernung aus dem Amte auch in Versetzung in ein anderes Amt von gleichem Range, jedoch mit Verminderung des Diensteinkommens und Verlust des Anspruches auf Umzugskosten, oder mit einem von beiden Nachteilen bestehen.

[24]) Eine ausführliche Darstellung des materiellen Disziplinarrechts und des Disziplinarverfahrens kann an dieser Stelle nicht gegeben werden; bezüglich der Einzelheiten des Gesetzes vom 21. 7. 1852 sei auf die Kommentare von Seydel, 2. Aufl., Berlin 1894, von Rheinbaben, Berlin, 2. Aufl. 1911 und auf Kautz-Appelius, Preuß. Kommunalbeamtenrecht, verwiesen.

[25]) Im Zusammenhang mit der Amtsentsetzung der Verbandsbeamten im Wege des Disziplinarverfahrens steht die Frage, unter welchen Voraussetzungen und in welchen Formen dienstunfähige Beamte zwangsweise in den Ruhestand versetzt werden können. Entscheidend sind in erster Reihe die statutarischen Bestimmungen, Reglements oder die besonderen, bei der Anstellung getroffenen Vereinbarungen über die Pensionierung (§ 95 Abs. 1 des Ges. vom 21. 7. 1852). Im übrigen ist zu unterscheiden:

a) Ein Verbandsbeamter, der zu einer Zeit dienstunfähig wird, zu der er bereits pensionsberechtigt ist, kann durch die Anstellungsbehörde mit der erdienten Pension in den Ruhestand versetzt werden; gegen die die Pensionierung anordnende

Verfügung ist lediglich die Beschwerde im Aufsichtswege gegeben. Dagegen bedarf es in diesem Falle, anders wie für städtische Gemeindebeamte, nicht eines besonderen Disziplinarverfahrens mit dem Zwecke der Feststellung der Dienstunfähigkeit.

b) Ein Verbandsbeamter, der vor dem Zeitpunkt, mit dem eine Pensionsberechtigung für ihn eingetreten sein würde, dienstunfähig wird, kann gegen seinen Willen nur unter den für Beamte im unmittelbaren Staatsdienste in § 93 des Disziplinargesetzes vorgeschriebenen Formen in den Ruhestand versetzt werden, d. h. in diesem Falle ist über die Dienstunfähigkeit in dem für die Entfernung aus dem Amt vorgeschriebenen Verfahren zu entscheiden (§ 95 Abs. 2 des Disziplinargesetzes).

Wegen der Einzelheiten vgl. Kautz-Appelius S. 323 ff. und Rheinbaben S. 396.

§ 34.

Der Verbandsdirektor führt unter der Aufsicht des Verbandsausschusses [1]) die laufenden Geschäfte [2]) des Verbandes. Er bereitet die Beschlüsse des Verbandsausschusses vor und trägt für ihre Ausführung Sorge [3]).

Er ist der Dienstvorgesetzte sämtlicher Verbandsbeamten [4]).

Der Verbandsdirektor vertritt den Verband nach außen in allen Angelegenheiten [5]) [6]) [7]). Er verhandelt namens des Verbandes mit Behörden und Privatpersonen, führt den Schriftwechsel und zeichnet alle Schriftstücke [8]). Er ist befugt, für die Geschäfte des Verbandes die vermittelnde und begutachtende Tätigkeit der Provinzial-, Kreis-, Amts- und Gemeindebehörden des Verbandsgebiets in Anspruch zu nehmen [9]).

[1]) Dieser Aufsicht des Verbandsausschusses unterliegt der Verbandsdirektor, obwohl er nach § 26 Abs. 1 von Amts wegen Mitglied des Verbandsausschusses ist.

An dem Aufsichtsrecht des Ausschusses wird auch dadurch nichts geändert, daß durch Reglements oder Instruktionen die Zuständigkeit des Ausschusses einer- und des Direktors andererseits genauer begrenzt ist. Derartige Reglements und Instruktionen haben vielmehr nur die Bedeutung, daß der Verbandsdirektor durch sie ermächtigt wird, innerhalb des ihm zugewiesenen Zuständigkeitskreises die laufenden Geschäfte des Verbandes selbständig ohne vorherige Beschlußfassung des Ausschusses zu erledigen. Der Ausschuß ist aber jederzeit in der Lage, jede Angelegenheit seiner eigenen Beschlußfassung zu unterbreiten; er kann insbesondere, sei es von Amts wegen, sei es auf Beschwerde, Anordnungen und Verfügungen des Verbandsdirektors abändern oder aufheben (vgl. auch Anm. 5 zu § 29).

[2]) Die absolute Grenze der laufenden Geschäfte läßt sich nicht feststellen. Es wird sich daher empfehlen, durch generelle Festsetzung derjenigen Geschäfte, bei denen der Ausschuß auf eine regelmäßige Mitwirkung verzichtet, die Rechtslage zu klären.

Soweit solches Auslegungsmaterial nicht vorhanden ist und nachweist, inwieweit der Verbandsausschuß zur Mitwirkung nicht berufen sein will, sind auch jetzt noch diejenigen allgemeinen gesetzlichen Bestimmungen zu beachten, welche in Titel II, 6 und Titel I, 14 ALR. für die Verwaltung von Korporationen im besonderen und für die Verwaltung fremden Gutes im allgemeinen gegeben sind. Wesentlich in Betracht kommen:

a) § 123 I, 14 und § 152 II, 6 ALR.: Die Anstellung von Klagen und die Einlassung auf Prozesse sowie die Schließung von Vergleichen unterliegt der Mitentscheidung des Verbandsausschusses. Ausgenommen sind nur solche Prozesse, welche zur Fortführung der laufenden Verwaltung unentbehrlich sind, wie die Einklagung restierender Umlagen, Beiträge und Gebühren, Zinsen, rückständiger Miete und Pacht und ähnliches. Dabei ist zu berücksichtigen, daß nach außen zwar der Verbandsdirektor als gesetzlicher Vertreter formell befugt ist, zu klagen und als Beklagter aufzutreten, daß er sich aber dem Verbandsausschusse gegenüber, wenn er dies ohne seine Einwilligung in solchen Prozessen tut, die nicht zur laufenden Verwaltung gehören, haftbar macht;

b) § 119 I, 14 ALR.: Danach hat bei Ausleihung disponibler Kapitalien der Verbandsdirektor den Ausschuß zu befragen;

c) § 126 I, 14 ALR.: Desgl. bei Aufnahme von Darlehen;

d) § 127 I, 14 ALR.: Bei der Gewährung von Kredit für gelieferte Gegenstände über das gewöhnliche Maß oder das unbedingt Notwendige hinaus muß der Verbandsausschuß befragt werden.

e) Schließlich gehört hierher die Bestimmung der §§ 111, 112 I, 14 ALR., wonach der Verbandsdirektor ohne erhebliche Ursachen von den bestehenden Verwaltungsgrundsätzen nicht eigenmächtig, d. h. ohne Genehmigung des Ausschusses, abweichen darf.

Als negative generelle Regel läßt sich der Satz aufstellen, daß dem freien Ermessen des Verbandsdirektors alle diejenigen Gegenstände entzogen sind, die der Beschlußfassung der Verbandsversammlung (§ 19) oder des Verbandsausschusses (§ 29) unterliegen.

[3]) Der Verbandsdirektor hat sämtliche Beschlüsse des Verbandsausschusses auszuführen, und zwar ohne Rücksicht darauf, ob sie die laufende Verwaltung betreffen oder nicht. Auch die Ausführung erfolgt unter Aufsicht des Verbandsausschusses. Der Ausführungspflicht des Verbandsdirektors steht ein Ausführungsrecht gegenüber; nur der Verbandsdirektor ist zur Ausführung der Beschlüsse des Verbandsausschusses zuständig, nicht auch dieser selber oder sein Vorsitzender.

In welcher Form, insbesondere unter welcher Firma die Ausführung der Beschlüsse des Verbandsausschusses erfolgt, hängt davon ab, ob nach außen der Verband als solcher oder der Verbandsausschuß in Erscheinung tritt. Zu dem letzteren Falle vgl. insbesondere § 6 Abs. 2 Satz 2 und Abs. 3 Satz 2.

[4]) Es haben ihm daher sämtliche Verbandsbeamte (einschließlich der ihm zugeordneten oberen Beamten) in dienstlichen Angelegenheiten Folge zu leisten und jede verlangte Auskunft über Gegenstände ihrer Geschäftskreise mündlich oder schriftlich zu erteilen. In seiner Eigenschaft als Dienstvorgesetzter stehen ihm ferner folgende zwei Befugnisse zu:

a) die Befugnis, die Verbandsbeamten zu beurlauben (vgl. Anm. 20 zu § 33). Die Urlaubsverhältnisse der Verbandsbeamten werden generell von dem Verbandsausschusse zu regeln sein;

b) die Befugnis, die Disziplinargewalt gegenüber den Verbandsbeamten, mit Ausnahme der ihm zugeordneten oberen Beamten, auszuüben. Hierüber vgl. Anm. 21 ff. zu § 33.

[5]) Abs. 3 dieses Paragraphen, der seine Ergänzung in § 35 findet, enthält die gesetzliche Vollmacht des Verbandsdirektors, seinerseits allein — im Gegensatz zu einer Mitwirkung des Verbandsausschusses oder der Verbandsversammlung — den Verband zu vertreten. Nach außen kann der Verband nur durch den Verbandsdirektor redend und handelnd auftreten. Der Umfang dieser gesetzlichen Vollmacht ist mit Wirksamkeit gegen Dritte weder durch Beschlüsse des Ausschusses oder der Versammlung noch durch aufsichtsbehördliche Maßnahmen beschränkbar. Wer mit dem Verbandsdirektor verhandelt, darf sich immer darauf verlassen, mit dem legitimierten Organ des Verbandes zu verhandeln. Beschränkende Instruktionen der Aufsichtsbehörde oder Beschlüsse der Verbandsversammlung oder des Verbandsausschusses, welche den Verbandsdirektor zu einem Handeln in ganz bestimmter Richtung binden, braucht der Dritte nicht gegen sich gelten

zu lassen; sie verpflichten nur den Verbandsdirektor nach innen, die Abweichung zu vertreten. Auch wenn der Verbandsdirektor einen Vertrag namens des Verbandes rechtswidrig abgeschlossen haben sollte, ohne daß der etwa erforderliche Beschluß des Verbandsausschusses oder der Verbandsversammlung vorliegt, ist der abgeschlossene Vertrag gültig (OVG. 27 S. 91). Ja, selbst wenn der dem Abschluß des Rechtsgeschäfts zugrunde liegende Beschluß des Verbandsausschusses oder der Verbandsversammlung nachträglich als rechtswidrig beanstandet werden sollte (s. wegen der Beanstandung und ihrer Wirkungen § 38), kann das die zivilrechtliche Wirksamkeit des abgeschlossenen Vertrages nicht mehr aufheben, weil jura quaesita Dritter vorliegen.

[6]) Seine Vertretungsmacht kann der Verbandsdirektor übertragen; handelt es sich dabei um Handlungen und Willenserklärungen, die nicht unmittelbar rechtserzeugend für und gegen den Verband wirken sollen (also um Nichtrechtsgeschäfte), so kann der Verbandsdirektor jeden Verbandsbeamten zum Handeln berufen und damit zum zuständigen Organe in dieser Angelegenheit machen. Die Geschäftsverteilung unter die Verbandsbeamten ist nichts anderes als die Übertragung der dem Verbandsdirektor zufallenden Verpflichtung, nach außen handelnd für den Verband aufzutreten, auf die einzelnen beamteten Organe des Verbandes. Soweit es sich dabei um obrigkeitliche Geschäfte handelt, müssen die Organe „Beamte" sein (vgl. Anm. 18 zu § 19). — Handelt es sich um eine Vollmacht zur Abschließung eines bestimmten Geschäfts oder bestimmter Geschäfte, durch welche der Verband Verpflichtungen übernehmen soll — also immer bei zweiseitigen Verträgen —, so muß die dem Bevollmächtigten ausgestellte Vollmacht, damit der Verband durch das vom Bevollmächtigten abgeschlossene Geschäft verpflichtet und berechtigt werde, der Formvorschrift des § 35 genügen, also die Unterschriften des Verbandsdirektors und eines anderen Mitgliedes des Verbandsausschusses tragen.

[7]) Auch in Prozessen (OVG. 14 S. 1). Der Verbandsausschuß ist zur Prozeßführung nicht legitimiert (PrVBl. 22 S. 146). Die Zustellung erfolgt in Zivilprozessen an den Verbandsdirektor (§ 171 ZPO.).

[8]) Diese Vorschrift hat nur den Zweck, den Verbandsdirektor derart nach außen als Repräsentanten des Verbandes zu kennzeichnen, daß der Inhalt der vom Verbandsdirektor unterzeichneten Schreiben dem dritten Empfänger gegenüber ohne nähere Prüfung als Wille des Verbandes gilt. Die Bestimmung ist übrigens nicht so zu verstehen, daß alle Verbandsschreiben, um gültig zu sein, die Unterschrift des Verbandsdirektors tragen müßten. Das Zeichnungsrecht kann der Verbandsdirektor vielmehr auch anderen Verbandsbeamten delegieren. Auch kann er Beamte zur „Beglaubigung" der als Bescheide an Dritte zu sendenden Schreiben bestimmen. Die Beglaubigung bedeutet dann, daß der beglaubigende Beamte die Übereinstimmung der Ausfertigung (Reinschrift) mit dem Inhalt der vom zuständigen Dezernenten erlassenen Verfügung bescheinigt. Indessen ist mit Rücksicht auf § 35 dies Verfahren nur zulässig hinsichtlich solcher Urkunden, durch die nicht unmittelbar Verpflichtungen des Verbandes erzeugt werden sollen.

[9]) Vgl. die analoge Bestimmung in § 92 PrO. Zu Anweisungen an die Provinzial-, Kreis-, Amts- und Gemeindebehörden ist aber der Verbandsdirektor nicht befugt. Gegenüber den Staatsbehörden besteht ein Anspruch auf Rechtshilfe auf Grund des § 38 der Verordnung vom 2. 1. 1849 (GS. 1); doch sind die Staatsbehörden zur Erstattung von Gutachten nicht verpflichtet (vgl. auch VerAH. S. 3103).

§ 35.

Urkunden über Rechtsgeschäfte, die den Verband gegen Dritte verpflichten sollen[1])[2]), und Vollmachten[3]) müssen[4]) von dem Verbandsdirektor[5]) und einem anderen Mitgliede des Verbandsausschusses unterzeichnet[6])[7]) sein.

[1]) Die Beobachtung der in § 35 vorgeschriebenen Form ist unerläßlich, damit ein rechtsgültiges Geschäft vorliegt. Ohne Erfüllung der Form ist nicht nur der Verband nicht gebunden; das ganze Rechtsgeschäft ist vielmehr nicht gültig abgeschlossen. Daher muß auch die Annahmeerklärung über eine dem Verbande zugegangene Erklärung, wenn sie das Geschäft zustande bringen und damit den Offerenten definitiv binden soll, zwei Unterschriften tragen (RGZ. Bd. 31 S. 322). Andererseits verpflichtet die Unterschrift des Verbandsdirektors und eines anderen Ausschußmitgliedes unter einer rechtlich erheblichen Erklärung den Verband unbedingt, gleichviel, ob ein verfassungsmäßiger Beschluß des Verbandsausschusses bzw. der Verbandsversammlung vorliegt oder nicht.

Die Beobachtung der Formvorschrift des § 35 erübrigt sich bei allen solchen Urkunden, durch welche nicht Verpflichtungen übernommen, sondern Rechte aufgegeben werden sollen, also bei Verzichten, bei Quittungen (RGZ. 44 S. 303) und bei Löschungsbewilligungen (KG. bei Johow 33 A 198, PrVBl. 29 S. 323). Bei diesen genügt einfache Unterschrift des Verbandsdirektors oder seines Stellvertreters. Ebenso ist bei Kassenorders nur die Unterschrift des Verbandsdirektors oder seines Vertreters erforderlich.

[2]) Besondere Formvorschriften bestehen über den Abschluß von Grundstücksveräußerungsverträgen, bei denen der Verband beteiligt ist. Nach § 313 BGB. bedarf nämlich ein Vertrag, durch den sich der eine Teil verpflichtet, das Eigentum an einem Grundstücke zu übertragen, gerichtlicher oder notarieller Beurkundung. Ein ohne Beobachtung dieser Form geschlossener Vertrag wird seinem ganzen Inhalte nach gültig, wenn die Auflassung und Eintragung in das Grundbuch erfolgen. Die Folge dieser Bestimmung ist, daß jeder obligatorische Vertrag über die Veräußerung eines Grundstücks, welcher der im § 313 BGB. festgesetzten Form entbehrt, vor der Auflassung und Eintragung rechtsunwirksam ist. Auf Grund einer in Art. 142 EG.BGB.

erteilten Ermächtigung bestimmt jedoch das Pr.AG.BGB. Art. 12 in § 2 folgendes:

„Wird bei einem Vertrage, durch den sich der eine Teil verpflichtet, das Eigentum an einem in Preußen liegenden Grundstücke zu übertragen, einer der Vertragschließenden durch eine öffentliche Behörde vertreten, so ist für die Beurkundung des Vertrags außer den Gerichten und Notaren auch der Beamte zuständig, welcher von dem Vorstande der zur Vertretung berufenen Behörde oder von der vorgesetzten Behörde bestimmt ist."

Danach kann zur Beurkundung von Grundstücksveräußerungsverträgen (im engeren Sinne: d. h. der Eigentumsübertragung dienenden Verträgen), an welchen der Verband als Käufer oder Verkäufer beteiligt ist, der Verbandsausschuß, der Verbandsdirektor und daneben auch die Aufsichtsbehörde (Oberpräsident) besondere Beamten bestellen. Vor diesen geschlossene und von ihnen beurkundete Verträge der angegebenen Art erfüllen dann das Erfordernis des § 313 BGB. Das gleiche ist zugelassen durch Art. 27 Pr.AG.BGB. in Verbindung mit Art. 127 EG.BGB. hinsichtlich der Übertragung des Eigentums (nicht nur des obligatorischen Vertragsschlusses) an nicht im Grundbuch eingetragenen Grundstücken. Bezüglich des Beurkundungsbeamten, seiner Bestellung, seiner Zuständigkeit und des von ihm zu beobachtenden Verfahrens ist vornehmlich folgendes wichtig: Die Bestellung kann generell oder für den einzelnen Fall erfolgen (RGZ. 53 S. 150). Für den Verband können einer oder mehrere Beurkundungsbeamte bestellt werden. Die bestellende Behörde ist bei der Bestellung an den Kreis der Verbandsbeamten nicht gebunden; es genügt, wenn sie kraft öffentlichen Rechts in ihrer Eigenschaft als Vorgesetzter befugt ist, den Geschäftskreis der betreffenden Person, z. B. eines nicht angestellten juristischen Hilfsarbeiters, zu regeln (PrVBl. 32 S. 575). Der Verbandsdirektor kann sich auch selbst zum Urkundsbeamten bestellen (RGZ. 53 S. 150).

Der Beurkundungsbeamte muß immer ein „Beamter“ sein; die Befähigung zum Richteramte ist nicht erforderlich, aber zweckmäßig als Voraussetzung für die Übertragung. Es können namentlich bezeichnete Beamte oder der jeweilige Inhaber eines bestimmten Verbandsamtes (z. B. der Verbandssyndikus) bestellt werden. Derjenige Beamte des Verbandes, der bei dem Vertragsschlusse den Verband vertritt, kann nicht gleichzeitig Beurkundungsbeamter sein. Die Zuständigkeit des auf Grund des Art. 12 AG. bestellten Beurkundungsbeamten erschöpft sich in der Beurkundung solcher Verträge, die dem § 313 BGB. entsprechen, d. h. die Verpflichtung zur Übertragung des Eigentums an einem Grundstück zum Gegenstande haben. Grundstück ist dabei jedes nach Reichsrecht den Grundstücken gleichgestellte Recht an Grundstücken und jede nach Landesrecht den Grundstücken gleichgestellte selbständige Gerechtigkeit (vgl. Anm. 31 zu § 19). Insbesondere fallen daher auch unter die Bestimmungen von der Beurkundung solche Veräußerungsverträge, welche der Verband mit Dritten über Bahneinheiten schließt. Alle in solche Veräußerungsverträge aufgenommenen Einzelbestimmungen können in dem beurkundeten Vertrage rechtswirksam mitbeurkundet werden, vorausgesetzt, daß es sich nicht um Abmachungen handelt, die ihrerseits einer besonderen Formvorschrift (d. i. einer höheren als der Schriftform) unterliegen, wie z. B. Hypothekenbestellungen. Derartige Vertragsabmachungen bleiben so lange unwirksam, bis die Eintragung ins Grundbuch den Mangel geheilt hat. Das Erfordernis der Beurkundung bezieht sich auch auf die Anträge zum Abschluß von Veräußerungsverträgen über Grundstücke und die Annahmeerklärungen auf solche Anträge. Auch diese Erklärungen werden nur wirksam durch Beurkundung. Es genügt aber getrennte Beurkundung des Antrages und der Annahme (§ 128 BGB.), wobei hinsichtlich des Zeitpunktes des Zustandekommens des Vertrages § 152 BGB. maßgebend ist.

Der Beurkundungsbeamte hat bei Ausführung der ihm übertragenen Beurkundungen die Bestimmungen zu beachten, welche im § 4 Art. 12 AG. angezogen sind. Vergessen worden ist, die Bestimmungen über die „Ausfertigung" notarieller Urkunden auf die Beurkundungsbeamten für anwendbar zu erklären. Es unterliegt aber keinem Zweifel, daß sie nach Absicht des Gesetzgebers angewendet werden müssen. In Betracht kommen § 182 RG. und Art. 42 ff. und 63 des preuß. Gesetzes über die freiwillige Gerichtsbarkeit. — Vgl. hinsichtlich des „Beurkundungsbeamten" Jebens im PrVBl. 23 S. 93 ff. und Schoplick ebenda 32 S. 641 ff.

[3]) Auch Prozeßvollmachten, zumal sie nach § 81 ZPO. zur Beseitigung des Rechtsstreits durch Vergleich, Verzichtleistung auf den Streitgegenstand oder Anerkennung des von dem Gegner geltend gemachten Anspruchs ermächtigen.

[4]) Die Formvorschrift des § 35 ist nicht nur für solche Fälle gegeben, in denen tatsächlich eine Urkunde errichtet ist, sondern der Verband kann, soweit er gemäß § 34 durch den Verbandsdirektor vertreten wird, überhaupt nicht anders als in der vorgeschriebenen urkundlichen Form Dritten gegenüber verbindlich gemacht werden. Die im BGB im Prinzip eingeführte Formfreiheit der Verträge ist für die Anwendung des § 35 bedeutungslos; denn die Bestimmung des § 35 ist keine bloße Formvorschrift, sondern sie regelt materiell die Vertretungsmacht des Verbandsdirektors dem Verbande gegenüber. Daher bedarf auch da, wo das bürgerliche Recht den mündlichen Abschluß eines Vertrages gestattet, die die Übernahme einer Verbindlichkeit in sich schließende Erklärung des Verbandsdirektors der Form des § 35. Es genügt aber, wenn nur diese Erklärung gemäß der Vorschrift des § 35 beurkundet ist, ohne daß auch die Erklärung des anderen Teils schriftlich abzugeben wäre (RGZ. 67 S. 270 und 68 S. 409). Selbstverständlich schließt die Formvorschrift des § 35 nicht aus, daß einem Verbandsbeamten

oder einem Dritten für einen speziellen Fall oder generell für gewisse Geschäfte eine von dem Verbandsdirektor und einem anderen Mitgliede des Verbandsausschusses unterzeichnete Vollmacht zur Vertretung des Verbandes nach außen erteilt wird. In einem solchen Fall kann der Bevollmächtigte, soweit schriftliche Form nicht ausdrücklich vorgeschrieben ist, den Verband auch mündlich verpflichten.

[5]) Oder von seinem Stellvertreter gemäß § 33 Abs 2.

[6]) Soweit es sich um rechtsgeschäftliche Erklärungen handelt, die unter § 126 BGB. fallen, ist eigenhändige Namensunterschrift erforderlich; eine faksimilierte Unterschrift genügt nicht. Im übrigen vgl. hinsichtlich der Zulässigkeit faksimilierter Unterschriften den ME. vom 21. 9. 1901 (MBl. 211), OVG. 31 S. 431, 47 S. 407 und PrVBl. 23 S. 173, 25 S. 675, 30 S. 330. — Da der Verbandsdirektor eine öffentliche Behörde darstellt, sind die von ihm ausgestellten Urkunden öffentliche im Sinne des § 437 ZPO. Einer Beglaubigung oder einer Legalisierung der Unterschriften des Verbandsdirektors oder seines Vertreters bedarf es daher nicht.

[7]) Zweckmäßigerweise wird der Unterschrift zum Zeichen, daß der Unterschreibende in Ausübung des öffentlichen Amtes handelt, das Amtssiegel oder der Amtsstempel beizudrücken sein. Bei Anträgen an das Grundbuchamt ist dies erforderlich (Art. 9 AG. z. RGBO.). Im übrigen ist aber, anders wie nach § 88 LGO., § 56[8] StO. und § 91 P.O. weder die Anführung des betreffenden Beschlusses der Verbandsversammlung bzw. des Verbandsausschusses noch die Beifügung der etwa erforderlichen Genehmigung der Staatsaufsichtsbehörde in beglaubigter Form erforderlich.

§ 36.

Die ersten Bürgermeister[1]) beziehungsweise Vorsitzenden der Kreisausschüsse[2]) der dem Verband angehörenden Gemeinden und Kreise können sich in allen ihnen durch dieses Gesetz übertragenen Rechten und Obliegenheiten[3]) durch Mitglieder des Gemeindevorstandes beziehungsweise Kreisausschusses[4]) vertreten lassen[5]). Der erste Bürgermeister der Stadt Berlin wird im Vorsitze des Verbandsausschusses[6]) von dem zweiten Bürgermeister, falls dieser Mitglied ist, sonst und bei dessen Verhinderung von dem ersten Bürgermeister beziehungsweise Vorsitzenden des Kreisausschusses des nächstgrößten Stadt- oder Landkreises vertreten[7]). Im Vorsitze der Verbandsversammlung[8]) vertritt ihn der zweite Bürgermeister, soweit er Mitglied ist, sonst und bei dessen Behinderung ein von der Verbandsversammlung zu wählendes Mitglied[9]).

[1]) Mit Ausnahme des ersten Bürgermeisters von Berlin, dessen Vertretung im Vorsitz der Verbandsversammlung und des Verbandsausschusses in Satz 2 und 3 dieses Paragraphen besonders geregelt ist (vgl. jedoch Anm. 6 und 8 unten).

[2]) Vgl. hierzu Anm. 9 zu § 26.

[3]) Als solche kommen vor allem in Betracht die Ausübung des Stimmrechts im Verbandsausschusse (§ 26) und das Recht der Teilnahme an den Sitzungen der Verbandsversammlung mit beratender Stimme (§ 22).

[4]) Selbstverständlich desjenigen Gemeindevorstandes bzw. Kreisausschusses, dem der erste Bürgermeister bzw. Landrat selber angehört.

[5]) Die Vertretung im Sinne des § 36 erfordert eine ausdrückliche Anordnung des ersten Bürgermeisters bzw. des Landrats. Hiervon verschieden ist die gesetzliche Vertretung dieser Personen gemäß § 29 StO. und § 136 Abs. 2 KrO. (vgl. auch Anm. 5 zu § 26). In diesen Fällen kann der gesetzliche Vertreter seinerseits wieder einen Vertreter gemäß § 36 Satz 1 bestellen.

Ist also z. B. der erste Bürgermeister von Schöneberg verhindert, so kann er einen Vertreter ausdrücklich bestellen. Tut er dies nicht oder ist der Posten des ersten Bürgermeisters unbesetzt, so tritt kraft Gesetzes für ihn der zweite Bürgermeister ein. Dieser kann wiederum kraft ausdrücklicher Anordnung einen Schöneberger Stadtrat mit seiner Vertretung beauftragen.

In der Auswahl der Vertreter nach § 36 sind die ersten Bürgermeister bzw. Landräte, soweit es sich um Mitglieder des Gemeindevorstandes oder Kreisausschusses handelt, völlig frei. Sie können sich daher solche Personen aussuchen, die die von ihnen vertretenen Ansichten teilen. Dagegen sind sie nicht berechtigt, den Vertretern bindende Anweisungen zu geben; die gegenteilige Meinung von Friedrichs (Anm. 3 zu § 36) übersieht, daß sowohl nach der östlichen Städteordnung wie nach der Kreisordnung der erste Bürgermeister und der Landrat nur primus inter pares im Magistrat bzw. Kreisausschusse ist.

[6]) Nach § 26 ist der erste Bürgermeister der Stadt Berlin Vorsitzender des Verbandsausschusses. Nur auf seine Vertretung in diesem Vorsitz bezieht sich Satz 2 des § 36; dagegen kann er sich in den sonstigen, ihm als Mitglied des Verbandsausschusses übertragenen Rechten und Obliegenheiten, insbesondere in der Ausübung des Stimmrechts, von jedem Mitglied des Berliner Magistrats vertreten lassen.

[7]) Hinsichtlich der Vertretung des ersten Bürgermeisters von Berlin im Vorsitz des Verbandsausschusses sind drei Fälle möglich:

a) Der zweite Bürgermeister von Berlin ist gemäß § 26 gewähltes Mitglied des Verbandsausschusses; dann übernimmt er den Vorsitz. Für ihn tritt der gemäß § 26 Abs. 3, § 16 Abs. 1 Satz 2 gewählte Ersatzmann ein, so daß das Stimmverhältnis unverändert bleibt (vgl. VerAH. S. 3104 und Anm. 5 zu § 16).

b) Der zweite Bürgermeister von Berlin ist zwar gewähltes Mitglied, aber behindert. Dann übernimmt den Vorsitz der erste Bürgermeister bzw. Vorsitzende des Kreisausschusses des nächstgrößten Stadt- oder Landkreises (vgl. Anm. 2 zu § 26). Für den zweiten Bürgermeister von Berlin tritt dessen Ersatzmann ein; der erste Bürgermeister von Berlin kann sich, abgesehen vom Vorsitz, durch ein anderes Berliner Magistratsmitglied vertreten lassen (vgl. Anm. 6).

c) Der zweite Bürgermeister von Berlin ist nicht gewähltes Mitglied des Verbandsausschusses. Dann gilt hinsichtlich des Vorsitzes und der sonstigen Vertretung des ersten Bürgermeisters von Berlin das gleiche wie zu b.

[8]) Nach § 15 ist der erste Bürgermeister von Berlin Vorsitzender der Verbandsversammlung. Nur auf seine Vertretung in diesem Vorsitz bezieht sich Satz 3 dieses Paragraphen (vgl. Anm. 6).

[9]) Hinsichtlich der Vertretung des ersten Bürgermeisters von Berlin im Vorsitz der Verbandsversammlung gilt das gleiche wie zu Anm. 7; nur tritt an Stelle des ersten Bürgermeisters bzw. Vorsitzenden des Kreisausschusses des nächstgrößten Stadt- oder Landkreises ein von der Verbandsversammlung gewähltes Mitglied dieser Körperschaft. Diese Abweichung gegenüber dem Verbandsausschusse ist deshalb erfolgt, um zu verhindern, daß jemand in der Verbandsversammlung den Vorsitz führt, welcher der Versammlung gar nicht als Mitglied angehört (VerAH. S. 3104).

§ 37.

Die Veröffentlichung von Bekanntmachungen des Verbandes[1]) erfolgt durch das „Amtsblatt der Königlichen Regierung zu Potsdam und der Stadt Berlin"[2]). Weitere Veröffentlichungsorgane sind durch die Satzung zu bestimmen[3]).

[1]) Die Veröffentlichung von Bekanntmachungen des Verbandes ist vorgeschrieben:

a) in § 6 Abs. 2 und 3;

b) in § 11 Abs. 4 und § 30 Abs. 1 dieses Gesetzes in Verbindung mit § 28 Abs. 2 KPAG. hinsichtlich der Höhe und der Verteilung des Umlagebedarfs, sowie der für die Zahlung bestimmten Termine

²) Die Bekanntmachungen sind gebührenpflichtig (MBl. 1902 S. 123) Die Veröffentlichung hat zur Folge, daß mit dem Anfange des achten Tages, nachdem die Verordnungen und Verfügungen zum erstenmal im Amtsblatt abgedruckt sind, sie als gehörig bekanntgemacht anzusehen sind; die Tage werden hierbei vom Datum der Nummer des Amtsblattes und dieses Datum mitgezählt (Verordnung vom 28. 3. 1811, GS. 165).

³) D. h. können durch die Satzung (§ 10) bestimmt werden (VerAH. S. 3105.) Doch kann die Veröffentlichung in anderen Organen die im Amtsblatt nicht ersetzen.

§ 38.

Die Aufsicht¹) des Staates über die Verwaltung der Verbandsangelegenheiten²) wird in erster Instanz von dem Oberpräsidenten³), in höherer Instanz von dem Minister des Innern im Benehmen mit dem Minister der öffentlichen Arbeiten und dem Finanzminister⁴) geübt. Der Oberpräsident ist befugt, an den Beratungen der Verbandsversammlung und des Verbandsausschusses entweder selbst oder durch einen zu seiner Vertretung abzuordnenden Staatsbeamten teilzunehmen⁵). Der Oberpräsident sowie die zu seiner Vertretung abgeordneten Staatsbeamten sind auf Verlangen jederzeit zu hören⁶)

Die Beschwerde⁷) an die höhere Instanz ist innerhalb vier Wochen zulässig⁸).

Auf die Handhabung der Aufsicht und die Rechtsmittel gegen Akte der Aufsicht finden neben den Vorschriften dieses Gesetzes[9]) die Bestimmungen in §§ 115, 116[10]), 118[11]), 121[12]) und 122[13]) der Provinzialordnung für die östlichen Provinzen vom $\frac{\text{29. Juni 1875}}{\text{22. März 1881}}$ entsprechende Anwendung.

[1]) **Was den Inhalt des Aufsichtsrechts** anlangt, so finden nach Abs. 3 dieses Paragraphen zunächst die §§ 115, 116 PrO. entsprechende Anwendung. Danach haben die Aufsichtsbehörden mit den ihnen in diesem Gesetz zugewiesenen Mitteln darüber zu wachen, daß die Verwaltung den Bestimmungen der Gesetze gemäß geführt und in geordnetem Gange erhalten werde. Zu dem Ende sind sie befugt, über alle Gegenstände der Verwaltung Auskunft zu erfordern, die Einsicht der Akten, insbesondere auch der Haushaltsetats und Jahresrechnungen zu verlangen und Geschäftsrevisionen sowie in der Verbindung mit denselben Kassenrevisionen an Ort und Stelle zu veranlassen.

Dem Zwecke der Aufsicht dient auch die Vorschrift in Satz 2 und 3 des Abs. 1 dieses Paragraphen.

Aus allen diesen Bestimmungen läßt sich indessen ein völlig klar umgrenztes Bild des Aufsichtsrechts nicht gewinnen.

Auf der einen Seite wird immer zu beachten sein, daß die Aufsichtsbehörde ihre Befugnisse überschreiten und den Charakter der Selbstverwaltung zerstören würde, wollte sie über die Beaufsichtigung der Verwaltung hinaus in eine eigene Verwaltung des Verbandes dadurch eintreten, daß sie ihre eigenen Ansichten und Absichten bis in jede Einzelheit den Verbandsorganen aufzudrängen versuchte. Andererseits ist nicht zu verkennen, daß die Pflichten und Rechte der Aufsichtsbehörde sich nicht erschöpfen in der Aufsicht darüber, ob die Gesetze nicht verletzt werden. Auch Fragen der wirtschaftlichen Zweckmäßigkeit sowie die Angemessenheit der Verwaltungshandlungen unterliegen der Prüfung der Aufsichtsbehörde. Freilich hat gegenüber gefaßten Beschlüssen der Verbandsorgane die Aufsichtsbehörde — soweit sie nicht zur Bestätigung der Beschlüsse berufen ist — nur die Eingriffsmittel der Beanstandung (Anm. 11 unten) und der Zwangsetatisierung (Anm. 12 unten). Vor Fassung der bezüglichen Beschlüsse wird aber der Aufsichtsbehörde eine Befugnis, ratend, fördernd und erforderlichenfalles warnend einzugreifen, nicht versagt werden können.

Zu beachten ist ferner, daß nur die Erfüllung derjenigen Pflichten von der Aufsichtsbehörde erzwungen werden kann, welche öffentlichen Rechts sind und nicht bloß vermögensrechtliche Bedeutung haben. Ansprüche vermögensrechtlichen Inhalts und rein privatrechtlichen Charakters können nur nach rechtskräftiger Entscheidung im ordentlichen Rechtswege (oder, falls das Gesetz dies vorschreibt, im Wege des Verwaltungsstreitverfahrens) erzwungen werden, auf welche Wege die Aufsichtsbehörde den angeblich Berechtigten bei Weigerung des Verbandes verweisen muß. Bezüglich der Zwangsvollstreckung gegen den Verband wegen fälliger und vollstreckbarer Forderungen s. Anm. 4 zu § 3.

[2]) Nur von der allgemeinen Aufsicht über die Verbandsangelegenheiten ist hier die Rede. Die Aufsicht in anderen Angelegenheiten, z. B. in Forst- oder Eisenbahnangelegenheiten, richtet sich nicht nach § 38.

[3]) Gemeint ist der Oberpräsident der Provinz Brandenburg, der nach § 41 LVG. zugleich Oberpräsident von Berlin ist.

[4]) Dagegen hat der Landwirtschaftsminister (anders wie nach der Regierungsvorlage) mit den Angelegenheiten des Verbandes an sich nichts zu tun; er kommt höchstens als Vertreter des Fiskus bei Waldankäufen durch den Verband mit diesem in Berührung (VerAH. S. 3105).

[5]) Vgl. die ähnliche Bestimmung in § 117 PrO. Das Recht der Teilnahme erstreckt sich auch auf die geheimen Sitzungen der Verbandsversammlung (§ 25) sowie auf die Beratungen von Ausschüssen oder Kommissionen. Doch ist

zu erwarten, daß die Aufsichtsbehörde von diesem Rechte nicht einen uneingeschränkten Gebrauch machen wird. So würde beispielsweise bei Beratungen über den Ankauf oder die Pachtung des Grunewalds durch den Verband die Teilnahme des Oberpräsidenten oder eines anderen Staatsbeamten den mit dem Fiskus zu führenden Verhandlungen nicht förderlich sein, da der Oberpräsident nicht bloß Aufsichtsbehörde, sondern unmittelbar und mittelbar auch als Vertreter des Fiskus in Betracht kommt und dem Verbande bzw. der von ihm eingesetzten Kommission eine freie Aussprache, wie sie nur in Abwesenheit des Gegenkontrahenten erfolgen kann, damit unmöglich gemacht würde.

Nach dem strengen Wortlaut des Gesetzes könnte es so scheinen, als sei nur entweder der Oberpräsident selbst oder an seiner Stelle ein zur Vertretung abzuordnender Staatsbeamter zur Teilnahme berechtigt. Der Absicht des Gesetzgebers würde aber eine derart enge Interpretation schwerlich gerecht werden.

[6]) Vgl. die ähnliche Bestimmung in Art. 60 der Verfassungsurkunde für den preuß. Staat.

Der Oberpräsident sowie die von ihm abgeordneten Staatsbeamten sind jederzeit zu hören; es muß ihnen also das Wort außerhalb der Rednerliste und auch noch nach Schluß der Debatte erteilt werden, in welchem letzteren Falle die Debatte aber als wieder eröffnet gelten muß. Der Disziplinargewalt des Vorsitzenden der Verbandsversammlung und des Verbandsausschusses (vgl. Anm. 34 zu § 19) unterliegen sie nicht.

[7]) Nach OVG. im PrVBl. 25 S. 64 muß die Beschwerde außer dem Ausdruck der Unzufriedenheit mit der angefochtenen Verfügung den bestimmten Willen erkennbar machen, die höhere Instanz zur Entscheidung anzurufen.

[8]) Indessen ist auch bei verspäteter Anbringung der Beschwerde die angegangene höhere Aufsichtsinstanz verpflichtet, dem Inhalte der Beschwerde näherzutreten, ihn sachlich zu

prüfen und etwa dabei entdeckte Übelstände im Wege des aufsichtsbehördlichen Einschreitens von Amts wegen zu beseitigen. Andernfalls würde die Aufsichtsbehörde ihre Pflicht, für den ruhigen und ungestörten Gang der Verwaltung fortgesetzt zu sorgen, nicht erfüllen. Die verspätete Anbringung der Beschwerde hat nur die rechtliche Bedeutung, daß der Beschwerdeführer formell einen Anspruch auf materielle Bescheidung nicht mehr erheben kann.

[9]) Als solche Vorschriften kommen neben Abs. 1 und 2 dieses Paragraphen vor allem die §§ 20 Abs. 1, 28, 33 Abs. 5 in Frage.

[10]) Die §§ 115 und 116 PrO. sind ihrem Wortlaut nach oben in Anm. 1 wiedergegeben.

[11]) Zu den wichtigsten Mitteln, die der Aufsicht des Staates dienen, gehört die in § 118 PO. näher geregelte Beanstandung § 118 PrO. bestimmt nämlich:

„Beschlüsse des Provinziallandtages, des Provinzialausschusses oder einer Provinzialkommission, welche deren Befugnisse überschreiten oder die Gesetze verletzen, hat der Oberpräsident, entstehenden Falles auf Anweisung des Ministers des Innern, unter Angabe der Gründe mit aufschiebender Wirkung zu beanstanden.

Gegen die Verfügung des Oberpräsidenten steht dem Provinziallandtage, dem Provinzialausschusse beziehungsweise der Provinzialkommission innerhalb zwei Wochen die Klage bei dem Oberverwaltungsgerichte zu. Dieselben können zur Wahrnehmung ihrer Rechte im Verwaltungsstreitverfahren einen besonderen Vertreter bestellen."

Danach unterliegen sowohl die Beschlüsse der Verbandsversammlung wie die des Verbandsausschusses der Beanstandung. Im einzelnen ist folgendes zu bemerken:

a) Die Beanstandung auszusprechen, wenn deren Voraussetzungen gegeben sind, ist nicht nur ein Recht, sondern eine Pflicht des Oberpräsidenten. Der Verbandsdirektor ist dagegen zur Beanstandung nicht befugt, ebensowenig der Oberbürgermeister von Berlin in seiner Eigenschaft als Vorsitzender der Verbandsversammlung und des Verbandsausschusses (anders ohne Angabe von Gründen Friedrichs S. 135 Anm. 2).

b) Die Beanstandung kann immer nur eintreten, wenn Gesetzwidrigkeit des Beschlusses behauptet, nicht dagegen, wenn die Zweckmäßigkeit des Beschlusses von der Aufsichtsbehörde verneint wird.

Die behauptete Gesetzwidrigkeit des Beschlusses kann darauf beruhen, daß Verbandsversammlung oder Verbandsausschuß nach Ansicht des Oberpräsidenten ihre Zuständigkeit überschritten haben oder daß sie – was freilich auch bei jeder Zuständigkeitsüberschreitung der Fall sein wird — positiv gegen das Gesetz verstoßen haben, und zwar entweder durch Verletzung der Formvorschriften beim Zustandekommen des Beschlusses (z. B. durch Mitwirkung eines nach § 22 Abs. 2 ausgeschlossenen Mitgliedes, OVG. 41 S. 40, 51 S. 6), oder dadurch, daß der Inhalt des Beschlusses materielle Rechtsnormen verletzt. Was die Überschreitung der Zuständigkeit anbelangt, so kann dies nach zweierlei Richtung geschehen: entweder dadurch, daß die Verbandsversammlung oder der Verbandsausschuß in der irrigen Annahme, es handle sich um eine Verbandsangelegenheit, in einer Nichtverbandsangelegenheit Beschluß faßt, oder in der Weise, daß die Verbandsversammlung sich in einer Verbandsangelegenheit für zuständig hält, während der Verbandsausschuß zuständig ist, oder umgekehrt. Was die „Verletzung der Gesetze“ anlangt, so ist zu beachten, daß eine solche auch vorliegt, wenn, ohne daß der Wortlaut des Gesetzes verletzt wird, durch den Beschluß das Gesetz falsch ausgelegt oder in falscher Auslegung angewendet worden ist (OVG. 7 S. 115).

Als eine Verletzung der Gesetze ist auch ein Verstoß gegen die Satzung anzusehen, denn die Satzung ist eine Norm des öffentlichen Rechts (vgl. Anm. 5 zu § 10).

Für die Zulassung der Beanstandung genügt es, wenn eines

der beiden Erfordernisse des § 118 PrO. vorhanden ist. Außerdem braucht nicht etwa noch ein besonderes öffentliches Interesse vorhanden zu sein, welches die Beanstandung als nötig oder zweckdienlich erscheinen läßt (so Jebens, Aufsätze S. 5 und OVG. 37 S. 7).

Auch solche Beschlüsse, die noch der Genehmigung einer höheren Behörde bedürfen, unterliegen der Beanstandung, sofern die Genehmigung erteilt ist, oder sie ausdrücklich in der Absicht gefaßt sind, sie ohne Einholung der gesetzlich erforderlichen Genehmigung auszuführen (OVG. 49 S. 5). Während der Zeit allerdings, in welcher die Genehmigung noch nicht erteilt ist, sind sie vorläufig, und nachdem die Genehmigung endgültig versagt ist, definitiv der Beanstandung entzogen (OVG. 24 S. 18). Der letztere Satz ist die logische Folge des allgemeinen Grundsatzes, daß Beschlüsse, welche überhaupt nicht imstande sind, Rechtswirkungen zu erzeugen, der Beanstandung nicht unterliegen (OVG. 6 S. 56, PrVBl. 17 S. 490, 20 S. 298, 21 S. 541, OVG. 27 S. 87, 35 S. 97). Eine weitere Konsequenz dieses selben Satzes ist, daß auch solche Beschlüsse, welche bereits völlig ausgeführt sind, der Beanstandung nicht unterliegen. Dazu gehören aber Beschlüsse nicht, die entweder nur teilweise ausgeführt sind, oder deren Ausführung, obwohl sie schon geschehen ist, doch dauernde Rechtswirkungen für die Zukunft hervorzurufen geeignet ist (OVG. 6 S. 56, 27 S. 87). Rein negative Beschlüsse, z. B. solche, die die Unzuständigkeit oder die Vertagung aussprechen, unterliegen nicht der Beanstandung.

c) Zeitlich ist die Beanstandung an keinerlei Frist gebunden. Nur das eine Erfordernis muß gewahrt sein, daß der zu beanstandende Beschluß zur Zeit der Beanstandung noch Rechtswirkungen zu erzeugen oder zu äußern geeignet sein muß (vgl. oben unter b). Eine bestimmte Form, etwa Schriftlichkeit, ist nicht vorgeschrieben; die Beanstandung kann also auch mündlich erfolgen. Was den Inhalt der die Beanstandung aussprechenden Verfügung anbetrifft, so muß diese jedenfalls klar stellen, daß es sich um eine „Beanstandung", nicht um eine bloße Meinungsäußerung oder Zustimmungsversagung handeln soll; daß dabei gerade das Wort „Beanstandung" gebraucht werden müsse, ist nicht vorgeschrieben; jedenfalls ist dessen Gebrauch aber zweckmäßig zur Ausschließung aller Zweifel (OVG. 21 S. 32 u. PrVBl. 24 S. 296). Unter allen Umständen ist die Angabe der Gründe erforderlich. Anscheinend steht allerdings OVG. in Bd. 21 S. 32 auf dem Standpunkte, daß das Fehlen der Angabe der Gründe die Beanstandung nicht rechtsunwirksam mache. Richtiger Ansicht nach wird man aber, da andernfalls der Verbandsversammlung bzw. dem Verbandsausschusse die Anfechtung mittels Klage fast unmöglich gemacht wird, annehmen müssen, daß die konkreten Gründe angegeben werden müssen, also gesagt werden muß, welche Rechtsvorschrift formellen oder materiellen Rechts der Beschluß verletzt haben soll (s. auch Jebens a. a. O. S. 15).

Die einzige, aber notwendig eintretende Rechtswirkung der Beanstandung ist, daß der beanstandete Beschluß mit aufschiebender Wirkung" außer Kraft gesetzt ist. Damit ist also — vorläufig — der Zustand wiederhergestellt, der vor dem beanstandeten Beschlusse bestanden hat, wobei aber wohlerworbene Rechte Dritter, auch wenn diese auf den beanstandeten Beschlüssen beruhen, erhalten bleiben (OVG. 27 S. 91). Verbleibt es bei der Beanstandung, so wird der frühere Zustand definitiv wiederhergestellt; wird die Beanstandung wieder aufgehoben, so treten die Rechtswirkungen des beanstandet gewesenen Beschlusses wieder ein, und zwar ex tunc.

d) Bei Prüfung der Beanstandung ist das Oberverwaltungsgericht an die Gründe des Beanstandenden nicht gebunden, hat vielmehr alle Momente zu berücksichtigen, welche die Gesetzlichkeit des beanstandeten Beschlusses berühren können und daher geeignet sind, die Beanstandung —

auch gegen den Willen des Beanstandenden — zu stützen. Im übrigen erschöpft sich die Aufgabe des Oberverwaltungsgerichts darin, über die Zulässigkeit der Beanstandung zu entscheiden, d. h. also, es hat nur entweder auf die Klage die Beanstandung aufzuheben oder die Klage abzuweisen Inzidenter streitig gewordene Fragen sind in dem Tenor des Urteils nicht zur Entscheidung zu bringen (OVG. 17 S. 32).

Wird die vom Oberpräsidenten verfügte Beanstandung vom Oberverwaltungsgericht nicht aufrecht erhalten, so fallen die Kosten des Verfahrens der Staatskasse zur Last (OVG. 7 S. 88).

[12]) § 121 PrO. lautet:

„Unterläßt oder verweigert ein Provinzialverband die ihm gesetzlich obliegenden, von der Behörde innerhalb der Grenzen ihrer Zuständigkeit festgestellten Leistungen auf den Haushaltsetat zu bringen oder außerordentlich zu genehmigen, so verfügt der Oberpräsident, unter Angabe der Gründe, die Eintragung in den Etat, beziehungsweise die Feststellung der außerordentlichen Ausgaben.

Gegen die Verfügung des Oberpräsidenten steht dem Provinzialverbande innerhalb zwei Wochen die Klage bei dem Oberverwaltungsgerichte zu. Zur Ausführung der Rechte des Provinzialverbandes kann der Provinziallandtag einen besonderen Vertreter bestellen."

Im einzelnen ist hierzu folgendes zu bemerken:

A. Begriff, Inhalt, allgemeine Voraussetzungen des Zwangsetatisierungsverfahrens.

Versteht man unter „Zwangsetatisierung" nur diejenige Anordnung des Oberpräsidenten, mittels welcher die Eintragung einer bestimmten Summe in den Etat des Verbandes (oder die Feststellung einer außerordentlichen Ausgabe außerhalb des Etats) verfügt wird, so qualifiziert sich die Zwangsetatisierung als ein Akt der Zwangsvollstreckung gegen den Verband (wenn auch als kein rein formaler Zwangsvollstreckungsakt, insofern dabei „Gründe" angegeben werden müssen und dagegen auch eine Rechtskontrolle stattfindet; OVG. 16 S. 24).

Im allgemeinen wird indessen unter „Zwangsetatisierungsverfahren“ auch derjenige Verwaltungsakt mitverstanden, welcher der eigentlichen Zwangsetatisierungsverfügung vorhergeht — die Feststellung einer dem Verbande gesetzlich obliegenden Leistung durch die zuständige Behörde —, und es wird ferner auch noch als Teil des Verfahrens betrachtet das Streitverfahren, welches dem Verbande behufs der Rechtskontrolle hinsichtlich der Zwangsetatisierung zusteht. Der gesamte Inhalt des Zwangsetatisierungsverfahrens besteht demnach aus drei Akten, dem Feststellungsverfahren bezüglich der dem Verbande obliegenden Leistung, der Anordnung betreffend die Einfügung der festgesetzten Leistung in den Etat und dem Streitverfahren zur Rechtskontrolle der beiden Akte oder nur der letzten Anordnung.

Allgemeine Voraussetzungen des Zwangsetatisierungsverfahrens sind:

a) daß es sich um eine im öffentlich-rechtlichen Boden wurzelnde Verpflichtung des Verbandes handelt. Wegen rein privatrechtlicher Ansprüche ist niemals das Zwangsetatisierungsverfahren gegeben (OVG. 9 S. 118, 13 S. 61, 16 S. 220, 17 S. 36, 18 S. 142, 28 S. 95, 45 S. 144, 46 S. 9, PrVBl. 16 S. 217);

b) daß die fragliche Leistung in einer Zahlung besteht. Auf Leistungen, die in einem facere oder praestare bestehen, z. B. auf Aufbringung der erforderlichen Mittel durch eine Anleihe, kann daher das Verfahren des § 121 PrO. niemals angewendet werden (OVG. 7 S. 212, 213, 27 S. 134, 39 S. 257, 46 S. 9);

c) daß über die fragliche Leistung nicht bereits ein in einem anderweitigen Verfahren erlangter vollstreckbarer und rechtskräftiger Titel vorliegt, welcher die exekutivische Einziehung der Leistung im Wege einfacher Zwangsvollstreckung oder in einem gesetzlich besonders geregelten Verfahren ermöglicht (OVG. 18 S. 142, 36 S. 208, 39 S. 253). In diesem Sinne — aber auch nur in diesem, nicht in dem anderen Sinne, daß die Zwangsetatisierung erst nach vergeblicher Erschöpfung anderer Zwangsmittel Platz griffe — ist die Zwangsetatisierung eine subsidiäre Maßregel. Dabei sollte es richtiger Ansicht nach keinen Unterschied machen, ob der etwa vorhandene anderweit vollstreckbare Titel in einem Erkenntnis der ordentlichen Gerichte, in einer unanfechtbar gewordenen Verwaltungsexekutivverfügung oder in einem Verwaltungsgerichtserkenntnis besteht (Jebens, Aufsätze S. 36, 37). Indessen hat das OVG. für Gemeinden angenommen, daß ungeachtet des Vorhandenseins von verwaltungsgerichtlichen Erkenntnissen oder rechtskräftigen Exekutivverfügungen die Zwangsetatisierung dann zulässig sei, wenn in der nach einem Haushaltsplane wirtschaftenden Gemeinde dem Gemeindevorstande Mittel zur Bestreitung der festgestellten Leistung durch den Etat nicht zur Verfügung gestellt sind und wenn deren etats- oder außeretatsmäßige Bewilligung durch die Gemeinde verweigert wird (OVG. 18 S. 139, 142, 26 S. 145, 27 S. 131, 136, 28 S. 89). Dadurch allein, daß der geltend gemachte Anspruch im ordentlichen Rechtswege oder im Verwaltungsstreitverfahren verfolgt werden kann, wird die Zwangsetatisierung nicht ausgeschlossen (OVG. 7 S. 19).

B. Die einzelnen Teile des Zwangsetatisierungsverfahrens.

a) Das Feststellungsverfahren (Vorverfahren). Der Oberpräsident kann die Eintragung in den Etat erst verfügen, wenn vorher

die dem Verbande gesetzlich obliegenden Leistungen von der Behörde innerhalb der Grenzen ihrer Zuständigkeit festgestellt sind und der Verband sich weigert oder es unterläßt, die Leistungen auf den Etat zu bringen oder sie außerordentlich zu genehmigen.

Hieraus folgt zunächst, daß ohne Feststellungsverfahren niemals eine Zwangsetatisierung vorgenommen werden kann. Bezüglich des Feststellungsverfahrens selbst aber ergibt sich:

α) Es muß sich um (öffentlich-rechtliche, s. oben A a) gesetzlich dem Verbande obliegende Leistungen (d. h. Zahlungen, oben A b) handeln. Als gesetzliche Leistungen gelten aber auch diejenigen, die nicht unmittelbar auf Grund des Gesetzes, sondern nach Maßgabe der Gesetze von einer dazu berufenen Behörde dem Verbande z. B. als Grundbesitzer, Bahnbesitzer, Straßenanlieger, Flußanlieger auferlegt sind (siehe OVG. 6 S. 172, 13 S. 60, 16 S. 221, 222, 19 S. 167, PrVBl. 20 S. 170). Keineswegs fallen unter die „gesetzlichen" Leistungen solche Leistungen, die auf privatrechtlichem Vertrag oder auf sonstigen zivilrechtlichen Verhältnissen beruhen (OVG. 14 S. 9, 16 S. 221, 28 S. 95). Im übrigen kann es sich um einmalige und um wiederkehrende Leistungen handeln. Stehen letztere im voraus auch für die künftigen Etatsjahre der Höhe nach fest, so kann die Feststellung im voraus für mehrere Etatsjahre (auf einmal) erfolgen (OVG. 30 S. 142); sind dagegen wiederkehrende Leistungen ihrer Höhe nach unbestimmt und wechselnd, so kann die Feststellung nur immer für ein Etatsjahr geschehen (PrVBl. 23 S. 262). Ebenso dürfen die auf die mehreren Etatsjahre entfallenden jährlichen Leistungen nicht in eine Summe zusammengerechnet und für ein Etatsjahr (etwa das nächstfolgende) festgestellt werden.

β) Die Feststellung muß durch die Behörde innerhalb der Grenzen ihrer Zuständigkeit erfolgt sein, d. h. die festsetzende Behörde muß zur Feststellung gerade dieser Leistung befugt sein.

Möglich ist, daß die zur Feststellung der Leistung zuständige Behörde gleichzeitig der Oberpräsident ist, der immer auch zum Erlasse der eigentlichen Zwangsetatisierungsverfügung (s. unter B b) zuständig ist, möglich ist aber auch, daß eine andere Behörde zur „Feststellung" berufen ist.

γ) Die Leistungen müssen von der zuständigen Behörde festgestellt werden. Daß in dem bezüglichen Bescheide oder Beschlusse gerade das Wort „Feststellung" oder „feststellen" gebraucht sei, ist nicht erforderlich; wohl aber muß der

Inhalt unzweifelhaft erkennen lassen, daß es sich um den Vorbereitungsakt zu der eigentlichen Zwangsetatisierungsverfügung handeln solle. Vgl. den ME. vom 30. 12. 1890 (MBl. 1891 S. 6) und OVG. 6 S. 27. — Die Feststellung muß stets eine bestimmte Summe als erforderliche Leistung benennen, und zwar auch dann, wenn zwischen der zuständigen Behörde und dem Verbande nur über die Leistung überhaupt, nicht aber über die Höhe der Summe Streit herrscht; eine Zwangsetatisierung, bei der die in den Etat einzustellende Leistung ihrem Geldbetrage nach unbestimmt gelassen wird, ist ungültig (PrVBl. 27 S. 26, OVG. 46 S. 9 u. 16).

Notwendig wird der Inhalt der Feststellungserklärung dahin gehen müssen, daß ausgesprochen wird, daß eine Leistung in bestimmter Höhe eine dem Verbande gesetzlich obliegende Leistung sei (vgl. PrVBl. 12 S. 541 und 22 S. 120).

δ) Ob die Feststellung durch die zuständige Behörde seitens des Verbandes im Wege der Beschwerde oder mittels eines sonstigen Rechtsmittels angegriffen werden kann, richtet sich danach, ob gegenüber Verfügungen und Beschlüssen der betreffenden Behörde ein Rechtsmittel gegeben ist. Eine Beschreitung der Rechtsmittel ist stets zulässig. Indessen hat sie nicht notwendig aufschiebende Wirkung. Die Anordnung der Eintragung in den Etat (die eigentliche Zwangsetatisierungsverfügung) kann also vorbehaltlich des Ergebnisses des gegen die „Feststellung" eingelegten Rechtsmittels erfolgen (OVG. 11 S. 53, 54, 19 S. 119). Voraussetzung ihrer Zulässigkeit ist nur, daß die Feststellungsverfügung (Beschluß) vollstreckbar ist (PrVBl. 22 S. 120).

ε) Zwischen der Feststellung und der später ergehenden Anordnung betreffend die Eintragung in den Etat muß stets eine gewisse Frist liegen. Der Verband muß Gelegenheit gehabt haben, zur „Feststellung" Stellung zu nehmen und demnächst die Leistung entweder „verweigert" oder die Einstellung in den Etat bzw. die außeretatsmäßige Bewilligung

„unterlassen“ haben, bevor die Anordnung der Eintragung in den Etat oder die außeretatsmäßige Feststellung durch den Oberpräsidenten erfolgen kann. Sollte die zur Feststellung zuständige Behörde über den Rahmen der Feststellung hinausgehen und gleichzeitig die Anordnung der Eintragung in den Etat vornehmen, so macht dies, vorausgesetzt, daß demnächst — nach Weigerung des Verbandes — der Oberpräsident diese Anordnung nochmals ordnungsmäßig vornimmt, noch nicht die Zwangsetatisierung ungültig (OVG. 37 S. 179).

b) Die Anordnung der Eintragung in den Etat oder die Feststellung der außerordentlichen Ausgabe durch den Oberpräsidenten (eigentliche Zwangsetatisierungsverfügung).

α) Voraussetzungen.

Es müssen die allgemeinen Voraussetzungen vorliegen (s. unter A a—c); es muß ferner die „Feststellung“ der Leistung durch die zuständige Behörde erfolgt sein (B a), und es muß schließlich eine Weigerung oder Unterlassung seitens des Verbandes vorliegen hinsichtlich Aufnahme der festgelegten Leistung in den Etat oder ihrer Bewilligung als außerordentlicher Ausgabe.

β) Zuständigkeit.

Zuständig ist zur Anordnung der Einstellung in den Etat stets der Oberpräsident.

Ist der Oberpräsident nicht gleichzeitig die zur „Feststellung“ (B a) zuständige Behörde, so ist er dieser Behörde gegenüber bei der Anordnung der Eintragung in den Etat gewissermaßen requirierte Behörde. Er hat dabei einerseits als Aufsichtsbehörde selbständig zu prüfen, ob die Zwangsetatisierung der festgestellten Leistung aus allgemeinen Rücksichten angängig und zulässig ist; hält er sie für nicht angängig und ist auch eine Beschwerde der Feststellungsbehörde fruchtlos, so unterbleibt die Zwangsetatisierung. Andererseits darf der Oberpräsident bei seinen Anordnungen als requirierte Behörde nicht über den Antrag der feststellenden Behörde hinausgehen, weil es sonst in Höhe der Überschreitung an der notwendigen Voraussetzung der vorherigen „Feststellung" fehlen würde (s. OVG. im PrVBl. 23 S. 6 in Übereinstimmung mit Jebens a. a. O. S. 41).

γ) Form und Inhalt der Verfügung. Zustellung.

Auch für die Verfügung des Oberpräsidenten ist eine bestimmte Form und ein bestimmter Inhalt, abgesehen davon, daß Gründe angegeben sein müssen, gesetzlich nicht vorgeschrieben. Indessen gilt auch hier der Grundsatz, daß klar zum Ausdrucke gebracht werden muß, welche Summe in den Etat eingestellt werden oder als außerordentliche Ausgabe (beim Fehlen des Etats oder seiner vorherigen definitiven Feststellung) festgestellt werden soll.

Die Zwangsetatisierungsverfügung muß an den Verbandsdirektor als an das Dritten gegenüber zur Vertretung des Verbandes berufene Organ erfolgen. Nur die Zustellung an den Verbandsdirektor bringt die zweiwöchige Frist zur Erhebung der Klage ins Laufen (OVG. 14 S. 94, 19 S. 118).

c) Streitverfahren (Rechtskontrolle).

α) Frist, Wirkung der Klageerhebung, Zuständigkeit, Parteirollen. Inhalt der Klage.

Die Frist zur Erhebung der Klage beträgt zwei Wochen von der Zustellung an den Verbandsdirektor gerechnet. Aufschiebende Wirkung hat die Klage nicht unbedingt; es ist gemäß § 53 LVG. in das Ermessen des Oberpräsidenten gelegt, ob er der Zwangsetatisierung Fortgang gibt trotz Erhebung der Klage. Zuständig ist stets das Oberverwaltungsgericht. Beklagter ist stets der Oberpräsident. Kläger ist der Verband, als dessen Vertreter jedenfalls der Verbandsdirektor legitimiert ist, der grundsätzlich und unbeschränkt zur Vertretung des Verbandes befugt ist. Die Klage muß auf Aufhebung der Zwangsetatisierung gerichtet sein.

β) Umfang der Rechtskontrolle. Grenzen des richterlichen Prüfungsrechts. Inhalt des Urteils. Kosten.

Grundsätzlich ist dem die Zwangsetatisierung nachprüfenden Verwaltungsrichter versagt die Zweckmäßigkeit, Angemessenheit und Notwendigkeit der festgesetzten Leistung nachzuprüfen, insbesondere ist daher auch nicht nachzuprüfen, ob der Verband zur Aufbringung der Leistung imstande ist (OVG. im PrVBl. 28 S. 746). Die Prüfung des Verwaltungsrichters darf sich vielmehr ausschließlich auf die Zulässigkeit der Zwangsetatisierung und auf die Gesetzmäßigkeit ihrer Vornahme ausdehnen, umfaßt insbesondere also auch das Vorhandensein der gesetzlichen Verpflichtung zur festgestellten Leistung. (OVG. 5 S. 79; 13 S. 68; 14 S. 107; 19 S. 119; 20 S. 67; 26 S. 144; 29 S. 108; 35 S. 115; PrVBl. 20 S. 110, 422; 21 S. 348; 22 S. 46, 118, 226 567; 23 S. 488.) Im Allgemeinen erstreckt sich die Prüfung der Gesetzmäßigkeit sowohl auf die vorbereitende Feststellung der Leistung als auch auf die Anordnung der Eintragung in den Etat.

Der Tenor des Urteils kann immer nur aussprechen, daß entweder die Klage abgewiesen oder auf die Klage die Zwangsetatisierungsverfügung ganz oder teilweise aufgehoben wird. Muß auch incidenter die Prüfung des Feststellungsverfahrens miterfolgen, und richtet sich das Verfahren im wesentlichen gerade gegen die die Grundlage der Zwangsetatisierung bildende Feststellung, so kann doch in dem Tenor des Urteils über die „Feststellung" selbst nicht Entscheidung getroffen werden. (OVG. 11 S. 46; 14 S. 31; 19 S. 121; 28 S. 173; PrVBl. 22 S. 46, 118)

Die Kosten des Verfahrens regeln die §§ 103 ff. LVG.

[13]) Danach kann auf den Antrag des Staatsministeriums die Verbandsversammlung durch Königliche Verordnung aufgelöst werden. Es sind sodann Neuwahlen anzuordnen, welche innerhalb drei Monaten vom Tage der Auflösung an

erfolgen müssen. Die neugewählte Verbandsversammlung ist innerhalb sechs Monaten nach erfolgter Auflösung zu berufen.

Im Falle der Auflösung der Verbandsversammlung bleiben die von ihr gewählten Mitglieder des Verbandsausschusses bis zum Zusammentritt der neu gebildeten Verbandsversammlung in Wirksamkeit (vgl. Anm. 4 zu § 27).

Im einzelnen ist hierzu folgendes zu bemerken:

a) die Auflösung erfolgt durch die Königliche Verordnung, also von selbst mit Erlaß der Verordnung; eines besonderen Auflösungsaktes bedarf es außerdem nicht. Das Mandat der Vertreter und die Legitimation der Versammlung zur Weiterführung der Geschäfte erlischt von selbst;

b) welche Motive zur Auflösung Veranlassung gegeben haben, ist unerheblich. Daß nur aus wichtigen Gründen ein derartig schwerer Eingriff erfolgen wird, bedarf kaum der Hervorhebung;

c) die Neuwahl ist eine völlige Neukonstituierung der Versammlung. Gelegentlich der Neuwahl kann eine inzwischen durch die Satzung gemäß § 15 Abs. 2 vorgesehene Vermehrung oder Verminderung der gesetzlichen Gesamtvertreterzahl zum erstenmal praktisch wirksam werden.

Keine Bestimmung trifft das Gesetz darüber, ob vor der Neuwahl das Beteiligungsverhältnis der Verbandsglieder an der Verbandsversammlung durch Beschluß des Verbandsausschusses nach Maßgabe des § 15 neu festzustellen ist (§ 18). Die Frage dürfte jedoch zu bejahen sein; denn andernfalls würde der dem § 18 zugrunde liegende Gedanke, daß alle drei Jahre der inzwischen etwa erfolgten Bevölkerungsverschiebung Rechnung getragen werden müsse, nicht verwirklicht werden. Hiervon abgesehen, steht nichts im Wege, daß die Gemeindevertretungen und Kreistage, die in ihrer Zusammensetzung durch die Auflösung der Verbandsversammlung nicht berührt werden, wieder die gleichen Vertreter wählen (StenBerAH. 6275, 6380).

§ 39.

Die Beschlußbehörde für Groß Berlin [1]) besteht aus dem Oberpräsidenten [2]) oder seinem Stellvertreter [3]) als Vorsitzenden, aus den Verwaltungsgerichtsdirektoren der Bezirksausschüsse für den Stadtkreis Berlin und zu Potsdam oder ihren Stellvertretern [4]) sowie aus vier auf sechs Jahre [5]) gewählten Mitgliedern [6]). Von den letzteren werden zwei von der Stadtverordnetenversammlung unter Zutritt des Magistrats zu Berlin [7]) und zwei vom Provinzialausschusse der Provinz Brandenburg [8]) gewählt. Für die gewählten Mitglieder werden in gleicher Weise vier Stellvertreter gewählt. Für die Wählbarkeit gilt § 16 Abs. 2 [9]) [10]). Die Mitglieder der Verbandsversammlung [11]) oder des Verbandsausschusses [12]) können nicht Mitglieder [13]) der Beschlußbehörde sein [14]).

Sie hat ihren Sitz am Sitze des Oberpräsidenten [15]); auf sie finden §§ 14 [16]) und 15 [17]) des Gesetzes über die allgemeine Landesverwaltung vom 30. Juli 1883 (Gesetzsamml. S. 195) Anwendung [18]) [19]).

[1]) Die durch § 39 neu geschaffene, aus sieben Personen bestehende Beschlußbehörde für Groß Berlin ist in den Fällen des § 4 II, IV, V, VII, VIII, § 5 Abs. 1 und 2, § 6 Abs. 3, § 7 Abs. 4, § 10 Abs. 2, § 11 Abs. 3, 5 und § 33 Abs. 3 und 4, sowie nach § 26 des allgemeinen Zweckverbandsgesetzes zuständig.

[2]) Vgl. Anm. 3 zu § 38.

[3]) Stellvertreter des Oberpräsidenten ist nach § 9 LVG. der Oberpräsidialrat.

[4]) Über die Verwaltungsgerichtsdirektoren und ihre Stellvertreter vgl. § 28 LVG.

[5]) Eine Abänderung der Wahlperiode kann auch nicht

durch die Satzung vorgesehen werden. Anders für den Verbandsausschuß § 27.

[6]) Ein Zwang zur Annahme der Wahl kann mangels einer ausdrücklichen gesetzlichen Bestimmung nicht ausgeübt werden. Wegen der vorzeitigen Niederlegung des Amtes vgl. die Ausführungen in Anm. 12 zu § 26, welche sinngemäße Anwendung auch auf die gewählten Mitglieder der Beschlußbehörde finden.

[7]) Wegen des Wahlverfahrens vgl. Anm. 3 zu § 16.

[8]) Über den Provinzialausschuß vgl. §§ 45ff. PrO.

[9]) Nach § 16 Abs. 2 sind wählbar mit Ausnahme der Beamten des Verbandes alle Angehörigen der beteiligten Gemeinden und Landkreise, welche die Wählbarkeit für den Gemeindevorstand oder die Gemeindevertretung bzw. den Kreistag besitzen. Wegen der Einzelheiten vgl. Anm. 6—10 zu § 16.

Aus der Verweisung auf § 16 Abs. 2 folgt, daß nur derjenige zum Mitglied der Beschlußbehörde für Groß Berlin gewählt werden kann, der die Wählbarkeit zum Vertreter in der Verbandsversammlung besitzt. Daraus ergibt sich:

a) Von den Berliner Gemeindebehörden kann nur gewählt werden, wer Angehöriger der Stadt Berlin ist und in der Stadt Berlin die Wählbarkeit zum Magistratsmitgliede oder zum Stadtverordneten besitzt.

b) Von dem Provinzialausschusse der Provinz Brandenburg kann nur gewählt werden, wer Angehöriger eines der übrigen selbständigen Glieder des Zweckverbandes (Stadtgemeinden, Landgemeinden, Landkreise) ist, und zugleich, falls er Angehöriger eines Stadtkreises ist, in dem Stadtkreise die Wählbarkeit zum Magistratsmitglied oder zum Stadtverordneten, falls er Angehöriger einer Landgemeinde ist, in dieser die Wählbarkeit zum Gemeindevorsteher oder zum Schöffen oder zum Gemeindeverordneten, und endlich, falls er Angehöriger eines der beiden Landkreise Teltow oder Niederbarnim ist, in diesen die Wählbarkeit zum Kreistagsabgeordneten besitzt. Dagegen liegt kein Grund vor, mit Friedrichs (S. 161 Anm. 3) anzunehmen, daß die Einwohner der Landkreise nur dann die Wählbarkeit zum Mitgliede der Beschlußbehörde besitzen, wenn sie sowohl nach der Gemeindeordnung wie nach der Kreisordnung wählbar sind. Es kann daher beispielsweise ein Angehöriger einer dem Verbande nicht als selbständiges Glied angehörenden Landgemeinde zum Mitglied der Beschlußbehörde gewählt werden, wenn er nur die Wählbarkeit für den Kreistag besitzt; umgekehrt würde die Wählbarkeit für den Gemeindevorstand oder die Gemeindevertretung ohne die Wählbarkeit für den Kreistag nicht genügen.

[10]) Nur § 16 Abs. 2 ist für anwendbar erklärt. Dagegen fehlt es an einer Bestimmung darüber, welche Wirkung das gänzliche oder zeitweise Aufhören einer der für die Wählbarkeit vorgeschriebenen Bedingungen äußert, wer darüber zu beschließen hat, ob einer dieser Fälle eingetreten ist, und endlich, welche Rechtsmittel gegen derartige Beschlüsse gegeben sind (vgl. §§ 17 Abs. 1, 19⁹, 20 Abs. 2, 26 Abs. 3, 29⁶, 30 Abs. 2).

[11]) Das gleiche gilt natürlich auch von den Ersatzmännern.

[12]) Vgl. Anm. 10. Über die Zusammensetzung des Verbandsausschusses § 26 Der Verbandsdirektor ist sowohl wegen seiner Eigenschaft als Verbandsbeamter wie wegen seiner Mitgliedschaft im Verbandsausschusse nicht wählbar.

[13]) Das gleiche gilt auch für d.e Stellvertreter.

[14]) D. h. „zugleich" sein; nichts hindert, ein Mitglied der Verbandsversammlung oder des Verbandsausschusses mit der Maßgabe zum Mitglied der Beschlußbehörde zu wählen, daß es dieses Amt erst nach Niederlegung des Mandates als Vertreter in der Verbandsversammlung oder als Mitglied des Verbandsausschusses antreten soll.

[15]) Also gegenwärtig in Potsdam (§ 41 LVG.).

[16]) Danach werden die gewählten Mitglieder und stellvertretenden Mitglieder der Beschlußbehörde von dem Oberpräsidenten vereidigt und in ihre Stellen eingeführt.

Sie können aus Gründen, welche die Entfernung eines Beamten aus seinem Amte rechtfertigen (§ 2 des Gesetzes vom 21. 7. 1852, betreffend die Dienstvergehen der nicht richterlichen Beamten, GS. 465), im Wege des Disziplinarverfahrens ihrer Stellen enthoben werden.

Für das Disziplinarverfahren gelten die Vorschriften des genannten Gesetzes mit folgenden Maßgaben:

Die Einleitung des Verfahrens sowie die Ernennung des Untersuchungskommissars und des Vertreters der Staatsanwaltschaft erfolgt durch den Minister des Innern. Disziplinargericht ist das Plenum des Oberverwaltungsgerichts.

Wegen der Einzelheiten dieser Bestimmungen vgl. die Anm. 1, 3, 4, 6 zu § 28, die sinngemäß auch für die Mitglieder der Beschlußbehörde gelten.

17) Danach ist die Beschlußbehörde beschlußfähig, wenn mit Einschluß des Vorsitzenden fünf Mitglieder anwesend sind. Die Beschlüsse werden nach Stimmenmehrheit gefaßt. Bei Stimmengleichheit gibt die Stimme des Vorsitzenden den Ausschlag.

18) Über das Verfahren vor der Beschlußbehörde trifft das Gesetz auffallenderweise keinerlei Bestimmungen. In Ermangelung einer ausdrücklichen Vorschrift erscheint es nicht angängig, die §§ 50 ff. LVG. über das Verfahren ohne weiteres für anwendbar zu erklären. Es wird Sache der gemäß § 40 Abs. 2 zu erlassenden Ausführungsbestimmungen sein, diese Lücke des Gesetzes auszufüllen.

19) Über die Rechtsmittel, welche gegen die Entscheidungen der Beschlußbehörde zulässig sind, trifft das Gesetz in jedem Falle, in dem es die Zuständigkeit der Beschlußbehörde statuiert (vgl. Anm. 1 oben), besondere Bestimmung. In Ermangelung einer ausdrücklichen Vorschrift wird man bis zum Erlaß der Ausführungsanweisung annehmen müssen, daß die Beschwerde gegen die Entscheidungen der Beschlußbehörde sowohl bei dieser wie bei der Beschwerdeinstanz angebracht werden können.

§ 40.

Dieses Gesetz tritt am 1. April 1912 in Kraft; indessen sind die Organe des Verbandes auf Anordnung des Ministers des Innern schon vor diesem Zeitpunkte zu bilden[1]). Sie haben, gleichfalls vor diesem Zeitpunkte, alle Maßregeln zu treffen, welche die rechtzeitige Ausführung des Gesetzes sicherstellen.

Im übrigen sind die Minister des Innern und der öffentlichen Arbeiten mit der Ausführung des Gesetzes beauftragt[2]).

[1]) Vgl. die ähnliche Bestimmung in § 149 Abs. 2 LGO. Auf Grund dieser Vorschrift haben die Wahlen zur Verbandsversammlung schon im Oktober 1911 stattgefunden; auch der Verbandsausschuß hat sich vor dem Inkrafttreten des Gesetzes konstituiert, und die Wahl des ersten Verbandsdirektors ist bereits im Februar 1912 vorgenommen worden.

[2]) Ausführungsvorschriften sind zurzeit noch nicht erlassen.

Urkundlich unter Unserer Höchsteigenhändigen Unterschrift und beigedrucktem Königlichen Insiegel.

Gegeben Balholm, an Bord M. Y. „Hohenzollern", den 19. Juli 1911.

(L. S.) Wilhelm.

v. Bethmann Hollweg. Delbrück. Beseler.
v. Breitenbach. Sydow. v. Trott zu Solz.
Frhr. von Schorlemer. v. Dallwitz.

Zweckverbandsgesetz.

Vom 19. Juli 1911 (GS. S. 115).

Wir Wilhelm, von Gottes Gnaden König von Preußen zc., verordnen, mit Zustimmung der beiden Häuser des Landtags der Monarchie, was folgt:

§ 1.

Städte, Landgemeinden, Gutsbezirke, Bürgermeistereien, Ämter und Landkreise können behufs Erfüllung einzelner kommunaler Aufgaben jeder Art miteinander zu Zweckverbänden im Sinne dieses Gesetzes verbunden werden, wenn die Beteiligten damit einverstanden sind. Über die Bildung des Zweckverbandes beschließt der Kreisausschuß, bei Beteiligung von Städten oder Landkreisen der Bezirksausschuß.

§ 2.

Sind die Beteiligten nicht einverstanden, so ist die Bildung eines Zweckverbandes nur zur Erfüllung von solchen kommunalen Aufgaben, welche allen Beteiligten gesetzlich obliegen, und nur dann zulässig, wenn die Bildung des Zweckverbandes im öffentlichen Interesse notwendig ist.

Der Oberpräsident kann, wenn er diese Voraussetzungen für vorliegend erachtet, auf Antrag von mindestens einem Drittel der Beteiligten oder auf Antrag der

Kommunalaufsichtsbehörde anordnen, daß zunächst der Kreisausschuß (Bezirksausschuß) über die Ergänzung der mangelnden Zustimmung Beschluß faßt. Die Beschlußfassung erfolgt auf Grund mündlicher Verhandlung (§ 119 Abs. 1 und 3 des Gesetzes über die allgemeine Landesverwaltung vom 30. Juli 1883, Gesetzsamml. S. 195).

Gegen den auf Beschwerde von dem Bezirksausschuß oder von dem Provinzialrate gefaßten Beschluß steht den Beteiligten binnen vier Wochen die Klage bei dem Oberverwaltungsgerichte zu. Die Klage kann nur darauf gestützt werden, daß die Aufgabe, zu deren Erfüllung der Zweckverband gebildet werden soll, den Beteiligten nicht gesetzlich obliege.

Nach Ergänzung des mangelnden Einverständnisses der Beteiligten beschließt der Oberpräsident über die Bildung des Zweckverbandes.

Die Bildung eines Zweckverbandes nach Maßgabe der vorstehenden Bestimmungen unterbleibt, sofern und solange ein Beteiligter bereit und imstande ist, die gemeinsame Aufgabe dadurch zu erfüllen, daß er den übrigen Beteiligten die Mitbenutzung einer kommunalen Anstalt gegen angemessene Entschädigung einräumt. Darüber, ob die vorangegebenen Voraussetzungen vorhanden sind, sowie über die Höhe der Entschädigung beschließt im Streitfalle der Kreis- (Bezirks-) Ausschuß, dem auch die Entscheidung über sonstige aus diesem Verhältnis entstehende Streitigkeiten zusteht.

Auf die selbständigen Glieder des Zweckverbandes Groß Berlin finden die Bestimmungen dieses Paragraphen keine Anwendung.

§ 3.

Gemeinden können nach Maßgabe des § 1 mit Gutsbezirken auch zur gemeinschaftlichen Festsetzung und Durchführung von Straßen- und Baufluchtlinienplänen verbunden werden.

§ 4.

Im Falle der Bildung eines Zweckverbandes zur gemeinschaftlichen Festsetzung und Durchführung von Straßen- und Baufluchtlinienplänen gehen die den Gemeinden in den §§ 11 bis 15 des Gesetzes, betreffend die Anlegung und Veränderung von Straßen und Plätzen in Städten und ländlichen Ortschaften, vom 2. Juli 1875 (Gesetzsamml. S. 561) zugewiesenen Rechte und Pflichten auf den Zweckverband über; Gutsbezirke werden den Gemeinden gleichgeachtet. Für das Einspruchs- und Klageverfahren finden §§ 69, 70 des Kommunalabgabengesetzes vom 14. Juli 1893 (Gesetzsamml. S. 152) mit der Maßgabe Anwendung, daß für den Einspruch der Verbandsvorsteher zuständig ist.

§ 5.

Die Bestimmungen der vorstehenden Paragraphen finden auf die Fälle einer Veränderung in der Zusammensetzung sowie einer Auflösung des Zweckverbandes sinngemäße Anwendung.

§ 6.

Bei der Bildung des Zweckverbandes ist auf die sonst bestehenden Verbände (Amtsbezirke, Bürgermeistereien, Ämter, Kirchspiele, Schul-, Wegebau-, Armenverbände usw.) tunlichst Rücksicht zu nehmen.

Der Zweckverband hat die Rechte einer öffentlichen Körperschaft, sofern sämtlichen Verbandsgliedern für sich diese Rechte uneingeschränkt zustehen.

Trifft diese Voraussetzung nicht zu, so können dem Zweckverband auf dessen Antrag die Rechte einer öffentlichen Körperschaft mit Königlicher Genehmigung beigelegt werden.

§ 7.

Über die infolge einer solchen Verbindung oder infolge einer Änderung der Zusammensetzung oder einer Auflösung des Zweckverbandes notwendig werdende Regelung der Verhältnisse zwischen den Beteiligten beschließt der Kreis- (Bezirks-) Ausschuß, vorbehaltlich der ihnen gegeneinander zustehenden Klage im Verwaltungsstreitverfahren, die bei der gleichen Behörde binnen vier Wochen anzubringen ist.

Bei dieser Regelung sind erforderlichenfalls Bestimmungen zur Ausgleichung der öffentlich-rechtlichen Interessen der Zweckverbandsglieder zu treffen. Insbesondere können einzelne Beteiligte zu Vorausleistungen verpflichtet werden, wenn diejenigen, mit welchen sie verbunden werden sollen, für gewisse Verbandszwecke bereits vor der Verbindung für sich allein in genügender Weise Fürsorge getroffen haben oder aus anderen Gründen nur einen geringeren Vorteil von der Verbindung haben.

Eine dem Zwecke des Verbandes dienende Einrichtung, welche einem Beteiligten gehört, verbleibt dem bisherigen Eigentümer; dieser kann indessen verlangen, daß das Eigentum an der Einrichtung gegen Entschädigung auf den Verband übergeht.

§ 8.

Die nach Maßgabe der §§ 1 und 2 gebildeten Zweckverbände gelten in den Fällen, in denen sie die Fürsorge für die öffentliche Armenpflege oder die Erfüllung der Wegebaulast übernehmen, als Gesamtarmenverbände beziehungsweise Wegeverbände im Sinne des § 12 des Gesetzes vom 8. März 1871 (Gesetzsamml. S. 130) beziehungsweise der einzelnen Wegeordnungen.

Auf die nach den bisherigen Gesetzen gebildeten Zweckverbände findet dieses Gesetz mit der Maßgabe Anwendung, daß deren Satzungen in Geltung bleiben, bis sie vorschriftsmäßig geändert sind.

Hinsichtlich der Gesamtschulverbände verbleibt es bei §§ 1 ff. des Gesetzes, betreffend die Unterhaltung der öffentlichen Volksschulen, vom 28. Juli 1906 (Gesetzsamml. S. 335).

§ 9.

Die Rechtsverhältnisse des Zweckverbandes sind durch eine Satzung zu regeln, die von den Beteiligten im Wege der Vereinbarung festzustellen ist und der Bestätigung des Kreis- (Bezirks-) Ausschusses unterliegt. Soweit eine Übereinstimmung der Beteiligten nicht erzielt ist, erfolgt die Feststellung der Satzung durch Beschluß des Kreis- (Bezirks-) Ausschusses auf Grund mündlicher Verhandlung (§ 119 Abs. 1 und 3 des Gesetzes über die allgemeine Landesverwaltung vom 30. Juli 1883) und zwar bei freiwilliger Verbandsbildung auf Antrag aller Beteiligten, bei Verbandsbildung nach § 2 ohne Antrag.

In der Satzung kann vorgesehen werden, daß die Verbandsverwaltung durch Beschluß des Verbandsausschusses einem Verbandsglied übertragen wird.

In Zweckverbänden, die aus Gemeinden (selbständigen Gütern) einer Bürgermeisterei oder eines Amtsverbandes zusammengesetzt sind, können die Beteiligten durch die Satzung die Verbandsverwaltung der Bürgermeisterei (dem Amtsverbande), gegebenenfalls gemäß Artikel 15 Abs. 1 des Gesetzes, betreffend die Gemeindeverfassung in der Rheinprovinz, vom 15. Mai 1856 (Gesetzsamml. S. 435), § 5 Abs. 2 der Landgemeindeordnung für die Provinz Westfalen vom 19. März 1856 (Gesetzsamml. S. 265), übertragen.

§ 10.

Die Satzung muß enthalten:

1. die Bezeichnung der Verbandsglieder;
2. die Bezeichnung der von dem Zweckverbande zu erfüllenden kommunalen Aufgaben;
3. die Benennung des Zweckverbandes und die Angabe des Ortes, an dem die Verwaltung geführt wird; als solcher kann der Wohnort des jeweiligen Verbandsvorstehers bezeichnet werden;
4. Bestimmungen über die Zusammensetzung des Verbandsausschusses und der anderen Beschlußorgane sowie über die Wahl der Abgeordneten und Ersatzmänner (§§ 11, 12, 13);
5. Bestimmungen über die Beschlußfähigkeit des Verbandsausschusses und über das Stimmverhältnis bei Abstimmungen (§§ 14 und 16);
6. Bestimmungen über die Wahl oder die sonstige Art der Berufung des Verbandsvorstehers und seines Stellvertreters sowie über die Vertretung des Zweckverbandes nach außen;

7. Bestimmungen über die Umlegung der zur Deckung der gemeinsamen Ausgaben erforderlichen Abgaben auf die Verbandsglieder (§ 17).

Ferner können Bestimmungen über Änderungen der Satzung sowie darüber aufgenommen werden, unter welchen Voraussetzungen die Auflösung des Zweckverbandes oder das Ausscheiden einzelner Verbandsglieder zulässig sein soll und wie in solchen Fällen die Verhältnisse zwischen den Beteiligten zu regeln sind (§ 7).

Die Satzung ist durch die Regierungsamtsblätter und durch die für Bekanntmachungen der beteiligten Kommunalverbände bestimmten Veröffentlichungsorgane sowie gegebenenfalls durch die Kreisblätter zur öffentlichen Kenntnis zu bringen.

§ 11.

Über die Angelegenheiten des Zweckverbandes beschließt der Verbandsausschuß; die Satzung kann daneben noch andere Beschlußorgane vorsehen. Ausführende Behörde ist der Verbandsvorsteher, welcher zugleich den Zweckverband nach außen vertritt.

§ 12.

Der Verbandsausschuß besteht aus Abgeordneten der Verbandsglieder.

Jedes Verbandsglied hat mindestens einen Abgeordneten zu stellen. Im übrigen werden die Abgeordneten auf die Verbandsglieder nach dem Verhältnisse der Einwohnerzahl oder nach dem Maßstab entweder ihrer Beteiligung an den von dem Zweckverbande zu erfüllenden Aufgaben oder ihres der Kreisbesteuerung, bei Stadt- oder Landkreisen der Provinzialbesteuerung zugrunde zu legenden Solls der Staats- und staatlich veranlagten Steuern oder eines anders berechneten Steuersolls oder nach einem anderen in der Satzung zu bestimmenden Maßstabe verteilt. Indessen soll in Zweckverbänden mit mehr als drei Verbandsgliedern die Abgeordnetenzahl eines Verbandsglieds der Regel nach hinter der Hälfte der Gesamtzahl zurückbleiben.

Die Verteilung der Abgeordneten kann mit Rücksicht auf eingetretene Veränderungen von Zeit zu Zeit neu geregelt werden.

§ 13.

Dem Verbandsausschusse gehört ohne Wahl als Abgeordneter einer Gemeinde der Bürgermeister (Gemeindevorsteher, auch in der Rheinprovinz und Westfalen) oder ein von ihm zu bestimmendes Mitglied der Gemeindeverwaltung, als Abgeordneter einer Bürgermeisterei, eines Amtes, eines Landkreises der Bürgermeister, der Amtmann, der Vorsitzende des Kreisausschusses an. In der Rheinprovinz und Westfalen kann als Abgeordneter der Gemeinde an Stelle des Gemeindevorstehers durch den Kreisausschuß der Bürgermeister (Amtmann) zum Mitgliede des Verbandsausschusses bestellt werden. Die Vertretung in Behinderungsfällen erfolgt nach der Bestimmung dieser Mitglieder.

Im übrigen werden die Abgeordneten der Beteiligten durch ihre Vertretungskörperschaften, in Städten unter Zutritt des Magistrats, auf eine zu bestimmende Zeit gewählt. Für jeden gewählten Abgeordneten wird ein Ersatzmann gewählt, der im Falle der Behinderung des ersteren auch ohne besondere Einladung befugt ist, für ihn einzutreten. Wählbar sind nur solche Personen, welche in die Vertretungskörperschaft gewählt werden können.

In Gutsbezirken hat der Gutsbesitzer über die Vertretung des Gutsbezirkes zu befinden. Wo nach den Gesetzen ein Stellvertreter bestellt werden muß, hat, abgesehen von den Fällen, in denen die Stellvertretung wegen auswärtigen Aufenthalts des Gutsbesitzers erforderlich geworden ist, der Stellvertreter über die Vertretung des Gutsbezirkes zu befinden. Der Vertreter muß zur Übernahme des Amtes als Gutsvorsteher befähigt sein. Er hat, wenn auf den Gutsbezirk mehrere Stimmen entfallen, diese Stimmen allein zu führen.

§ 14.

Der Verbandsausschuß ist, sofern nicht die Satzung anderes vorschreibt, bei Anwesenheit von zwei Dritteln der Mitglieder beschlußfähig. Eine Ausnahme findet statt, wenn nach festgestellter Beschlußunfähigkeit eine neue Sitzung zur Beschlußfassung über denselben Gegenstand anberaumt ist. In diesem Falle ist der Verbandsausschuß ohne Rücksicht auf die Zahl der Erschienenen beschlußfähig. Auf diese Folge ist in der Einladung zur zweiten Sitzung aufmerksam zu machen.

Die Abstimmung erfolgt nach einfacher Stimmenmehrheit. Jedoch kann die Satzung für bestimmte Angelegenheiten, insbesondere für Satzungsänderungen und für die Auflösung des Zweckverbandes, eine größere Mehrheit der Stimmen vorsehen.

§ 15.

Der Verbandsvorsteher und sein Stellvertreter werden, sofern die Satzung nicht eine andere Art der Bestellung vorschreibt, vom Verbandsausschuß aus der Zahl seiner Mitglieder auf eine zu bestimmende Amtszeit gewählt.

Die Wahl des Verbandsvorstehers bedarf, wenn der Gewählte nicht schon anderweitig als Bürgermeister, Amtmann, Gemeinde-, Guts-, Amtsvorsteher oder Stellvertreter eines dieser Beamten, als Mitglied eines Gemeindevorstandes, als Landrat, Kreisdeputierter oder Mitglied einer Kreisverwaltungsbehörde bestätigt oder ernannt ist und sein Amt noch bekleidet, der Bestätigung durch die Kommunalaufsichtsbehörde nach den für die Bestätigung von Gemeindebeamten mit der Maßgabe des § 22 dieses Gesetzes geltenden Vorschriften.

Wird gegen die Gültigkeit der Wahl eines Verbandsvorstehers, welcher nach der vorstehenden Bestimmung einer besonderen Bestätigung nicht bedarf, Einspruch erhoben, so entscheidet hierüber der Verbandsausschuß. Gegen den Beschluß findet die Klage bei dem Kreis- (Bezirks-) Ausschusse statt.

§ 16.

Der Verbandsvorsteher führt den Vorsitz im Verbandsausschuß und gibt, soweit einfache Stimmenmehrheit genügt, bei Stimmengleichheit den Ausschlag.

§ 17.

Der Zweckverband ist berechtigt, in sinngemäßer Anwendung des Kommunalabgabengesetzes vom 14. Juli 1893 (Gesetzsamml. S. 152) Gebühren und Beiträge zu erheben.

Soweit die eigenen Einnahmen des Zweckverbandes, die Gebühren und die Beiträge zur Bestreitung der Verbandsausgaben nicht ausreichen, wird der Fehlbetrag auf die Verbandsglieder nach dem Maßstab entweder ihrer Beteiligung an den von dem Zweckverbande zu erfüllenden Aufgaben oder ihres der Kreisbesteuerung, bei Stadt- oder Landkreisen der Provinzialbesteuerung zugrunde zu legenden Solls der Staats- und staatlich veranlagten Steuern oder eines anders berechneten Steuersolls oder nach einem anderen in der Satzung zu bestimmenden Maßstab umgelegt.

§ 18.

Den Verbandsgliedern bleibt die Aufbringung der Verbandsumlagen nach Maßgabe ihrer Verfassung vorbehalten.

Steht ein Gutsbezirk, der zu den Verbandsgliedern gehört, nicht ausschließlich im Eigentume des Gutsbesitzers oder steht innerhalb des Gutsbezirkes einer anderen Person als dem Gutsbesitzer ein Erbbaurecht zu, so kann auf Antrag des Gutsbesitzers ein Statut erlassen werden, welches die Unterverteilung der Verbandslasten regelt und hierbei den mitheranzuziehenden Grundbesitzern, Erbbauberechtigten oder sonstigen Einwohnern des Gutsbezirkes eine entsprechende Mitwirkung einräumt. Das Statut wird nach Anhörung der Beteiligten vom Kreisausschusse festgestellt. Dabei muß die Regelung der Beitragspflicht nach dem Interesse der Beteiligten an den Aufgaben des Zweckverbandes erfolgen. Das Statut unterliegt der Bestätigung durch den Bezirksausschuß. Die Bestätigung ist insbesondere auch dann zu versagen, wenn die Vorteile der Beteiligten an dem Zweckverbande nicht in richtigem Verhältnisse zu den von ihnen zu übernehmenden Lasten stehen. Einwohner des Gutsbezirkes, die in einem Lohn- oder Dienstverhältnisse zum Gutsbesitzer stehen, scheiden bei der Unterverteilung der Verbandslasten aus.

§ 19.

Die auf Beschluß des Verbandsausschusses vom Verbandsvorsteher anzustellenden Beamten des Zweckverbandes gelten als Beamte von Landgemeinden, bei Beteiligung von Städten oder Landkreisen als solche von Städten.

Wenn der Zweckverband eine bis dahin von einem Verbandsgliede geführte Verwaltung übernimmt, so ist er verpflichtet, die bisher von diesem hierfür angestellten Beamten mit ihren Besoldungs- und Ruhegehaltsansprüchen auf Verlangen des Verbandsglieds in seinen Dienst zu übernehmen. Die Beamten treten in diesem Falle in den Dienst des Zweckverbandes über.

§ 20.

Die Angehörigen der Verbandsglieder sind zur Mitbenutzung der öffentlichen Anlagen, Anstalten und Einrichtungen des Zweckverbandes nach Maßgabe der für diese bestehenden Bestimmungen berechtigt.

Soweit Gutsbezirke zu den Verbandsgliedern gehören und eine Unterverteilung der Verbandslasten gemäß § 18 Abs. 2 erfolgt, haben die zu den Verbandslasten mitherangezogenen Grundbesitzer, Erbbauberechtigten und Einwohner die gleichen Rechte wie Gemeindeangehörige.

§ 21.

Auf Beschwerden und Einsprüche, welche betreffen

1. das Recht zur Mitbenutzung der Anlagen, Anstalten und Einrichtungen des Zweckverbandes,

2. die Heranziehung zu den Gebühren, Beiträgen und Umlagen für Verbandszwecke,

beschließt der Verbandsvorsteher.

Einsprüche in den Fällen zu 2 sind binnen einer Ausschlußfrist von vier Wochen einzulegen.

Gegen die auf Beschwerden und Einsprüche ergangenen Beschlüsse findet binnen einer Frist von zwei Wochen die Klage im Verwaltungsstreitverfahren bei dem Kreis-(Bezirks-) Ausschusse statt. Gegen die Entscheidung des Bezirksausschusses in den Fällen zu 2 ist nur das Rechtsmittel der Revision zulässig.

Durch Einspruch und Klage wird die Verpflichtung zur Zahlung der Beträge nicht aufgeschoben.

§ 22.

Hinsichtlich der staatlichen Zuständigkeiten wird der Zweckverband einer Landgemeinde, bei Beteiligung von Städten oder Landkreisen einer Stadt gleichgeachtet. Auf die Dienstvergehen des Verbandsvorstehers und seines Stellvertreters finden nach der gleichen Unterscheidung die die ländlichen oder städtischen Gemeindevorstände betreffenden Bestimmungen Anwendung.

Die gewählten Mitglieder des Verbandsausschusses werden vom Vorsitzenden vereidigt. Sie können nach § 39 des Gesetzes über die allgemeine Landesverwaltung vom 30. Juli 1883 im Wege des Disziplinarverfahrens ihrer Stellen enthoben werden.

§ 23.

Der Verbandsausschuß beschließt über die Öffentlichkeit seiner Verhandlungen.

§ 24.

Beschlüsse des Verbandsausschusses, welche betreffen

1. Anleihen, durch die der Zweckverband mit einem Schuldenbestande belastet oder der bereits vorhandene Schuldenbestand vergrößert werden würde, sowie Übernahme von Bürgschaften auf den Zweckverband,
2. Belastung der Verbandsglieder durch Umlagen über fünfundzwanzig Prozent des Gesamtaufkommens der der Kreis- (Provinzial-) Besteuerung zugrunde liegenden Staats- und staatlich veranlagten Steuern,

bedürfen der Bestätigung durch den Kreis- beziehungsweise Bezirksausschuß.

§ 25.

Der vierte Titel der Landgemeindeordnungen

a) für die sieben östlichen Provinzen der Monarchie vom 3. Juli 1891 (Gesetzsamml. S. 233),
b) für die Provinz Schleswig-Holstein vom 4. Juli 1892 (Gesetzsamml. S. 155),
c) für die Provinz Hessen-Nassau vom 4. August 1897 (Gesetzsamml. S. 301)

sowie § 18 Abs. 4 des Gesetzes, betreffend die Anstellung und Versorgung der Kommunalbeamten, vom 30. Juli 1899 (Gesetzsamml. S. 141), insoweit sich diese letztere Bestimmung auf Zweckverbände bezieht, werden aufgehoben.

Soweit die Gesetze auf die in vorstehendem Absatz aufgehobenen Bestimmungen verweisen, tritt an deren Stelle das vorliegende Gesetz.

Die besonderen Bestimmungen über Feuerspritzen- und Bullenhaltungsverbände bleiben unberührt.

§ 26.

Im Falle der Beteiligung der Stadt Berlin bei Bildung eines Zweckverbandes gemäß § 1 beschließt an Stelle des Bezirksausschusses die Beschlußbehörde für Groß Berlin.

§ 27.

Dieses Gesetz tritt am 1. Oktober 1911 in Kraft. Der Minister des Innern ist mit seiner Ausführung beauftragt.

Urkundlich unter Unserer Höchsteigenhändigen Unterschrift und beigedrucktem Königlichen Insiegel.

Gegeben Balholm, an Bord M. Y. „Hohenzollern", den 19. Juli 1911.

(L. S.) **Wilhelm.**

v. Bethmann Hollweg. Delbrück. Beseler.
v. Breitenbach. Sydow. v. Trott zu Solz.
Frhr. v. Schorlemer. v. Dallwitz.

Sachregister.

(Die Zahlen bedeuten die Seiten.)

A.

B.

F.

H.

J.

K.

V.

Z.

Druck von C. Schulze & Co., G. m. b. H., Gräfenhainichen.

Guttentag'sche Sammlung

Deutscher Reichsgesetze.

Text-Ausgaben mit Anmerkungen. Taschenformat.

---

1. **Verfassung des Deutschen Reichs.** Von Dr. **L. von Rönne. 10. Aufl.** von Landrat **P. von Rönne** und Regierungsassessor **von Dobbeler.** 1912. 2 M. 60 Pf.

2. **Strafgesetzbuch** für das Deutsche Reich. Von Dr. **H. Rüdorff. 23. Aufl.** bearbeitet von Prof. Dr. **Franz v. Liszt** und Dr. **Ernst Delaquis.** 1910. 1 M. 80 Pf.

3. **Militärstrafgerichtsordnung** nebst Einführungsgesetz. Von Wirkl. Geheimen Kriegsrat Dr. jur. **A. Romen** und Kriegsgerichtsrat Dr. jur. **Carl Rissom.** 1910. 6 M.

4. **Handelsgesetzbuch vom 10. Mai 1897** unter Ausschluß des Seerechts. **14. Aufl.** Herausgegeben von Geh. Justizrat Prof. Dr. **A. Mosse.** 8°. 1911. 5 M.

5. **Wechselordnung vom 3. Juni 1908.** Kommentar von Justizrat Dr. **J. Stranz** und Rechtsanwalt Dr. **M. Stranz,** und das **Wechselstempelsteuergesetz vom 15. Juli 1909** von Geh. Regierungsrat **P. Loeck. 10. Aufl.** 1909. 3 M.

5 a. **Wechselstempelsteuergesetz** apart. **10. Aufl.** 1 M. 25 Pf.

6. **Reichsgewerbeordnung** nebst Ausführungsbestimmungen. Von **Berger** und **Wilhelmi. 18. veränderte und sehr vermehrte Auflage** von Stadtrat Dr. **Karl Flesch** in Verbindung mit Dr. **Friedr. Hiller** und Dr. **Herm. Luppe.** 1910. 4 M.

7. **Post- und Telegraphen-Gesetzgebung.** Nebst Weltpostvertrag und internationalem Telegraphenvertrag. **6. Aufl.** von Geh. Ober-Postrat Dr. **M. König.** 1908. 4 M.

8. Die Reichsgesetze über den **Unterstützungswohnsitz, die Freizügigkeit, den Erwerb und Verlust der Bundes- und Staatsangehörigkeit.** Von Geheimrat Dr. **J. Krech,** Mitglied des Bundesamtes für das Heimatwesen. **7. Aufl.** 1908. Mit Anhang: Gesetz für Elsaß-Lothringen v. 1909. 3 M.

9. Sammlung **kleinerer strafrechtlicher Reichsgesetze.** Von Dr. **R. H. Kriegsmann,** Privatdozent in Kiel. **3. Aufl.** 1910. 4 M.

10. Das **Reichsbeamtengesetz** von **J. Pieper. 2. Aufl.** 1901. 4 M. 50 Pf.

Reichsbeamtengesetz von 1907 siehe Nr. 82.

11. **Zivilprozeßordnung mit Gerichtsverfassungsgesetz** in der Fassung vom 1. Juni 1910. Von **R. Sydow.** Fortgeführt von **L. Busch. 13. Aufl.** 8°. 1910. 7 M.

12. **Strafprozeßordnung und Gerichtsverfassungsgesetz** nebst den Gesetzen, betr. die Entschädigung der im Wiederaufnahmeverfahren freigesprochenen Personen und die Entschädigung für unschuldig erlittene Untersuchungshaft. Von Dr. **A. Hellweg,** Reichsgerichtsrat. **16. Aufl.** von Professor Dr. **Kohlrausch.** 1912. 3 M.

13. **Konkursordnung und Anfechtungsgesetz.** Von **R. Sydow.** Fortgeführt von **L. Busch. 11. Aufl.** 1911. 2 M. 80 Pf.

14. **Gerichtsverfassungsgesetz** mit Einführungsgesetz. Herausgegeben von **R. Sydow.** Fortgeführt von **L. Busch. 9. Aufl.** 1905. Mit Nachtrag, enthaltend die Novelle vom 1. Juni 1909. 1 M. 50 Pf.

15. Das **Deutsche Gerichtskostengesetz** nebst den Gebührenordnungen für Gerichtsvollzieher, Zeugen und Sachverständige. Von **R. Sydow.** Weiter bearbeitet von Reichsgerichtsrat **L. Busch** und Gerichtsassessor **Arno Busch. 9. Aufl.** 1912. 2 M. 60 Pf.

16. **Rechtsanwaltsordnung.** Von **R. Sydow. 5. Aufl.** von Justizrat **M. Jacobsohn.** 1907. Mit Nachtrag, enthaltend die Bestimmungen vom 22. Mai 1910. 1 M. 20 Pf.

17. Die **Deutsche Gebührenordnung für Rechtsanwälte und das Preußische Gebührengesetz** vom 27. September/6. Oktober 1899. Von **R. Sydow.** Fortgeführt von **L. Busch. 10. Aufl.** 1911. 2 M. 70 Pf.

18. **Reichsstempelgesetz** vom 15. Juli 1909. (Börsen-, Lotterie- [Spiel- und Wette], Frachturkunden-, Fahrkarten-, Kraftfahrzeug-, Tantieme, Scheck- und Grundstücksübertragungssteuer.) Mit den gesamten Ausführungsbestimmungen. **10. Aufl.** von Geh. Regierungsrat **P. Loeck.** 1910. Mit Nachtrag, enthaltend die Änderungen vom 14. Febr. 1911. 8°. 6 M.

19. Die **Seegesetzgebung.** Von Dr. **W. E. Knitschky. 4. Aufl.** bearbeitet von Oberlandesgerichtsrat **Otto Rudorff** in Hamburg. 1908. Mit Anhang, enthaltend die Bestimmungen von 1909. 6 M.

20. **Krankenversicherungsgesetz.** Von weil. Dr. **E. von Woedtke. 11. Aufl.** von Geh. Reg.-Rat Dr. **G. Eucken-Addenhausen.** 1905. 3 M.

21. Die **Konsulargesetzgebung.** Von Professor Dr. **Ph. Zorn. 3. Aufl.** bearbeitet von Reg.-Assessor Dr. **A. Zorn.** 1911. 4 M. 50 Pf.

22. **Patentgesetz.** Nebst Ausführungsbestimmungen, völkerrechtlichen Verträgen und der Patentanwalts-Ordnung. **7. Aufl.** bearbeitet von **R. Lutter**, Geh. Reg.-Rat im Kaiserl. Patentamt. 1908. 2 M. 80 Pf.

23. **Gewerbe-Unfallversicherungsgesetz.** Von weil. Dr. **E. von Woedtke. 9. Aufl.** von **Franz Caspar**, Direktor im Reichsamt des Innern. 1907. 2 M. 50 Pf.

24. **Aktiengesellschaft und Kommanditgesellschaften auf Aktien.** Von Kammergerichtsrat Dr. **H. Keyßner** und Justizrat Dr. **H. Veit Simon. 6. Aufl.** von Amtsrichter **L. Keyßner.** 1911. 3 M.

25. **Brausteuergesetz.** vom 15. Juli 1909. Von **A. Düsse**, Oberzollrevisor. **2. Aufl.** 1910. 3 M.

26. Die Reichsgesetzgebung über **Münz- und Notenbankwesen,** Papiergeld, Prämienpapiere und Reichsschulden. Von Dr. jur **R. Koch**, Präsident des Reichsbankdirektoriums. **6. Aufl.** 1910. 4 M.

27. Die Gesetzgebung, betr. das **Gesundheitswesen** im Deutschen Reich. Von Dr. jur. **C. Goesch** und Dr. med. **J. Karsten.** 1888. 1 M. 60 Pf.

28. **Bau-Unfallversicherungsgesetz.** Vom 30. Juni 1900. Von **R. Chrzescinski**, Kaiserl. Regierungsrat. **3. Aufl.** 1900 2 M.

29. **Erwerbs- und Wirtschaftsgenossenschaften.** Von **L. Parisius** und Dr. **H. Crüger. 13. Aufl.** von Dr. **H. Crüger.** 1910. 1 M. 50 Pf.

30. **Invalidenversicherungsgesetz** vom 13. Juli 1899. Von weil. Dr. **E. von Woedtke. 10. Aufl.** von Regierungsrat **H. Follmann.** 1906. 4 M. (Vergriffen!)

31. **Gewerbegerichtsgesetz.** Von Stadtrat **L. Mugdan. 7. Aufl.** bearbeitet von **W. Cuno,** Oberbürgermeister zu Hagen i. W. 1911. 2 M. 50 Pf.

32. Reichsgesetz, betr. die **Gesellschaften mit beschränkter Haftung.** Von **L. Parisius** und Dr. **H. Crüger. 12. Aufl.** von Dr. **H. Crüger.** 1912. 1 M. 80 Pf.

33. **Vereins- und Versammlungsrecht.** Von Dr. **E. Ball. 2. Aufl.** von Dr. **F. Friedenthal.** 1907. 2 M. 50 Pf.

Reichs-Vereinsgesetz vom 19. April 1908 siehe Nr. 88.

34. Die **Abzahlungsgeschäfte.** Gesetz vom 16. Mai 1894. **3. vermehrte Aufl.** besorgt von Dr. **E. Wilke,** Landgerichtsrat. 1910. 1 M. 25 Pf.

35. Die **Reichs-Eisenbahngesetzgebung.** Von **W. Coermann,** Kaiserl. Amtsrichter. 1895. 2 M. 25 Pf.

36. Gesetze, betr. die **privatrechtlichen Verhältnisse der Binnenschiffahrt und der Flößerei.** Von **E. Löwe,** Landgerichtsrat. **4. Aufl.** 1909. 3 M.

37. Gesetz gegen den **unlauteren Wettbewerb.** Von Justizrat **A. Pinner. 6. Aufl.** 1912. 1 M. 50 Pf.

38/39. **Bürgerliches Gesetzbuch nebst Einführungsgesetz** von Dr. **A. Achilles.** In Verbindung mit Professor Dr. **André,**

Kammergerichtsrat **Ritgen**, Reichsgerichtsrat Dr. **Strecker**, Senatspräsident Dr. **v. Unzner** herausgegeben von Geh. Ober-Justizrat **Greiff. 7. Aufl.** 8°. 1912. 7 M.

40. Gesetz, betr. die **Pflichten der Kaufleute bei Aufbewahrung fremder Wertpapiere (Depotgesetz).** Mit Erläuterungen. Von **F. Lusensky**, Geh. Ober-Regierungsrat. **2. Aufl.** 1905. 1 M.

41. **Börsengesetz.** In der Fassung der Novelle vom 8. Mai 1908. **2. Aufl.** Von Wirkl. Geh. Ober-Regierungsrat **Th. Hemptenmacher**, Staatskommissar an der Berliner Börse. 1908. 2 M.

42. **Grundbuchordnung** nebst den preußischen Ausführungsbestimmungen. Mit Einleitung. Von Prof. Dr. **O. Fischer. 5. Aufl.** 1909. 2 M.

43. **Zwangsvollstreckung in das unbewegliche Vermögen** im Reiche und in Preußen. Mit Einleitung, Kosten- und Gebührentabellen. Von Dr. **J. Krech**, Kaiserl. Geh. Regierungsrat und Professor Dr. **O. Fischer. 6. Aufl.** 1910. 2 M.

44. Das Reichsgesetz über das **Auswanderungswesen** vom 9. Juni 1897. Von Professor Dr. **Felix Stoerk.** 1899. 2 M. 25 Pf.

45. Das **Entmündigungsrecht** unter Berücksichtigung der für Preußen geltenden Vorschriften nebst der preußischen Justiz-Ministerial-Verfügung vom 28. November 1899. Von Landgerichtsrat Dr. **P. Koll** in Cöln. 1900. 1 M. 50 Pf.

46. Die Gesetze des Reiches und Preußens über die **freiwillige Gerichtsbarkeit.** Von **Herm. Jastrow,** Amtsgerichtsrat. **5. Aufl.** 1911. 3 M. 60 Pf.

47. Das **deutsche Vormundschaftsrecht** und das preuß. Gesetz über die Fürsorgeerziehung Minderjähriger nebst den dazu gehörigen preußischen Nebengesetzen. Von Oberverwaltungsgerichtsrat **Max Schultzenstein** und Amtsgerichtsrat Dr. **Paul Köhne. 2. Aufl.** 1901. 3 M.

48. Gesetze und Verordnungen, betr. den **Drogen-, Gift- und Farbenhandel** außerhalb der Apotheken. Von Dr. **J. Broh,** Rechtsanwalt. 1899. 1 M. 25 Pf.

49. Deutsche **Kolonialgesetzgebung.** Von Professor Dr. **Philipp Zorn.** 1901. 4 M. 50 Pf.

50. Der **Viehkauf** (Viehgewährschaft) nach dem Bürgerlichen Gesetzbuche. Nebst Verordn. betr. die Hauptmängel und Gewährsfristen beim Viehhandel. Von Rechtsanwalt Dr. **H. Stölzle** und Königl. Kreistierarzt **H. Weiskopf. 4. Aufl.** 1908. 4 M.

51. **Hypothekenbankgesetz** vom 13. Juli 1899. Von Dr. **H. Göppert. 2. Aufl.** Bearbeitet von Geh. Reg.-Rat Dr. **Seidel.** 1911. 2 M. 40 Pf.

52. Gesetz, betreffend die gemeinsamen **Rechte der Besitzer von Schuldverschreibungen.** Von Dr. **Heinrich Göppert.** 1900. 2 M.

53. **Reichspreßgesetz** vom 7. Mai 1874. Mit Kommentar von **A. Born,** Erster Bürgermeister der Stadt Marienburg (Westpr.). 1911. **2. Aufl.** 2 M.

54. Die Reichsgesetzgebung über den Verkehr mit **Nahrungsmitteln, Genußmitteln und Gebrauchsgegenständen.** Von Dr. **Georg Lebbin,** Nahrungsmittelchemiker in Berlin. 1900. 2 M. 25 Pf.

55. Das Recht der **Beschlagnahme von Lohn- und Gehaltsforderungen.** Von Justizrat **Georg Meyer. 4. Aufl.** 1910. 2 M. 60 Pf.

56. Gesetz, betr. die **Bekämpfung gemeingefährlicher Krankheiten.** Nebst Ausführungsbestimmungen. Von Dr. **Bruno Burkhardt,** Regierungsrat, Mitglied des Kaiserl. Gesundheitsamts. 1900. 1 M. 40 Pf.

57. **See-Unfallversicherungsgesetz.** Von Dr. **Max Mittelstein,** Oberlandesgerichtsrat in Hamburg. 1901. 2 M.

58. **Das Recht der unehelichen Kinder** nach dem BGB. Von **Hermann Jastrow,** Amtsgerichtsrat. 1901. 1 M. 80 Pf.

59. Reichsgesetz über die **Beurkundung des Personenstandes und die Eheschließung.** Von Dr. **F. Fidler,** Amtsgerichtsrat. 1912. **2. Aufl.** 2 M. 50 Pf.

60. Gesetz, betreffend das **Urheberrecht an Werken der Literatur und der Tonkunst** in der Fassung vom 22. Mai 1910. Von Geh. Justizrat **Otto Lindemann. 3. Aufl.** 1910. 1 M. 60 Pf.

61. Gesetz über das **Verlagsrecht.** Von Justizrat **E. Heinitz. 2. Aufl.** Bearbeitet von Rechtsanwalt Dr. **Br. Marwitz.** 1911. 1 M. 80 Pf.

62. Gesetz über **private Versicherungsunternehmungen.** Von **H. Könige,** Reichsgerichtsrat. **2. Aufl.** 1910. 4 M. 20 Pf.

63. **Gesetzestafel des Deutschen Reichsrechts.** Systematisch geordnete Nachweisung des z. Z. geltenden Reichsrechts. Ergänzungsband zu der Guttentag'schen Sammlung Deutscher Reichsgesetze. Von **Hugo Bruhns,** Syndikus. 1902. 8°. 2 M. 50 Pf.

64. Gesetzsammlung betr. den **Handel mit Drogen und Giften.** Reichsgesetzliche Bestimmungen und Anhang mit den landesgesetzlichen Verordnungen sämtlicher Bundesstaaten. Von Rechtsanwalt **H. Sonnenfeld,** Syndikus der Berliner Drogisten-Innung. **2. Aufl.** 1912. 4 M.

65. Das **Weingesetz** in der Fassung von 1909. Mit Ausführungsbestimmungen von Dr. **Georg Lebbin,** Nahrungsmittelchemiker. **2. Aufl.** 1909. 2 M. 50 Pf.

66. Die **Eisenbahn-Gesetzgebung.** Von **W. Pietsch,** Rechnungsrat im Reichs-Eisenbahn-Amt. 1902. 5 M.

67. **Militär-Strafgesetzbuch.** Von **Romen** und **Rissom.** In Vorbereitung.

68. Das **Fleischbeschaugesetz.** Vom 3. Juni 1900. Von Dr. **Georg Lebbin,** Nahrungsmittelchemiker und Rechtsanwalt Dr. **Georg Baum.** 1903. 4 M.

69. Reichsgesetz über die **Naturalleistungen der bewaffneten Macht im Frieden** nebst den in Preußen geltenden Bestimmungen. Von Regierungsassessor Dr. **Walter v. Hippel.** 1903. 1 M. 25 Pf.

70. Das **Reichs-Haftpflichtgesetz**, vom 7. Juni 1871. Von Regierungsrat Dr. **G. Eger.** 1903. 3 M.

71. **Kinderarbeit in gewerblichen Betrieben**, vom 30. März 1903. Von **H. Spangenberg**, Oberverwaltungsgerichtsrat. **2. Aufl.** 1904. 1 M. 60 Pf.

72. **Unfallversicherungsgesetz für Land- und Forstwirtschaft** von weil. Dr. **E. von Woedtke**, fortgesetzt von **Alfred Radtke**, Geh. Regierungsrat und Senatspräsident im Reichsversicherungsamt. **2. Aufl.** 1904. 4 M. 50 Pf.

73. **Entschädigung für unschuldig erlittene Verhaftung und Bestrafung.** Nebst Anhang, enthaltend die dazu gehörigen Nebengesetze über Schadensersatz. Von Dr. jur. **A. Romen**, Wirkl. Geh. Kriegsrat. 1904. 2 M.

74. Die **Kaufmannsgerichte** nebst den preuß. Ausführungsbestimmungen. Von Professor Dr. **Max Apt. 3. Aufl.** 1905. 2 M.

75. Reichsgesetz über die **Konsulargerichtsbarkeit.** Von Dr. jur. **A. F. Vorwerk**, Rechtsanwalt in Schanghai. 2. Ausgabe, mit dem Schutzgebietsgesetz und der Ausführungsverordnung, betr. die Rechtsverhältnisse in den Schutzgebieten. 1908. 2 M.

76. **Die Rechtshilfe im Verkehr mit den ordentlichen Gerichten nach deutschem Reichsrecht.** Von Landrichter Dr. **A. Friedländer.** 1906. 1 M. 80 Pf.

77. **Das Reichserbschaftssteuergesetz.** Vom 3. Juni 1906. Von **Ulrich Hoffmann**, Rechnungsrat im Königl. Preuß. Finanzministerium. **2. Aufl.** 1911. 5 M.

78. **Zigarettensteuergesetz.** Vom 15. Juli 1909. Von Dr. **Cuno**, Regierungsassessor. **2. Aufl.** in Vorbereitung, nach Erlaß der sämtlichen Ausführungsbestimmungen.

79. **Die Militärpensionsgesetze** vom 31. Mai 1906 nebst Ausführungsbestimmungen. Zum Gebrauch für Heer, Marine und Schutztruppe von Dr. jur. **A. Romen**, Wirklicher Geheimer Kriegsrat.

a) I. Teil: Offizierpensionsgesetz. 1907. 3 M. 50 Pf.

b) II. Teil: Mannschaftsversorgungsgesetz. 1908. 3 M. 50 Pf.

80. Reichsgesetzgebung über **gerichtliche Registerführung.** Von **Otto Lindemann**, Geh. Justizrat. 1906. 3 M.

81. Gesetz, betr. **Urheberrecht an Werken der bildenden Künste und der Photographie.** Von Dr. **Ludwig Fuld**, Rechtsanwalt. 1907. 1 M.

82. **Reichsbeamtengesetz** in der Fassung vom 18. Mai 1907 und seine Ergänzungen von Geheimrat Professor Dr. **Adolf Arndt.** 1908. 3 M.

83. Reichsgesetz über **den Versicherungsvertrag** nebst Einführungsgesetz. Von Dr. **Paul Hager** und Dr. **E. Bruck. 2. vermehrte und verbesserte Auflage.** 1910. 5 M.

84. **Sammlung kleinerer privatrechtlicher Reichsgesetze** von Oberlandesgerichtsrat **Georg Müller.** 1908. 6 M. 50 Pf.

85. **Scheckgesetz** mit Einleitung usw. Von Prof. Dr. **Max Apt. 5. Aufl.** Mit Postscheckordnung vom 6. Nov. 1908 und im Anhang „Besteuerung des Schecks". 1909. 2 M.

Postscheckordnung vom 6. Nov. 1908. Apart mit Erläuterungen und Ausführungsbestimmungen. (30 Pf.)

86. **Die Auslieferungsverträge des Deutschen Reiches** von Landrichter **A. Cohn.** 1908. 4 M.

87. Gesetz zum **Schutz der Warenbezeichnungen.** Von Geh. Reg.-Rat, Mitglied des Patentamts Dr. **Freund** und Rechtsanwalt **Magnus. 5. Aufl.** 1909. 3 M. 50 Pf.

88. **Vereinsgesetz** vom 19. April 1908. Von Dr. jur. **A. Romen,** Wirkl. Geh. Kriegsrat. **3. Aufl.** 1912. 2 M. 50 Pf.

89. **Vogelschutzgesetz** vom 30. Mai 1908 nebst den das Flugwild betr. Bestimmungen der Preußischen Jagdordnung von Dr. jur. **Leo von Borberger.** 1908. 1 M.

90. Die Haager Abkommen über das **Internationale Privatrecht** von Dr. **G. A. E. Bogeng.** 1908. 2 M. 20 Pf.

91. **Eisenbahn-Verkehrsordnung** vom 23. Dez. 1908. Mit Ausführungsbestimmungen. Von Regierungsassessor bei der Eisenbahndirektion Breslau Dr. **Ernst Blume.** 1909. 2 M. 50 Pf.

92. **Gesetz,** betr. den **Verkehr mit Kraftfahrzeugen.** Von Amtsrichter **R. Kirchner. 2. Ausgabe** ergänzt durch die Bundesratsverordnung vom 3. Febr. 1910 und das Internationale Uebereinkommen vom 11. Okt. 1909. 1910. 3 M.

93. Gesetz über die **Sicherung der Bauforderungen** von Justizrat Dr. **E. Harnier. 3. Aufl.** 1912. 1 M. 60 Pf.

94. **Haftpflicht der Reichs- und Staats-Beamten** von Dr. **H. Delius. 2. Aufl.** 1909. Mit dem Nachtrag, enth. das Gesetz über die Haftung des Reichs für seine Beamten vom 22. Mai 1910. 3 M. 50 Pf.

95. Die Berner Uebereinkunft über **internationales Urheberrecht** von Dr. **Herm. Dungs**, vortrag. Rat im Reichsjustizamt. 1910. 1 M.
96. **Branntweinsteuergesetz** vom 15. Juli 1909. Unter Berücksichtigung der für das Reich erlassenen Ausführungsbestimmungen. Von Geh. Reg.-Rat **Johs. Rath**, vortrag. Rat im Reichsschatzamt. 1910. 3 M. 50 Pf.
97. **Schutzgebietsgesetz** nebst der Verordnung betr. die Rechtsverhältnisse in den Schutzgebieten, dem Gesetz über die Konsulargerichtsbarkeit sowie den Ausführungsbest. und ergänzenden Vorschriften. Von **Johs. Gerstmeyer**, Wirkl. Legationsrat und vortrag. Rat im Reichskolonialamt. 1910. 3 M.
98. **Sechs Haager Abkommen** über **Internationales Privatrecht.** Von Dr. **Herm. Dungs**, vortrag. Rat im Reichs-Justizamt. 1910. 1 M. 50 Pf.
99. **Die Abkommen der Haager Friedenskonferenz** von Dr. jur. **Hans Wehberg.** 1910. 3 M.
100. Gesetz über den **Absatz von Kalisalzen.** Von Geh. Bergrat **Carl Voelkel.** 1910. 2 M. 40 Pf.
101. **Zuwachssteuergesetz** vom 14. Februar 1911. Von Dr. **W. Cuno**, Regierungsrat im Reichsschatzamt. 1911. 3 M. 60 Pf.
102. **Urheberrecht an Mustern und Modellen** u. Ges. betr. Schutz v. Gebrauchsmustern von Reg.-Rat **Johs. Neuberg**, Mitgl. d. K. Patentamts. 1911. 2 M. 40 Pf.
103. **Reichs-Viehseuchengesetz** vom 26. Juni 1909 nebst Ausführungsvorschriften u. dem preuß. Ausführungsgesetz. Von Landrat Dr. **Walter v. Hippel.** 1912. 3 M.
104. **Versicherungsgesetz** für Angestellte vom 20. Dez. 1911. Von Rechtsanwalt **O. Bernstein** und Dr. **J. Kupferberg.** Im Druck.

105. **Das Geldwesen in den deutschen Schutzgebieten.** Von **W. Hintze,** Geheimer exped. Sekretär im Reichskolonialamt. 1912. 2 M.

106—109. **Reichs-Versicherungs-Ordnung nebst Einführungsgesetz:** 4 Bände.

106. Erstes, fünftes und sechstes Buch. **Gemeinsame Vorschriften. — Beziehungen der Versicherungsträger zu einander und zu anderen Verpflichteten — Verfahren.** Bearbeitet von Dr. **K. Lippmann,** Reg.-Rat, Geh. Rat Dr. **L. Laß** und **H. Siefart,** vortrag. Räte im Reichsamt des Innern. 1912. Im Druck.

107. Zweites Buch. **Krankenversicherung.** Von Geh. Reg.-Rat **H. Siefart,** vortrag. Rat im Reichsamt des Innern. 1912. Im Druck.

108. Drittes Buch. **Unfallversicherung.** Von Geh. Reg.-Rat **A. Radtke,** Senatsvorsitzender im Reichsversicherungsamt. 1912. Im Druck.

109. Viertes Buch. **Invaliden- und Hinterbliebenenversicherung.** Bearbeitet von Geh. Ober-Regierungs-Rat **B. Jaup,** vortragender Rat im Reichsamt des Innern und **H. Follmann,** Geh. Reg.-Rat im Reichsversicherungsamt. 1912. Im Druck.

Guttentag'sche Sammlung

Preußischer Gesetze.

Text-Ausgaben mit Anmerkungen. Taschenformat.

---

1. Die **Verfassungs-Urkunde** für den Preußischen Staat. Mit Einleitung, vollständigem Kommentar. Von Prof. Dr. **Adolf Arndt. 7. Aufl.** 1911. 4 M.

2. Preußische **Beamten-Gesetzgebung.** Enthaltend die wichtigsten Beamtengesetze in Preußen. Von **C. Pfafferoth. 4., neubearb. Aufl.** 1905. Mit Anhang: Abänderung vom 27. Mai 1907. 2 M.

3. **Die Aufnahme des Notteftaments** durch die bestellten Urkundspersonen. Anweisung mit Musterbeispielen und Abriß des Erbrechts von Amtsgerichtsrat **C. Kurtz.** 1904. 1 M. 50 Pf.

4. **Gebührenordnung** für **Notare** vom 25. Juli 1910. **4. Aufl.** bearbeitet von Justizrat **Rausnitz.** 1910. 2 M. 20 Pf.

5. Gesetz vom **24. April 1854 (betr. die außerehel. Schwängerung).** Von Dr. **Schulze.** 1873. 75 Pf.
   Gültiges Recht siehe: Reichsgesetze Nr. 58.

6. Die Preuß. **Ausführungsgesetze und Verordnungen zu den Reichs-Justizgesetzen.** Von **R. Sydow. 3. vermehrte Aufl.** 1895. 2 M. 40 Pf. Siehe Seite 24, B u s c h - E y l a u, Ausführungsgesetze.

7. Allg. **Gerichtsordnung** und Preuß. **Konkursordnung.** Von **F. Vierhaus.** Vergriffen.

8. **Vormundschaftsordnung.** Von **F. Schultzenstein.**
   Gültiges Recht siehe: Reichsgesetze Nr. 47.

9. Die Preußische **Grundbuchgesetzgebung.** Von Prof. Dr. **Fischer.** Vergriffen. Siehe: Reichsgesetze Nr. 42.

10. **Einkommensteuergesetz.** Von **A. Fernow,** Geh. Ober-Finanzrat. **7. Aufl.** 1908/9. Mit Nachtrag, enth. die Bestimmungen v. 22. März und 26. Mai 1909. 3 M. 25 Pf.

11. **Gewerbesteuergesetz.** Von **A. Fernow,** Geh. Ober-Finanzrat. **5., vermehrte Aufl.** 1910. 3 M.

12. **Allgemeines Berggesetz** für die Preußischen Staaten vom 24. Juni 1865. Von **W. Westhoff** und **W. Schlüter. 2. Aufl.** 1907. Mit Nachtrag von 1909. 5 M.

13. **Ergänzungssteuergesetz** (V e r m ö g e n s s t e u e r g e s e t z). Von **A. Fernow,** Geh. Ober-Finanzrat. **4. vermehrte Aufl.** 1907. 2 M. 40 Pf.

14. **Kommunalabgabengesetz.** Vom 14. Juli 1893 und Gesetz wegen Aufhebung direkter Staatssteuern. Von Dr. **F. Adickes,** Oberbürgermeister. **5. Aufl.** Bearbeitet von Stadtrat Dr. **Woell.** 1911. 2 M. 40 Pf.

15. Die **Kreisordnungen** für den Preußischen Staat. Von **O. Kolisch,** Landgerichtsrat. 1894. 4 M.

16. **Konzessionierung gewerblicher Anlagen.** Preuß. Ausführungs-Anweisung zu §§ 16 u. ff. der Gewerbe-Ordnung. Von Dr. **W. v. Rüdiger,** Geh. Regierungs- u. Gewerberat. **2. Aufl.** 1901. 2 M.

17. Preußisches **Gerichtskostengesetz.** Vom 25. Juli 1910. Mit Kostentabellen. Von Dr. **P. Siméon, Kammergerichtsrat. 6. Aufl.** 1910. 3 M. 60 Pf.

18. Preußisches **Stempelsteuergesetz** vom 30. Juni 1909. Mit sämtlichen Ausführungsbestimmungen. Von **P. Loeck**, Geh. Regierungsrat. **7. Aufl.** 8°. 1911. 7 M.

19. Das **Jagdscheingesetz**. Mit ausführlichen Erläuterungen. Von **F. Kunze**, Wirklichem Geh. Ober-Regierungsrat. **2. Aufl.** 1899. 2 M.

20. Die **preußischen Erbschaftssteuergesetze**. Unter Berücksichtigung der Novelle vom 31. Juli 1895. Von **U. Hoffmann**, Rechnungsrat im Königl. preuß. Finanzministerium. 1905. 4 M.

(**Reichs**-Erbschaftssteuergesetz s. Reichsgesetze Nr. 77).

21. Gesetz über die **Handelskammern**. Von **F. Lusensky**, Geh. Regierungsrat. **2. Aufl.** 1909. 3 M.

22. Gesetz, betr. **Anstellung und Versorgung der Kommunalbeamten**. Von Dr. **W. Ledermann**, Magistratsassessor zu Berlin. 1899. 1 M. 25 Pf.

23. **Ausführungsgesetz zum Bürgerlichen Gesetzbuche**. Von Kammergerichtsrat Dr. **P. Siméon**. **2. Aufl.** 1905. 1 M. 80 Pf. Siehe auch Busch-Eylau S. 24.

24. Die **Hinterlegungsordnung** in der Fassung des Ausführungsgesetzes zum BGB. vom 20. Sept. 1899 nebst Ausführungsbestimmungen. Von Regierungsrat Dr. **Georg Bartels**. **2. Aufl.** 1908. 2 M.

25. **Preußische Kommunalbeamtengesetzgebung**. Von Magistrats-Assessor Dr. **Fr. Kremski**, Berlin. 1901. 3 M.

26. Gesetze über das **Diensteinkommen der Lehrer und Lehrerinnen, Ruhegehalt und Fürsorge für Hinterbliebene.** Tabelle zur Berechnung der Ruhegehalts-, Witwen- und Waisenbezüge. Von Dr. **Ed. Cremer**, Beigeordneter. 1900. 2 M. 40 Pf.

27. Gesetz, betreffend die **Warenhaussteuer.** Von Geh. Ober-Finanzrat Dr. **G. Strutz.** 1900. 1 M. 20 Pf.

28. Gesetz über die **Fürsorgeerziehung Minderjähriger.** Von Landgerichtsdirektor Dr. **P. F. Aschrott. 2. umgearbeitete Aufl.** 1907. 2 M. 80 Pf.

29. Gesetz, betr. **die ärztlichen Ehrengerichte, das Umlagerecht und die Kassen der Aerztekammern.** Von Amtsgerichtsrat Dr. **F. Fidler.** 1901. 1 M. 50 Pf.

30. Das **Preußische Staatsschuldbuch** und **Reichsschuldbuch.** Von Wirkl. Geh. Ober-Finanzrat **J. Mücke.** 1902. 2 M.

31a. **Die geltenden Preußischen Gesindeordnungen.** Herausgegeben in zwei Bänden von **Stephan Gerhard**, Rechtsanwalt in Berlin. 1902.

Band I: Gesindeordnung für die altpreußischen Provinzen vom 8. Nov. 1810, mit Erläuterungen unter Berücksichtigung der Ergänzungsgesetze und der Rechtsverhältnisse der Gesindevermieter, sowie die Gesindeordnungen für Neuvorpommern und Rügen und für die Rheinprovinz. 2 M. 50 Pf.

31b. **Band II:** Gesindeordnungen für Hannover, Schleswig-Holstein, Hessen-Nassau und den Regierungsbezirk Hohenzollern. 2 M. 50 Pf.

Siehe auch Seite 25: Ratgeber von Grieben.

32. **Die Städteordnung für die sechs östlichen Provinzen** Preußens vom 30. Mai 1853. Von Dr. jur. **Walter Ledermann**, Stadtrat zu Berlin. 8°. 1902. 6 M.

33. **Rentenguts- und Anerbenrechts-Gesetzgebung in Preußen.** Von Landgerichtsrat **M. Peltasohn** und Rechtsanwalt **Bruno Peltasohn.** 1903. 3 M.

34. Sammlung der wichtigsten **preußischen Strafgesetze** nebst Anhang: Gesetz betr. polizeiliche Strafverfügungen vom 23. April 1883. Von **Otto Lindemann,** Geheimen Justizrat. 1912. **2. Aufl.** 3 M. 50 Pf.

35. **Geschäftsordnung für Gerichtsvollzieher.** Gerichtsvollzieherordnung und Gebührensätze von Amtsgerichtssekretär **Emil Exner.** 1904. 3 M. 50 Pf.

36. **Polizeiverordnungen in Preußen.** Von **Otto Lindemann,** Geheimen Justizrat. 1912. **2. Aufl.** 2 M. 50 Pf.

37. Gesetz über die **Enteignung von Grundeigentum** vom 11. Juni 1874. Von Oberlandesgerichtsrat **O. Meyer. 2. Aufl.** 1911. 2 M. 25 Pf.

38. **Kreis- und Provinzial-Abgabengesetz.** Vom 23. April 1906. Von **Fr. Schmidt,** Gemeindevorsteher. 1906. 1 M. 25 Pf.

39. Gesetz, betr. die **Unterhaltung der öffentl. Volksschulen.** Von Dr. **A. Marcks,** Reg.-Rat. 1906. 2 M.

40. **Verwaltungsstrafverfahren** bei Zuwiderhandlungen gegen die Zollgesetze und indirekte Reichs- und Landesabgaben,

sowie die Bestimmungen über die Schlacht- und Wildpretsteuer vom 26. Juli 1897. Von Dr. **Richard Katzenstein**, Gerichtsassessor. 1907. 3 M. 60 Pf.

41. Die **preußischen Jagdpolizeigesetze**. Von **Fr. Kunze**, Wirkl. Geh. Oberregierungsrat und **R. Kühnemann**, Rechtsanwalt. **2. Aufl.** 1907. 3 M. 60 Pf.

42. Die Gesetzgebung über die **Allgemeine Landesverwaltung** und über die **Zuständigkeit der Verwaltungs- und Verwaltungsgerichtsbehörden**. Von Rechtsanwalt Dr. **Karl Friedrichs**. 1908. 3 M.

43. Gesetz betr. die **Zulassung einer Verschuldungsgrenze** für land- und forstwirtschaftlich benutzte Grundstücke vom 20. August 1906 nebst Ausführungsvorschriften. Von Dr. jur. **R. Leweck**, Syndikus der Ostpreuß. Landschaft. 1908. 2 M. 40 Pf.

44. **Quellenschutzgesetz** vom 14. Mai 1908 nebst den Ausführungsbestimmungen von **Carl Voelkel**, Geheimer Bergrat. 1909. 1 M.

45. **Rechtsverhältnisse der Juden in Preußen** von Dr. jur. **Max Kollenscher**, Rechtsanwalt. 1910. 2 M. 40 Pf.

46. **Austritt aus der Landeskirche** vom 14. Mai 1873. Von Gerichtsassessor **Hrch. Chr. Caro**. 1911. 2 M. 40 Pf.

47. Gesetz, betr. die **Feuerbestattung** vom 14. Sept. 1911 nebst Ausführungsanweisung von Amtsgerichtsrat Dr. **W. Lohmann**. 1911. 1 M. 50 Pf.

48. **Zweckverbandsgesetz für Großberlin** vom 19. Juli 1911 nebst Abdruck des allgemeinen Zweckverbandsgesetzes. Von Magistratsräten Dr. **Ludw. Brühl**, Dr. **Kurt Gordan** und Stadtrat Dr. **Walter Ledermann** in Berlin. 1912. 4 M.

Guttentag'sche Sammlung von Text-Ausgaben mit Sachregister ohne Anmerkungen.

Taschenformat, elegant in Leinen gebunden.

Zivilprozeßordnung mit **Gerichtsverfassungsgesetz** und **Einführungsgesetzen.** Neue Fassung. Mit der Novelle vom 22. Mai 1910. 2 M.

Konkursordnung mit **Einführungsgesetz.** 80 Pf.

Bürgerliches Gesetzbuch nebst **Einführungsgesetz.** 10. Abdruck. 2 M. 50 Pf.

Handelsgesetzbuch nebst **Einführungsgesetz** und **Seerecht.** 8. Abdruck. 1910. 1 M. 80 Pf.

Reichsversicherungsordnung von 1911 (Kranken-, Unfall-, Invaliden- und Hinterbliebenenversicherung). ca 2 M. 50 Pf.

Militärstrafgerichtsordnung nebst **Einführungsgesetz** u. Gesetzen, betr. Dienstvergehen der richterlichen Militärjustizbeamten und unfreiwillige Versetzung derselben usw. mit **Militär-Strafgesetzbuch.***) **2. Aufl.** 1 M. 50 Pf.

*) Ist auch einzeln zu haben. Preis 1 M.

Wechselordnung in der neuesten Fassung mit Anhang: **Wechselprozeß und Ausführungsanweisung.** 1908. 1 M.

Die Preußischen Ausführungsgesetze zum Bürgerlichen Gesetzbuche und Nebengesetze. 5. Aufl. 1 M. 80 Pf.

Reichsfinanzgesetze von 1909 einschließlich der **Reichsstempelgesetze** und des **Erbschaftssteuergesetzes.** 1909. 2 M.

Zuwachssteuergesetz vom 14. Februar 1911. 80 Pf.

Ausführungsbestimmungen zum Zuwachssteuergesetz vom 27. März 1911. 60 Pf.

Versicherungsgesetz für Angestellte vom 20. Dez. 1911. 1 M. 25 Pf.

Struckmann-Koch, Zivilprozeßordnung für das Deutsche Reich nebst den auf den Zivilprozeß bezüglichen Bestimmungen des Gerichtsverfassungsgesetzes und den Einführungsgesetzen. In den neuen Fassungen mit der Novelle von 1910. Kommentar. Herausgegeben unter Mitwirkung von **R. Rasch**, Landgerichtspräsident in Altona, Dr. **P. Koll**, Senatspräsident beim Oberlandesgericht in Cöln, Dr. **Flechtheim**, Rechtsanwalt beim Oberlandesgericht in Cöln. **9., umgearbeitete Auflage.** 1910. Lex.-8°. 24 M., geb. 26 M.

Pinner, Kommentar zum Gesetz **gegen den unlauteren Wettbewerb** vom 7. Juni 1909. **2. Aufl.** Herausgegeben von Justizrat **Albert Pinner** und Rechtsanwalt Dr. **Erich Eyck.** 1910. Gr.-8°. 5 M. 50 Pf., geb. 6 M. 50 Pf.

Deutsches Nahrungsmittelrecht für Juristen, Mediziner, Chemiker und Gewerbetreibende von Dr. **Georg Lebbin,** Nahrungsmittelchemiker und Dr. **Georg Baum,** Rechtsanwalt. 1907. 8°. Zwei Bände. Erster Teil: **Handbuch des Nahrungsmittelrechts.** Von Dr. **Georg Lebbin** und Dr. **Georg Baum.** Preis geb. 8 M. Zweiter Teil: **Amtliche Untersuchungsmethoden für Chemiker.** Zusammengestellt von Dr. **Georg Lebbin.** Preis geb. 8 M.

Kommentar zum Börsengesetz. Im Auftrage des Centralverbandes des Deutschen Bank- und Bankiergewerbes bearbeitet von Dr. **H. Rehm,** Dr. **H. Trumpler, Heinrich Dove,** Dr. **Ernst Neukamp,** Dr. **R. Schmidt-Ernsthausen,** Dr. **James Breit.** Mit Vorwort von Dr. **J. Rießer.** 1909. Gr.-8°. 12 M., geb. 13 M.

Patentgesetz und Gesetz, betr. den **Schutz von Gebrauchsmustern.** Von Justizrat Dr. **A. Seligsohn. 4., neubearbeitete Auflage.** 1909. Gr.-8°. 12 M., geb. in Leinen 13 M.

Die Rechtsverhältnisse der öffentlichen Anleihen. Von Geh. Regierungsrat Dr. **G. S. Freund.** Gr.-8°. 7 M., geb. 8 M.

Die Preußischen Ausführungsgesetze, Verordnungen und ministeriellen Verfügungen zu dem Bürgerlichen Gesetzbuche und den Reichs-Justizgesetzen nebst anderen zugehörigen Gesetzen. Von **L. Busch. 2. Aufl.** von Landrichter **O. Eylau.** 8°. Preis geb. 4 M. 50 Pf.

Preußische Bürgerliche Gesetzsammlung. Sammlung der noch geltenden Landesgesetze privatrechtlichen Inhalts. Herausgegeben von den Gerichtsassessoren **D. Fischer** und Dr. **F. Schroeder.** 8°. 2 Bände Preis geb. in ganz Leinen 20 M.

Erster Band: **Das Allgemeine Landrecht mit den Einführungs-Patenten.** Preis 6 M.

Zweiter Band: **Gesetze von 1773—1902.** Preis 14 M.

Preußisches Baupolizeirecht. Mit Kommentar der Baupolizeiverordnung für die Vororte von Berlin. Vom 28. Mai 1907. Von Gemeindebaurat **Carl Saß.** 8°. Preis 6 M.

Straßen- und Baufluchtliniengesetz. Kommentar für den praktischen Gebrauch mit zeichnerischen Darstellungen von Gemeindebaurat **Carl Saß.** 8°. Preis kartonniert 3 M.

Fluchtliniengesetz. —Das Gesetz, betreffend die **Anlegung** und **Veränderung** von Straßen und Plätzen in Städten und ländlichen Ortschaften vom 2. Juli 1875 von Friedrichs. **6., völlig neu bearbeitete Auflage.** Von Senatspräsident Dr. jur. **Hugo von Strauß und Torney.** In Vorbereitung.

Die Invaliden- und Hinterbliebenenversicherung nach der **Reichsversicherungsordnung.** Eine systemat. Zusammenstellung der gesetzl. Bestimmungen von Dr. **Richard Freund,** Vorsitzendem der Landes-Versicherungsanstalt Berlin. 1911. 2 M., geb. 3 M.

Wie leitet man eine Versammlung? Geschäftlicher Handweiser für Vorsitzende. Von einem Mitgliede des deutschen Reichstages und des preußischen Abgeordnetenhauses. **2. Aufl.** 1908. kart. 1 M.

Praktischer Ratgeber für Dienstherrschaften nach dem Preuß. Gesinderecht unter Berücksichtigung der neueren Entscheidungen bearbeitet von **H. Grieben,** Verwaltungsdirektor a. D. und Bürgermeister. 1908. 1 M.

Das Recht der Handlungsgehilfen und Handlungslehrlinge. Von Rechtsanwalt **Hugo Horrwitz. 2. Aufl.** Geb. 3 M.

Die Registratur. Von **Hermann Kollrack. 2. Aufl.** 1906. 8°. Kart. 1 M. 40 Pf.

Die Pflichten des Waisenrates. Ein praktischer Leitfaden für Waisenräte und Verwaltungsbeamte. Von **F. Baum,** Geh. Justizrat und Vormundschaftsrichter. **8. vermehrte und verbesserte Auflage.** 1906. 8°. 60 Pf.

Der Vormund, Gegenvormund, Pfleger und Familienrat. Nach dem Bürgerlichen Gesetzbuch, dem Reichsgesetz über die Angelegenheiten der freiwilligen Gerichtsbarkeit und dem Ausführungsgesetz zum BGB. Ein praktischer Leitfaden. Von **F. Baum,** Geh. Justizrat und Vormundschaftsrichter. 1899. 8°. 50 Pf.

Schlagwort-Register.

R. = Nummer der Sammlung Deutscher **Reichs**gesetze.
P. = Nummer der Sammlung **Preußischer** Gesetze.
S. = Seite.

Schlagwort-Register. (R. = Reichsgesetz, P. = preuß. Gesetz.)

Schlagwort-Register. (R. = Reichsgesetz, P. = preuß. Gesetz.)

Schlagwort-Register. (R. = Reichsgesetz, P. = preuß. Gesetz.)

Schlagwort-Register. (R. = Reichsgesetz, P. = preuß. Gesetz.)

 Nr. 7. IV. 1912. 55 000.

FSC
www.fsc.org
MIX
Papier | Fördert
gute Waldnutzung
FSC® C083411

Kolibri 360 GmbH
Ferdinand-Jühlke-Straße 7
99095 Erfurt, Deutschland
produktsicherheit@kolibri360.de